李炳南居士年譜

1891-1948

林其賢 編著

摘 要

　　本書以編年體記錄李炳南居士一生行事德學，完整呈現其人格行誼與學思歷程，及其對國家、社會與佛教的貢獻。

　　全書分為年譜、圖冊兩部分。年譜收存學思、著述、書函、詩歌、文書等文字紀錄，圖冊則收存照片、手稿、書函、題字等圖像紀錄。圖文各繫年相輔互見。

　　取材以譜主著述及來往書信為主，並廣蒐期刊、公文檔案，以及友朋學生之傳記、訪談、著述、筆記，詳加考證，以呈現譜主行誼。

　　炳南先生出身法政學校，長年擔任至聖奉祀官府主任祕書。先是跟隨唯識學家梅光羲大士學法，而後追從淨土宗祖師印光大師皈依三寶，教法提倡淨土念佛法門，主張「廣學三藏教，不改彌陀行」、「白衣學佛不離世法，必須敦倫盡分；處世不忘菩提，要在行解相應。」平生儒佛並弘，著述豐贍，善說法要，且善於勤於教人說，培養無數弘法及護法人才。為大專青年開設「慈光講座」、「明倫講座」，編訂六門系統學習科目，影響尤為深遠。

　　創辦機構有重慶歌樂山蓮社、南京正因蓮社、台中蓮社、慈光圖書館、慈光育幼院、菩提醫院、菩提救濟院。有《李炳南老居士全集》十七冊、數位典藏行世。

李炳南居士年譜序

　　台中蓮社暨聯體機構創辦導師　雪廬老人（1891-1986），一生充滿傳奇。蓋秉天縱之姿，復得明師指引，崇重聖賢之學，內佛外儒，世出世法並進。既能深入義學探究，復肯落實躬親實踐。雖處歐風東漸之變局，且遭逢國步迍邅，內憂外患頻仍，乃至民國三十八年（1949），神州易幟，隨國民政府，隻身來臺。一生可謂多在顛沛流離中渡過，難怪於講學中屢自許為「逃難專家」。然而，患難世道，並未稍沮其自行之功與化他之志。反而更激勵其欲力挽狂瀾，弘傳聖學，廣度眾生之悲願。

　　如論自行方面，老人出生於清末鼎革之際，自幼既飽讀傳統經史子集，及長復接觸西方科哲新學，中年則受聘入奉祀官府，於周孔遺教，復得浸潤熏習之功；尤其於傳統詩學，更是數十年探究創作不斷，此為儒學之造詣。若論學佛，則初受梅擷芸大士（1880-1947）傳授唯識，奠定研經基礎；次依真空法師參究，達八年之久；迨入川之後，復依白教貢噶呼圖克圖（1893-1957）等西藏活佛，修持密法，亦達八載之功。如是歷經摸索參究，淬鍊抉擇，最終秉承印光祖師（1862-1940）法脈，專修專弘淨土一門。

　　至論化他方面，老人於儒佛聖學，內修蘊育既深，弘誓熏動，因緣成熟，自然進而外弘化他。先是入川期間（1938-

1946），受太虛大師（1890-1947）引介，已曾至各監獄弘法，及於重慶長安寺、雲頂寺擔任講席；次返南京三年（1946-1948），也恆於普照寺、正因蓮社等處講經說法；俟蒞臺之後，更是大開法筵，除臺中本地定點定時傳經論學，復受外埠邀請，法音遠播南北各縣市。且民間講學之餘，復登大學殿堂，晝傳《禮記‧學庸》，夜授《詩階述唐》。不但如此，講經講學之外，又創辦各種慈善公益之佛教事業，如慈光圖書館、慈光育幼院、菩提仁愛之家、菩提醫院等，不一而足。尤其臨終末後一著，預知時至，手持念珠，吉祥右臥，如入禪定，自在往生，可謂所行如所說。噫吁！亦奇矣。古人以立德、立功、立言為三不朽，時賢朱鏡宙老居士（1890-1985）則評讚老人，三者兼而有之。

蓋老人之生平事蹟，當老人在世八十華誕時（1969），先進弟子即組成「祝嘏委員會」，出版《雪廬述學彙稿》八種中，有朱鏡宙、蔡運辰兩位老居士，及周師邦道之序，概已敘其大略，迨老人辭世（1986），其後進弟子復組成「全集編輯委員會」，於示寂滿二十週年時（2006），出版全集十七巨冊，則又有《雪廬風誼》，及《李炳南老居士年表》傳世。且於示寂滿二十五週年時（2011），由台中蓮社與中興大學中文系組成「數位典藏編輯小組」，向國科會申請通過「臺中蓮社宗教文物資料——李炳南教化作品與生活紀錄典藏計畫」，將老人平生所有著作，予以數位化永久典藏，且置諸雲端平臺，方便普遍流通。雖然，或有以為不足，而復有倡議編撰《年譜》者。蓋老人之一言足為天下法，一行堪作後世則；而典型長存，哲人日遠，但憑已記錄之略傳，

恐多遺珠之憾。然而《年譜》之編撰，寧易易哉？惟有待乎其人。

茲有林君其賢者，吳省常老師之高足，亦老人之再傳弟子也。渠就讀高中時，即嘗聞老人軼事，而潛懷仰止之志；隨而入大學，遂專攻中國文學，彼於義理、辭章、考據諸學，固兼容而並蓄，而獨於譜牒考據似又有偏好焉。先是於就讀研究所期間，即以撰《李卓吾研究初編》一書，獲頒碩士學位，內容包括《李卓吾事蹟繫年》，及《李卓吾的佛學與世學》；接著又撰《聖嚴法師的倫理思想與實踐》一書，榮獲博士學位；其次，於任教大學期間，復受聖嚴法師（1930-2009）青睞，於法師七十大壽時，撰《聖嚴法師七十年譜》鉅著，都四十六萬言慶壽，曾蒙法師再三讚賞，謂掌握資料，全面周延，取捨抉擇，眼光敏銳，手法俐落。是以，一旦蓮社倡議編撰老人《年譜》時，諸師友莫不異口共推，以為不復作第二人想。

雖然，其賢教授之為人，一向謙遜謹慎，故於允諾之餘，特別懇求由蓮社相關師友，組成「年譜編輯委員會」，作為諮詢單位。依編撰進度，定期召開審核會議，詳細推敲每一筆資料，務求正確無誤；每一篇論述文字，悉具信達且雅。由是，自民國一〇九年（2020）十月二十三日起，至民國一一三年（2024）八月十五日止，歷經四年，共召開三十一次編輯會議。每次會議，屢見其賢教授伉儷背負沉重行囊，遠從屏東北上，長途跋涉，不畏辛勞，雖經終日討論校對，而仍然精神奕奕，面露餘喜，未嘗有疲困之色。眾人不禁疑之曰：是老人之加被耶？亦自得法喜耶？竊以為斯二

者悉皆有之。今《年譜》即將完稿付梓，請序於余，余忝為委員會召集人，義不容辭，遂將《年譜》編輯之原委，贅述如此。

受業弟子　吳聰敏

歲次甲辰（2024）夏曆七月地藏菩薩聖誕日
敬識於台中蓮社懷雪樓

自 序

這真是一趟奇異的旅程。出乎意料,但收穫良多。

一、緣起

二〇一九年,台中蓮社開始籌備擬於山東濟南舉行的「李炳南先生一百三十週年誕辰文物展」,我受邀與會,並奉指派擔任「文物展專集」執行編輯的工作,計劃發行一本先生生平簡介。後因疫情嚴峻以及時局變化,展會取消。但與會師長一致認為傳記的編輯應該繼續。於是原來計劃一百頁不到的小書,就發展成現在這個四千多頁、兩百萬言的《李炳南居士年譜》和《李炳南居士年譜圖冊》。卷帙如此龐大,始料未及。承接這項任務,更是意料之外。

炳南先生,從五〇年代起,即是學佛者心目中的大師;我的親炙學習,則是從大學一年級開始。每個寒暑假,赴臺中參加明倫講座外,每年元旦慎齋堂聽開示、靈山寺聆聽佛七開示……,附近的菩提樹雜誌社、菩提醫院、慈光圖書館、慈光育幼院,於我都是熟門熟路。和許多學長一樣,長長的假期,留在臺中的時間,比待在家裡的時間還多。讀研究所時,先生開辦「論語講習班」,家師吳省常老師特別安排借住巫錦漳學長家,又支持交通費,讓我得以每週三天從臺北到臺中學習。同時也附帶旁聽了先生在東海大學中研所的「詩學

研究」，以及在中興大學夜間部中文系的「詩選」課程。

那時節，陳火爐校長是明倫講座的學員長。張清泉教授才師專三年級升四年級，上成功嶺參加大專暑訓，週日放假就到講座來。徐貴源學長正服預官役，逢例假日，穿著軍服來講座探望學弟。慧律法師那時尚未出家，還是大學生，承擔講座的總務工作，常看到他一手握騎單車，另一手提著大水壺，到講堂外的大茶桶為學員「加水」；輕鬆愜意，一派舉重若輕的瀟灑。講座課程緊密，我們一早出門，晚歸時，穿過熱鬧的中華路夜市回到借住的大樓。二十幾天的時間多次往返，同組有同學全心在功課上，渾然不知道有木瓜牛奶、烤玉米的夜市攤位。每週三傍晚，蓮友從四面八方漸次聚集來聽《華嚴經》。果清法師當時也還未出家，有時正巧跟在他後面，從中興大學旁的慈光育幼院，到柳川西路的慈光圖書館路上，會見到他逢廟必定從單車下來，到廟前時彎身，過了廟再騎上車。頗有以前孔廟下馬碑：「文武百官至此下馬」之風。

研究所畢業後入伍，退伍後南下屏東任教，不久先生捨報，臺中受學的這些好風景，在我生命中戛然而止，和臺中是整個的分隔了。一直到二〇〇六年先生往生二十週年，參加紀念活動，在學術研討會發表了一篇論文。而後又過了十年，在二〇一六年先生往生三十週年紀念活動，參與先生原音重現的電子書發行，與省常老師共同承擔先生幾首唐詩教學的講課筆錄。再來就是二〇一九年開始的傳記執編工作了。

這樣一個不遠不近的關係，恰恰成就了承接這項重任的適切距離。

二、寫作立場

　　社會學或人類學的研究，常講究「局內人」和「局外人」的角色辨識。局內人熟悉內部非結構組織、清楚內部潛規則，但會有當局者迷的主觀性缺點。局外人比較能保持科學的客觀立場，但對內部潛規則與非結構性的關係，則相對陌生。好的研究者得要能入乎其中，又能出乎其外。但這非常困難，因為不只是研究者的問題，還牽涉到閱讀者的角度。我在寫作博士論文時，對學術的客觀性自許尚能保持自覺，但口考委員還是覺得論文中「護教」意味濃重。友人在某教團創立的大學任教，嘗慨言其難處道：「裡面的人，覺得我批評太多、讚美太少；外面的人，覺得我讚美太多、批評太少。」入乎其中，又能出乎其外的境界不易企及，像我這樣，和譜主有點關係，又有相當距離的，也許就恰好合乎非局內、非局外，亦局內、亦局外的角色了。

　　十九世紀以來，西方學者就開始關心歷史學和科學的差異：歷史學有沒有可能成為一門科學？如何才能成為一門科學？科學的本質在「求真」，史學則在求真的基礎上更要「求善」。我國史家更早在先秦、兩漢時期，就對歷史學的學科本質有過定性。司馬遷說，孔子作《春秋》的用意在「善善，惡惡，賢賢，賤不肖。」也就是要「寓褒貶」於歷史寫作。這是重視其道德哲學、倫理學的一面。班固讚司馬遷：「其文直，其事核，不虛美，不隱惡，故謂之實錄。」這是注重史實、鑑別真偽，科學的一面。

從理想來說，重視歷史事實的「求真」，和重視價值應當的「求善」，理當合而為一。但實作上，重視褒貶鑑戒的道德判斷，會有「為賢者諱」的取向；注重史實真偽的客觀實錄，則傾向「不為賢者諱」。「為賢者諱」有失真之嫌，「不為賢者諱」有不敬之虞。兩者間如何取捨？前賢在人情上有「不以小嫌疏至戚，不以新怨忘舊恩」的指點，此在史學的實作上即是「如實呈現」，不因後來發展而否定曾經過往。印順法師在《太虛大師年譜》中曾提出「重事實之原則，不依後以改前」，並舉例：「如大師與圓瑛之早年友誼，決不以晚年之扞格而故為歪曲。」印順法師編纂《太虛大師年譜》，不只於敘述史事時求真，且間加評論、判斷是非曲直以求善。此一夾敘夾議的筆法，非後學所能仿傚，但敘事「重事實之原則」，則最所遵循，盡力達成。

　　關係不太近，受到人事是非情感糾葛之影響較少；不太遠，則於精神宗風之具體實踐可有較為親切的體會。只是後者不易，前者亦難。做為先生後學，不可能沒有感情上的影響，但盡可能維持一定程度的理性客觀與學術自律，自許並非一人一道場之護衛者，而是站在尊重歷史、尊重世界悉檀的立場，盡可能還原歷史現場，讓後學者認識：先生固然天賦甚高，卻非天生聖賢。真實呈現修行者成學的艱難歷程，從而學習面對挫折困頓的自我轉化；這或許才是歷史的主要價值吧。把修行者神化、聖化，反而會讓他遠離了人間。

三、寫作過程

憶昔編纂《聖嚴法師年譜》，從法師捨報，奉遺命續寫到定稿出版，為時七年；加上前期《七十年譜》的寫作時間，前後超過十年。炳南先生有關文獻材料相對多元且原始，費時恐多；期間蓮社多位師長先後往生，更覺時不我與。於是申請提早退休，學校兼課、各地演講一律婉謝，俾能全力寫作。省掉了備課、上課、輔導、會議……，更省下了出門通勤，工作時間於是從每天三三兩兩的零碎時間，擴大成 7-11。從早到晚，幾乎都在書房。上大學時，跟隨張元老師讀《資治通鑑》，老師指導讀書要領，其中「勤於伏案」最為困難。那時參加球隊、參加社團，忙得不亦樂乎，「伏案」要搶時間！如今伏案成為慣性，一坐三、五小時，難的倒是離開座位。於是定課改以禮佛為主，充當運動；頂樓種菜澆花、晒晒太陽，權作調劑。

寫作前期，大張網目，除了《李炳南老居士全集》、【數位典藏】等基礎文獻，期刊報紙、國家檔案、公私文書、耆舊口訪……，盡力蒐羅。而後依年月日一一排比對照，編成長編。有《全集》中的〈年表〉為基礎，再將先生詩作大致繫年，綱維既定，各宗文獻隨之一一就位。感覺像在拼綴萬片拼圖，有時是由大見小：從綱維來推估文件時間；有時則是由小見大：從文件時間回頭修正綱維。錢穆先生於清儒倡言之「考據明而後義理明」下一轉語曰：「義理明而後考據明」。編纂《年譜》時，亦深切體認：考據與義理，相駁

相輔而相成。

　　譜錄傳記，在記錄譜主做了哪些事、說了哪些話，此其立功與立言；更重要的是從這些行事與言語中，顯現出背後的精神風格，此為立德。行事與言語是具體的，精神風格是抽象的；沒有具象的言行，抽象的精神無從呈現；具象的言行背後沒有抽象的精神理念，則生命平淺缺少靈動深廣的力度。此猶龍身與龍睛的關係。年譜，期望能呈現龍之全身，一鱗一爪，精描細寫如工筆畫；但同時又期待能有點睛之效，單純概括如寫意畫，表顯譜主人品思想行誼之輕重與風采。

　　本譜於是採綱目體。各卷、各年以「大事」為綱，以下「譜文」為目；其下，又以「譜文」為綱、「引文」為目。從各卷各年「大事」，或卷末附錄的〈弘化志業總表〉、〈大事紀〉等表，掌握譜主的主要思想與行誼，再觀察其在不同的年代、面對不同的事件，做出相同或不同的應對，自可多分理解其不變與隨緣之取捨。

四、譜主特色

　　炳南先生少年任俠，及長仗義。典莒縣獄政時，遭逢世亂，然臨難不苟免，在兵匪圍城時縋城與之談判，多次拯城民於兵燹。政事之外，長於詩、書，深於儒、佛，金石、醫學、武術、植栽、樂器……又其餘事。

　　先生著述雖富，講授更多，且善說法要，雖常自稱是錄音機，取前賢往聖語重述而已，但實不只如此。重視古德注疏恪遵經學家法，是為對治「思而不學」；而為對治「學而不思」，課間課後之教學，常以提問方式引逗思考，並且於

無字書中提點，帶動學習。例如：《阿彌陀經》中「眾鳥演法」：五根五力七菩提分八聖道分。常見之依文解字，就只照著解說這五五七八幾個名相；但先生會提問：既然是教導三十七道品，為何不從前面三支四念處、四正勤、四神足教起？又如：《論語》「衛靈公問陳於孔子」，孔子回答後，第二天，孔子就離開衛國了。「為什麼？」先生說「讀書有如參禪，到老不悟，那是書呆子。」先生講學，不斷有「為什麼」的提問，促發學者思考。

　　積學既久，益以精思，每於講述，屢出新詮。如：講說《論語》「君子憂道不憂貧」時稱：「這種講法，是吾的開創。」解說〈大勢至菩薩念佛圓通章〉時，提示「念佛、憶佛」之生活應用；以唯識學揭示臨終「亂心位」之情狀；俱見精微。

　　先生自己善說勤說，也善於勤於教人說。一九五一年春，台中蓮社尚未成立，就先在寶善寺舉行「佛學講演訓練班」；翌年蓮社成立後，除接續原有之佛學講演訓練教學，又成立弘法團，分別於監獄及蓮友家庭宣講。先生自編教材，每週先行講習，而後外派。同時，又將國文補習班結業男女學員分別組建「文藝班」、「中慧班」，於春節、佛誕節，舉行「青年講演大會」，讓兩班學員登臺習講。「經學班」、「內典研究班」專為培養弘護人才固不必論，一直到晚年開辦的「論語講習班」，都期許學員不只是聽眾，而是要學會以後，講給別人聽。為培訓通俗講演與講經人才，分別編有《實用講演術要略》及《內典講座之研究》，俱為指點學習

之軌範。一九六一年起，陸續為大專佛學青年開設「慈光講座」、「明倫講座」，編訂有《佛學概要十四講表》等六門科目授課。各校佛學社團幹部，參加講座後返校，即以此為教材，邊講邊複習深入，六門功課從此成為各大專佛學社團系統學習的核心科目。

對佛法之弘傳如此盡心盡力，對社會教育的推動與世間苦難之救濟，亦從來不落人後，更多見其創舉。如：二十歲時即組建通俗教育會，從事社會教育。典獄政時，在監獄裡施設職能教育，並於公餘從事社會教育。一時，莒縣社教成績甲於全省。來臺後，創設蓮社即同時成立國文補習班，一律免費教學。此一班隊延續至晚年，由論語講習班接續。另又創設佛教圖書館、兒童德育班、蓮友子弟輔導團、國學啟蒙班……，自兒童、少年，以至成人社會教育之推動，屢受主管機關之頒獎肯定。主持佛化婚禮，推動佛化家庭與家庭教育，更提升了白衣學佛的品質與數量。

慈善公益，則有早年在莒縣為戰亂喪命之兵匪流民收屍掩埋、為黃河水患難民成立救濟會；抗戰期間擔任中央振濟委員會專員，在重慶大轟炸中救助災胞。來臺後，先是以中醫師為市民義診，蓮社成立後即開辦冬令救濟，延續迄今；風災、水災、火災等臨時救濟外，長期興辦者有：為收留八七水災遺孤而成立育幼院、為施醫安老成立救濟院；直至晚年猶成立各項慈善公益基金。各項利生公益事業雖是隨順機緣而成就，而其隨緣而不變之內在，則是大乘佛法慈悲平等精神充分流露之切願。對蓮友的臨終關懷、助念往生，包

括開頂、贈送光明咒砂、陀羅尼經被、組織念佛班、助念團，更是對佛教徒向上一著的接濟。

助人濟世、說法勝進……，這些行持都來自先生之勤學和篤行。先生自述少年時期曾經荒學，弱冠後醒悟立志向學，從此勤習不輟，到老彌堅。詩作既成，請師友指正，而自己修改更勤，手稿可見多次塗抹之痕跡。甚至已經刊行，猶見改動，始成定稿。讀書為唯一嗜好，不出門辦事，就是在家讀書。曾指著滿屋書櫃對弟子說，架上書不是擺好看的，可以隨意抽一本考問。勤學精思，因此，日有進境。講學時，常提示：「這個講法和十五年前講法不同」，「這個講法，六十歲時講不出來。」

學問之外、篤於行持。自律嚴謹，護生於平常、守分於日常。物有定位、日有定課。即便帶領大眾共學共修後，夜返寓所，仍要完成自修定課。定課之外的所有時間，不論是行住坐臥、穿衣吃飯，或是事事迴向，都是修習從〈大勢至菩薩念佛圓通章〉領會來的「憶佛」功夫。

最讓我驚奇的是，先生晚年創設「論語講習班」，特別強調「學《論語》，學做人」，要以此來為學佛打好基礎。聖嚴法師晚年提倡「心六倫」，強調把人做好來學佛。一位提倡往生西方淨土，一位提倡建設人間淨土，兩位大德生年相去四十齡，捨報相距二十年，但在德學最成熟的晚年，如此一致地提倡重視人倫，寧無深意耶？

五、申謝與迴向

前賢徐復觀先生在發表文章前,常請好友過目,他戲稱此為「學術揩油」。因為好友提出的批評和修正,都是長久積學的心得,出於友情,不惜捨去先發來貢獻。這本《年譜》成書過程,屢承諸多師長、學校同事、教界及學界好友協助,心裡也常升起同樣的感念。諸位師長以及許多識與不識,乃至未記名者,或助砂、石、磚、瓦,或助門、牆、棟、樑,都是受炳南先生感召,愛屋及烏而護持協助者。叨受愛顧,難以回報,謹再申謝忱。

寫作期間,正逢疫情熾盛。多位至親師友捨報,謹致悼懷,時念無常。更至心迴向,願生者逝者,皆得身心安寧,各自安好。虔心祝禱,聞見眾生,信願行滿,見佛聞法,咸得法樂。

林其賢

甲辰十二月,炳南先生一百三十六歲冥誕紀念日

林其賢

因高中導師吳省常老師啟蒙學佛
先後依李炳南、劉梅生大德學法
並從懺雲法師、印順法師、星雲法師、聖嚴法師受皈戒
曾任大學佛學社社長、大專佛學社團指導老師
學術專長為隋唐佛學、宋明理學、佛教生死學

學歷
東吳大學中國文學系學士、碩士
國立中正大學中國文學系博士

經歷
國立屏東大學中文系教授
玄奘大學臺灣佛教研究中心研究員
上海大學禪文化研究中心研究員
東方設計大學董事
聖嚴教育基金會董事
聖嚴書院規劃建置
法鼓山佛教基金會佛學弘講師
法鼓山僧伽大學佛學教師
國立屏東商業技術學院主任祕書、研發長

主要著作
迎向現實人間：聖嚴法師的倫理思想與實踐
聖嚴法師年譜
聖嚴法師人間行履
李卓吾的佛學與世學
李卓吾事蹟繫年

申 謝

　　本書得以完成，仰賴各方諸多協助。文獻方面，除已列在「徵引文獻」或「注腳」出處中敬表謝意，要特別致敬的是，提供基礎文件，構成年譜根本的下列文獻、資料庫：

　　李炳南老居士全集編輯委員會（主任委員：徐醒民），《李炳南老居士全集》。

　　台中蓮社（總召集人：吳聰敏，主持人：周玟觀），《李炳南教化作品與生活紀錄數位典藏計畫》。

　　台中蓮社，《台中蓮社檔案》（日誌、年度報告、會議紀錄、口述歷史、照片）。

　　明倫月刊編輯部，「明倫月刊資訊網」。

　　香光尼僧團，「佛教期刊查詢系統」。

　　黃夏年，《民國佛教期刊文獻集成》、《補編》。

　　法鼓文理學院，「《民國佛教文獻期刊集成》目錄索引」。

　　國史館，「檔案史料文物查詢系統」。

　　國家檔案閱覽中心，「國家檔案資訊網」。

感謝這些機構付出極大智慧心力的工作人員，以及提供這許多照片、文書、稿件等文獻資料，助成這些偉業的大德。

　　師友方面，首先要感謝台中蓮社「年譜編輯小組」。台

中蓮社為成就先生年譜，特別成立了這個支持小組，邀請多位師長作為諮詢顧問。小組諸位委員，長期經我頻繁提問、請求，總是即時回應，耐煩任勞，顯見先生德風。吳聰敏（希仁）老師、陳雍澤（任弘）老師、吳碧霞（省常）老師為「內典研究班」研究生，親炙先生日久，提供詳細而工整的聽課筆記與豐富的見聞，填補年譜許多空白。

黃潔怡、鍾清泉二位《明倫》前後任主編，對先生著述十分熟稔，又各有多篇譜主行蹤參訪紀錄，提供許多現地訊息。另，黃潔怡老師收存先生聘書、書信、手稿、印章、通訊錄等文獻，完整豐富。

張清泉老師擅長詩學、書法與國樂，先生詩作、手稿，以及來往書信之識讀偏勞最多。詹前柏主任、連文宗老師熟諳蓮社及聯體機構典章典故，提供資訊了解背景因緣。紀海珊老師為年譜重要推手，與老蓮友、講座學員熟稔，聯繫商量，盡心盡力，兩岸聯繫亦勞駕許多。行政支援則有蓮社董事長張式銘、前後兩任社長王明泉、陳雍政，以及賴建成、詹曙華兩位主任。張董事長長年關懷老蓮友，與老蓮友來往密切，近年帶領團隊採訪老蓮友，留下許多寶貴的口述紀錄。社長更指派詹曙華主任為蓮社窗口，協助處理文件檔案調閱等工作。詹主任為炳南先生數位典藏的承辦人，對先生文獻十分熟悉，是檔案管理與文書高手。

編輯小組原來是不定期的諮詢備援，主要是回應我在通訊軟體群組中提出問題、請求支援。及至初稿粗完，即轉成定期集會，一方面幫忙校對，再者對有疑問或模糊待確定的部分，集會參商印證；屢次細心交叉比對，填補不少失落的

印記。更多時候，經由集會交流，引動更深的熱切與願行，散會後回家，翻箱倒櫃、極力搜尋陳年舊物。一幀照片、一張講義、一頁筆記，都是拼湊大鵬身影的吉光片羽。弟子們敬重這些文物，猶如受之先生的身體髮膚，珍若拱璧；這些細心收藏的照片、文獻，充實了年譜內容，而一次次的精細校對更提升了文字品質，使本書得以目前堪稱精良的面容呈現。菩提仁愛之家董事長吳聰敏老師在百忙中受推舉擔任小組召集人，召開會議時，每每申明：「這些建議提供編者參考，由編者作最後決定。」對諸位委員的充分信任與尊重學術的節制，深生敬佩，謹申謝忱。更要謝謝聰敏老師在法務繁重之餘，撥冗賜序，提示炳南先生教法精神。

文獻尋訪過程，有賴諸多助緣，不論於譜主緣深緣淺，與筆者識與不識，皆受譜主感召，極力護成。蓮社前社長王炯如居士、陳火爐校長，任職日久，親炙先生也多，提供多項親歷見聞。臺中科技大學洪錦淳老師，其博士論文以炳南先生為研究主題。知道年譜編纂啟動，即將多年搜集相關文獻及整理表單傾囊相授，為年譜添加許多薪柴。

蓮社徐隆華組長，為徐醒民老師公子，提供多件徐老師筆記。華嚴講座日期進度，即係參照徐醒民、吳聰龍、吳碧霞、王志賢四位老師筆記而確認。江逸子、王瑋中、郭基發諸君，曾任職至聖奉祀官府，提供多件官府珍貴文書，並協助理解歷史背景。謝嘉峰、謝智光父女，提供智海學社及太虛紀念館建築相關資料。游青士，為周慧德、游俊傑後人，父祖三代與先生關係密切；鄭如玲，為先生侍者鄭勝陽老師之令媛；二位收存先生照片文件甚多，均慨允借用。菩提仁

愛之家董事長特別助理倪榮隆、許克綏令媳趙麗真，嫻熟機構文書檔案，提供早期蓮社暨聯體機構許多歷史文件。

慈光講座早期學員蕭金松、楊惠南、林世敏、鄭振煌，中興大學中文系、東海大學中文研究所以及早期畢業學長如宋丘龍、王家歆、李建崑、李建福，協助了解先生教學實況。其間亦有勞東海大學嚴瑋泓教授多次居間協助。

屏東大學中文系同事朱書萱教授，為書法專業，協助書畫題跋之解讀校正。中國醫藥大學董事會祕書黃煜光提供董事會紀錄等訊息。六龜育幼院楊子江院長、劉行健組長，高中同學王天宇將軍，協助訪尋山東同鄉資料。屏東屏安醫院黃文翔院長、中研院單德興特聘研究員、政治大學林其昂教授，協助訪查資料並對年譜體例多所提示。

臺中學友蔡孟秩、洪雪香伉儷幫忙校閱初稿，又與廖順得、紀俊吉一起陪同尋訪文物；臺中學友陳麗馨、臺南學友涂藻芬，協助尋訪舊期刊。中華大學講座教授賴清祺、郭惠連伉儷，臺中學友林繁雄、蔡麗姿伉儷，高雄學友黃俊龍、陳秀蓮伉儷，屏東學友翁順祥、高梅芳伉儷在寫作期間多所關注繫念，充分支援。

遠在海峽對岸的助緣則有：山東莊陔蘭先生令曾孫莊德潤、王獻唐令孫王福來、孔令煜令孫孔眾、屈萬里令孫屈煥新、呂今山令孫呂偉、莒縣地方史志辦公室張同旭，以及曲阜孔子博物館，此皆有賴譜主令孫女李珊居間聯繫，尋訪家譜、公私文書等文獻，並辨識內容提供背景資訊。李珊同時又以先生《詩集》精校年譜初稿，訂正許多失誤。另有上海大學成慶教授、博士生賴學輝，南京大學邵佳德教授，協助

尋查文獻。

年譜寫作計畫歷時多年，先後擔任助理有東海大學日文系曾冠予、屏東大學中文系碩士班李維珊、中興大學中文系博士班李庚道。李庚道協助時間最長，貢獻亦多。先生蒞臺以前詩作繫年，即由其以王志賢老師初擬之「雪廬詩稿繫年」為基礎，再加細考而來。

慧炬雜誌社、慈光圖書館、法鼓文理學院圖書館、臺灣大學圖書館、高雄師範大學圖書館、屏東大學圖書館、國家圖書館，或提供照片文獻，或慨允參訪使用，同致敬謝。

此外，尚有多位師友，或不願記名、或輾轉託請未及留下大名，亦有個人失記者，都是因為身受先生德召而思回報，我卻是直接承受其益而無以回報。謹此敬致謝忱，感謝諸位無私的協助護持。

本書從開始擬稿起，便承蒙資深編輯胡琡珮提供非常專業的建議，並協助後續的編輯、排版，乃至付印。期間，多次校對改稿，不斷清稿重排。原先約定三校文稿，但初稿編成後，一年多來又增刪校改了多處多次，恐不只七校八校了，勞煩費心費力甚多。而且，胡居士不只是編排專業，對學科也非常內行；不但找到文獻原文出處來校對文句，對格式、稱謂等前後不一致的細微處亦均挑出、一一提醒。非常幸運有這麼專業的編輯協助出版。

二〇二四年初，適逢聯經出版慶五十週年，因緣殊勝，書稿蒙素孚眾望的聯經公司雅愛，得陳芝宇總經理、涂豐恩總編輯、陳逸華副總編全力協助出版事宜，實乃先生德感之美遇。

林家手足、郭家家人，長期以來，在精神上、在衣食上，對我們充分支持，問候關懷，愛顧有加；使我們無所顧慮，得以全力寫作；是我們最重要的外護同行善知識。非常感謝。

　　我們家一向以書房區分工作：「男主內、女主外」，書房外主中饋等生活起居事務由內人郭惠芯承擔。本書寫作期間，她又要扮演全職祕書，負責聯繫協調、照相記錄訪談等書房外之外的工作。不敢言謝，謹誌紀念。

目 次

▌ 第壹冊

李炳南居士年譜序 / 吳聰敏 5
自序 9
申謝 21
體例 35

■ 譜前
名號、家世、簡歷 41

■ 正譜
第一卷　爇餘稿（魯）1891-1937
1891 年（清光緒 16 年‧庚寅）誕生 57
1894 年（清光緒 19-20 年‧癸巳－甲午）5 歲 63
1895 年（清光緒 20-21 年‧甲午－乙未）6 歲 65
1900 年（清光緒 25-26 年‧己亥－庚子）11 歲 70
1903 年（清光緒 28-29 年‧壬寅－癸卯）14 歲 74
1904 年（清光緒 29-30 年‧癸卯－甲辰）15 歲 75
1908 年（清光緒 33-34 年‧丁未－戊申）19 歲 79
1910 年（清宣統元年 -2 年‧己酉－庚戌）21 歲 81
1911 年（清宣統 2-3 年‧庚戌－辛亥）22 歲 87

1912 年（民國元年・辛亥－壬子）23 歲 89
1913 年（民國 2 年・壬子－癸丑）24 歲 93
1914 年（民國 3 年・癸丑－甲寅）25 歲 95
1915 年（民國 4 年・甲寅－乙卯）26 歲 101
1916 年（民國 5 年・乙卯－丙辰）27 歲 102
1918 年（民國 7 年・丁巳－戊午）29 歲 106
1919 年（民國 8 年・戊午－己未）30 歲 109
1920 年（民國 9 年・己未－庚申）31 歲 115
1921 年（民國 10 年・庚申－辛酉）32 歲 123
1922 年（民國 11 年・辛酉－壬戌）33 歲 130
1923 年（民國 12 年・壬戌－癸亥）34 歲 131
1924 年（民國 13 年・癸亥－甲子）35 歲 135
1925 年（民國 14 年・甲子－乙丑）36 歲 137
1927 年（民國 16 年・丙寅－丁卯）38 歲 139
1928 年（民國 17 年・丁卯－戊辰）39 歲 147
1929 年（民國 18 年・戊辰－己巳）40 歲 158
1930 年（民國 19 年・己巳－庚午）41 歲 163
1931 年（民國 20 年・庚午－辛未）42 歲 180
1932 年（民國 21 年・辛未－壬申）43 歲 192
1933 年（民國 22 年・壬申－癸酉）44 歲 198
1934 年（民國 23 年・癸酉－甲戌）45 歲 200
1935 年（民國 24 年・甲戌－乙亥）46 歲 213
1936 年（民國 25 年・乙亥－丙子）47 歲 230
1937 年（民國 26 年・丙子－丁丑）48 歲 251

第二卷　蜀道吟（川）1938-1945

1938 年（民國 27 年・丁丑－戊寅）49 歲 270
1939 年（民國 28 年・戊寅－己卯）50 歲 313
1940 年（民國 29 年・己卯－庚辰）51 歲 343
1941 年（民國 30 年・庚辰－辛巳）52 歲 367
1942 年（民國 31 年・辛巳－壬午）53 歲 389
1943 年（民國 32 年・壬午－癸未）54 歲 413
1944 年（民國 33 年・癸未－甲申）55 歲 436
1945 年（民國 34 年・甲申－乙酉）56 歲 447

第三卷　還京草（京）1946-1948

1946 年（民國 35 年・乙酉－丙戌）57 歲 466
1947 年（民國 36 年・丙戌－丁亥）58 歲 496
1948 年（民國 37 年・丁亥－戊子）59 歲 534

第貳冊

第四卷　浮海集・上（臺）1949-1961

1949 年（民國 38 年・戊子－己丑）60 歲 584
1950 年（民國 39 年・己丑－庚寅）61 歲 668
1951 年（民國 40 年・庚寅－辛卯）62 歲 726
1952 年（民國 41 年・辛卯－壬辰）63 歲 804
1953 年（民國 42 年・壬辰－癸巳）64 歲 890

1954年（民國43年・癸巳－甲午）65歲 946

1955年（民國44年・甲午－乙未）66歲 1016

1956年（民國45年・乙未－丙申）67歲 1086

1957年（民國46年・丙申－丁酉）68歲 1137

1958年（民國47年・丁酉－戊戌）69歲 1192

1959年（民國48年・戊戌－己亥）70歲 1257

1960年（民國49年・己亥－庚子）71歲 1333

1961年（民國50年・庚子－辛丑）72歲 1408

第叁冊

第五卷　浮海集・下（臺）1962-1970

1962年（民國51年・辛丑－壬寅）73歲 1486

1963年（民國52年・壬寅－癸卯）74歲 1548

1964年（民國53年・癸卯－甲辰）75歲 1631

1965年（民國54年・甲辰－乙巳）76歲 1720

1966年（民國55年・乙巳－丙午）77歲 1799

1967年（民國56年・丙午－丁未）78歲 1887

1968年（民國57年・丁未－戊申）79歲 1941

1969年（民國58年・戊申－己酉）80歲 2007

1970年（民國59年・己酉－庚戌）81歲 2119

第肆冊

第六卷　辛亥續鈔（臺）1971-1982

1971 年（民國 60 年・庚戌－辛亥）82 歲 2187

1972 年（民國 61 年・辛亥－壬子）83 歲 2268

1973 年（民國 62 年・壬子－癸丑）84 歲 2350

1974 年（民國 63 年・癸丑－甲寅）85 歲 2422

1975 年（民國 64 年・甲寅－乙卯）86 歲 2541

1976 年（民國 65 年・乙卯－丙辰）87 歲 2632

1977 年（民國 66 年・丙辰－丁巳）88 歲 2728

1978 年（民國 67 年・丁巳－戊午）89 歲 2829

1979 年（民國 68 年・戊午－己未）90 歲 2942

1980 年（民國 69 年・己未－庚申）91 歲 3029

1981 年（民國 70 年・庚申－辛酉）92 歲 3115

1982 年（民國 71 年・辛酉－壬戌）93 歲 3208

第伍冊

第七卷　雪窗賸餘（臺）1983-1986

1983 年（民國 72 年・壬戌－癸亥）94 歲 3283

1984 年（民國 73 年・癸亥－甲子）95 歲 3374

1985 年（民國 74 年・甲子－乙丑）96 歲 3471

1986 年（民國 75 年・乙丑－丙寅）97 歲 3597

- **譜後**

  1987 年（民國 76 年）先生往生 1 年 3678
  1988 年（民國 77 年）先生往生 2 年 3685
  1989 年（民國 78 年）先生往生 3 年 3696
  1990 年（民國 79 年）先生往生 4 年・百歲冥誕 3704
  1991 年（民國 80 年）先生往生 5 年 3706
  1994 年（民國 83 年）先生往生 8 年 3708
  1995 年（民國 84 年）先生往生 9 年 3709
  1996 年（民國 85 年）先生往生 10 年 3710
  1997 年（民國 86 年）先生往生 11 年 3716
  1998 年（民國 87 年）先生往生 12 年 3718
  2000 年（民國 89 年）先生往生 14 年 3719
  2002 年（民國 91 年）先生往生 16 年 3720
  2003 年（民國 92 年）先生往生 17 年 3721
  2004 年（民國 93 年）先生往生 18 年 3722
  2006 年（民國 95 年）先生往生 20 年 3723
  2007 年（民國 96 年）先生往生 21 年 3730
  2008 年（民國 97 年）先生往生 22 年 3732
  2010 年（民國 99 年）先生往生 24 年 3733
  2016 年（民國 105 年）先生往生 30 年 3736

- **附錄**

  附錄一：李炳南居士弘化志業總表 3742
  附錄二：李炳南居士大事紀 3746

附錄三：李炳南居士來臺後職務 3796

附錄四：李炳南居士來臺後講經繫年 3798

附錄五：李炳南居士重要開示繫年 3804

附錄六：李炳南居士著述繫年 3811

附錄七：《雪廬寓臺文存》繫年 3814

附錄八：李炳南居士任教大專講座一覽 3817

附錄九：李炳南居士任教大學紀錄 3819

附錄十：李炳南居士追思會各界輓詩輓聯 3821

附錄十一：人物小傳索引 3831

附錄十二：徵引文獻 3837

體 例

一、主旨

本書記錄李炳南居士一生行事德學,完整呈現其人格行誼與學思歷程,及其對國家、社會與佛教的貢獻。

依據傳統史傳立德、立言、立功三面向,年譜錄記大致包括:譜主個人**精神修為、思想主張,以及公共事務的參與**,包括組織用人領導乃至經營制度的建立。

二、結構

1. **本書分為年譜、圖冊兩部分**。年譜收存學思、著述、書函、詩歌、文書等文字紀錄,圖冊則收存照片、手稿、書函、題字等圖像紀錄。圖文各繫年相輔互見。

2. 年譜分為:譜前、正譜、譜後,並附錄相關表件。**正譜分卷,依譜主《雪廬詩集》之分冊再參酌西曆紀年,卷名亦以該《詩集》之分冊書題為卷名**(《發陳別錄》除外),期符應譜主以詩作為日記之心曲。《雪廬詩集》有詩二千零二十八首,約十二萬字,為先生生平珍視之著作,分類編纂不假他人。本書編年基本上遵循該《詩集》排序,除非有明確證據,否則不輕易更動。

3. 正譜依序列:卷大事、年大事、譜文、引文、案語,出處於各頁列腳注。

三、體裁格式

1. 本書為編年體，以月繫年，以日繫月，以事繫日；將譜主一生事蹟繫年。事蹟時間未詳，無法繫日者，繫於旬之末、月之末、季之末、年之末，無法繫年者則繫於某一時期之末。事蹟跨越數日者，先總述該事，再別述各日行事。

2. **譜主年歲以「虛歲」計**，紀年以西曆為主，加注國曆，間附夏曆或佛曆，以知當時活動慣例。居重慶時紀事，多採孔德成先生《日記》，該書紀年在一九四〇年十二月三十一日以前，以夏曆紀年；一九四一年起，則採陽曆兼注夏曆。

3. 各日紀事均標示月份，並於單頁耳題標示紀年，以便檢索。

4. 先生蒞臺後，講經、講演、共修活動漸趨定期以週次為頻率。一九四九年三月起，譜文紀日之後括弧加注星期以方便查索。如：「一月三日（四）」，指一月三日、星期四。

5. 敘寫事蹟，採綱目體，**以「譜文、引文、案語」三層敘寫**。譜文為綱，引文為目；綱目之間或為詳略，或為互補。重要或來往密切人事或有考證須加說明者，酌加案語，或錄小傳。

6. 譜文言必有據。引文、案語所引資料，均注明出處，以資覆核查考。至於友朋小傳，僅供了解交誼大概，除有細考，否則未必一一注記出處。各週課程出處相同者，僅於首次注記出處，以省篇幅。重要事件之照片或文獻，收錄於《圖冊》供查考，《圖冊》中各件為台中蓮社或【數位典藏】收

藏者，不再注記出處。引用文獻，盡可能上溯原始資料。依一手文獻、二手文獻等優先次序考量其信度。相關人物之口述回憶，亦盡可能交叉查證。至於孤例無徵者，或信或否，則視情理適度推斷以決定是否採用。

7. 引文取材多有節略，為免太多刪節符號影響閱讀，**節略處不使用刪節號**。研究者務請依出處取讀原文。原始文件各種挪抬、平抬等文書格式，併同省略。若疑有錯字、衍字、脫字，補入〔　〕內；罕用字後亦以〔　〕列常用字；如：「江南梯〔柿〕葉罕成堆」。缺字未識字以□表示。引文用字與現行規範用字有異者，原則上保持原文不予改動。

8. 《李炳南老居士全集》未收見者，於出處後附注以供後續補遺查考。

9. 譜主立說甚廣，**引文於譜主著作省略作者名**，以免繁複。各種講經、講演，擔任譯語、記錄者儘量著錄，以表尊重，亦以見其法務成就之助緣。

10. 同一文件載錄於不同時間，採別裁或互著之法，引文儘量不重出。重要事件或人物，亦互見串聯，以見人事之全。藉此略補編年體割裂事件之失而有紀事本末體之效，讓全書為立體之關聯。如：一九五四年創辦「兒童德育班」，此與一九七五年興辦之「蓮友子弟輔導團」，一九八二年開辦之「國學啟蒙班」為系列發展，注記互見。

11. 為求實體書與網路數位版之版式一致，並考量網頁網址出處之注記呈現，本書行文採橫書方式。

四、取材

　　本書取材以《李炳南老居士全集》（以下簡稱《全集》）及「李炳南教化作品與生活紀錄典藏計畫」（以下簡稱【數位典藏】）為主，相關史料為輔。包括：譜主相關手稿、書函、題字、照片、當代佛教期刊文獻、公文檔案，以及師友學生之傳記、訪談、著述、筆記。

　　1. 私文書：書函箋條，此為個別來往關係，常能顯現譜主真性情。

　　2. 公文書：公文檔案、會議紀錄，能呈現成事之因緣，而不只是成果之展現。各種規章制度如社風、班訓、組織章程、推行辦法等，或為精神方向提示，或為辦事之依據，見出組織領導風格與管理方法技術，亦多加採錄。會議紀錄為個人思想轉化為集體實踐之重要憑依，於志業之開展關係重大。唯會議紀錄之各項報告或提案只載錄譜主相關者，如：只錄提案第二案、第五案，並未將第一案至第五案，每案皆錄。

　　3. 綜合學行與公私各面，譜主在精神思想方面的主張、組織管理制度的建立、個人與公共事務的實踐。

五、記事

　　1. 譜主生平、學問歷程以及志業發展，為記錄重心。其重要著述、有意識之行動、與時人時風時事之接觸，諸如：性情、志願、行為、思想、境遇、家教、師傳、友箴、思想發展、時人議論等皆所記述，而譜主志意所在之：儒佛教育、

社會教化、淨土法門、居士學法……等，尤為記述重點。

2. 全部著述以書為單位繫年，重要論著以篇為單位繫年。早期文字未見收於《全集》者，以及弟子錄記之各類講演開示筆記，**或尚未刊行，或發行未廣，盡可能多錄。《全集》已收錄者，視程度摘要**；詩作以首為單位，視程度繫年月日，選錄能反映重要事件或譜主思想者。

3. 譜主至親師友遭際以及關係重大之時事，間亦錄載以見時局環境之大概。譜主長年擔任至聖奉祀官府幕僚長，尤其是一九三八年至一九四九年，自曲阜至重慶、再往南京、臺中，與奉祀官孔德成先生朝夕相處，關係密切，因此著錄至聖奉祀官行事亦多，以見譜主生活之景況。患難之交如呂今山、王獻唐、屈萬里、朱鏡宙等，亦同。

4. 譜主創設之各機構、組織及成員之活動，與譜主關係重大，**蓮社創建十年內活動擇要著錄**，以見其影響。此後則以著錄譜主活動為主。

5. 週期性活動，如任教大學課程、例行講經，仍依週依月呈現活動內容以見其行事之實況。唯某些時段因文獻無徵，如一九七五年九月任教東海大學，未能確知每週授課時段，僅能於學期始末登載，未能詳列每週授課行止。

六、稱謂

1. 譜文中，稱譜主為「先生、炳南先生」。引文中有稱「先生、老師、李老師、老居士、雪公」而未名者，係為原作者所稱，概照錄原文未予更動。

2. **本譜採「臨文不諱」**，除譜主之師長、直屬長官以及

出家大德外，恕未敬稱。諸大德名諱除非以字號行世，眾所熟知外，均稱名而不稱字號。

　　3. 注記文獻出處時，**依學術慣例及圖書管理規範，皆直書姓名**，如：釋印順：《太虛法師年譜》、李炳南：《雪廬詩文集》。

　　4. 原文發表時使用代名（筆名、法名……），如能考得本名者，於注解出處作者欄位後括弧注記；於附錄「**徵引文獻**」中則本名列前，代名置入括弧中。

七、略稱

　　1. 機構略稱：台中市佛教蓮社，簡稱「台中蓮社」或「蓮社」。菩提救濟院，簡稱「救濟院」。菩提救濟院附設菩提醫院，簡稱「菩提醫院」。慈光圖書館，簡稱「慈圖」或「慈館」。慈光育幼院簡稱「慈院」。

　　2. 雜誌均略去雜誌、月刊、半月刊等通名，只稱：《覺群》、《覺生》、《人生》、《菩提樹》、《慈光》、《明倫》、《慧炬》。

　　3. 著述略稱：《李炳南老居士全集》，**簡稱《全集》**。《李炳南居士年譜圖冊》，**簡稱《圖冊》**。《全集》總目冊中之〈李炳南老居士年表〉，**簡稱〈年表〉**。

　　4.「臺中蓮社宗教文物資料──李炳南教化作品與生活紀錄典藏計畫」（http://www.lbn.nchu.edu.tw/intro/super_pages.php?ID=intro1），**簡稱【數位典藏】**。

譜前：名號、家世、簡歷

李炳南居士（1891-1986），名豔，字炳南，號雪廬，法號德明。以字行。居蜀時，密友嘗戲稱「雪僧」、「雪和尚」，因而亦有以雪僧為筆名。故鄉濟南以泉多聞名，於是又自號「七二泉人」。來臺後，名居處為「寄漚軒」，因亦以寄漚、寄漚生為名。

　　名字：一九二〇年，先生三十一歲，至莒縣任職時名錄載記：「李豔，字炳南」。[1] 至一九三八年三月，經太虛大師介紹，加入中國佛學會，會員證書上是以「炳南」為名。一九四二年六月，行政院長孔祥熙擔任振濟委員會委員長，聘先生為該會專員，所發派令亦以「炳南」名。先生以字行，當自旅渝時開始。

　　雪廬、雪叟：一九三一年，四十二歲時，彙集多年詩作為《雪廬吟草》。先生〈題林青坡女士臨王獻唐雪廬圖・序〉云：「雪廬者，故里齋之榜也。[2]」知此原為

---

1 莊陔蘭等：《重修莒志》第 8 卷（莒縣：新成印務局，1936 年），「職官表」，頁 1。以下各節引據出處，除須特別說明，均詳見各年日譜文。

2 李炳南：〈題林青坡女士臨王獻唐雪廬圖・序〉，《雪廬詩集》，《全集》第 14 冊之 1，頁 353。

故鄉書齋名。先生題贈多有自署「雪廬」、「雪叟」；[1]晚年，人多敬稱「雪廬老人」、「雪公」，緣於此。

德明：一九三二年八月，皈依三寶時，印光大師授此法名。日後與印光大師通信，皆用此法名。一九三六年，求受五戒、菩薩戒時，所發戒牒亦均沿用此法名。一九五二年三月《覺生》第二十一期起，至同年十一月第二十九期，先生有「素菜譜」專欄，於目次頁標記皆以「德明」為名，內頁則或以本名或以法名。

雪僧：一九四三年九月二十六日，王獻唐致函先生，稱「大和尚」。一九四八年二月三日，孔德成先生書近日詩作兩首並臨「季良父壺銘」，題贈炳南先生，落款有「近作兩首錄奉雪廬大和尚政」。一九四六年，先生撰有〈歌樂山蓮社成滅因緣及修眾的感應〉，以「雪僧」名。[2] 晚年題贈，亦有以「雪僧」名者。[3]

七二泉人：濟南有「泉城」之稱，因城內有百泉爭湧，較著名者有七十二泉眼。如：趵突泉、黑虎泉、珍

---

1 如〈楚石大師淨土詩〉（《雪廬老人題畫遺墨》，《全集》第 16 冊，頁 30），署名「雪廬居士」；〈孝經詩〉、〈孝慈雙運〉（《雪廬老人題畫遺墨》，《全集》第 16 冊，頁 32、33），署名「雪叟」。

2 雪僧：〈歌樂山蓮社成滅因緣及修眾的感應〉，《淨宗隨刊》第 3 期（1946 年 10 月）；收入黃夏年主編：《民國佛教期刊文獻補編》第 76 卷，頁 358-359。

3 〈殘燭〉、〈計時鐘〉（《雪廬老人題畫遺墨》，《全集》第 16 冊，頁 38、39），署名「雪僧」。

譜前：名號、家世、簡歷

珠泉等。先生有印章「七二泉人」。[1]

寄漚、寄漚生：一九四九年十月，中秋節，為臺籍耆宿呂默庵居士大作《默庵雜著》撰〈序〉，有「序於寄漚軒」；一九五四年六月，撰〈內典講座之研究〉，文末有「識於綠川南畔寄漚軒」。至一九六五年八月，遷居正氣街九號寓所，名以「寄漚軒」，是先生旅臺多以「寄漚軒」為住所名。一九五一年三月，以「寄漚生」名發表〈臺中市佛化進展的大概〉於《人生》月刊。[2]一九五二年五月《覺生》第二十三期起，先生「佛學問答」專欄，皆以「寄漚」為名。[3]

【案】先生名號，多有來自其書齋、寓所等住處名者。其住處取名，除雪廬、寄漚軒外，居重慶歌樂山時，間有以「俯翠軒」名者，如：一九四二年二月，為王獻唐「千秋萬歲瓦、富範瓦當」拓本題詩，落款為「歌樂山俯翠軒」。旅臺後，常以「寄漚軒」為居室名，偶亦有以「四無量齋」為名者，如：為斌宗法師《白話心經要釋》撰序（見1953年1月8日譜文）、

---

1 1943年3月31日，先生去函王獻唐，錄附日前與孔德成先生等君至歐家灣賞花紀事詩：〈野讌歐家灣賞桃李〉，詩後落款用章為「七二泉人」。見《圖冊》，1943年圖2。

2 寄漚生（李炳南）：〈臺中市佛化進展的大概〉，《人生》第3卷第2期（1951年3月15日），頁5-6。文末南亭法師及編者注記指出：此文乃先生應該刊臺灣佛教特輯而寫。

3 周家麟有《八識規矩頌講述筆記》（臺中：明倫月刊社，2020年9月，據1970年10月10日，台中蓮社謙益念佛班版本印行），題為「泡居士（雪廬老人）講述」。當亦「寄漚」同義。

題贈許祖成〈山寺〉。[1]

生於一八九一年（民國前二十一年）一月十六日，即清光緒十六年，歲次庚寅，夏曆臘月初七日。卒於一九八六年（民國七十五年）四月十三日，夏曆丙寅三月初五日，清晨五時四十五分，春秋九十有七。

世居山東省濟南府歷城縣，南券門巷。

  歷城，歷朝皆為省、府、縣，三級政府治所；山東省長公署、濟南道署、縣公署皆在歷城。濟南，現改市，為山東省省會；歷城，現為濟南市市轄區。

遠祖為明代人，入清不仕。曾祖父銑，曾祖母楊氏。祖父景純，祖母趙氏。父壽村，母翟師遠。[2] 曾祖銑精通武藝，門人膺任武官者多人。祖父景純飽讀詩書、樂善好施。父壽村為溫文儒雅之純讀書人。母翟氏，能幹有文化。先生受教於祖父及慈母者多。

  炳南先生嘗云：吾高祖為明代人，卒於清，入清不仕，故其碑云：「清故處士朝陽公之墓。」先生釋曰：「朝陽者，山之東，謂之朝陽；山之西，謂之夕陽。」

---

[1] 〈山寺（之二）〉，《雪廬老人題畫遺墨》，《全集》第16冊，頁62。

[2] 李鴻儒主編：〈新修宗譜：李炳南世系〉，《世界李氏宗譜》（臺北：世界李氏宗親總會宗譜纂修委員會，1978年12月10日初版），第二輯，卷九，頁312。

譜前：名號、家世、簡歷

　　高祖身處明末清初之際，不仕二姓，氣節凜然。曾祖銑公精通武藝，門人之中，膺任武官者多人。家中留存很多各種武器，自幼濡染，身懷絕技，劍法高明。祖父景純公也飽讀詩書，宅心仁厚，樂善好施；每年春節過年前，一定清理佃農租券，尚未納租者，即取券焚之，不予催討，因此深得鄉里敬重。[1]

　　先生公子李俊龍曾憶述：先祖父純屬讀書人，終日之乎者也，不管事。先祖母十分能幹，她沒上學，可是認識很多字，尤其歷史故事，像水滸傳、三國演義等知道很多，對我童年的國學啟蒙幫助很大。[2]

　　李珊，「筆談」：母親親眼見過家中數幅先祖坐在八仙椅上，頭戴官帽身著官服，威風凜凜的畫像。看裝扮大都是武官。[3]

弟華（1900-1964），字實美。先生元配張德馥（1886-1954），繼配趙德芳（1911-1990）。子俊龍（1924-2000），字雲溪；媳李華俊（1940-）。長孫女珊（1972-）、次孫女彤（1973-）。

---

1 陳雍澤：《雪廬老人儒佛融會思想研究》（臺中：青蓮出版社，2006年3月），頁35-36。
2 弘安（黃潔怡）：〈濟南行（四）小院高桐碧蔭疏〉，《明倫》第202期（1990年3月）。
3 紀海珊：「與李珊筆談」，微信通訊軟體，2023年7月21日。李珊為先生長孫女。

先生六歲入學，就讀私塾。光緒末年實施新學制，於是進讀高等小學堂。高小畢業，入法律專科學校「山東官立法律學堂」就讀。畢業後歷任歷城縣政府司法承審員、司法科長。期間親近梅光羲居士學習唯識。梅光羲居士時長山東最高檢察廳，添設監獄、看守所。由此因緣，先生復入讀山東監獄專修科。卒業後，分發至莒縣任管獄員（典獄長）。時為一九二〇年，先生三十一歲。

一九三四年，四十五歲時，應聘任莒縣《重修莒志》分纂。三載事訖，調返濟南。翌年，獲時任至聖奉祀官府教導，前《重修莒志》總纂莊陔蘭先生推薦，入曲阜至聖奉祀官府任職。此後五十年，護隨奉祀官孔德成先生自曲阜至重慶、南京、臺中，為奉祀官府鞠躬盡瘁。

先生職業生涯於四十八歲以前，主要從事司法、典獄工作，其中有三年借調任《重修莒志》分纂。四十八歲以後，唯一職業為擔任至聖奉祀官之幕僚長工作。

平生重心，更在職業外之志業。二十三歲，即與學友組成通俗教育會，任會長，推展社會教育。主莒縣獄政時，除推動受刑人職業訓練，又與教育局長合作，於鄉鎮廣設講演所，任講演主任，開展社會教育。莒城多次遭兵匪圍困，皆賴先生挺身主持周旋。城解圍後，埋戰場屍骨；黃河決口，賑濟災民。抗戰期間，於重慶被日機大轟炸時，受聘為中央「振濟委員會」專員，接濟災民。

蒞臺後，發動冬令救濟，成為蓮社例行慈務。創設慈光育幼院撫孤，創設菩提醫院濟貧施醫，創辦菩提救濟院濟貧安老。

佛法弘化，尤為志業重中之重。先後於重慶、南京、臺中創設歌樂山蓮社、正因蓮社、台中蓮社，攝眾說法學法。初期尚隨緣應邀南北弘化，再則以中部為主，先後於法華寺、靈山寺、台中蓮社、慎齋堂、慈光圖書館、太虛紀念館主持講座，長年講經不斷。自任講座，更培養後進弘法人才。自早年蓮社先度念佛班起，弘法班員有十姊妹、中慧班、文藝班、經學班、四十八願，以至後期之內典研究班、論語講習班，培養弘法人才無數。一九六一年起創設大專佛學講座，自慈光講座至明倫講座，帶動各大專院校佛學研修風氣，影響更為深遠。

自修化眾，一遵印光大師「敦倫盡分，閑邪存誠」之教示，如：「白衣學佛，不離世法，必須敦倫盡分；處世不忘菩提，要在行解相應。」如：「四為三不——為求學問，為轉移汙俗，為求解脫，為弘護正法；不以佛法受人利用，不藉佛法貪名圖利，不昧佛法同流合汙。」

先生治學，淹貫經史子集，既為醇儒，亦為佛教宗教師，儒佛並弘。兼攻法律、醫學，擅醫術，獲頒中醫師執照，皆用以施醫施藥。習劍、習笛，又創作佛教歌詞多首，有佛教音樂家之稱。創設慈善機構多所，有事業家之一

面。詩、文、書法,精湛豐贍,為一時名家所推重,實為百科全書式全方位之人物。著述有《雪廬詩集》、《阿彌陀經摘注接蒙・義蘊》、《佛學問答》等多種,總為《李炳南老居士全集》十七冊,另有「李炳南教化作品與生活紀錄典藏計畫」網站流通教法。

先生閱歷六朝,[1] 生平多以詩作寄慨。為先生畢生璀璨生命之紀實,亦我國現代家國社會之縮影。早年所作多有佚失,今《雪廬詩集》錄存二千餘首,謹選錄數首,略見其精神。

〈詠詩〉(十四首之一):鼓刀磨劍不平氣,鬱塞胸中化作詩;世事如桑千萬樹,春蠶繞吐一行絲。[2]

〈吾師印祖涅槃二十年追思〉(十首之九):求法慚無斷臂誠,叨恩深懼損師明;遺文每讀增怊悵,兩利蹉跎白髮生。[3]

〈私淑〉:魯連不愛金,為展平生志;陶潛不好名,善養浩然氣。二公皆我師,千古淑其義。顯世終自隱,歸田不求忮。我志蓄未申,守氣殊非易;鉛刀亦當揮,何必憂鈍利。願得鮑叔牙,一朝來把臂;乾坤隻眼明,高臥安夢寐。[4]

---

1 先生〈六朝夢〉有小序:「清末民初洪憲復辟,北伐易幟東遷。」《雪廬詩集》,《全集》第 14 冊之 1,頁 463。

2 《雪廬詩集・還京草》,《全集》第 14 冊之 1,頁 205。

3 《雪廬詩集・浮海集》,《全集》第 14 冊之 1,頁 302。

4 《雪廬詩集・辛亥續鈔》,《全集》第 14 冊之 1,頁 527。

〈偶得〉：書味回時夜氣清，心苗得雨放新晴；乾坤今古渾無事，惟有湛然月色明。[1]

〈偶感〉（之四）：莫話人間事，空山枕碧流；花開與木落，天地自春秋。[2]

〈山水〉：溪山皆是自然詩，百讀何曾有厭時；莫把清音問師曠，微機不必盡人知。[3]

〈笑〉：何須皂白太分明，笑口常開萬念輕；縱或無端來拂逆，依然發噱兩三聲。[4]

〈觀棋〉：應著人間讓子棋，平衡結局最相宜；從無君子求全勝，得意當時是錯時。[5]

〈聞鐘〉：九十纔知百不能，觀心非水亦非冰；晚鐘來自何山寺，露白雲停有定僧。[6]

〈殘燭〉：未改心腸熱，全憐暗路人；但能光照遠，不惜自焚身。[7]

〈時計鐘〉：警眾太殷勤，曾無間寸陰；幾人長夜醒，不負轉輪心。[8]

〈閒居述志〉：閒居陋巷聚多鄰，來往何嘗盡詠

---

[1] 《雪廬詩集・浮海集》，《全集》第14冊之1，頁366。
[2] 《雪廬詩集・浮海集》，《全集》第14冊之1，頁369。
[3] 《雪廬詩集・辛亥續鈔》，《全集》第14冊之1，頁423。
[4] 《雪廬詩集・浮海集》，《全集》第14冊之1，頁317。
[5] 《雪廬詩集・辛亥續鈔》，《全集》第14冊之1，頁444。
[6] 《雪廬詩集・辛亥續鈔》，《全集》第14冊之1，頁452。
[7] 《雪廬詩集・浮海集》，《全集》第14冊之1，頁296。
[8] 《雪廬詩集・浮海集》，《全集》第14冊之1，頁312。

春;匡世有心培後進,荒途無累賴清貧。遙山入室窗留黛,修竹橫天境絕塵;老去終存憂樂志,非棲林壑伴幽人。[1]

---

[1] 《雪廬詩集・雪窗習餘》,《全集》第 14 冊之 1,頁 715。

1891-1937

第一卷

燹餘稿（魯）

此稿為予幼學及艾，近四十年之所積也。時逢軍人割據，流寇縱橫，終招日人之侮，乘以進窺，侵地殖民，……迨蘆橋戰作，避地巴蜀，家人恐以賈禍，摘集中涉日人者，悉剔而焚之。……因名之曰：燹餘稿。

——《雪廬詩集·燹餘稿小引》

第一卷　國內外重要大事

- 一八九四年，中日甲午戰爭。
- 一八九五年，甲午戰爭結束，簽署《馬關條約》，臺灣、澎湖、遼東半島割讓予日本。
- 一八九八年，光緒帝戊戌變法，百日維新。張之洞上〈勸學篇〉，主張以廟產興辦學校。
- 一九〇〇年，庚子拳亂，義和團燒殺外國人，八國聯軍攻陷北京。
- 一九〇一年，清政府與十一國簽訂《辛丑條約》。
- 一九〇四年，太虛大師剃染，年十六。
  楊文會長者創辦金陵刻經處。
  日俄戰爭爆發於我東三省。
- 一九〇六年，清政府廢科舉、興學校。楊文會長者創辦祇洹精舍於南京，學人有智光、仁山、太虛、梅光羲、歐陽漸……等二十餘人。
- 一九〇八年，末代皇帝溥儀即位。
- 一九一一年，孫中山先生辛亥革命。
- 一九一二年，中華民國成立，孫中山任臨時大總統。溥儀退位，袁世凱就任第二屆臨時大總統。
- 一九一四年，第一次世界大戰爆發，日本入侵山東。
- 一九一六年，袁世凱改國號稱帝，旋即逝世。黎元洪任總統，段祺瑞任國務總理。
- 一九一七年，張勳擁溥儀復辟失敗，孫中山在廣州成立軍政府與北洋軍對抗。

- 一九一九年，第一次世界大戰結束，簽訂《凡爾賽條約》。五四運動，蔡元培辭北京大學校長，北洋政府交通總長曹汝霖遭彈劾免職。

  吳倩薇獲夏蓮居、梅光羲支持創立濟南女子蓮社。
- 一九二三年，直系曹錕賄選，孫中山結束護法運動。
- 一九二五年，孫中山逝世。
- 一九二六年，國民革命軍北伐開始。
- 一九二七年，南京國民政府成立，寧漢分裂，第一次國共內戰開始。

  基督將軍馮玉祥在河南廢寺逐僧，發動全省毀佛運動，驅逐僧尼、沒收寺產，寺院。直、魯、秦等紛紛跟從。
- 一九二八年，山東濟南五三慘案。奉系張作霖遇刺身亡。東北易幟，北伐完成，全國統一。
- 一九三〇年，中原大戰，南京國民政府蔣中正與地方軍閥錫山、馮玉祥、李宗仁等內戰。
- 一九三一年，九一八事變，日軍侵華戰爭開始。
- 一九三二年，一二八事變，日本攻占上海。滿洲國成立。
- 一九三四年，希特勒被任命為德國元首。

  國民政府改「衍聖公」為「大成至聖先師奉祀官」，孔德成先生旋於一九三五年一月，由國府特任為「大成至聖先師孔子奉祀官」。
- 一九三六年，西安事變。
- 一九三七年，盧溝橋事變，對日抗戰開始。淞滬會戰。南京大屠殺。

第一卷　譜主大事

- 一八九一年，誕生。
- 一八九五年，六歲，入私塾，學習傳統經典。
- 一九〇四年，十五歲，就讀高等小學堂，傳統經典外，亦修習現代教育諸多學科。
- 一九〇八年，十九歲，高等小學堂畢業。
- 一九一〇年，二十一歲，至山東官立法律學堂就讀，接受司法教育。
- 一九一二年，二十三歲，任通俗教育會會長。
- 一九一三年，二十四歲，山東公立法政專門學校畢業，任職歷城縣府承審員。
- 一九一四年，二十五歲，親近梅光羲居士，初學唯識。
- 一九一六年，二十七歲，反抗袁世凱稱帝，被拘捕，旋開釋。
  升任縣府司法科長。有詩：〈甲寅歐洲大戰日攻膠澳據之遍植櫻花逢春輒召我國官紳與會賞花〉，慨歎青島受德日租占。
- 一九一八年，二十九歲，入山東省立監獄專修科進修。
- 一九二〇年，三十一歲，山東省立監獄專修科畢業，出任莒縣管獄員（典獄長）。
- 一九二一年，三十二歲，主持獄政，多有興革。寓教於刑，善待囚犯，辦技藝輔就業；每日講善書，藉以陶冶性情，轉化劣習。
- 一九二三年，三十四歲，主獄政有聲望，得縣知事（縣長）

周仁壽支持與教育局長莊厚澤合作，設講演所，任講演主任，開展社會教育工作。
- 一九二七年，三十八歲，國民軍北伐，縣知事避走，先生出面維持治理，與先後來軍協商。爾後數年皆在軍匪來犯間協商維持。事平後，縣民來謝，先生功成不居，有詩〈長揖謝盛情〉婉謝。
- 一九二九年，四十歲，俄軍襲陷吉林同江，守軍英勇抵禦來犯俄軍，先生有詩〈戰同江〉讚之。
- 一九三〇年，四十一歲，莒城被圍半年。期間，先生縋城與圍軍斡旋。圍困中偶讀《護生畫集》立願護生茹素，解圍後獲讀弘化社郵贈佛書。
- 一九三一年，四十二歲，春，於淨居寺從真空法師學禪，並與可觀法師同參究。
  五月，詩稿《雪廬吟草》初次編成。
- 一九三二年，四十三歲，八月十四日，夏曆七月十三日，大勢至菩薩聖誕，通信依印光大師皈依三寶。爾後數年，與印光大師通信請問法要，郵遞頻繁。熱心弘化，並常引介信眾皈依，甚得大師嘉許。
- 一九三四年，四十五歲，三月起，在莒縣任《重修莒志》分纂。
  十二月二十二日，赴蘇州報國寺參謁印光大師。
- 一九三五年，四十六歲，《重修莒志》持續於賈園編輯，期間與師友論史論詩，情意相通、德學相輔，為「賈園盛集」。
  黃河大堤決口，洪患劇烈。與電報局楊子餘局長等成立莒

縣救濟委員會，設收容所賑濟災民。
- 一九三六年，四十七歲，春，《重修莒志》編輯事訖，自莒縣調職回濟南。臨行時，前往送行者三百餘人。
與印光大師通信密切。求受五戒、菩薩戒。
- 一九三七年，四十八歲，七月，盧溝橋事變爆發，有詩：〈日軍突襲盧溝橋名城繼陷京師震動〉。
十一月，入奉祀官府任職。

1891年・清光緒16年・庚寅

誕生

一月十六日（夏曆十二月初七），誕生。出生於山東省濟南城內南券門巷李氏人家，取名豔。（《圖冊》，1891年圖1）

先生生於前清光緒十六年庚寅之十二月初七日。[1] 取名豔，字炳南，號雪廬，法號德明，別署雪僧，以字行。

【案】光緒十六年十二月七日為西元一八九一年一月十六日。誕生二十三天，西元一八九一年二月九日為光緒十七年正月初一，依傳統，過年即增歲，故該年新正即記為二歲。以下年歲依此累計，以西元為準，不特別標誌夏曆新正。

李氏三百年世居此地，詩書相傳，簪纓攸續。先祖為武官，家廳懸掛其所佩帶弓箭。父祖輩攻讀之外，多亦習武。先生晚年作有〈李氏祠堂頌〉述其家族榮光。[2]

---

1 孔德成口述，王天昌筆記：〈李炳南先生傳略〉，原刊《國語日報・書和人》（1986年7月5日）；《明倫》轉載於第263期（1996年4月）。參見：先生〈生辰八字〉，《圖冊》，1891年圖1。

2 孔德成口述，王天昌筆記：〈李炳南先生傳略〉；圖為先生家族三百年歷史故居：南券門巷三號大門、故居正廳。見：《李炳南居士年譜圖冊》（以下簡稱《圖冊》），1891年圖1。

〈炳南先生手稿〉：濟南是山東省的省會，居全省的中部，這一座城的形勢，是非常的雄壯，東南西三面，皆是重重高山，北面近一道是小清河，不過十里之遙，就是黃河，僅有拔地孤出鵲華二山，夾在黃河的左右，好像兩扇門柵，真是一山環水抱四塞之國。但那一種瀟灑氣象，更是各省都全比不了的。在城上向南看，丹嶂翠屏，雲霞若吐，自是北方景色。若向城北去看，全是稻田藕塘，漁村蟹舍，又是南方景色了。況且四時分明。[1]（《圖冊》，1891年圖2）

濟南明府城管理中心，〈南券門巷憶舊〉：提起券門巷，老濟南人都知道，過去濟南有兩條街都叫券門巷：一條是位於西關普利門裡的券門巷，因為它在舊城西面，人們就稱它為西券門巷；另一條位於舊城南門外的西南，故人稱南券門巷。原來，南券門巷是一條南北街，它北與正覺寺街相通，而街的最南頭關帝廟後即為南圩子牆。順著圩子牆根向西走十數米，便來到了「鐵箅子」。所謂「鐵箅子」，就是清朝末年同治、光緒年間，人們為了讓每年雨季南部山區大雨之後突然爆發的洪水順著涵洞排入山水溝內，在圩子牆上壘砌的拱形券門。這種拱形券門一共三個，每個門洞寬約四米、高約五米，各立有若干根茶杯粗的空心鐵柱，「以鐵柵代

---

[1] 〈炳南先生手稿〉，引見：弘安（黃潔怡）：〈濟南行（九）——青龍山麓禮古塔〉，《明倫》第207期（1990年9月）；圖2所附地圖為〈新興濟南市圖繪〉，1938年，日人繪製。

門」。這樣一來,既可阻止行人穿過圩子牆,又可在山洪下來時讓其順利通過圩子牆。這種拱形的門洞,人們稱它為券門,而緊靠它的街巷也就順理成章地稱之為「券門巷」了。[1]

〈李氏祠堂頌〉:重華盛世,舉皋輔仁;宣尼咨周,禮乃中倫。魏克傳詩,青蓮獨醇;漢唐以降,名儒經綸,賢相良將,代有超人;百工六藝,燦若星辰。根深枝繁,天地無垠;光前迪後,澤長德新。　後裔炳南恭頌[2](《圖冊》,1891年圖3)

祖父景純公,祖母趙氏,於先生學習助益甚大;父壽村公,好禮尚義,崇德博學。母翟氏,諱師遠,持家有方,具膽識,教養子孫,啟蒙功深。[3](見《圖冊》,1891年圖4)

(先生公子)俊龍師兄說:家曾祖父傳二子,一為先祖父,一為二爺。二爺早亡,二奶奶守寡。先祖父純屬讀書人,終日之乎者也,不管事。先祖母十分能幹,她沒上學,可是認識很多字,尤其歷史故事,像水滸傳、三國演義等知道很多,對我童年的國學啟蒙幫助很

1　濟南明府城管理中心:〈南券門巷憶舊〉(2016年12月8日),https://kknews.cc/zh-tw/history/n5ray88.html
2　李炳南:〈李氏祠堂頌〉,收見澹寧齋:《雪廬老人題畫遺墨輯》(臺北:大古出版社,2016年3月再版),頁86。
3　李鴻儒主編:《世界李氏宗譜・第二輯・卷九・譜系五》(臺北:世界李氏宗親總會宗譜纂修委員會,1978年12月),頁312。

大。[1]

平生嘗以干支相同、際遇相類,自比屈原。

〈端午弔屈子〉(屈子與余生年同為庚寅):索居逢午日,開卷悵庚寅;濁世仍沉醉,清湘不染塵。投詩蓬島上,寄淚楚江濱;同曆何生我?艱難愧古人。

〈詩人節觀競渡〉(余亦庚寅年生):臨流懷屈子,降我亦庚寅;侘傺超前烈,文章落後塵。過雲震鼉鼓,衝浪耀龍鱗;一掬心誰弔,天涯欲結鄰。[2]

先生日後創辦台中佛教蓮社,即以誕生日為成立日,藉以紀念父母恩德。[3]

【案】當世相關法將、大德,與炳南先生生年比較:

楊仁山居士,生於一八三七年,五十五歲。

虛雲和尚,生於一八四〇年,五十二歲。

印光大師,生於一八六一年,三十一歲。

歐陽漸居士,生於一八七一年,二十一歲。

莊陔蘭居士,生於一八七二年,二十歲。

應慈法師,生於一八七三年,十九歲。

---

[1] 弘安(黃潔怡):〈濟南行(四)小院高桐碧蔭疏〉,《明倫》第202期,1990年3月,頁57-58。

[2] 兩詩見:李炳南:《雪廬詩集》,李炳南老居士全集編輯委員會編:《李炳南老居士全集》(以下簡稱《全集》)第14冊之1(臺中:青蓮出版社,2014年),頁547、596。

[3] 台中市佛教蓮社,成立於1951年1月14日(庚寅年十二月初七)。

圓瑛法師,生於一八七八年,十四歲。
梅光羲先生,生於一八七八年,十四歲。
弘一大師,生於一八八〇年,十二歲。
呂今山,生於一八八二年,十歲。
夏蓮居,生於一八八四年,八歲。
趙阿南,生於一八八七年,五歲。
律航法師,生於一八八七年,五歲。
德欽法師,生於一八八九年,三歲。
太虛大師,生於一八九〇年,二歲。
朱鏡宙,生於一八九〇年,二歲。
廣欽和尚,生於一八九二年,炳南先生年長二歲。
慈航法師,生於一八九五年,炳南先生年長五歲。
王獻唐,生於一八九六年,炳南先生年長六歲。
周邦道,生於一八九八年,炳南先生年長八歲。
周宣德,生於一八九九年,炳南先生年長九歲。
南亭法師,生於一八九九年,炳南先生年長九歲。
道源法師,生於一九〇〇年,炳南先生年長十歲。
白聖法師,生於一九〇四年,炳南先生年長十四歲。
印順法師,生於一九〇六年,炳南先生年長十六歲。
屈萬里,生於一九〇七年,炳南先生年長十七歲。
許祖成,生於一九〇八年,炳南先生年長十八歲。
董正之,生於一九一〇年,炳南先生年長二十歲。
劉梅生(覺生法師),生於一九一〇年,炳南先生年長二十歲。
斌宗法師,生於一九一一年,先生年長二十一歲。

懺雲法師，生於一九一五年，先生年長二十五歲。
煮雲法師，生於一九一九年，先生年長二十九歲。
孔德成先生，生於一九二〇年，先生年長三十歲。
淨空法師，生於一九二七年，先生年長三十七歲。
星雲法師，生於一九二七年，先生年長三十七歲。
會性法師，生於一九二八年，先生年長三十八歲。
日常法師，生於一九二九年，先生年長三十九歲。
聖嚴法師，生於一九三一年，先生年長四十一歲。

1894年・清光緒19-20年・癸巳－甲午
5歲

【國內外大事】
- 中日甲午戰爭，旅順大屠殺。

秉性警醒，曾與家人失散，雖迷途而鎮定，自行設法還家。[1]
（《圖冊》，1894年圖1）

   炳南先生曾言：吾四、五歲時，祖母娘家親戚來訪，恰逢元宵節，乃帶吾至趵突泉公園賞花燈；後失散於人海中，雖不知歸途，仍鎮定前行。人見此兒衣冠華麗，注目者多，凡來詢問，視其貌之善惡而回應，生者惡者沉默以對。後遇一斯文貌善者，乃以實對。彼問進學否？佯稱已進學。又問何學堂？告以叔父就學之堂。彼即雇車載以歸，至西券門巷，曰：非也！遂轉南券門巷。甫抵家門，家人轉憂為喜。初家人焦急萬分，尤以慈父為甚，手持燈籠直嚷小名，遍尋不著。而祖父卻若無其事曰：此子極聰穎，走失不了！及是，殷謝護送善人，竟為叔父學堂之師。趁祖父與善人茶敘，即奔至後堂，稟告慈母，跪泣曰：娘！兒知錯矣！[2]

---

1 〈濟南市街道圖〉，濟南：山東書局，1932年。
2 弘安（黃潔怡）：〈濟南行（四）小院高桐碧蔭疏〉，《明倫》第202期（1990年3月）。

【案】先生憶述五歲以前事甚少,唯曾自述約一歲時學步:管家以腰布為長帶,穿過小兒腋下,然後任由小兒前行,管家拉持長帶後端,在後隨行掖護。[1]

---

[1] 紀海珊口述,林其賢記錄:〈紀海珊口述紀錄〉(2024年4月18日),台中蓮社。

1895 年・清光緒 20-21 年・甲午－乙未
6 歲

【國內外大事】
- 中日簽訂《馬關條約》。臺灣乙未戰爭。

【譜主大事】
- 入私塾。

入私塾，學館設家宅附近正覺寺內。[1]（《圖冊》，1895 年圖 1）

　　鄉關稽古正覺寺，棟宇唐宋文足徵；吾生七旬體猶健，屈指或有前朝僧。童年借廟就學館，時景娛心每偷嬾，松徑詠歌春雪晴，岑樓弄笛秋月滿；禪院深閉象清幽，諸衲罕言人長短；隨緣偶著一枰棋，負局佛聲稱緩緩。[2]

　　【案】正覺寺，在住家南券門巷附近，今濼源大街二中對面消防隊處，一九〇四年改為消防工隊，原寺毀於文革。一九九二年之後，二中、消防隊亦他遷，現為濼源大街泉城廣場之一部分。

1　〈山東省垣街市圖〉，參謀本部山東省陸地測量局，1925 年據 1906（光緒 32 年）影印縮製，1930 年複修。
2　節錄：李炳南：〈孔上公官邸夏夜追暑話故鄉古剎正覺寺〉，《雪廬詩集》，《全集》第 14 冊之 1，頁 321。

65

上學先學背誦靜心,由《三、百、千、千》而《龍文鞭影》,三兩行書常坐一天工夫。至十四、五歲熟記《論語》後,老師才開講。初學對句、對聯就受塾師青睞。

  昔吾六週歲上學,先背三百千千——《三字經》、《百家姓》、《千家詩》、《千字文》,詩文並行。然後再背《龍文鞭影》,至十四、五歲讀《論語》。起初只背誦,何以不開講?如「人之初,性本善」,何時為人之初?狀元亦講不了!會《論語》後,才開講。學佛學儒,甚至學一切學問,必先靜下心。[1]

  吾幼時讀書,三兩行書,要坐一天,此乃《大學》「知止而後有定,定而後能靜,靜而後能安,安而後能慮,慮而後能得」用功法。學東西須入定,定後方靜、方安、方能思慮,思想之後方能得。[2]

  吾今能如是,皆少年所學不忘,何以不忘?《四書》、《五經》,固不必言;如學文章,師不要學生另購參考書,師必要求學生先抄一遍文章,師再用紅筆批過。初吾亦不以為然,實不知抄一遍,等於讀許多遍。故欲真學東西,非下課即不再管,必得自己用功。[3]

  我幼年時,《易經》是打頭背到底。你不知道從前念書法,上來,念一卦,這是生書;打頭念到底以後,

---

1 明倫月刊社編:《雪公師訓集錦》(臺中:明倫月刊社,2008年),頁69。

2 明倫月刊社編:《雪公師訓集錦》,頁69。

3 編者:〈明倫采風〉,《明倫》第314期(2001年5月)。

回來，它就成熟書了。熟書，一回或念兩課、或者三課，還是這本書。一次次加多了，這算熟的了，這是第二遍。第三遍叫做通本，通本是打頭念到底，一本一本的念。念了，都得背誦，念一課也是背，三課合起來也是背，通本也是背。通本背可就不同了，通本打頭背到底。你在背著，老師隨便一掀，當中不定那一句，你背到這裡停住，接著老師說的那一句，接著往下背。背著背著，忽然他又一掀，你又得在前頭接著他那一句背。提了這麼三四處，都能背下去，這算你通了本了。這才換第二本書。不是我一人如此，從前的念書法，通通是如此。所以念這些書都在十五歲以前，十五歲就要下考場了。十五歲以前念了，我今年九十多歲了，但現在一提起還有影子。[1]

自己的學問自己必須知道。所以必得講究「背誦」，若不能背誦，印不上心裡，這毫無用處。吾幼年熟誦，到老了便能一引就有資源。[2]

所謂「娶媳初來，教子嬰孩」，若養成以後再教就吃苦。會走路時就要學，若是從小不教，到了六週歲

---

1 雪廬老人（李炳南）述，智嚴整理：〈易艮卦簡介（一）〉，《明倫》第469期（2016年9月）。
2 李炳南：《論語講記‧先進第十一》「開講前提示」。案：《論語講記》尚未正式出版，該書稿源自李炳南居士自1980年10月至1983年12月，在「臺中論語講習班」講授《論語》的內容，依據多人的聽課筆記整理而成。見 http://www.minlun.org.tw/1pt/1pt-4-3/index-00.htm

一上學,書念不進去,因為心裡浮躁,所以學不進去。《大學》說:「知止而後有定,定而後能靜,靜而後能安,安而後能慮,慮而後能得。」定靜安慮得,這如同佛家說的止觀。但是小孩不懂,所以古時候的教育,從小上學就要練定力。終日只念《三字經》四句十二個字,不是背誦的困難,而是小孩很難安定,雖然早已背熟了,仍要孩子讀誦,不准隨便搖頭。[1]

幼時家教即已薰習佛法,今在寺院環境受學,與沙彌同硯,更復受薰。

先生自述:「予卯角讀書佛寺,嘗聞內典而欣。」[2] 又曾憶述:「予之學佛,幼受家庭薰習,及上私塾,塾擇處佛寺中。以幼之印象,此時再薰,乃因緣之起也。」[3]

〈濟垣雜興〉八首之四:「童時蕭寺借書齋,讀到殘冬負笈回;愛趁清閒元日後,邀人踏雪看松來。」之五:「忽遇當年同硯僧,胸懸槵子手扶藤;拍肩喜極無拘束,脫口還將小字稱。」(《雪廬詩集》,頁214)

【案】「忽遇當年同硯僧」之仁者,當即戒塵上人。先生有〈贈戒塵上人〉詩,注曰:「昔稚僧開蒙

---

[1] 李炳南:《論語講記·述而第七》「四、子之燕居」。

[2] 李炳南:〈周楊慧卿居士傳〉,《雪廬寓臺文存》,《全集》第14冊之2,頁91-93。

[3] 李炳南講述,吳聰龍記:〈訪雪公老師談學佛因緣〉,《脩學法要》,《全集》第9冊,頁364。

多先讀儒書,上人予昔同硯友也。」(《雪廬詩集》,頁253)

　　炳南先生家族數代,皆虔敬向佛。設有佛堂,朝暮鐘磬梵唄,唱誦不絕。齋僧施廟,從不後人。族中口繁,年年不免送終祭亡,通常都禮僧修法拜懺;先生薰習既久,幼時即知儀式法節、法器板眼、音韻折轉,敲打唱念不輸大人。曾經在禮懺休息時,先生一時興起,敲打唱念起來,家人以為法事又將開始,趨前探看,竟是小孩的惡作劇,令人驚歎其才。及齡入學,私塾特擇於離家不遠的正覺寺內,晨昏瞻仰佛相慈容,觀摩法師威儀行止,又有沙彌同窗共學,這是佛法再薰的因緣。[1]

---

[1] 陳雍澤:《雪廬老人儒佛融會思想研究》(臺中:青蓮出版社,2006年),頁66-67。陳雍澤為炳南先生晚年所創辦「內典研究班」之研究生。

1900 年・清光緒 25-26 年・己亥－庚子

11 歲

【國內外大事】
- 庚子事變，義和團亂起，八國聯軍攻陷天津、北平，慈禧挾光緒出走避難西安。
- 清政府與十一國代表於翌年（1901）簽訂《辛丑條約》。

祖父調教宴會待客禮儀，培養應對進退、善觀審察與廚藝等事；更嚴斥作大官之想。

余少時，外出赴宴，返家後，祖父必問及宴會中之禮節應對、菜餚品目、食物內容、上菜次第等細節；若有不知，輒遭訓斥，以故養成事事留心之習。日後能頗曉廚藝，奠基於此。[1]

雪公幼時，賓客至，祖父必令其侍側習禮；也常攜其訪友赴宴，然返家必詢以宴會禮儀諸事，若支吾或誤答，必受喝斥；故養成其日後實事求是，善觀敏察的態度。雪公嘗云：「吾幼時蒙受祖父及慈母，教導最多，影響最大。」[2]

吾家裡是大家庭，小時候，什麼時候吃什麼菜，呆

---

[1] 炳南先生語，引據陳雍澤：《雪廬老人儒佛融會思想研究》，頁 35，注 3。

[2] 陳雍澤：《雪廬老人儒佛融會思想研究》，頁 35-36。

呆板板地跟法律一樣。吾最討厭的幾個東西,如夏天吃金瓜,七月間用小白菜炒飯,這是吾最討厭的兩條。那個時候是同桌吃飯,吾不大動這兩樣飯菜。年輕時還說實話,說:「唉!我不願吃這個。」家裡平常向來習慣是兩天吃兩次,但是有這一句話就行了,明明這兩天要換新的,到了時候金瓜連著四天也不變。那個小白菜炒飯,吾嘴裡念得很熟,也連吃了十天。老人做的,你不吃就餓著。[1]

上學時,先祖管我。家嚴,他都講書給你聽,家中人無人畏他,實美亦不怕,可說是書呆子。我就怕先祖。四五歲以後,一切不能作主。我就受祖教與母教的關係。父親不管,終日讀書。念到吃飯,吃飯後再讀,就是書呆子。你與之說話,他滿腦子盡是書,一談津津有味。你躲開走了,他也不說。他不管,我沒受父親管教。我小時候,對父親根本不理。只我母親與先祖在大庭前教。大概即教孝悌忠信的故事。小時候有底。[2]

老師說他的成就得力於被阿公打兩耳光。阿公問他長大後做什麼?回答:「作大官」。被阿公打耳光後痛哭,其父安慰他,要「作大事」非「作大官」。[3]

---

1 李炳南編述,三學整理:〈常禮舉要:子、居家(六)〉「第十一、不挑剔食之美惡」,《明倫》第 401 期(2010 年 1 月)。

2 李炳南講述,黃潔怡記:「明倫月刊座談會雪公開示」(1983 年 6 月 19 日,蓮社錄音室),未刊稿。

3 張慶祝回憶。語見:張式銘:《張慶祝師姑九十回顧》(臺中:自印本,2006 年),頁 50-51。

勤敏學詩，以補漏字方式練習多年，讀詩眼力漸增，亦時以詩紀事述志寄慨。

> 余幼夜分讀詩，五更醒而臥誦，所忘之字，每效補出，興而檢書，補皆不類。如是五年，不但一字難勝，求其相抗，亦不能至，心始折服，眼力亦從此進。[1]

> 我小時候第一步是學詩，五言詩二十個字，一個字一個字皆不一樣，皆得變化，二十個字二十個變化，不變化就叫「合掌」，這是大毛病。你們沒用過這功夫。字字都有變化，一句最少得三折，還得一脈到底。我也嘗試，晚上念了古人詩，記不住，第二早晨，我想給它補上，補了五年，沒有一個字比人家好、跟人家平等。我這才沒有疑惑，沉了氣。這個功課可了不得，一個字一個字都在我眼前經過。[2]

> 〈黃潔怡口述紀錄〉：雪公曾自述，初學作詩時，先學作對子。老師出題「山海經」，雪公以「忠孝帶」對。師頗許之。[3]

詩作有：〈佛峪〉三首、〈龍洞山看紅葉〉。

〈佛峪〉三首：

---

1 李炳南：《詩惑研討隨筆》，《全集》第 13 冊，頁 398。
2 雪廬老人（李炳南）講述，直靜（詹曙華）、淨業（鍾清泉）整理：〈捧出心來與佛看——明倫月刊發展座談會（上、下）〉，《明倫》第 523-524 期（2022 年 4-5 月）。
3 黃潔怡口述，林其賢記錄：〈黃潔怡口述紀錄〉（2024 年 4 月 18 日），台中蓮社。

石乳垂丹嶂，清溪帶茂林；峰迴斜徑續，木合午天陰。再躋雲霞境，漸聞鐘磬音；紅塵回首憶，不省入山深。
俯瞰驚無地，昂頭僅有天；亂流沙際漲，古殿岫中懸。鳥跡銜花雨，泉聲入篆煙；西山龍窟近，好與護安禪。
鼓音收貝誦，娟月上弦清；星傍群峰住，靄連千澗生。松篁涼欲滴，樓閣靜無聲；人世俱暝色，琉璃一炷明。[1]
〈龍洞山看紅葉〉：霜天鴉噪日初紅，谷口衝寒看紫楓；歸與遊人說彷彿，胭脂山挂玉玲瓏。

【案】〈爇餘稿小引〉云：「此稿為予幼學及艾近四十年所積也。」〈曲禮〉曰：「人生十年曰幼，學。……五十曰艾。」一九三八年避寇入蜀，先生時年四十九歲。據此則《爇餘稿》中所錄應始於十歲。〈佛峪〉三首，未紀年月，因列於《爇餘稿》卷首，姑且繫於此。

佛峪，位龍洞山東南側，四面環山，古寺深藏。龍洞山則位濟南舊城外東南約十公里（《圖冊》，1891年圖2），壁間鐫刻佛像五十餘尊，多為隋代鑿建。佛峪、龍洞山二地相連，然二詩未必作於同時。

是年一月十八日（夏曆庚子年十一月二十八日），弟李華（實美）誕生。先生年長十歲，兄弟情感篤厚。先生赴莒任職，接弟前往共住；返濟南任職，也請弟任助理員。李實美曾為先生《詩集》作注。

---

1 李炳南：《雪廬詩集》，《全集》第 14 冊之 1，頁 9。

1903年・清光緒 28-29年・壬寅－癸卯
14 歲

【國內外大事】
- 政府新頒「癸卯學制」開始實施。

1904年・清光緒29-30年・癸卯－甲辰
15歲

【國內外大事】
- 太虛大師剃染,年十六。
- 楊文會長者創辦金陵刻經處。
- 日俄戰爭爆發於我東三省。

就讀高等小學堂,傳統經典外,亦修習現代教育諸多學科。

> 吾從前也上過小學,開始上高等小學堂,定出十幾門功課,畢業的時候還沒有教完,老師必定把它趕完,也不格外加鐘點費。中學所出的題目,都是小學所學的東西,不是學三兩句而已。[1]

> 我當初受教時,在私塾,早上背二、三行,中午背二、三行,下午溫書,會了就得坐一天,這不是入定,而是養性情。若東張西望,浮浮躁躁,如瓢在水。小學不到十門功課,十門學三年也就不輕快。哪門功課不到底不行,到中學還是這樣。[2]

> 【案】光緒二十九年(1903),頒定各級學堂章程,是為《奏定學堂章程》,或稱「癸卯學制」。學

---

[1] 李炳南:《論語講記・雍也第六》「二十六、君子博學於文」。
[2] 雪公(李炳南)講述,直靜、淨業整理:〈通顯迴向　一心不亂〉,《明倫》第525期(2022年6月)。

制劃分為三段七級：第一階段為初等教育，分三級，包括蒙養院、初等小學堂（五年）和高等小學堂（四年）。第二階段為中等教育，即中學堂（五年）。第三階段為高等教育，分三級。其中高等小學堂規定兒童於十二歲入學，修業年限四年。姑且繫先生於「癸卯學制」之次年入高等小學堂。

就讀新式學堂，受新思潮影響，習染浮華；同時因「廟產興學」風潮影響，生起謗佛傾向。言行凌人，為鄉黨棄。

後有新式學堂，乃往就讀，受新思潮，起造焚經像之業，此後六七年，皆為謗佛期間。（吳聰龍記：〈訪雪公老師談學佛因緣〉）

十餘歲之際，曾沾染紈褲習氣，日著華服，流連在外，或諸友聚宴，或仗義行俠；雖言語行為，不讓於人，然不為已甚，見對方知錯求饒，往往心生憐憫。放縱數年，為鄉之學究唾棄。[1]

我十三歲曾當流氓，十六歲就回頭了。當初的輿論了不得，輿論一報，親友不認。二十歲當了教育通俗會的會長，從那時起，沒丟過一天書本。[2]

我的家庭是個佛化家庭，下生到十一二歲，都在這個佛法裡。當時一入學校，就壞了。前面家庭裡的佛

---

1 陳雍澤：《雪廬老人儒佛融會思想研究》，頁39。
2 雪公（李炳南）講述，直靜、淨業整理：〈通顯迴向 一心不亂〉，《明倫》第525期（2022年6月）。

1904 年・清光緒 29-30 年 ｜ 15 歲

法都拽開了,可以說是壞了十年,幹這些不人道的事,造的罪業我還都記得。從前是忘掉了,現在大小罪業都想起來了。我打二十幾歲,在內地我就辦社會教育,但不信佛法。這我沒說過,你問王社長,他得了內地一本《濟南指南》,一查「濟南通俗教育會長」是我,這我向來不說。過去這一關,我才研究哲學,我才想起佛學,回過頭研究佛學。現在我九十五歲,完完全全做壞事做了十年,研究佛法可說有八十年了。[1]

【案】一八九八年(光緒二十四年),戊戌變法前,張之洞上書《勸學篇》,提倡「廣設學堂」。其教育哲學主張「中學為體、西學為用」,但教育經費則從佛教來。〈外篇・設學第三〉云:「可以佛道寺觀改為之。今天下寺觀何止數萬,都會百餘區,大縣數十,小縣十餘,皆有田產,其物業皆由布施而來。若改作學堂,則屋宇、田產悉具,此亦權宜而簡易之策也。……大率每一縣之寺觀取什之七以改學堂,留什之三以處僧道,其改為學堂之田產,學堂用其七,僧道仍食其三。」[2] 此為日後「廟產興學」之先聲,近代佛教重挫之啟始,毀佛風潮於是興起。此後一九〇一年(光緒二十七年),令各州縣設新式學堂,佛教寺產開始遭受侵害。各省土豪劣紳公然兼併

---

1 李炳南:〈為輔大大千社幹部訓練學員開示〉(1984 年 2 月 16 日),錄音檔,台中蓮社檔案。
2 張之洞:《勸學篇》(板橋市:藝文印書館,據光緒中桐廬袁氏刊本影印,1966 年),百部叢書集成本之 78。

寺田。[1]先生入新式學堂期間，正逢如此風潮。「十三歲曾當流氓」殆約略言之，後之「二十歲當通俗教育會會長」亦然，據文獻，當會長為二十三歲事。（見1912年譜文）

---

[1] 釋東初：〈第五章　維新運動與佛教厄運〉，《中國佛教近代史》（臺北：東初出版社，1974年），「第一節　變法維新與廟產興學」，頁72-77。

1908年・清光緒33-34年・丁未－戊申

19歲

【國內外大事】
- 十月，溥儀即位。

【譜主大事】
- 高等小學堂畢業。

高等小學堂畢業。

  吾昔日二十歲以前，十三經都念完了。[1]

  【案】依當時「癸卯學制」高等小學堂修業四年推估，是年小學畢業。先生多年後憶述在法律學堂學習時提及：「從前吾上法律學堂，考時出考試程度的題目，學生最低程度為秀才，高等小學堂畢業就是秀才，人們譏笑是洋秀才，輕視他。」（《論語講記・為政第二》「八、子夏問孝」）先生應即是以「洋秀才」資格進入法律學堂。

  又，「癸卯學制」規定高等小學堂設立宗旨為：「培養國民之善性，擴充國民之知識，強壯國民之身體」等，學科有：修身、讀經、中國文學、算術、歷史、地理、格致、圖畫、體操等九科，此外得視地方

---

1 李炳南：《論語講記・述而第七》「十六、加我數年」。

情形加授手工、商業、農業等科。修身及讀經教材為《四書》、《詩經》、《易經》及《儀禮》的〈喪服經傳〉。[1] 先生自述「吾十五歲就學易經了」[2]，《易經》即為高等小學堂之課程。

---

1 參見：周東怡：〈清末《奏定高等小學堂章程》與《奏定初等小學堂章程》的修訂〉，《臺灣師大歷史學報》第 60 期（2018 年 12 月），頁 79-118。

2 李炳南：《論語講記・述而第七》「十六、加我數年」。

1910年・清宣統元年-2年・己酉－庚戌
21 歲

【譜主大事】
- 就讀山東省官立法律學堂。

四月，至「山東省官立法律學堂」就讀，接受司法教育。校址位在濟南按察司街東司衙門內。（見《圖冊》，1910年圖1）

  吾學法律，然從高小而入法律專校，學問但高小之基耳。法專但研法律，無他學科。全國法校皆專學法律。優點乃一日之中專習此門，不雜亂。單法律即有十六、七種之多。吾學此被視為「洋貨」，為人所輕。乃自己發奮力學，幸有飽學之師友也。詩文敢與當時翰林進士抗衡，故知吾乃因而學之也。[1]

  從前吾上法律學堂。（《論語講記・為政第二》「八、子夏問孝」）

  吾二十多歲時研法律，時有五、六十歲者集在一起上課。[2]

---

[1] 李炳南講述，陳雍澤筆記：〈李太白春夜宴桃李園序講授筆記〉，1977年7月31日（日、夜各一講）、1977年9月9日，共三講，未刊本。

[2] 李炳南講述，陳雍澤記：《黃帝內經素問筆記（乙）》（1973年11月30日－1974年6月7日，未刊本），1973年12月7日，頁1。

我小學畢業就考法律，我學日本法律。日本法律在佛學裡，我從前不懂。學法律時，班上有五、六十個同學，人人都是像念天書，沒一個人懂得，我也念不懂。快畢業時，最後一年為了考好，這不得補一補，有的找槍手，有的講人情，託人找教授。這才知道法律是「苛薄寡恩」，換一個字就不行。譬如殺人罪，跟佛學一樣，得先「作意、預備、著手、實行、結果」這五層，甚麼叫結果呢？結果有既遂、未遂，若是判殺人罪，這五條是哪一條？具備了就執行，不具備都能解脫。快畢業時，才稍微懂一點。[1]

　　（法律學堂）別個二班，宣統二年四月開學，民國二年六月畢業。[2]

　　【案】據先生自書履歷，學歷為「山東法政專門學校畢業」（見《圖冊》，1891年圖4），此係前清山東省「官立法政學堂」及「官立法律學堂」兩校合併之校名。或有稱先生「至山東法政學堂學習法律，攻讀監獄專修科。」經考，山東法政學堂雖有監獄學課程，但未設監獄專修科。「監獄專修科」另有所指（見1918年譜文）。今據其自述「畢業於民國二年」（見1913年

1　雪廬老人（李炳南）講述，直靜、淨業整理：〈捧出心來與佛看——明倫月刊發展座談會·下〉，《明倫》第524期（2022年5月）。
2　教育部檔案〈山東行政公署田文烈咨文五七一號〉。轉引自：褚承志：〈山東法律學堂——第二法政學校〉，《山東文獻》第4卷第2期（1978年9月），頁55，注3。案：注三係「別科第二班畢業生名籍履歷表」，此處「別個二班」，疑應作「別科第二班」。

1910年・清宣統元年-2年｜21歲

譜文），檢校兩校科班畢業日期，[1]僅「法律學堂」相符。唯褚承志：〈山東法律學堂──第二法政學校〉所列名錄未見先生名，且褚承志：〈山東官立法政學堂（下）〉似漏列「宣統二年七月入學」，「民國二年六月畢業」之「別科三班」。[2]今據先生自述「從前吾上法律學堂」（見1911年譜文），姑且繫其入學「法律學堂」以待後考。

【又案】清末在濟南地區設立之法律專門學校有三，公立的有兩所：法政學堂、法律學堂；私立的有一所：山左法政學堂。褚承志述其詳曰：「山東省城官立法政學堂一九〇六年（光緒三十二年）七月在濟南北察院路北課吏館。法律學堂於一九一〇年（宣統二年）下半年在濟南按察司街東司衙門內設立。法律學堂係因全省十府一直隸州一百零七州縣各級法院籌備設立，法律人才需用孔亟，而法政學堂短期造就不了這麼多人才，於是又設立此校。」一九一二年民國成立，法政學堂改名為「第一法政學校」，法律學

---

1 褚承志：〈山東官立法政學堂（下）〉，《山東文獻》第3卷第4期（1978年3月），頁40-62；褚承志：〈山東法律學堂──第二法政學校〉，《山東文獻》第4卷第2期（1978年9月），頁37-55。

2 褚承志：〈山東官立法政學堂（下）〉列有「十二、別科一班──光緒三十四年（1908）二月入堂，宣統二年（1910）六月畢業」、「十三、別科三班──宣統元年（1909）七月入堂，民國元年（1912）六月畢業」；其「十三、別科三班」應作「十三、別科二班」。該班後，似應有「宣統二年（1910）七月入堂，民國二年（1913）六月畢業」之「別科三班」。

堂改名為「第二法政學校」。再過一年，兩校合併為「山東公立法政專門學校」。褚承志在論述「法律學堂」時兩度引據炳南先生語：「李炳南先生說，一次招了三班，約六百人，大門口也沒有掛法律學堂牌子。」「當時山東法律學堂是什麼情形呢？據李炳南先生回憶說，幾百人在三個講堂上課，有的學生上課時拿著煙袋，有的學生同時上法政學堂、法律學堂兩個學校。」[1] 兩所學校沿革略如下：

一九〇六年，山東省官立法政學堂成立。

一九一〇年，山東省官立法律學堂成立。

一九一二年，山東省官立「法政學堂」改名為山東「第一法政學校」，山東省官立「法律學堂」改名為山東「第二法政學校」。

一九一三年，兩校合併為山東「法政專門學校」。

一九二六年，六所山東公立專門學校合併，成立省立山東大學。

一九三〇年，省立山東大學改組為國立青島大學。

一九三二年，再改名為國立山東大學。

先生晚年講學時曾稱「從前吾上法律學堂」（見1911年譜文），此係以原來校名指稱。現有立法委員董正之於一九五二年具名之〈學歷證明保結〉（見《圖

---

[1] 參見：褚承志：〈山東法律學堂 —— 第二法政學校〉；褚承志：〈山東官立法政學堂（上、中、下）〉；劉秋增等：〈第三篇　高等教育・第一章　學校設置〉，《山東省志・第68冊：教育志》。當是先生就讀情形之回憶。

冊》，1910 年圖 2），載謂「民國元年六月畢業山東法律學校」，綜上所引，「民國元年」當係「民國二年」（見 1913 年譜文）；「法律學校」當指原名「法律學堂」，於一九一三年合併改名之「法政專門學校」。一九七八年發行之《世界李氏宗譜》中〈新修宗譜〉，列先生簡歷、傳略、世系等，應為先生供稿，其學歷亦明載為「山東法政專門學校畢業」。（參見《圖冊》，1891 年圖 4）

弱冠即發憤圖強，閉戶苦讀數年，一改少年浮浪氣息。

十餘歲之際，曾沾染紈褲習氣，日著華服，流連在外，放縱數年，為鄉之學究唾棄。……炳南先生自述此段事蹟說：我二十歲以前，好義逞勇，無惡不作，不喜讀書。二十歲以後，才知恥奮發，苦學勤參。[1]

【案】先生曾自述「我十三歲流氓，十六歲就回頭了。當初輿論了不得，親友不認。二十歲當會長，我那一天書本沒丟過。」[2]「我年輕好打抱不平，習氣很重，熱心。」[3] 此處「二十歲」、「十六歲」為分判應

---

1 陳雍澤：《雪廬老人儒佛融會思想研究》，頁 40。作者原注按：「此係民國 68 年 10 月 21 日（星期日）雪公為台中蓮社暨聯體機構辦事人員及中興大學智海學社幹部與畢業學生開示的話。」

2 李炳南講述，黃潔怡記：〈董正之委員至蓮社時談話〉，1978 年 8 月 24 日，未刊本。

3 李炳南講述，黃潔怡記：〈董正之老師南來講話〉，1978 年 10 月 10 日，未刊本。

是概略之說。發憤苦學亦未必在二十以後。

因法學而研讀哲學,從而涉及佛學;及入文學界,來往諸賢多有推崇佛學者。屢讀《金剛經》雖不得門徑,對佛學已不再排斥。

　　後研哲學,涉及佛學,起探究心,始看《楞嚴》,不解而棄。後入文學界,與諸公談文,多有推崇佛學者,乃復讀《金剛》,仍不得其門而入,又廢之。數次經歷,於佛學不復排斥焉。(吳聰龍記:〈訪雪公老師談學佛因緣〉)

　　【案】上文〈訪雪公老師談學佛因緣〉有:「有新式學堂,乃往就讀,受新思潮,起造焚經像之業,此後六七年,皆為謗佛期間。」入新式學堂為一九○四年,十五歲事。「此後六七年」謗佛事,應止於是年。

1911年・清宣統2-3年・庚戌－辛亥
22歲

【國內外大事】
- 辛亥革命。

【譜主大事】
- 就學法律學堂。

法律學堂課程重，外省籍教師鄉音益增學習挑戰。受教經年方突破困難。

> 從前吾上法律學堂，考時出考試程度的題目，學生最低程度為秀才，高等小學堂畢業就是秀才，人們譏笑是洋秀才，輕視他。一班有七、八十人，半年上下來，戲稱「天書」，沒有一個人能學起來。當時的教師都是司法界的高等職員，那時候的職員當地本省人要迴避，講話的口音聽不懂，法理的發揮很難明白，到了考試時，限定範圍出題目，往往還是牛唇不對馬嘴，受教一年之後，開一個假法庭，方才似乎明白一點。經過這一套，看卷約略明白，吾是吃過大苦頭。（《論語講記・為政第二》「八、子夏問孝」）

詩作：〈得劍〉二首、〈過華不注山聞有杏花林〉、〈猗蘭〉。（《雪廬詩集》，頁10-11）

〈得劍〉二首：

出匣風飀飀，寒泉千尺秋；觀者皆噤痺，真堪比吳鉤。
把之覽八荒，烟塵何茫茫。願為一揮手，重使日月光。
誰肯效馮諼，彈歌客孟嘗。
壁間蔚雲氣，魑魅遠辟易；不訂黃金交，肝膽託三尺。
凌晨素霓吐，入夜眾星聚；時時發龍吟，願為蒼生雨。

〈過華不注山聞有杏花林〉：孤秀插青天，何時近宅邊；不知杏花好，只誤愛秋烟。

【案】「華不注山」又稱「華山」，海拔約二百公尺，在濟南市東北約七公里（《圖冊》，1891年圖2地圖右上角）。

〈猗蘭〉：猗蘭在空谷，四時發幽香；風露浥其清，沃根流澗長。高標有天韻，難擬群之芳；世俗逐繁華，春台種姚黃；姚黃亦難得，薔薇忽成行。觸睫雖媚豔，不登君子堂；與其道阿世，寧為玄豹藏。

【案】古琴曲有〈猗蘭操〉，據傳為孔子所作，用喻情操高潔之士。先生少年時作此詩，壯歲與孔奉祀官同在蜀，建有「猗蘭別墅」，喻旨應同。（參見1939年11月譜文）

1912年・民國元年・辛亥－壬子
23歲

【國內外大事】
• 中華民國成立。

【譜主大事】
• 任通俗教育會會長。

民國肇建,研習法政,與濟南學界人士組成通俗教育會,任會長,推展社會教育,有心匡扶時政。（孔德成口述,王天昌筆記:〈李炳南先生傳略〉）

〈山東省社會科學大事記〉:一九一二年,本年李炳南與濟南學術界組成私立通俗教育研究會。[1]

張玉法,《中國現代化的區域研究——山東省》:清末試行立憲,需要人民參與公共事務,民國成立之初,人民參與公共事務的機會亦多,社會教育乃成為必要。許多社會教育機關亦相繼成立,茲將調查所得,列一簡表如下:嘉祥縣,閱報所（1904）;膠縣,講演會（1914）、通俗圖書館（1915）;臨朐,宣講所（1913）;平度,

---

[1] 山東省地方史志編纂委員會:〈山東省社會科學大事記〉,《山東省志・社會科學志》（濟南:山東人民出版社,2000年）,附錄一。

通俗講演所（1914）；掖縣，通俗講演所（1915）、通俗圖書館（1915）；寧海，通俗圖書館（1915）；朝城，講演會（1914）；德平，通俗講演所（1912）；德州，通俗圖書館（1911）；臨清，宣講會（1910）、宣講會（1912）、通俗圖書館（1915）；冠縣，宣講會（1903）、宣講公所（1905）；……。」[1]

【案】《曲阜縣志》記載：「清季光宣之際即有閱報講演等所之設立，為我國社會教育之權輿。民國成立更加提倡。國內各大都市間如通俗教育館、通俗圖書館、閱報所、露天講演改良說書、開演電影等種種組織，成績頗著。」[2]見得民初通俗教育之一般。一九一二年（民國元年），山東有通俗教育講演所四、五處，每週講演三次，聽講演者平均每次約八十人。[3]（參見《圖冊》，1894 年圖 1）

持續研習法律學。就讀之山東省官立「法律學堂」改名為山東「第二法政學校」。[4]

---

1. 張玉法：《中國現代化的區域研究——山東省》（臺北：中央研究院近代史研究所，1987 年 4 月再版），頁 421-422。
2. 李經野等：〈卷四　政教志〉，《曲阜縣志》（臺北：成文出版社據民國 23 年鉛本影印，1968 年），頁 51。
3. 山東省地方史志編纂委員會：〈第五卷　成人教育〉，《山東省志·教育志》（濟南：山東人民出版社，2003 年）。
4. 見前 1910 年 4 月譜文。

詩作有：〈春望〉、〈歷下亭文會〉、〈月夜泛明湖〉、〈遊黑虎泉啜茗〉二首。（《雪廬詩集》，頁 10-12）

〈春望〉：海國憐春盡，登高矚四郊；山河殘照裏，無計問菁茅。

〈歷下亭文會〉：杜陵千載題詩去，玉珮依然壓酒來。煙水一亭楊柳暗，風騷四壁藕花開。金樽檀板珠喉細，雲影天光畫舫回。今日誰真名下士，須教揮翰出群才。

〈月夜泛明湖〉：扁舟泛明月，深入荷花裏。不必搖雙槳，隨風任所止。攜來玉洞簫，斗酒新蓮子。微醉一曲歌，餘音滿流水。撥刺響清波，旋花躍金鯉。化機在我心，無可宣其旨。

〈遊黑虎泉啜茗〉二首：

名泉名士都瀟灑，幽境幽懷共寂寥。虎氣蒸騰巖上觀，雪湍飛過渡頭橋。差堪趵突聯昆季，雖與珍珠總壞霄。雉堞東南流水曲，道人鄰舍問漁樵。

洞天分出小林丘，久坐雲窗漱碧流。鐘杵泉聲清瀝瀝，茶煙柳色澹悠悠。相如療渴空多恨，陸羽傳經陋未收；午倦煩消思倚枕，滿庭風雨夢驚秋。

【案】各詩殆約民初所作。〈春望〉有先生令弟李實美注曰：「哀中央政令不行，各省已成割據之勢。」辛亥革命後至建國間，南方各省已紛紛獨立，各行約法。清遜帝退位在一九一二年二月十二日，詩中「山河殘照裡」語，可見當時清朝雖傾危欲墜，但猶未覆亡。又所謂「問菁茅」即管仲責楚以「苞茅不入」故

事。喻雖有心匡扶,竟無力平南亂。又題名〈春望〉,明序時節。依推定,則作詩時當在一九一二年二月間。

「明湖」為「大明湖」,在濟南北部,約占舊城三分之一,與千佛山、趵突泉合為濟南三大名勝。「歷下亭」在大明湖湖心。趵突泉位於濟南舊城城牆西南角外護城河畔,黑虎泉在東南角內外城之間,為僅次趵突泉之名泉(《圖冊》,1891年圖2)。

1913年・民國2年・壬子－癸丑

24歲

【國內外大事】
- 二次革命。袁世凱當選總統。

【譜主大事】
- 山東公立法政專門學校畢業，任職歷城縣政府承審員。

於「山東公立法政專門學校」畢業，[1] 開始任職歷城縣政府承審員。[2]

> 吾學法律，畢業於民國二年。（《論語講記・子罕第九》「三、麻冕禮也」）

> 吾未到三十歲，就在縣府當承審員、司法科長。[3]

> 昔吾辦司法案件，必詳查始末，徹夜不眠，水落石

---

1. 法律學堂於 1912 年改名「第二法政學校」，1913 年，與「第一法政學校」合併為「山東法政專門學校」。先生曾自述「吾學法律，然從高小而入法律專校。」「法律專校」當即「山東法政專門學校」簡稱。見前 1910 年 4 月譜文。
2. 歷城縣政府位於省政府東側，見《圖冊》，1895 年圖 1，「8. 歷城縣政府」；《圖冊》，1910 年圖 1。
3. 1975 年 8 月，炳南先生為內典研究班諸生開示「辦事祕訣」時所述。引見：陳雍澤：《雪廬老人儒佛融會思想研究》，頁 42，注 16。

出方歇,故有無數無頭案件,經吾解決。[1]

【案】清末民初,政制改革,法政人才需求孔亟,法律學校採「學用合一」,畢業即分發任用。

【又案】「承審員」為一九一三年縣級司法人員職稱。張玉法指出「一九一二年,各縣設審檢所,置幫審員一,司審判;檢察員一,由民政長(一九一三年改稱縣知事)兼任。一九一三年裁審檢所,於縣知事下設承審員一員,審理民刑訴訟。」[2] 司法科之設置則在一九一六年以後。先生歷任「承審員、司法科長」,或即分別為一九一三年及一九一六年事。(見後1916年譜文)

---

1 1975年1月13日,內典班期末年假休業,學員拜年辭行,炳南先生開示語。引見:陳雍澤:《雪廬老人儒佛融會思想研究》,頁42,注17。

2 張玉法:《中國現代化的區域研究——山東省》,頁338。

1914年・民國3年・癸丑－甲寅
25歲

【國內外大事】
- 第一次世界大戰爆發。日本對德宣戰進攻青島，乘機占領濰縣及濟南車站。[1]

【譜主大事】
- 親近梅光羲居士，初學唯識。

任職歷城縣府承審員。

前「通俗教育會」更名「私立通俗教育研究會」。先生設講座於西門月洞，日日講學。時往各市集講演，編印通俗詞曲，獲山東省府獎譽。（〈年表〉「27歲」）

　　【案】據《山東省志》，山東省於一九一四年成立社會教育機關——社會教育經理處，此為公立機構。民間設立之社會教育機構當即更名以區分。此時民間社會教育機構有通俗教育講演會和通俗教育研究會。通俗教育講演會編有《通俗白話報》，通俗教育研

1　濟南車站在濟南城外西側新埠，見《圖冊》，1891年圖2-②西部；濰縣在膠濟鐵路中間，見《圖冊》，1920年圖2。

會附設講演團和新劇團。[1]

【又案】濟南老城門均因有甕城而為兩道城門。民國初年，城禁鬆弛，兩城門間空地，漸有精明商家設攤經營，稱之月城街。「西門月洞」當指濟南西門月城街一帶。（《圖冊》，1894年圖1）

從事司法工作。時法界前輩多有理解佛學者，與聞佛學機會多。時山東司法界主官梅光羲先生為唯識學大家，先生於其人及其教學特感親切，時相親近。（《圖冊》，1914年圖1）

後上法律專門學校，任教者為司法界人。時，法界學佛者多，法學亦講其因果程序，乃日本剛田之法學也；日本法學，多半脫胎於佛學，故教授有時亦講佛學，與聞之，甚有領略，較前之囫圇吞棗，截然不同味。時，梅擷芸先生於山東當監察廳廳長，於濟南新西門小昌街之大明湖組佛學社，設講座，法界同仁時去聽講，課程皆唯識，因與科學似，且余有舊底子，故聞得起勁，興味旺然，每逢講必去，特與先生親近焉，於佛學亦以師稱之。時法界老一輩皆以謙虛待青年，然余獨於先生有深刻印象也。後離先生，無師無友，失去因緣，遂又荒廢。（吳聰龍記：〈訪雪公老師談學佛因緣〉）

我小學畢業就考法律，我學日本法律。快畢業時要實

---

1 山東省地方史志編纂委員會：〈第五卷　成人教育〉，《山東省志・教育志》（濟南：山東人民出版社，2003年）。

習，那時候不叫法庭，叫審判廳、檢察廳，還沒有法院的名字。梅（光羲）老師是山東檢察廳廳長。在司法界裡，有學佛的教授，老師、教員也好幾個學佛。梅老師這一班，講佛學、講唯識，開頭也學三量。起初也聽不懂，後來聽懂了佛學，再看法律，佛學講慈悲，法律是苛薄。我學日本岡田法律，學一半，不如佛學感覺有興趣。後來司法界在虹橋辦了蓮社等等的組織，夏蓮居等等辦了佛教團體，我在那裏聽講、學佛，學佛開始就學唯識。

學詩、學法律、學佛，我在這三層大有功夫。[1]

【案】「剛田之法學」應是指「岡田朝太郎之法學」。岡田朝太郎（1868-1936），日本明治時代人。留學德國、法國後，歸國擔任東京帝國大學教授。一九〇六年（光緒三十二年），清廷禮聘岡田朝太郎以及志田鉀太郎、松岡正義三位日本法律專家為修訂法律館研究員兼法律學堂教席，並參與起草新制法典，一九〇八年（光緒三十四年）完成《大清新刑律》、《大清刑事訴訟律》等多部法律，為我國法律從中華法系轉變為歐陸法系的重要過渡，對清末民初刑法制度影響甚鉅。[2]

---

1 雪廬老人（李炳南）講述，直靜、淨業整理：〈捧出心來與佛看──明倫月刊發展座談會（上、下）〉，《明倫》第 523、524 期（2022 年 4、5 月）。

2 秦尚志：《中國法制及法律思想史講話》（臺北：水牛出版，1966 年），頁 35。黃源盛：《法律繼受與近代中國法》（臺北：元照出版，2007 年），頁 81-85。

【又案】梅光羲居士一九一四年就任山東巡按使公署司法主任，一九一五年底任山東高等檢察廳檢察長，中間曾有一小段時間在京任蒙藏院第一司司長（見下小傳）。然不論炳南先生在濟南親近梅老時間是一九一四或一九一五，炳南先生皆已經從法律學堂畢業（見1913年譜文）。應即自是年一九一四年起[1]至一九二〇年（民國九年）赴莒，親近梅老時間約有七年之久，於以奠定日後深入佛學教典之基礎。

【小傳】梅光羲居士（1878-1947），字擷芸，江西南昌人，我國近代佛教居士界著名唯識學家。民初，中國佛教界素有「南梅北夏」之稱，「夏」指夏繼泉（蓮居）居士，「梅」即是梅光羲居士。梅居士的佛學老師是人稱近代中國佛教復興之父的楊仁山居士。梅老於法相唯識鑽研最力，編著許多唯識學重要典籍，如：《相宗綱要正編、續篇》、《大乘相宗十勝論》、《相宗史傳略錄》、《因明入正理論節錄集注》……等。時人尊稱他為「梅大士」。[2]又梅居士〈六十四自述〉云：「三十六歲（1914），任山東巡按使公署司法主任。三十七歲（1915），任蒙藏院第

---

[1] 何明棟，〈梅光羲先生小傳〉有「宣統二年，任職山東」記述。宣統二年為1910年，梅光羲三十一歲。唯據梅光羲〈六十四自述〉：「三十一歲，夏間到廣東，充全省審檢廳籌辦處總辦及司法研究館監督。」何明棟所述應是「任職廣東」筆誤。

[2] 何明棟：〈梅光羲先生小傳〉，《梅光羲著述集》（北京：東方出版社，2014年），頁1-4。

一司司長。三十八歲（1916），任山東高等檢察廳檢察長。直至四十七歲，即民國十四年（1925），因奉軍張宗昌督魯，干涉司法，遂辭職赴津。……在魯十年，曾與夏繼泉（夏蓮居）等設山東佛學社、山東佛學流通處，並皈依慧明師受三皈五戒。又常於星期日到佛學社及監獄與各學校講經。」[1]對日抗戰期間，任職於司法院，僑寓重慶。抗日戰爭勝利，因病仍居重慶，於一九四七年五月病逝。享壽七十。

詩作有：〈宴滄浪別館遇雨止宿〉。（《雪廬詩集》，頁13）

高僧築館滄浪間，檐挂漣漪窗嵌山；斜暉城頭散綺錦，煮酒勸住多歡顏。畫船時傍曲廊杳，簫鼓復逐鷗鳧還；涼風捲地吹座客，霹靂翻空渚雲黑。乾坤沆瀁蒸蛟

---

[1] 梅光羲：〈六十四自述〉，《梅光羲著述集》，頁9-12。唯該文之年歲紀錄頗有參差，如「十九歲（1898年戊戌科），中試本省鄉試第三十九名舉人」；「三十六歲，偕山東巡按使蔡儒楷赴山東，任山東巡按使公署司法主任。」（蔡儒楷任山東巡按使為民國三年）；「三十八歲，任山東高等檢察廳檢察長，直至四十七歲，即民國十四年。」若1898年（戊戌年）為十九歲，則1914年（民國三年）應為三十五歲，而非三十六歲；1925年（民國十四年）應為四十六歲，而非四十七歲。今以「十九歲（1898年戊戌科），中舉」為準。另據〈山東省軍政民政司法職官年表〉，梅光羲擔任「山東高等檢察廳檢察長」時間，為1915年12月20日至1927年2月26日。見劉壽林、萬仁元、王玉文、孔慶泰編：《民國職官年表》（北京：中華書局，1995年），頁222-228。1925年12月，山東高等審判長張志因主張司法獨立，被山東省督辦張宗昌非法槍殺。此後一年多，高等審判長懸缺，無有接任者。梅先生為高等檢察廳檢察長，有可能遭受類似威脅。

腥，驟雨斜射青荷側；龍吟虎咆萬竅哀，大塊混芒水一色。忽放鵲華印秋痕，頓教峭寒盪胸臆；梵鐘天末開夕陰，罷席倚枕宵初深。蚓鳴續斷月微上，蒲搖殘霑零清音；朝來暖烘菡萏發，香氣襲檻澄塵心。嗟我鎮日困煩想，況逢國事正鞅掌；休笑河梁泣枯魚，誰能入世逃情網。自慚未澈露電觀，對境輒復貪幽爽；起別主人弄扁舟，回看烟波意惘惘。

【案】據李華（實美）注，滄浪館「在濟南乾健門內觀音院中，背臨大明湖。」日後梅光羲先生協助成立女子蓮社（1919年9月）及佛學會（1921年3月），皆在大明湖西畔附近。

1915年・民國4年・甲寅－乙卯
26歲

持續任職縣府承審員。

多年苦讀,漸漸贏得鄉人刮目看待。

　　吾從前不好,受人激刺,在大眾面前遭人斥責說:「你不懂。」但是因為家庭教育好,所以還知道要羞恥,反而會用心,暗中用功,人有「恥」字,也能改悔。(《論語講記・公冶長第五》「六、子使漆雕開仕」)

　　二十歲以後,才發憤圖強,閉戶苦讀數年。一日,見昔時竊議的老學究,假裝不知書義而請問,老學究竟啞口無言;久而久之,鄉人對炳南先生又敬又畏。[1]

　　小時候就懷有俠義之情,想劫富濟貧,以為是好事。他媽媽求觀世音菩薩,保佑他學乖,請菩薩送他孔雀眼(代表有智慧的讀書人)和兩個牙齒,以後老師認真求學,書念得不少,見以前瞧不起他,或者罵他的那些老先生們,在茶館喝茶談論學問時,就去請教他們問題。他們回答不出來,屢次如此,後來見他出現,就說:找麻煩的來了。[2]

1　陳雍澤:《雪廬老人儒佛融會思想研究》,頁39-40。
2　張式銘:《張慶祝師姑九十回顧》,頁50-51。

1916年・民國5年・乙卯－丙辰
27歲

【國內外大事】
- 袁世凱稱帝八十二日。黎元洪任總統,段祺瑞任國務總理。

【譜主大事】
- 擔任歷城縣府司法科長。
  反抗袁世凱稱帝,被拘捕,旋開釋。

擔任歷城縣府司法科長,夙夜匪懈戮力從公,及於懸案重審,力圖正義彰顯。

> 吾未到三十歲,就在縣府當承審員、司法科長。[1]
> 昔吾辦司法案件,必詳查始末,徹夜不眠,水落石出方歇,故有無數無頭案件,經吾解決。[2]
> 【案】「承審員」為一九一三年縣級司法人員職稱。「司法科」則設立於一九一六年以後。張玉法云:「有清省以下司法權原在州縣首長之手,州縣首長管行政,兼管司法。清季推行憲政,仿三權分立,

---

[1] 1975年8月,炳南先生為內典研究班諸生開示「辦事祕訣」時所述。引見:陳雍澤:《雪廬老人儒佛融會思想研究》,頁42。
[2] 1975年1月13日,內典班期末年假休業,學員拜年辭行,炳南先生開示語。引見:陳雍澤:《雪廬老人儒佛融會思想研究》,頁43,注17。

司法脫離行政。民國成立，各縣設審檢所，行政、司法復歸合一。一九一六年以後，各縣奉命設司法科，所有司法事務，統由司法科專責辦理。承審員由知事（縣長）保薦，委任之權則操之高等審判廳。」[1]先生歷任「承審員、司法科長」，或即分別為一九一三年及一九一六年事。

袁世凱制洪憲元年建中華帝國，先生率眾抗爭。旋遭五花大綁遊街示眾之禍，後以帝制失敗倖免於難。

本人曾經教袁大皇帝派上人把我捆起來，我還被逮捕過。幸好我還活到現在。[2]

民國五年，袁世凱稱帝，雪公極力抗爭。旋遭五花大綁遊街之禍，後以赦還，倖免於難。[3]

【案】袁世凱稱帝，但由於國內多方勢力反對，三月二十二日即宣布取消君主立憲國體，改元後八十二天帝制便以失敗收場。同年五月六日袁世凱同意將辭退大總統之位，旋於六月六日病逝。先生當是因為以「通俗教育研究會」會長領導從事抗爭活動被視為「禍首」而被難，亦幸以帝制失敗而得以免難。三年後，濟南地區同為民間社會教育團體之「通俗教育

---

[1] 見：張玉法：《中國現代化的區域研究——山東省》，頁337-339。

[2] 〈雪公恩師為嘉峰美雪佛化婚禮福證開示〉（丙辰立冬後五日），台中蓮社檔案。

[3] 陳雍澤：《雪廬老人儒佛融會思想研究》，頁42。

講演所」召集「歷城縣學生百餘人在省城布政司街開會，成立歷城學生演講會，宣傳抵制日貨和組織『救國十人團』。」[1] 略可窺見當時青年參與社會救國運動之熱情。據蓮社弟子轉述，先生於清季世局將亂時，曾加入同盟會。

【又案】《重修莒志》記教育之發展謂「袁氏當國，蓄意稱帝，箝制思想，青年學生以革命嫌疑無辜而被殺戮者不知凡幾。人以子弟入學為畏途。莒邑影響所及，教育前途，進展殊緩。」[2] 可見當時被難者為數不少。

五月，作有：〈甲寅歐洲大戰日攻膠澳據之遍植櫻花逢春輒召我國官紳與會賞花〉，慨歎青島受德日租占。

葡萄東進玉門關，櫻花西殖膠州灣；草木無情各滋茂，撫今感昔人觍顏。簪纓飛車踐約至，是誰主爵青島間；不堪開靨花睆笑，故作回首看嶗山。徵歌壓酒奏簫鼓，扶桑豔姬解嬌舞；珠喉一闋聲繞梁，彩袖翱翔鸞振羽。使官勸酒豪且雄，戎衣劍珮走虣虎；座中心事自不同，有飲如飴啖如土。古曹吾魯南之疆，花產牡丹稱厥王；年來寂寞少車馬，春雨春風空斷腸。安得移栽遍此地，使我物華重發揚；何時如願眼中見，再與諸公歡舉觴。（《雪廬詩集》，頁17）

---

[1] 濟南市史志編纂委員會：《濟南市志・第一冊》（北京：中華書局，1997年12月），頁54。

[2] 莊陔蘭等：〈經制志・教育〉，《重修莒志》（莒縣：新成印務局，1936年），卷30，頁1。

【案】一九一四年第一次世界大戰爆發。日本以「英日同盟」為由加入戰爭、進攻德屬膠州灣。膠州灣原於一八九八年由德國與清政府簽署《膠澳租借條約》，租得膠州灣及南北兩岸陸地，租期九十九年。日本占據青島、膠州灣後，在青島旭公園（今中山公園）種植櫻花。據《青島市志·園林綠化志》，德國租借期間原為植物試驗場，「一九一四年十一月，日本第一次侵占青島。一九一五年，在植物試驗場東北側建『忠魂碑』，並修築通往『忠魂碑』的遊覽路，在路兩側栽植百餘株日本櫻花，定名為『旭公園』。青島人稱其為『櫻花公園』。」[1] 自始每年四月中旬有「櫻花會」。一九一五年建成，應已過了花季，首次櫻花會應舉行於一九一六年四月中旬公園開幕，邀召官紳與會。先生此詩記實寄慨，當在此後。

---

[1] 青島市史志辦公室編：〈第一篇　公園〉，《青島市志·園林綠化志》（北京：新華出版社，1997年）。

1918年・民國7年・丁巳－戊午
29歲

【國內外大事】
- 徐蔚如刊行《印光法師文鈔》。
- 王震、徐蔚如等居士組設「上海世界佛教居士林」。
- 弘一法師於杭州虎跑寺剃染。

【譜主大事】
- 入山東省立監獄專修科進修。

入山東省立監獄專修科進修。

【案】據《重修莒志・職官表》，先生到莒任職時學歷為「山東監獄專修科畢業」。[1] 有稱「監獄專修科」為學堂（學校）下屬單位（科系）或附屬機構者，然據考「監獄專修科」為獨立學校。當時山東有兩所公立法律學校：法政學堂和法律學堂，兩校雖有「監獄學」課程，但都沒有「監獄專修」的科別。[2] 周

---

1 莊陔蘭等：〈職官表〉「管獄員・李豔」，《重修莒志》卷8，頁1。
2 褚承志有七篇相關論文：〈山東官立法政學堂（上、中、下）〉、〈山東法律學堂──第二法政學校〉、〈山東公立法政專門學校（上、中、下）〉，分別刊載於《山東文獻》第3卷第2-4期、第4卷第2期、第10卷第4期、第11卷第1-2期（1977-1985）。

1918年・民國7年｜29歲

震歐指出：「設立訓練獄政人才之學校，民國五年以前核准有案者，有山東監獄專修科、直隸監獄學校、河南法律學校附設監獄專修科、河南監獄學校（以上均於民國二年設立）、湖南私立監獄專門學校、湖南監獄專科學校、贛州法政學校附設監獄專修科、贛省公立監獄學校、贛省私立監獄學校、山西省監獄附設監獄專修科……。」[1]可知「山東監獄專修科」為獨立專門學校，設於一九一三年。山東省地方志亦有民初畢業於此學校者之紀錄，如：《壽光縣志》卷九「畢業表」後「附表」，列有畢業於「山東省立警監學校」、「山東財政講習所」、「南京監獄學校」……各校；其中王逢春、張宗魯二人於民國三年畢業於「山東省立監獄專修科」。[2]據知其為獨立學校。

【又案】炳南先生自述：「吾學法律，畢業於民國二年，那時候辦司法與辦監獄，各自獨立。」[3]由於辦司法與辦監獄各自獨立，且先生於一九一三年（民國二年）法律學堂畢業後，分發至縣府司法單位任職，於是有擔任承審員、科長承辦並解決數起無頭公案等事（見1913年譜文）。此後再報讀監獄專修科，當是日

---

1 周震歐：《民國以來犯罪矯治制度評述》（臺北：文史哲，2016年），頁16。
2 宋憲章等：《壽光縣志》（臺北：成文出版社，據民國25年鉛本影印，1968年3月），頁54-55。
3 李炳南：《論語講記・子罕第九》「三、麻冕禮也」。

後親近梅光羲先生而來之因緣。張玉法謂,「民國改元,監獄漸取人道主義,設管獄員,由高等審判廳委任。」[1]梅光羲〈六十四自述〉云:「任職山東最高檢察廳時,添設新監獄五所、新看守所一所。」[2]殆因用人孔亟,於是擇優推薦。

---

[1] 張玉法:《中國現代化的區域研究——山東省》,頁338。
[2] 梅光羲:〈六十四自述〉,《梅光羲著述集》,頁9-12。

1919年・民國8年・戊午－己未
30歲

【國內外大事】
- 第一次世界大戰結束,簽訂《凡爾賽條約》。
- 五四運動,蔡元培辭北京大學校長,北洋政府交通總長曹汝霖遭彈劾免職。

【譜主大事】
- 吳倩蓀獲夏蓮居、梅光羲支持創立濟南女子蓮社。

持續於山東監獄專修科進修。

五月四日,因巴黎和會決議,由日本繼承德國在山東省權益。由此引發學生遊行抗議,以「外爭主權,內除國賊」、「還我青島」、「取消二十一條」為訴求,並引起各地響應,抵制日貨。先生亦參與其事。

　　中國自打五四運動以後才漸漸地變質,五四運動是一種愛國運動,沒有其他行為,那個時候本人曾參加。[1]

九月七日,夏曆閏七月十四日,濟南女子蓮社創始成立,選

---

[1] 〈雪公恩師為嘉峰美雪佛化婚禮福證開示〉(丙辰立冬後五日),台中蓮社檔案。

舉總理、社長。由吳倩蘅當選總理，夏繼蘭任社長。就職演說後請來賓高等檢察廳長梅光羲先生演講佛學。為濟南地區佛學會社之起始。

　　民國八年閏七月十四日，為蓮社創始開成立會日，假地於濟南一家村夏氏園。開會時會員齊集，計四十四人。第一次投票舉總理，吳倩蘅得四十四票，當選為總理。第二次投票舉正社長，夏繼蘭當選為正社長。第三次投票舉副社長，王綿初當選為副社長。選舉畢總理就職演說創設蓮社大意，及所螯簡章卅五條，呈文政府，已批准等經過報告，及未來之發展進行等。隨請來賓大佛學家高等檢察廳長梅擷芸大師演講。時有巡官警察數人門間記錄。大眾齊詣佛堂禮佛，攝影散會。[1]

　　余師吳倩蘅先生，本與余為中表姊妹行，以詠絮之才，悟拈花之旨。主講女校，亦既有年，凡被其化而景其名者，殆遍東海。近復澄心禪悅，銳志潛修，於六十種功德之書靡不研究，而有心得，而且散花說法，期與眾生同登道岸。又得夏先生溥齋，梅先生擷芸，為之倡助，因即所居，結為蓮社。[2]

　　【案】濟南女子蓮社之成立為濟南佛教一大盛事。一

---

1 （佚名）〈女子蓮社成立紀事〉，《蓮社彙刊》（1934年）。今收入黃夏年主編：《民國佛教期刊文獻集成》（北京：全國圖書館文獻縮微複製中心，2006年）第82卷，頁398。

2 蔣濮賢姁：〈濟南女子蓮社成立記〉，《蓮社彙刊》（1934年）。今收入黃夏年主編：《民國佛教期刊文獻集成》第82卷，頁399-400。

九三六年,炳南先生四十七歲時即於此處求受菩薩戒。

【小傳】吳倩薌(1869?-1947),蜀人。生年不詳,據「年五十,創立女子蓮社」、「(逝世時)年逾古稀」[1],以及其兄長吳永(1865-1936,字漁川,一字槃庵,別號觀復道人)生年推估,約生於一八六九至一八七三年間。吳居士早年喪夫,獨力撫養二子。一九一三年,應山東教育司長王鴻一邀聘至山東省立第一女子師範學校擔任主任教職。翌年得閱淨土諸經,感召於淨土思想,於一九一九年辭職專心蓮社事務。蓮社之成立,受到梅光義與夏繼泉(1884-1965,字溥齋,號渠園、蓮居),「南梅北夏」兩位大居士之支持與鼓勵。梅光義居士是當地司法界首長,又是佛學界長者,關係直接;與夏繼泉居士則緣會頗為奇巧。當選正社長的夏繼蘭為其令妹,吳倩薌述其事云:「先是家漁川兄觀察膠東,與岱北道夏公溥齋蘭交。夏太夫人以安車迓予撫琴,遂令仲女淑君(名繼蘭)執贄受業。時予僦居一家村杜氏園,閱二歲園復售歸夏氏,予居如故。夏宅對衡宇一衣帶水,淑君率攜婢捧琴,踐花踰柳、踏雪穿竹,越板橋來予居受課。歲以為恆,蓋七易星霜矣。己未(1919)暑假期滿,楞嚴會輟,予將之武陵,菴居淨行,行裝既束,夏太夫人集眾公設祖帳,淑君與諸生忽退而相諮,咸

---

1 蔣潘定吉:〈濟南女子蓮社吳倩薌居士行略〉,見黃夏年主編:《民國佛教期刊文獻集成》第89卷,頁256。

以後會不續,雲散堪嗟。躊躇繼聚之法,以待師歸。因以問予。忽憶前所偶言蓮社者,今正是時,遂允釐訂簡章,呈文立案。予亦因是暫緩南行。故成立攝影四十四人中,門弟子二十有七人也。此予與蓮社成立因緣邂逅,不期然而然,予亦不期留而留。」[1]

【又案】《淨土聖賢錄三編·往生女人第四》載:「潘太夫人,甘肅敦煌人,夏繼泉之母也。性慈惠,寡言笑。雖一生夫榮子貴,數十年來,誕日從不置觴為壽。優伎歌劇,未一登門。不置高車華輿,素儉約嚴整,惜物力,不使絲粟之糜。獨樂善喜施,戒殺放生,備衣藥濟貧苦,不少吝。晚年篤信佛法後,願力益宏。捐資山東女子蓮社,一時閨閣信仰日眾。」女子蓮社背後之經濟支持與社會支持,除了夏蓮居兄妹之外,夏母也護持甚力。

女子蓮社社址最初假地於濟南第三虹橋一家村,日後(1928)遷濟南東流水北第四虹橋新社。[2] 兩地與梅光羲居士講座處都在大明湖西畔。先生有詩〈虹橋春晴〉即寫此地。[3]

(見《圖冊》,1914年圖1)

【案】一九〇七年,山東籌款總局在省城濼源門至

---

1 吳倩薌:〈余與蓮社因緣〉,《蓮社彙刊》(1934年)。今收入黃夏年編:《民國佛教期刊文獻集成》第82卷,頁400-402。

2 「女子蓮社簡章」,《蓮社旬刊選刊》,現收見黃夏年編:《民國佛教期刊文獻集成》第82卷,頁527。

3 李炳南:《雪廬詩集》,《全集》第14冊之1,頁16。

1919年・民國 8 年｜30 歲

小北門間的護城河上架設三座木橋，分別曰第一、第二、第三虹橋。濟南第三虹橋一家村，約當在小北門附近。炳南先生言當年梅光羲居士在「濟南新西門小昌街之大明湖組佛學社，設講座」，當即此地。「濟南新西門」即乾健門；「小昌街」疑是乾健門東側之「小滄街」。（見《圖冊》，1914 年圖 1）

明年將赴莒任職。赴莒前詩作有：〈殘篇〉、〈九日登千佛山〉二首、〈長清真相寺瞻塔〉、〈清明遠眺〉、〈柳〉、〈虹橋春晴〉。（《雪廬詩集》，頁 14-16）

〈九日登千佛山〉二首：
岱宗蒼鬱屏初展，秋興蕭條客又來；對酒半林霜葉醉，迎人萬壑菊花開。千龕佛窟依雲鏤，九點烟痕落地栽；勝跡多從文采著，名山懷古愧清才。
西風吹墜孟嘉冠，蠟屐攀登興未闌；山在故鄉詩句少，人逢佳節酒腸寬。題糕甘讓群賢右，舉酌還堪百盞乾；黃葉烟城斜照裏，憑高一笑作碁觀。

〈長清真相寺瞻塔〉：雉堞籠烟樹，孤標插遠空；荒城隋帝邑，斷塔梵王宮。喜得三周繞，愁難七級窮；澈知真相理，萬法水流東。

【案】千佛山在濟南城南約八公里，又稱歷山、舜耕山，隋開皇年間，依山勢刻有數千尊佛像，故名千佛山。「九點烟痕」係指千佛山北望所見九座孤立山頭，自西而東為：粟山、匡山、藥山、北馬鞍山、標山、鳳凰山、鵲山、華山、臥牛山（《圖冊》，1891 年圖 2）。

113

長清縣，現為濟南市長清區，在濟南西南，距濟南市區二十二公里，為省城濟南近郊。一九九一年《長清縣志・縣級重點文物保護單位》載：「真相院舍利塔地宮及舍利塔，又名全陽塔，建於宋代元豐年間。元祐二年，蘇軾撰寫〈齊州長清縣真相院釋迦舍利塔銘並引〉。民國間塔被拆除上層。」為七級磚塔，現已不存。詩中「斷塔梵王宮」句，先生賦詩時塔仍可見。民國二十三年（1934）《續修長清縣志》附有塔影，云：「院宇傾圮，塔尚完好。」又詩云：「愁難七級窮。」〈重修真相寺大佛殿記〉則稱「浮屠八級」，三十四年《續修縣志》述長清八景中「古塔擎天」亦稱「真相寺有塔八盤」，或者是自塔基起算。〈長清真相寺瞻塔〉當是郊遊巡禮之作。數年親近梅老，佛學語彙與佛門禮儀已然嫺熟。

習吹笛，下苦功，冷天吹奏時至於笛孔結冰柱。

　　不受苦，就學出東西來麼？我自三十歲就屏氣，吹笛子時，氣都吹入笛子眼中；冷天吹笛都結冰柱。一友人拉胡琴，家中老人不答應，就用鐵絲繫著胡琴練習，聲音不會太響。後來去掉鐵絲，絃聲不得了。朱洪武夜夢五經，乃是夜裡偷偷看經書；怕人笑話，所以夜裡看。可見，不受苦，所學就不容易成就。[1]

1　願西等：〈師訓集錦（三）〉，《明倫》第183期（1988年4月）。

1920 年・民國 9 年・己未－庚申
31 歲

【國內外大事】
- 國際聯盟（聯合國前身）成立。
- 印度領袖甘地發動不合作運動，反對英國殖民統治。

【譜主大事】
- 出任莒縣管獄員。

山東省立監獄專修科畢業，往莒縣擔任管獄員。（見《圖冊》，1920 年圖 1）

【案】龔春英指出：「清政府設監獄學堂培養監獄人才，主要是為了滿足當時監獄改革急需用人的現實需求而急於速成的。不少省份都是在法政學堂中匆忙增設監獄科，或開辦專門監獄學堂。但無論是哪一種類型，在學習年限上和當時法政學堂的設置基本一致，通常一年、一年半為高等科，半年為簡易班，大都以速成教育為主，學生受教育的時間明顯較短。」[1] 茲以一年半計，一九一八年下半年入學，一九二〇年春畢業。當時法政教育採「學用一致」，畢業即分發任用。

---

[1] 龔春英：〈論清末監獄管理人才的培養〉，《泉州師範學院學報》第 29 卷第 1 期（2011 年 1 月），頁 100。

【又案】莒縣，現為日照市所轄，在濟南東南約三百公里。交通須先搭火車至濰縣，再轉汽車至莒。（見《圖冊》，1920年圖2）[1]先生自三十一歲至四十七歲，仕莒十六年，青壯歲月貢獻於此。幾位重要師友如莊陔蘭、呂今山、莊厚澤、趙阿南、戰德克、楊子餘等諸先生皆在此結交。仕莒時期為先生生涯初展身手、培煉心性非常重要的階段。

　　莊陔蘭等，《重修莒志》：有清政法未分時代，莒之獄務，向為州吏目專司。民國更始，劃入司法範圍，由高等檢察廳委管獄員一員，專主其事。[2]

　　莊陔蘭等，《重修莒志》：李豔，字炳南，歷城縣，山東監獄專修科畢業。九年到任，十四年重修監獄，二十三年任《重修莒志》分纂。[3]

　　【案】管獄員為監獄主官，相當於後來的典獄長，負責整體獄政。行政與司法未分立時，屬地方首長權限。《重修莒志》卷八〈職官表〉有七列，首列為縣知事（縣長），第二列為管獄員，第三列為一等警佐（後改為公安局長），第四列為勸學員長（後改為教

1　李俊龍：〈回憶父親〉：「1934年春，我和祖母、母親先乘汽車到濰縣，再乘火車去濟南。」（《明倫》第193期，1989年4月）地圖為〈1933年山東地圖〉，開源地理空間基金會中文分會收藏，https://www.osgeo.cn/map/m9a47
2　莊陔蘭等：〈經制志・司法〉，《重修莒志》卷36，頁4。另收見：《重修莒志選》，《全集》第12冊之3，頁123。
3　莊陔蘭等：〈職官表〉，《重修莒志》卷8，頁1。

育局長），第五列為勸業所長（後改為實業局長），第六列為財政管理員（後改為財政局長），第七列為十字路巡檢（後改為巡警局巡官）。

【又案】《重修莒志》各卷中，古蹟（卷18-20）、軍事（卷34-35）、司法（卷36）、金石（卷51-52）計四類八卷為炳南先生手筆，故收入《李炳南老居士全集》第十二冊，《重修莒志選》（頁1-224）。因《重修莒志》流通較少，以下《重修莒志》引文如出於此四類八卷者，優先使用《李炳南老居士全集》第十二冊之《重修莒志選》，以方便閱讀時查核。

莒縣首長為縣知事周仁壽。同僚有：一等警佐傅崇章、勸學員長張晉階、勸業所長趙振宇、財政管理員張緒基等。

【案】縣知事周仁壽字敬甫，五年後，於一九二五年，升任膠東道尹。先生多年後，過其鄉里時，有詩懷念。（見1949年2月2日譜文）一等警佐傅崇章，此君即一九二七年莒縣被圍，官長棄城時，與炳南先生合作，共同維持社會秩序安定人心之重要人物（見1927年譜文）。

【小傳】周仁壽（1858-1929），字敬甫，江蘇溧陽縣人，一九〇二年舉人，一九〇七年，至莒任職。一九一一年（辛亥）冬，莒境伏莽四起，知州熊達猷辭職去，山東署撫胡建樞委仁壽代理。甫蒞任，立諸法、募練勇，次第肅清。一九一二年，民國紀元以來，鄰邑兵災匪禍，無歲無之，而莒縣獨保安全者

十有餘年。一九一三年,實授莒縣知事。孜孜以化民正俗為急,立崇儉行善會、籌建中小學、治道路橋梁、築大隄。一九二六年,擢琅琊道道尹,兼警備司令,莒民為立去思碑。一九二七年冬,充中央賑災會委員,辦濟南冬賑,移紅糧五百包,分賑莒民。一九二八年,方永昌軍過境,莒北慘遭兵劫,匯洋四千元,施放急賑。一九二八年,歲仍飢,復親蒞莒,施麵粉四千袋。以歷年視察災區,積勞致疾,卒年七十有一。卒之日,家無擔石,而賑冊載所捐款,逾十萬元,海內痛之。[1]

【又案】《重修莒志》卷首載有〈莒縣縣城圖〉(見《圖冊》,1930年圖1)、莒縣監獄平面圖(見《圖冊》,1921年圖1)、監獄瞭望樓及監房、莒縣監獄大門(見《圖冊》,1921年圖1);炳南先生公子俊龍亦繪有莒地簡圖(見《圖冊》,1930年圖1)。

赴任時,母親翟師遠、夫人張德馥同行。而後接令弟李實美到莒,同住多年。

一九二〇年前後,父親與祖母、母親到莒縣赴任,任莒縣監獄署長之職。他對叔父也很友愛,接來莒縣,共同住了幾年,以後叔父返回濟南老家,負責管理家中的房產和土地,父親經常寄錢給他。在父親遺著的《雪廬詩文

---

[1] 參見:莊陔蘭等:〈職官表〉,《重修莒志》卷8,頁25;〈人物·三〉,《重修莒志》卷58,頁7-8。

集》中，有幾篇寫給叔父的詩，如重九寄弟、送弟返里、邊春寄弟等詩文，表現了兄弟之間真摯的感情。[1]

【案】炳南先生有多首詩寫其令弟李實美，李實美也為先生詩作注。張瑞錟於〈《雪廬吟草》序〉中言：「令弟實美為之注，軒豁呈露，蓋得之炳南指授者為多。」[2] 見得兄弟情感深厚且相知甚深。

【又案】先生德配張德馥（1886-1954）來歸時間未詳，是年三十四歲。

二月二十三日（夏曆正月初四），孔子第七十七代嫡長孫孔德成先生誕生於山東曲阜孔府。四月二十日，北洋政府令襲封第三十二代「衍聖公」。

衍聖公府爵字第八號：「為咨呈事：中華民國九年四月二十日奉大總統令：『孔德成襲封為衍聖公。此令。』等因。奉此，本爵遵即于　月　日承襲世爵。除呈報並分行外，相應咨呈鈞院查照。此咨呈國務總理。襲封衍聖公孔德成。中華民國九年　月　日。」[3]

【小傳】孔德成先生（1920-2008），字玉汝，號

1　李俊龍：〈回憶父親〉，《明倫》193 期（1989 年 4 月，雪公往生三周年特刊）。

2　張瑞錟：〈《雪廬吟草》序〉，收見李炳南：《雪廬詩集》，《全集》第 14 冊之 1，頁 7-8。

3　〈孔府檔案 6591〉，中國社會科學院近代史研究所中華民國史研究室、山東省曲阜文物管理委員會編：《孔府檔案選編》（北京：中華書局，1982 年），頁 4。

達生,山東曲阜人,孔子第七十七代嫡長孫,出生即襲封三十二代(末任)衍聖公,後於一九三五年成為第一代大成至聖先師奉祀官。曾任中華民國制憲國民大會代表、國民大會代表、國民參政會參政員、國立故宮中央博物院聯合管理處主任委員、國立故宮博物院管理委員會常務委員暨指導委員會委員、考試院院長、總統府資政。歷任中興大學、臺灣大學、輔仁大學、東吳大學教授。

一九三〇年十歲起,即開始執掌孔府事務。同年主持大修《孔子世家譜》,歷時七年,於一九三七年編撰完成。旋因日本侵華,避遷重慶。日本投降後,於一九四六年九月隨國民政府遷回南京,年底當選制憲國民大會代表。一九四七年,當選為曲阜縣第一屆國民大會代表(至一九九一年卸任)。一九四八年三月,赴美國遊學,任耶魯大學研究員。一九四九年一月,孔德成從美國返國,旋遷臺灣,定居臺中。抵臺初期,先受聘於臺灣省立農學院(後改制為中興大學),並於一九五六年擔任國立中央博物圖書院館聯合管理處主任委員。一九五五年起,於臺灣大學中文系、人類學系兼任教授,講授「三禮研究」、「金文研究」、「殷周青銅彝器研究」課程,組織《儀禮》復原。多次訪問日本、韓國、越南及歐美等國,主持祭孔典禮。一九八四年九月至一九九三年四月,擔任中華民國考試院院長。一九九八年,大成至聖先師奉祀官府裁撤,但保留奉祀官官銜。二〇〇八年十月

二十八日,因心肺衰竭病逝,享壽八十九歲。翌年九月,大成至聖先師奉祀官一職由其長孫孔垂長繼承。

　　炳南先生於一九三七年應聘入「至聖先師奉祀官府」,從此密切交誼五十年。官府歷遷重慶、南京、臺中,為炳南先生職涯任職最久之機構,而孔先生亦以炳南先生為最重要之幕友,待之如兄長。

是年詩作有:〈莒州道上〉、〈董西峰招飲〉、〈病中子裘西峰冒雨來探兼贈詩伏枕答之〉二首、〈鞦韆院中梨花〉、〈巨寇擄民鎮軍坐視不救縣警拒之弔戰亡者〉、〈孟秋望傅文山於文昌閣招飲賞月兼寄董西峰〉、〈月感〉、〈秋海棠〉、〈九日登浮來山〉、〈送劉子裘歸南〉、〈家書見召〉、〈送弟返里營葬事〉、〈對雪〉。
(《雪廬詩集》,頁 18-23)

　　〈莒州道上〉:尚有雄風在,山川據勝形;乾時初定霸,即墨共書青。藍沭遠縈帶,浮丘高列屏;徘徊多古意,斜日暗郊坰。

　　〈病中子裘西峰冒雨來探兼贈詩伏枕答之〉二首:
寒雨連朝斗室昏,僻鄉藥物豈堪論;起疴賴有新詩到,不信少陵今尚存。
羸骨偏教病苦催,柔腸直向故鄉迴;臥聽窗外瀟瀟竹,舊雨時兼今雨來。

　　〈巨寇擄民鎮軍坐視不救縣警拒之弔戰亡者〉:國軍似專國中戰,不捍盜賊攻州縣;縣警衛城能保民,拒賊不惜捐其身。賊散民安警雖死,正氣充塞乾坤裏;此

軍此警胡為乎,兩端云判人禽途。

〈家書見召〉:蘆花衣耐冷,思古良悽然;逐子竄海涯,火書起西天。一讀一嗚咽,破甑難再全,寸心惟砥礪,竹帛答重泉。

〈送弟返里營葬事〉:朔吹裂冰地,孤客行路難;目與彤雲遠,心馳曉霜寒。有家風中樹,枝葉無一安;漢戚哀王呂,貪癡徒自殘。覆車信可鑑,處彼何妨寬;義盡撒手來,不須墳土乾。城陽春氣早,梅雪歲除闌;元夜一樽酒,圍爐待爾歡。

【案】〈送弟返里營葬事〉與〈家書見召〉兩首,丁母憂之作。據「蘆花衣耐冷」之喻,過世者應非生母。《世界佛教居士林林刊‧第三十八期》載有炳南先生「為家慈禱求健康,發願今春放生四萬數」(見1934年譜文),見得母親尚健在。據張慶祝憶述:「老師曾說過,他出生於書香之家,但他是姨娘所生,給人瞧不起。」[1] 則「漢戚哀王呂」之喻,及「義盡撒手來」一語,異母兄弟親戚之間,恐或多少不甚和睦。

---

1 張式銘:《張慶祝師姑九十回顧》,頁 50-51。

1921 年・民國 10 年・庚申－辛酉
32 歲

【國內外大事】
- 孫中山在廣州任中華民國非常大總統。

【譜主大事】
- 在莒縣主管獄政。
- 梅光羲居士在濟南成立佛學社。

主持獄政,多有興革。寓教於刑,人道善待囚犯,辦技藝輔就業;每日講善書,並設有圖書部、雅樂部,藉以陶冶性情,轉化劣習。(見《圖冊》,1921 年圖 1)

　　民國更始,劃入司法範圍,由高等檢察廳委管獄員一員,專主其事。九年,李豔來為管獄員,計畫興革。(《重修莒志選》,《全集》第 12 冊之 3,頁 123)

　　民國九年,公管莒縣監獄,目擊監房湫隘,垂憫囚徒,即謀興革。又倡德化重於刑齊,加強獄中教化,俾囚人知非向善。[1]

　　〈獄吏李豔　德加莒民　功昭於世〉:民國九年來莒,任管獄員,職負監管犯人之權,而以感化為懷,主

---

[1] 李老居士炳南治喪委員會謹述:〈李公雪廬老居士事略〉,《明倫》第 164 期(1986 年 4/5 月合刊)。

張「寓教於刑」。任職不久,取得當局與紳、商贊助,將陰暗、潮濕之牢房改建修補,使犯人得處於合乎衛生之環境。李按時為犯人查病、治療。民國十年前後,取得縣長支持,在監獄建立感化院——辦起木工、紡織作坊,讓判刑人學技藝,將所營利潤代存生息,以便刑釋後攜款回家就業有能……,受恩者感德終生。[1]

莒縣摯友趙阿南進京,詩〈送趙阿南〉二首相送。

此去京華路幾千,相思春草日綿綿;何時重話一樽酒,目斷行雲梅樹前。

年來已悔訂交遲,偏是相逢在別時;此後愁腸何處遣,松窗延月讀君詩。(《雪廬詩集》,頁23-24)

【小傳】趙子荻(1887-1969),字阿南,後以字行。莒縣人,遜清附生,山東高等學堂肄業,日本法政大學法律科畢業。一九四二年,應山東省主席牟中珩將軍之聘往佐戎幕,歷任山東省政府顧問,山東省參議會議員,中國大學教授,國史館纂修等職,來臺後任臺南師專及成功大學教授,國學淵博,尤擅

---

[1] 〈獄吏李豔德加莒民功昭於世〉,收入:周笑通、徐仰止等編:《莒鄉聯語》(莒縣:莒縣文藝創作室,1994年12月,莒縣民間文學集成(四)聯語卷),頁45-47。

詩詞，著有《梧香念廬詩鈔》、《蓮浮集》等，[1]於一九六九年逝世於臺南，享年八十三歲。[2]為炳南先生初到莒縣結識之好友，一九三四年同任《重修莒志》分纂。（見該年2月譜文）

任莒一年，返濟南省親。有〈省里〉、〈有懷〉、〈重過〉四首等詩作。（《雪廬詩集》，頁23-24）

〈省里〉：別我故鄉去，歸來纔隔年；湖山還似舊，人事已非前。今日青雲路，明朝白髮顛；燈花開復謝，彷彿說因緣。

〈重過〉四首（實美注：君過其亡妾舊居之作也）：地已聞名怯，那堪尋舊遊；薰風舞落絮，冰雪上心頭。綠樹高垣裏，還應識故人；臨風時裊娜，宛若意相親。陳跡分明在，朝雲事不空；緣何如隔世，清晝夢魂中。城隅入昨夢，昨夢似今朝；不向夢中見，春風長寂寥。

【案】既任公職，返濟南蓋為洽公順便省親。

---

1 趙阿南另有〈臺灣雜事詩〉，刊於《臺南文化季刊》第5卷第2期（1956年7月31日），頁99-109，收存於高雄市古典詩學文教基金會。《梧香念廬詩鈔》收存於成功大學圖書館，卷首有王禮卿教授題詞。王教授原為臺南成功大學教授，後轉任於臺中中興大學，與炳南先生亦為至交，1974年受邀任教於台中蓮社內典研究班。見該年譜文。

2 參考：莊陔蘭等：〈教育〉，《重修莒志》卷32，頁1；趙阿南：〈梧香念廬記〉，《梧香念廬詩鈔》（臺南：自印本，前後序為1956年），頁28；趙阿南：〈呂今山傳〉，《山東文獻》第2卷第3期（1976年12月），「作者簡介」。

三月,梅光羲居士於女子蓮社總理吳倩薌支持下,成立佛學社及佛籍流通處。佛學社為梅老講演而設,先生返里,必與聞其間。

  吳倩薌,〈女子蓮社佛經流通處歷史及遷移通告〉:民國九年,倩薌以數聞社員家屬兄弟夫子願聞法要而以未便時來蓮社聽講為言者,於是發起男佛學社之運動。時梅公擷芸大居士雖常於政學軍各界演揚大乘,然亦無專設機關以資研究,遂商求梅公主講,而請張晉塏先生擔任經費,均蒙同意。張君以二百元作開辦費,梅公出資千元辦流通處,令倩薌粗擬章程八條立案照准,於蓮社前鄰小滄街賃樓房一所,遂於十年夏正二月成立。佛學社專事研究講演,流通處則專流通佛籍,故雖一機關而立兩名。共設管理員一人,純義務即大聞比丘擔任,雜役及房租等每月開支,初由張君晉塏擔任半年後,皆由梅公獨任。山左佛學會自茲始,聽講者亦達四五十人。而流通處為全省所無,自是請經閱教者稱便。明年秋梅公買宅南新街,佛學社流通處遷居於是。又明年冬宅復轉賣,遂賃居冉家巷住宅。十四年梅公辭職北上,大聞因病卸責,佛學社停講無人,且以時局影響,流通處大形停頓。[1]

  【案】「佛學社」為一九二一年(民國十年)成立

---

[1] 吳倩薌:〈女子蓮社佛經流通處歷史及遷移通告〉,《蓮社旬刊選刊》(1925 年),頁 39-40。現收入黃夏年主編:《民國佛教期刊文獻集成》第 82 卷,頁 499-500。

時呈報的名稱,由張濟康任發起人,經山東省長公署備案成立,由張濟康擔任社長。主要活動有:每星期一、四,王宗祐居士講《因明入正理論》;每星期三、六,秦少文居士講《成唯識論》;每星期三,梅光羲居士講《解深密經》。[1]梅光羲居士先已在濟南女子蓮社宣講唯識,前後三年。一九二〇年(民國九年)八月十月十一月講《相宗綱要》;一九二一年(民國十年)三月五月十一月講《百法明門論》;一九二一年(民國十一年)三月七月十二月講《相宗綱要》。[2]一九二四年(民國十三年)八月,張社長過世後,社員公推前任山東鹽運司夏繼泉(蓮居)、現任山東高等檢察廳檢察長梅光羲(擷芸)繼任正副社長之職,主持社務。呈報公文具名發起人有四位:直隸督軍公署諮議王宗祐、山東省署教育科科長徐亮義、山東清鄉局會辦陸家駒、山東師範學校教員秦少文。其中王宗祐、秦少文為佛學社講席。[3]

---

1 張濟康:〈濟南佛學社呈准省署立案〉,原刊《世界佛教居士林林刊》第 3 期,「專件」,頁 4-6。今收入黃夏年主編:《民國佛教期刊文獻集成》第 141 卷,頁 207-209。

2 「濟南女子蓮社弘法年月表」,原刊《蓮社彙刊》(1934 年 8 月),頁 26-27。今收入黃夏年主編:《民國佛教期刊文獻集成補編》(北京:中國書店,2008 年)第 82 卷,頁 422-423。

3 〈濟南佛學社呈請備案文〉,原刊《世界佛教居士林林刊》第 7 期,「專件」頁 7-8。今收入黃夏年主編:《民國佛教期刊文獻集成補編》第 8 卷,頁 271-272。

返任所後，有詩：〈返莒州客館適蓺菊盛開〉、〈訓趙阿南〉。(《雪廬詩集》，頁 25-26) 先生中年時喜種菊花，亦懂菊花，能從葉子分辨各品種菊花。

〈返莒州客館適蓺菊盛開〉：隨緣移家住，住久忘他鄉；偶向故園去，憶茲翻斷腸。今朝遠重來，瞻宇眉飛揚。昔種一畦菊，團團初綻霜；宛如小兒女，去後忽成行。鎮日自揮鋤，百盆列高堂：四隅各因勢，几案殊低昂。佳色流逸韻，爛然雲錦張。良朋話風雨，婦稚具壺觴。邊邑作冷官，並無折腰忙；絕勝陶彭澤，不得意徜徉。

〈訓趙阿南〉：青齊多豪士，趙子真不群；政亂同所進，汙泥自清芬。世風久澆漓，哀怨託騷文；清圓素波月，飄逸秋空雲。嗟予好歌詠，白雪早羨君；翔鶴九千仞，一鳴天下聞。

〈易艮卦簡介〉：作農我是大外行，中年時我喜歡菊花，我懂菊花，菊花的葉子千變萬化，一看葉子，什麼菊花名字，我都清清楚楚。我上人家家裏去要菊花，給我看葉子，他們本人不認得，我都認得，我揀了好的要。[1]

李俊龍回憶：我父親很愛菊花，在莒縣住時院子裏有個大花園，父親種了很多珍貴的品種，有一種黑色的菊花，叫墨菊，是很難得的品種，還有綠雲，花瓣

---

1 雪廬老人（李炳南）述，智嚴（何美雪）整理：〈易艮卦簡介（十三）〉，《明倫》第 481 期（2018 年 1 月）。

很細,花開得很大,還有嫦娥奔月、貴妃醉酒、太史黃……等,我父親種的品種都特別珍貴。他看到菊花的根和葉,就知道它是什麼品種,他對菊花很有研究,很多人知道他喜歡菊,有好品種都拿來送他,他也以菊花和朋友酬贈往來。興來還用菊花泡茶,冬天吃火鍋,他教家人放入菊花,叫菊花火鍋,味道特別香醇。[1]

---

[1] 弘安(黃潔怡):〈濟南行(五)——留得清白在人間〉,《明倫》第 203 期(1990 年 4 月)。

1922年・民國11年・辛酉－壬戌
33歲

【國內外大事】
- 蘇聯成立。
- 第一次直奉戰爭，奉軍失敗。
- 北洋政府徐世昌辭職，黎元洪復位。
- 太虛大師開辦武昌佛學院。

一月二十七日，除夕夜。有詩〈除夜〉憂時局。(《雪廬詩集》，頁26）

  今夕若為情，辛盤映燭明；年隨羽書至，酒倚客窗傾。風鶴嚴榆塞，丁糧急莒城；金戈撥時序，白髮有新莖。

主獄政，格外施仁。除加強教化，更輔之以醫術療疾與貧苦救濟。

  倡德化重於刑齊，加強獄中教化，俾囚人知非向善。囚罹疾病，以精湛之醫術療之。罪屍無主者，代收瘞之。公始崇儒，宅心厚道；繼讀山東法科學堂，教授時講因果，以喻法學。時有梅教授擷芸光羲，南昌孝廉，掌秋官於魯省，精邃內典法相學，於大明湖畔組佛學社，講授相宗。公聽而悅之，每講必與，儒釋洞達，故從獄政，格外施仁。（李老居士炳南治喪委員會謹述：〈李公雪廬老居士事略〉）

1923年・民國12年・壬戌－癸亥
34歲

【國內外大事】
- 紫禁城大火，燒毀房屋三四百間，文物損失巨大。
- 曹錕當選中華民國大總統。

【譜主大事】
- 在莒縣主管獄政。
- 得縣知事（縣長）周仁壽支持，與教育局長莊厚澤合作，開展社會教育工作。設講演所，任講演主任，加聘講員巡迴至山會講演。社教成績，為魯省冠。

主獄政有聲望，得縣知事（縣長）周仁壽支持，與教育局長莊厚澤合作，開展社會教育工作。設講演所，任講演主任，加聘講員巡迴至山會講演。自製格言瓷牌，懸掛交通要道，每週更新。此昔日組織通俗教育會時所已熟稔，費用少收效宏，社教成績，為魯省冠。

民國十二年創設講演所，是為有社會教育之始。縣知事周仁壽就舊縣署地址，建造講演所，設所長一人，由教育局長莊厚澤兼任，講演主任一人，聘管獄員李豔兼任。講演員二人，輪流講演。每有山會，巡迴各會場，併製五色瓷牌，上書格言，懸之通衢及城門。每星期更易瓷牌顏色，另書格言，醒人耳目。行之既久，頗

著成效。後又有閱報所，由講演所管理；有通俗圖書館，由講演所兼理；有平民夜學，附設於講演所，教員由講演員擔任，晝講演、夜授課，貧寒子弟及有職業者，咸得就學。莒邑社會教育，分為講演所、閱報所、通俗圖書館、平民夜學，實以講演所為綱領，是以用費少而收效宏。當時成績，為魯省冠。至民國十七年，有民眾教育館之設立。以孔廟為館址。固定事業，設閱覽部、講演部、健康部、教學部、編輯部。活動事業，有巡迴文庫、巡迴講演、化裝講演、新生活運動、農場、合作社等。（〈經制志·教育〉，《重修莒志》卷30，頁9-10）

【小傳】莊厚澤（1871-?），莒州大店鎮人，字德符，號玉方，一九〇二年（光緒二十八年）舉人，清立京師大學堂經科畢業。一九〇六年（光緒三十二年）任縣視學兼勸學所總董，一九二三年（民國十二年）任莒縣教育局長，與炳南先生合作辦通俗教育演講會。一九三四年，與炳南先生同為重修莒志之分纂官。一九三五年經炳南先生介紹，通信依印光大師皈依，法名德扶。（皈依事見1935年7月18日譜文）

是年詩作多憂時：〈讀威海續租草約並聞英艦來東示威〉（存二）、〈呂綏宸今山昆季留夜飲〉、〈鵒天〉二首。（《雪廬詩集》，頁26-27）

〈呂綏宸今山昆季留夜飲〉：交親惜離聚，興發及時來；形跡放雲漢，衷腸披酒杯。詩成別殘焰，餅罄撥

寒灰；笑解主人語，明朝將綻梅。

【案】呂綬宸，為呂今山堂弟，[1]生平不詳。

【小傳】呂今山（1882-1949），山東莒縣人。初名鴻陞，字錦縉。後改名愚，字今山，以字行於世。清朝末年秀才，科舉考試停止後，各省創設優級師範選科，下令各州縣選拔優秀學行俱優的秀才，送省城甄試就讀，巡撫楊士驤親自甄試，今山名列第一。畢業後，在莒縣高等小學教書五年。後在濟寧省立第七中學擔任教職將近十年。弟子在學術上卓然有成的，如蕭一山、屈萬里、邵履均等人，都聲名遠播。曲阜孔奉祀官德成先生已到讀書年齡，孔府長老聘請今山為教師。八九年間，遍教群經。[2]日後孔府又敦聘莊陔蘭先生、炳南先生入府，應與今山先生有相當關係。先生與今山應是結識於莒縣，一九三一年（民國二十年）為炳南先生詩集寫〈序〉，一九三八年起，孔德成奉祀官避秦西川、抗戰勝利復員返京，就是由呂今山及炳南先生共同陪行，異鄉共居十餘年，交誼匪淺。

---

1 王衢於〈孔奉祀官德成先生與莒縣人之淵源〉文中云：「呂今山稱筆者為老弟，筆者稱今山為大哥，原因今山之堂弟呂壽宸，與筆者為連襟。」綬宸當與壽宸為同一人。王衢文見：《山東文獻》第24卷第2期（1998年9月），頁93-94。

2 參見：趙阿南：〈呂今山傳〉，原刊《山東文獻》第2卷第3期（1976年12月20日）；後轉載於《明倫》第415期（2011年6月）。生卒年依呂今山自述〈六十自訟〉小序「辛巳孟春在陪都作」（《蓮浮集》，頁7），以及趙阿南〈呂今山傳〉：「民國三十八年春，到常州才一個多月，今山就病逝了，享年六十八歲。」

〈讀威海續租草約並聞英艦來東示威〉（存二）：
片紙喪天險，傳呼裂眥看；由來返侵地，幾見賴盟壇。不戰盟城下，河山若羽毛；可憐憂國憤，寂寞出詞曹。

【案】此詩當作於六月以後。清末一八九五年甲午戰敗後，西方列強在華展開搶占租借地、劃分勢力範圍等激烈競爭，清季政府一一屈服：德國租占膠澳、沙俄租占旅順大連、英國也決定強行租占威海衛和香港新界。一八九八年（清光緒二十四年）七月，中英《租威海衛專條》在北京正式簽字，英國在華北取得一戰略港口。威海衛及各地民眾為捍衛民族獨立和國家主權，不斷進行抗爭，渴望收復失地。一九二二年（民國十一年）北洋政府任命前外交總長梁如浩為「接收威海衛委員會」委員長，負責與英國磋商。前後舉行約四十次會議，於一九二三年（民國十二年）五月三十一日，擬定《接收威海衛協商意見書》。但因嚴重斷送中國主權，引起全國人民強烈不滿，迫使北洋政府拒絕簽字。再經磋商，於隔年（1924）十月擬定《中英交收威海衛專約（草案）》，中英雙方約定於十一月二十八日正式簽字，但二十四日曹錕政府倒臺，英方隨即以中國政局不穩為由延期簽字。詩題中「威海續租草約」即梁如浩代表所協商出之《接收威海衛協商意見書》，炳南先生身在山東，憤慨心情當可想見。詩題下有小注：「存二」，可知原來詩作不只二首。

1924年・民國 13 年・癸亥－甲子
35 歲

【國內外大事】
• 清皇室被逐出紫禁城。

哲嗣俊龍誕生。（李俊龍：〈回憶父親〉）

  【小傳】李俊龍（1924-2000），字雲溪，生於山東莒縣，為炳南先生獨子。一九五〇年華東白求恩醫學院醫科畢業。因父親在臺灣的關係，一九五八年被打成右派。一九七八年平反，一九八一年落實政策後回到故鄉濟南，從事胸科醫生，一九九〇年，在濟南市結核病防治所離休。一九六五年，與李華俊結婚，育有兩女李珊、李彤。一九八〇年，與先生分隔三十餘年後，首度取得連繫。一九八八年至香港奉迎先生遺骨返鄉，一九九四年蒞臺整理炳南先生故物。二〇〇〇年，於濟南過世，享壽七十六歲。

詩作：〈甲子之變〉、〈題周佛緣居士肖影〉、〈今日〉。
（《雪廬詩集》，頁 27-29）

  〈甲子之變〉：大局終輸氣，蒼生莫問天；從迎新喪亂，再掘舊墳田。不與殷周事，何來甲子年？江山情絕少，興廢獨翛然。

  【案】〈甲子之變〉係寫清皇室被逐出紫禁城一

事。民國成立,遜清皇室依《清室優待條件》在紫禁城內仍保有原來體制生活。至一九二四年十一月,馮玉祥派出軍隊包圍紫禁城,將溥儀及其小朝廷驅逐出宮。

1925年・民國14年・甲子－乙丑
36歲

【國內外大事】
- 孫中山逝世。

大力改善監獄品質，重建監舍，完善環境與設施。曾與受刑人約定，許可返家團聚過年，無不準時來歸。

　　九年，李黼來為管獄員，計劃興革，其間數年，頗經紆折。縣長周仁壽田立勛均贊成其事，與邑紳相繼協商籌劃全部更新，按地畝募捐，得錢萬餘串。至十四年，鳩工庀材，建築樓舍，排布締構，概依新法，其後十五、十六、十八、二十，此四年之間，又經邑紳迭籌鉅資，添築多處，炳煥宏敞，規制可觀，至其中一切設施，務求完美，更於明刑之中，寓弼教之意，視舊制天淵矣。（《重修莒志選》，頁123）

　　民國九年，李先生主管山東莒縣獄政。目擊牢房湫隘，垂憫囚徒，即謀興革。紆折五年，重建監舍，炳煥寬敞，設施完善。又倡德化重於刑齊，加強獄中教化，俾囚徒改過向善。他崇尚儒學，宅心厚道。舊曆年除夕前，與囚徒約定：欲返家同家人團聚過年者，悉可返家，但須年假結束時回監服刑。囚徒因而返家過年者，十之八九。獲知此事者均為之擔心不已。豈知沾此雨露之囚徒，年假未完，一一回監服刑，未有不歸者。山東

法界及輿論界翕然心服焉。（孔德成口述，王天昌筆記：〈李炳南先生傳略〉）

詩作有：〈姑蘇〉、〈看山〉、〈牧笛〉。（《雪廬詩集》，頁29）
　　〈姑蘇〉：山月江風事未殊，春深草茂蔓姑蘇；紅顏似比黃金貴，戰績先酬斯拉夫。

【案】李實美注曰：「魯督某借俄軍攻蘇。」魯督指張宗昌，曾收編俄羅斯殘部。據《中華民國史事日誌》，一九二四年十二月二十六日，張宗昌部過徐州南下；一九二五年一月十日，盧永祥、張宗昌率奉軍入南京；十七日，段祺瑞命張宗昌為蘇皖魯剿匪總司令。「襲姑蘇、虜民婦」即發生在此期間。四月二十四日，命「張宗昌為山東督辦」，[1]故稱為魯督，可知李實美注在四月之後。而先生詩有「春深草茂」之語，則詩作應在三月初，蓋三月十九以後，奉軍移駐徐州矣。

---

[1] 郭廷以：《中華民國史事日誌》（臺北：中央研究院近代史研究所，1984年），第1冊，頁852、855、857、879。

1927 年・民國 16 年・丙寅－丁卯
38 歲

【國內外大事】
- 國民革命軍會同黃埔軍校師生,由蔣中正領軍十萬,誓師北伐。自一九二六年七月至一九二八年十二月二十九日「張學良通電東北易幟」,歷時約二年六個月。
- 中國國民黨寧漢分裂。
- 基督將軍馮玉祥在河南廢寺逐僧,直、魯、秦等紛紛跟從。

【譜主大事】
- 國民軍北伐,縣知事(縣長)田立勛避走,先生出面維持治理,與先後來軍協商。爾後數年皆在軍匪來犯間協商維持。
- 二夫人趙德芳來歸。

三月,山東保安總司令張宗昌以方永昌為軍長,使鎮臨沂,以禦北伐之國軍。

六月,國軍將臨莒城,張宗昌疑縣知事(縣長)田立勛密應國軍,遣李冠儒攻莒。縣知事棄職南走,城內失序。先生與警佐傅崇章共謀維持秩序,親率警兵,露刃巡行,安定人心。李冠儒部隊至莒後,先生並與協商保護縣民。

六月，國民軍圍攻臨沂，其別部自贛入莒。……（張宗昌）疑縣知事田立勛密應國軍，遣混成旅旅長李冠儒率軍攻莒。立勛棄職南走，城內只餘羸警十數名，秩序頓亂，宵小蠢動。管獄員李黶、警佐傅崇章，共謀保障危城，非先靖市面不可。黶乃親率警兵，武裝露刃、巡行彈壓。人心稍定。冠儒至莒，陣於郊，預備攻擊。已而知城空虛無抵抗，始悻悻收兵。初宗昌委掖人祝少蕃為琅琊警備司令，駐沂水，兵無紀律，索需煩苛，官愁民怨，積不相能。至是少蕃藉口查防，移軍來莒，部下遇事生風，輒指某人通敵有據、某事附南有嫌，人多自危。但格於冠儒在莒，不得逞。無何冠儒奉宗昌命南援永昌，莒民畏少蕃獨留為害，謀於黶等，說冠儒使去少蕃。冠儒許之。冠儒委其書記王炳華暫攝縣事，並留李冠軍兵一營衛之。[1]

【案】原縣知事周仁壽，於一九二六年一月離莒縣，升任琅琊道道尹。又，《重修莒志・職官表》載：「傅崇章，字文山，聊城人。山東巡警學堂畢業。元年到任，充區官。五年，改一等警佐，奉員警廳委。」（卷8）

李冠儒奉命南援離莒，僅餘少數兵力留守。李自迷部率兵來攻。先生磋商其間解決衝突。

初縣知事田立勛南走時，本縣警備隊總隊副劉錦

---

1 見：《重修莒志選》，《全集》第12冊之3，頁87-88。

文、大隊長趙長勝等，亦率隊避往縣南邊境。迨李冠儒旅去後，突有革命鐵血軍司令李自迷率兵一營來莒。錦文長勝乃與之合，返兵至莒，籌畫攻城。……槍聲亂鳴、響震屋瓦，商民大恐，謀於李豔，往見炳華探其意旨。炳華冠軍俱以孤軍無援，表示不願固守。豔使人縋城磋商兩解之。（《重修莒志選》，頁88-89）

七月，張宗昌再遣俄軍來攻，驅走李自迷。先生前往協商，並請商會致贈俄軍旅長匾傘以羈縻。

七月，張宗昌聞莒縣為鐵血軍占領，遣俄兵滿者特旅，攻李自迷。自迷棄莒走，縣警備隊復隨之去。逾日俄兵至莒，自迷去已遠，故未發生戰禍。惟以言語不通，時起誤會，居民甚恐。李豔說滿者特以嚴紀律博榮譽。滿大悅，移兵駐城外，並禁酒店售沽，蓋俄兵嗜酒，醉輒滋事也。更為羈縻計，商會與送名譽匾傘。住及月餘，紀律尚佳。（《重修莒志選》，頁89-90）

事平後，邑紳擬酬謝，先生功成不居，有詩婉謝。〈長揖謝盛情〉記其事云：

弱鄭夾秦楚，蛟龍酣鬥爭；鐵火天外落，震開石頭城。一月城再破，三番易旗旌；淺夫昧嘉猷，烈日枯蒼生；誰能為雲雨，一灑妖氛平？功立賴群策，獨高孺子名。眾心雖所歸，長揖謝盛情；魯連東海上，豈作商賈行。斯世容大巧，疏狂拙逢迎；堂隍慚祿米，何似泥塗榮。（《雪廬詩集》，頁30）

【案】詩中「弱鄭夾秦楚，蛟龍酣鬥爭」語，謂直魯軍與國府軍相抗。「一月城再破，三番易旗旌」者，謂一月之間迭遭戰禍。保全一縣，全賴炳南先生挺身維持。詩中所賦，蓋士民欲感激酬謝，而先生功成不居，故曰：「眾心雖所歸，長揖謝盛情。魯連東海上，豈作商賈行？」

那時候，內戰頻繁發生，水災蝗災輪番降臨，很多農民流離失所，父親與當地士紳創辦災民收容所，在縣城的東關外募捐救濟款，修建了住房，籌辦了糧食，災民的衣、食、住，都得到妥善的解決，⋯⋯有一年，莒縣發生內戰，城外是中央軍，城內是北軍，動用了飛機大砲，戰爭打了一個多月，軍民死傷很多，城內糧食斷絕，父親與當局協商後，冒著生命的危險，縋城去城外，與對方談判停戰事宜，幾經往返，終於達成協議，和平解決，使全城的生命與財產，免受更大的損失。有一次，又發生戰爭，縣長棄城而逃，政務無人管理，當地士紳公推父親代理縣長，維持局面，俟時局緩和，將職位仍讓於後來者。（李俊龍：〈回憶父親〉）

同時間，鄰縣知事同窗友董汝駿，在戰亂中被直魯軍師長方永昌賦予搜糧任務，後以搜糧不力、貽誤軍食罪處死。先生有詩：〈哭董臨沂〉（并序）。（《雪廬詩集》，頁31-32）

董雪峰，吾同硯友也，為臨沂令，有惠聲。南北戰起，以軍食故，忤當道見殺，柩過莒邑，予郊奠而哭之。

南革唱沙去，客來話臨沂；聞君陷羅網，有徵姑自疑。
昨宵入我夢，歡若平生時；矍然在幻境，轉願魂有知。
俱言所遭苦，今幸遠鼓鼙；當途不枉殺，握手三慰之。
莎雞泣明發，落月寒秋帷；南望意多惑，多惑興傷悲。
突聞小阮來，趨走汗盈頤；相見各嗚咽，撫棺無一辭。
淚迸黃葉下，行人為嗟咨；憶昔出鄉關，共居東海湄；
再逢城陽道，生死兩別離。去日多猛虎，來日多魅魑；
逆旅哭返骨，得歸歸已遲。

【小傳】董汝駿（雪峰），山東歷城縣人，一九二六年七月代理臨沂縣知事，一九二七年五月復任。（《續修臨沂縣志・卷二・職官表二》）「（1927年）六月十六日，方永昌以貽誤軍食罪囚縣知事董汝駿，以軍法官柳鏡瑤代理。七月，方永昌將董汝駿槍決。」（《臨沂地區志・軍事——重大兵事》）炳南先生初到莒時即有〈董西峰招飲〉詩作，不久又有〈孟秋望傅文山於文昌閣招飲賞月兼寄董西峰〉，董西峰不知是否即是董雪峰？董君與先生為歷城縣小同鄉，詩序謂「同硯友」，高等小學堂或是法律學堂都有可能。傅文山即莒縣一等警佐傅崇章，莒城被圍、縣長棄城而去時，與先生共同維持縣城秩序者。

八月十二日，中元節，與共患難之警佐傅崇章再聚文昌閣。初至莒縣之中元夜即受邀與傅君共飲於此，今日再會，有劫後餘生之感，也有苦未盡、歡無多之慨。有詩〈中元夜再飲文昌閣贈文山〉。（《雪廬詩集》，頁 30-31）

攀登感往事，對君一潸然；艱難此夕會，各得兵後全。酸辛不堪道，恣謔開瓊筵；我盡旨斗酒，君奏哀笙絃。聲歌入雲漢，月華落樽前；歌歇客亦醉，欲去還流連。干戈苦未息，歡聚多無緣；仰首對明月，熱淚如湧泉。飄風動檻外，噓吸悲遠天。

【案】亂邦不能長居，傅崇章於翌年辭職返鄉（見1928年7月譜文）。教育局長莊厚澤是年先已去職（〈職官表〉，《重修莒志》卷8），傅君又去，炳南先生支柱更形單薄。

十月四日，重陽節，有詩〈重九寄弟〉。（《雪廬詩集》，頁31）

重九茱萸好，停杯動遠思；鴒原一緘淚，客鬢十年絲。霜壓丹楓嶂，風皺瘦菊籬；何如吾與爾，對酌歷山時。

二夫人趙德芳來歸。

【案】二夫人趙德芳（1911-1990），據先生弟子轉述，「雪公曾云，（二師母）是大師母親自在莒縣挑選下聘的。」[1]先生於函復其令郎俊龍時謂：「汝仍英俊灑脫，新媽德芳更有忠厚之相。」（見：1980年9月18日譜文），德芳夫人為俊龍「新媽」，則來歸約當俊龍三、五歲以後事。姑且繫於此。

---

[1] 弘安（黃潔怡）：〈濟南行（四）小院高桐碧蔭疏〉，《明倫》第202期（1990年3月）。

是年詩作另有：〈霽〉、〈古鐘〉、〈聞雞〉、〈城陽周二召亭鋆於鑑古以所著石鼓文集釋相示予為之作歌〉。

（《雪廬詩集》，頁 32-35）

【小傳】周興南（1879-1947），字召亭（又作「韶亭」），莒縣城西大湖村人，清末廩生。精於史實考證和金石文字。工書法，尤精於篆籀，為碑坊書丹之名家。著述《孫子兵法考釋》、《石鼓文考釋》、《金石匯補》、《歇後語集錄》、《金剛經心悟》等。少壯時讀書作館，年逾不惑，始在莒縣縣長周仁壽署內為幕僚，一九二六年隨琅琊道尹周仁壽赴臨沂。一九二八年退居故里。周工篆籀，精經史，與海曲王獻唐交往甚密，周之編著，王常為之序。莒沂名寺、名人墓碑周常為之篆額撰文：紀映淮建坊考證碑、重修狐狸橋碑、浮來山、雪山諸多碑碣皆存其手澤。[1]一九三四年與炳南先生同為《重修莒志》分纂。《重修莒志》（卷54，頁18）收有其〈遊檀特山記〉一篇。另作有〈散鬲草釋〉，先生有詩〈讀退盦散鬲草釋〉三首，盛讚其學。所作《石鼓文集釋》（或云《石鼓文考釋》）似已佚失，不知完成於何時。觀炳南先生詩仍從容有餘裕，或者在尚未大危亂之時。一九三七年開始崇信佛教，應亦炳南先生之影響。一九四二年寄居城內賈家花園，一度應聘為莒縣日偽所辦中學國

---

[1] 莒縣地方史志編纂委員會編：《莒縣志》（北京：中華書局，1999年），第 26 卷，「文學創作、書法」各節。

文教師。一九四四年莒城為共產黨收復,周歸居大湖村故里。一九四七年土改之始,被處死。

1928年・民國17年・丁卯－戊辰
39歲

【國內外大事】
- 五月,濟南五三慘案。
- 十二月,北伐完成。
- 印光法師召集各大居士研商內政部所擬「廢寺興學」之對策。

【譜主大事】
- 四月,盜匪圍莒城,解圍後縣知事王頌揚隨軍而去,先生受託再出維持治理。
- 五月三日,日軍占侵濟南,是為「五三慘案」。先生故居附近西門為重災區。
- 八月,匪眾多次犯莒,先生多次協商。

莒縣縣法院成立,管獄署管獄員改隸莒縣法院。(〈職官表〉,《重修莒志》卷8,頁2)

先生戮力從公,不忘家庭責任,親事母疾、課子啟蒙。對友人子女時加照顧。

> 李俊龍,〈回憶父親〉:父親很孝順,對祖母的生活照顧得無微不至,祖母患有慢性氣管炎,每到冬季就患病,父親聘請當地名醫診視,煎藥後,必親自嘗試,

對祖母愛吃的飯菜,必想方設法買到,對烹調的方法也做具體的指導。

一九二四年我誕生於莒縣,住在一所官邸內,這是一座大花園,環境頗為幽靜。在五歲那年,父親下班後常為我講歷史故事,如赤壁之戰、楊家將抗金兵,以及廿四孝、古人苦學的啟蒙教育,使我思想上對中國的歷史知識和倫理觀念有了一個概念。

吳碧霞,〈雪廬風誼〉:學人曾親聞之於雪公,說熬小米稀飯熬到上面浮一層油,才進奉給老人家,又學醫的因緣也從想醫治母親的病來。這是對父母的盡分。[1]

(電報局長楊子餘公子回憶):炳老對我個人指導很多,他待我們就像子女一般,在莒縣時,我與舍弟每天夜間,都到炳老房裏,蒙他指導書法,他每個字都很認真教,我們二人的書法都是老伯教的。同時,炳老還教我演講。炳老非常喜歡梅花,客廳門口,就栽種了兩棵臘梅,每逢臘梅盛開,便邀請好友前去欣賞。也喜歡月季,我家種很多月季,每逢花開,家父就送很多花給老伯。[2]

四月,蒙沂著名大盜吳振山[3]、史義成等,趁政府軍北伐混

---

1 吳碧霞:〈雪廬風誼——俠骨詩情醇儒本色悲心忍力菩薩真行〉,《明倫》第363期(2006年4月)。
2 弘安(黃潔怡):〈濟南行(四)小院高桐碧蔭疏〉,《明倫》第202期(1990年3月)。
3 「吳振山」,據《重修莒志》卷三〈大事紀〉,及其他志書,有作「武」振山者。

亂,包圍莒城。直魯軍方永昌部適從臨沂北退,與吳振山等發生戰事,剿滅吳等殆盡。莒圍立解。直魯軍委派縣長王頌揚隨方永昌北去。先生受大眾委託,與一等警佐傅崇章等組織臨時縣政委員會維持縣政。

十七年三月二十三日,國軍至莒,縣長王頌揚隨駐沂軍長方永昌離去,公推管獄員李豔維持縣政。(〈職官表〉「王頌揚」,《重修莒志》卷8,頁2)

十七年四月。國軍復圍方永昌於臨沂。時軍事倥傯,當道置地方治安於度外,以致魯省幾成盜藪。名城陷落者十數,人民呻吟於盜窟之中。其慘痛情況,難盡枚舉。蒙沂間著名大盜吳振山、史義成等,將乘機襲莒,計於拂曉伺啟關衝入。縣役某遇諸途,返白塞門戒嚴。次晨日高城門不啟。振山等知事已洩,四圍攻城。知事王頌揚登陴巡視,見振山眾中持有青白旗,禁兵不與還擊。因四日夜,聞永昌棄臨沂北退,振山等分兵於夏莊扼之。永昌怒,揮軍猛進,勢如驟雨,炮火齊發。夏莊半成焦土。振山之眾,殲滅殆盡。莊外有洇汪,積屍竟成小阜。永昌乘勝撲城,振山等駭竄,圍立解。逾日頌揚隨永昌北去。王頌揚去後,李豔、傅崇章聯合各機關及邑紳,復組織臨時縣政委員會,暫維現狀。(《重修莒志選》,頁90-92)

地方盜匪劉桂堂、吳振山、史義成眾旋以革命軍名義來莒。

十七師師長李明揚命劉、吳等駐守城外。然李明揚移駐臨沂後,吳振山等利用軍官頭銜,招納罪徒,公然違

法，略無避忌。為害甚鉅。

　　逾日，蒙山劉桂堂高揭革命先遣軍旗幟，率眾來莒，聲勢甚大。一時不辨真偽，人心汹懼，閉關拒守。桂堂不得入，怒欲攻城。使人謝之曰：國軍行且至，有命軍至啟關。虛與委蛇。次晨果十七師師長李明揚統軍來，各界懸旗郊迎。[1]須臾吳振山、史義成眾亦至。明揚令與桂堂之眾，均駐城外。無何，張宗昌由濟南退走，國軍會師燕都，黨國成功。令十七師移駐臨沂，戰地委員會委劉志伊來莒為縣長。明揚以資遣桂堂等回山候命，使振山等留莒。振山之眾，原多出身綠林，更利用地痞，招納逋逃。又以暴力索取監獄賊囚，盡假以軍官頭銜，令各集合舊黨，擴充部伍。以故久潛之匪，一時蜂聚，皆樹振山之幟。披武裝帶者憧憧於途，椎埋剽掠，公然無忌。義成尤驕縱不法，後以事與振山失和，為振山逮捕收獄。義成之眾不服，思欲火併，卒以勢力不敵而止。居三閱月，全境騷然。（《重修莒志選》，頁92-93）

　　一九二七年，劉桂堂趁軍閥混戰之機，網羅地痞流氓、散兵游勇和小股土匪，使土匪隊伍很快擴大到近萬人。從一九二八至一九三四年，劉匪曾多次流竄莒縣，

---

[1] 李明揚收復莒城時為1928年5月13日。見：史宗義主編：《記憶莒城》（〔出版地不詳〕：中國古籍文物出版社，2016年8月），頁18。

給人民帶來無窮劫難。[1]

四月，有詩：〈法院罷職雜詠〉（存三）。（《雪廬詩集》，頁36）

一庭風雨百花滋，痛飲狂歌快意時；惟念春泥滿城滑，應同我醉遣人持。

窗裏名花窗外竹，清幽滿榻夢初回；朦朧乍起仍趺坐，解意山童煮茗來。

忽逢豪客話平原，陡覺全球氣可吞；我自不貧君莫去，貂裘一擲鬥金樽。

【案】〈法院罷職雜詠〉應是作於四月，吳振山等眾據莒之時。《重修莒志選》載云：「振山之眾，原多出身綠林，更利用地痞，招納逋逃。又以暴力索取監獄賊囚，盡假以軍官頭銜，令各集合舊黨，擴充部伍，以故潛久之罪一時蜂聚，皆樹振山之幟，披武裝帶者憧憧於途，椎埋剽掠、公然無忌。」（頁93）此期間，管獄署恐亦無事可做。

五月三日，日軍占侵濟南，造成濟南傷亡，是為「五三慘案」。先生故居附近西門為重災區，有詩〈南北之戰浩劫遍地聞日夷借故參加炮擊稷門弟實美久無家書淚逐憂來不能自已〉（《雪廬詩集》，頁37）：

---

[1] 莒縣地方史志編纂委員會：〈軍事——土匪武裝〉，《莒縣志》（北京：中華書局，1999年），卷19。

客住干戈裏,因風問稷門;胡塵九烟隘,鐵雨一城昏。未必事無幸,如何聲已吞;所期今日汝,為我卜亡存。

【案】五月一日,北伐軍攻克濟南,直魯軍總司令張宗昌離濟南退至德州。二日,日本第六師團長福田彥助增兵支援濟南日軍。三日,濟南日軍侵入外交部長黃郛辦公室,槍殺外交處主任兼山東交涉員蔡公時及職員。第四十軍第七團千餘人繳械,無線電臺炸毀。造成六千一百二十三人罹難,一千七百零一人傷殘,國民政府山東交涉公署交涉員蔡公時及署內共有十七名外交人員被殺。時為國民政府北伐最後一年,蔣介石下令北伐軍「忍辱負重」,撤出濟南,繞道北伐。次年三月與日本政府簽訂《中日濟案協定》並懲辦涉事國民革命軍軍官之後,日軍才退出濟南。[1]

請人卜弟之存亡,而不卜自己前途。有〈逢日者〉詩(《雪廬詩集》,頁40):

謝爾殷勤意,吾癡奈若何;行看髮漸短,自分樂無多。冠蓋黨牛李,乾坤屯劍戈;微躬敢枉道,窮達豈殊科。

幸得來書,報知平安。有詩〈書至〉(《雪廬詩集》,頁37):

---

[1] 見:李育民:《中國廢約史》(北京:中華書局,2005年11月),頁740-742。

愁觸來書破，歡餘淚轉多；開緘真是汝，再讀幸無他。果爾念羈旅，恐難逃網羅；平安付驛使，速報歷山阿。

七月，傅崇章以奉養慈親，辭職歸里。先生作〈餞傅警局長解職歸里〉二首（《雪廬詩集》，頁47）送行：
我抱書空恨，君無媚竈才；辭官誠有識，不黨竟何災。
歸路雲千岫，離亭酒一杯；鑪溫須痛飲，世味半寒灰。
喜得盡烏私，還鄉切莫遲；樹風寧捨我，遊宦已非時。
泄柳跡難近，閔騫言可師；憐他庸碌輩，去就昧機宜。

【案】《重修莒志‧職官表》卷八頁二「傅崇章」：「十七年，保升公安局長，辭職歸養。」此詩中「烏私樹風」、「泄柳跡難近，閔騫言可師」之謂也。據《重修莒志》及《莒縣志‧大事紀》，八月，「員警所改為公安局」。傅君以將任公安局長辭去，則賦詩亦當在一九二八年八月前。

八月，劉桂堂復至，繳吳振山等械。劉之副官田嘉賓雖受編而匪性不改、需索無度，機關人員與商民懼怵禍至，率多遠避。先生以計間嘉賓於桂堂，去之。秩序稍復，人員逐漸回城。數月後奉國府令，改劉桂堂部為暫編第四師駐莒，人心始安。

八月，劉桂堂復率眾至，自稱奉中央命令招安，駐莒待編練。黨政當局開緊急會議，主迎主拒，莫衷一是。嗣聞桂堂經過沂水時，但與給養，未許入城，遂採

此策。遣警備隊長關興年等往與交涉,興年晤桂堂於夏莊,懾其勢燄,未能畢辭而返。次午,桂堂至,隊伍不整,副車載被擄男女,遂入莒城。其副官長田嘉賓,機警多權術,索需給養,掊克無厭。揚言所供不給,則有非常行動。各機關人員,怵於禍至無日,率多遠避。當桂堂來莒之前,吳振山率眾往諸城擴充駐地,僅留少兵在莒守營。至是桂堂圍其營舍,盡繳其械,更出義成於獄,收為義子,商民大懼,無以自保。欲面桂堂通款曲,輒為嘉賓所阻不得達。時有任俠居間者,憤曰:「不去嘉賓,莒禍不除。」適嘉賓私索豫昌當店款,為其黨所嫉,因以計間嘉賓於桂堂,去之。以後地方供應,始得與桂堂直接通融,稍稍就範。各機關人員,亦逐漸回城,秩序少復。居數月,中央總部派參軍譚曙卿蒞莒點驗,改桂堂所部為暫編第四師,人心始安。
(《重修莒志選》,頁94-95)

「李珊口述」:劉桂堂是民國莒縣的土匪,其手下經常禍害鄉里。聽父親說,爺爺曾經入匪窩為了城中百姓的安危交涉事宜。入匪窩後與劉桂堂拚酒,劉桂堂酒力不勝,甘拜下風。劉桂堂雖為土匪,亦敬重豪俊之士,遂與爺爺拜把兄弟。爺爺與其稱兄道弟,實則保護他所在的莒縣鄉親。

有一次,爺爺不在家,劉桂堂手下匪兵到家中搜刮。事後合適場合,爺爺與劉桂堂輕描淡寫提及此事,劉桂堂當下令手下查找搜刮者要斬首。爺爺說:「算了,他們不知道情況。」一句話保下了他們的性命。搜刮者對爺

1928年・民國 17 年 | 39 歲

爺的說情感恩戴德。以後，家中再也沒出現匪兵騷擾的事情發生。[1]

【案】「時有任俠居間者……以計間嘉賓於桂堂」，據先生弟子轉述，其人即炳南先生。莒人馬晉封稱：「（先生）以勇於任事不避艱險著稱。時正軍閥割據，盜賊叢生，地方行政機關僅能全力供給往來過境軍旅或股匪劇寇之無窮需索，他無作為。公常代表地方隻身往與匪酋周旋，憑其一己之力化除危機。」[2]

【小傳】馬晉封（1919-1999），字放之，號子晉，別署煙雨村人、響波樓樓主。山東莒縣人。曾任職四四兵工廠、臺灣電視公司、國立故宮博物院。歷任中國畫學會理事、文化大學顧問。馬氏為莒縣世家，讀書好古，常以筆墨自娛，來臺後師從心香室傅狷夫先生，專攻山水；畢生優遊於翰墨，博覽群籍，時為文暢論藝事。病逝於臺北，享年八十歲。

【又案】一九七九年十月二十一日，炳南先生為台中蓮社暨聯體機構辦事人員及中興大學智海學社幹部與畢業學生開示：「我以前曾經被賊寇虜去，七個月之中，成了賊酋的上賓，洞悉賊寇諸事。也知賊寇竟

---

1 紀海珊：「李珊口述紀錄」，微信通訊軟體訪談，2023 年 7 月 21 日。

2 子晉（馬晉封）：〈悼雪廬先生〉，原刊《自立晚報》（1986 年 4 月 29 日）；轉載於《明倫》第 164 期（1986 年 4 月）。子晉為山東莒人，親歷當年莒城被圍困事。

然拜『天地君親師』。」[1]吳麗娜等〈訪指導老師談雪廬老人〉，指導老師鄭勝陽轉述類似情節：「先師為了平定亂事，置個人生死於度外，在城上坐竹籃子垂到城下和土匪談判。所以在土匪窩裏和他們相處一段時日，先了解他們。原來他們是拜『天地君親師』的牌位，所謂『盜亦有道』。取得頭目的信任後，就幫他們立一些規矩，希望他們不要亂搶，不可侵害婦女和小孩。希望他們劫財之外，不要害命。」[2]又據：黃潔怡〈濟南行（五）留得清白在人間〉有：「雪公在莒縣期間，三年一場亂，五年一場戰，不是土匪就是兵逼民反，他安撫土匪劉桂堂，與之交友喝酒，又因過軍就地勒民出餉，而自告奮勇，為莒縣縣民排憂解難。」[3]前述賊首如係劉桂堂，則其事當在此一、二年間。

是年詩作另有：〈春光〉、〈馬蹄〉、〈望月〉、〈馬廠起義紀念〉、〈題濟南丁參軍仲魯墨梅〉、〈送客〉、〈讀退盦散鬲草釋〉三首、〈冬柳〉。（《雪廬詩集》，頁 35-40）

【案】「馬廠起義」指一九一七年七月三日，段祺

1　見：陳雍澤：《雪廬老人儒佛融會思想研究》，頁 53，注 35。
2　吳麗娜等：〈訪指導老師談雪廬老人〉，《智燈社創社三十週年社慶特刊》（臺中：國立中興大學，2002 年 3 月），頁 29。
3　弘安（黃潔怡）：〈濟南行（五）留得清白在人間〉，《明倫》第 203 期（1990 年 4 月），頁 61。

瑞在馬廠發表通電,宣布「討伐張勳復辟清廷」一事。據詩中「兒戲旗旌事已陳」則事非近,故不在宣統復辟期間。依原詩排序錄於此。

十二月,東北易幟。張學良改北洋政府五色旗為青天白日滿地紅旗,歸順國民政府。國民政府北伐成功,完成統一。

1929 年・民國 18 年・戊辰－己巳
40 歲

【國內外大事】
- 國軍編遣委員會會議破局,蔣中正與李宗仁、白崇禧之新桂系兩軍爭戰,蔣軍獲勝。

【譜主大事】
- 中央軍楊虎城攻莒,劉桂堂部據莒要脅,有賴先生兩方勸解。

二月,第二集團軍楊虎城來莒攻劉桂堂。劉桂堂將公安局警備隊槍枝繳械,縱放囚犯,並以縱火殺掠要脅城民背城一戰。先生說之不可自絕於中央以解。楊虎城部營長王某抵莒城下,四圍發槍,亦有賴先生與李雨田科長登城溝通。

十八年二月,駐臨沂之第二集團軍二十一師師長楊虎城,久蓄圖劉桂堂之志。⋯⋯桂堂聞敗,恐城中生變,將公安局警備隊之槍械盡行繳去。復將監獄看守所兩處囚徒,悉數縱放。擬背城一戰,敗則縱火殺掠以洩憤。居民大恐,浼人說之曰,此乃私鬥,不可自絕中央。桂堂以為然,允暫退,候中央解決。次日申刻,整軍北退。夜子刻,虎城營長王某抵城下,四圍發槍。縣政府科長李雨田偕李豔,登城依堞,告以劉軍已去,請

停攻擊。王某收隊入城，不戰兵士。是夜大肆搶掠，雖圭華亦不得免。第三日虎城全軍至，出示安民，秩序少定。桂堂退至管帥，楊軍追之。桂堂北走，……入據北杏，大肆劫掠。北杏王氏故巨族，累世所積，掃地無餘。虎城駐莒半載，嚴於治盜，萑苻潛跡。然供應浩繁，需索無藝，地方元氣，至此益虧矣。（《重修莒志選》，頁 95-96）

八月，半年來共同應對兵災之李雨田科長去職。有詩〈贈別李科長〉二首（《雪廬詩集》，頁 40-41）：

古道存良掾，浩然霖雨思；片言安巨寇，萬古說雄師。君子縱無悶，天心寧不知；年來強笑語，兩鬢自絲絲。

握手雙含淚，秋風沭水前；我心原已亂，堪聽滿林蟬。百里培元氣，孤篷遭遠遷；此行非失意，能勗後來賢。

【案】李雨田，一九二八年（民國十七年）十一月起任第一科科長。李實美注曰：「時有駐軍勒餉，君（李雨田）電請上峰，以解賦坐抵，遂與人忤，被迫去職。」事在一九二九年劉桂堂擾莒與楊虎城剿匪期間。詩中「片言安巨寇，萬古說雄師」，前句應指前引《重修莒志選》載「居民大恐，浼人說之曰：『此乃私鬥，不可自絕中央。』桂堂以為然，允暫退。」後句則是「虎城營長王某抵城下，四圍發槍。縣政府科長李雨田偕李豔，登城依堞，告以劉軍已去，請停攻擊。」之事。然而因為「虎城駐莒半載，嚴於治盜，萑苻潛跡。然供應浩繁，需索無藝。」遂有「駐

軍勒餉」一節。詩云：「秋風沭水前」，則賦詩送別時當在秋季。《重修莒志・職官表》載張元群縣長於八月十一日到任（卷 8，頁 3），李科長離職當亦在此前後間。

是月，感慨十年蹉跎，國事紛亂，作〈起舞行〉。（《雪廬詩集》，頁 41）

　　壯懷空逐流光馳，十載蹉跎驚鬢絲；眼中仍看九州裂，孰堪掃蕩收殘棋？中宵長嘆拔劍起，秋月皎皎盈堦墀；攬衣筭步舞明月，雪花零亂龍揚鬐。銀潢舉手當袖落，北斗旋身環足垂；忽傳榆關急烽火，回首榛棘喧梟鴟。笑君解作白猿舞，畢竟何補天傾欹；莫如插劍且歸去，慎勿徒召來者嗤。頹然四顧氣奪喪，淚墜襟前霑不知；露華滿庭逗蟲語，激越感慨秋士悲。

　　【案】據詩中「忽傳榆關急烽火」，當指一九二九年下半年，因中東鐵路主權問題而發生之「中東路事件」。此係東北易幟、全國統一後，中國第一次受到外國武力攻擊。中俄有大規模軍事行動，下文〈戰同江〉一詩所描述即該戰爭中之一次戰役。中蘇八月四日於東寧縣開戰。

十月，讚國軍英勇抵禦來犯俄軍，有詩〈戰同江〉（并序）。（《雪廬詩集》，頁 42-43）

　　歲己巳秋，赤俄借中東路案，以海陸空軍數萬南侵，我海軍陸戰隊長李泗亭、江泰艦長莫耀明，及軍官

萬應龍、賈光庚數公，率兵三千禦於同江，血搏旬餘，殲其司令。俄人益兵來犯，我軍孤立無援，或有勸之退者，數公曰：「今日乃報國之時，辱生何如榮死？」遂慷慨殉義。民國肇基以來，連年內鬨，殺人盈野，此為對外之初戰，世論榮焉！

戰同江，復國土，孰棄邊陲寇如雨？開國以來此義戰，勝揚其威死亦武。落日漢幟搏風沙，荒天悲笳驚部伍；俠骨三千砥中流，寒江萬重圍俄艦。陣撼六合掣雷電，戰酣兩軍屠豺虎。君不見完達山頭十丈雪，不當驕虜半寸鐵；胡兒樽中少婦淚，胡馬蹄下邊人血。又不見鬩牆戰骨高於山，斜走綿亙秦越間；岧鬱岩嶢日無色，行人欲渡愁難攀。何如移置燕然上，橫絕羶腥當雄關。嗚呼！為公壁觀為私死，死生不值一杯水；龍韜虎符塞九州，卓犖乃見數君子。聞道星使在坫壇，淚睚瞢瞢望北鄙。

【案】同江之役起於一九二九年十月十二日至十七日止。據《中華民國史事日誌》載：「晨五時半，三江口俄艦五艘，騎砲兵三千人及飛機襲陷吉林同江。我艦被擊沉三隻，另砲艦一隻、駁船七隻被俘。守軍傷亡五百人，陸戰隊長李泗亭陣亡，俄艦司令亦被擊斃。」[1] 本詩當即十月間所作。

冬，有詩：〈訓李羽忱檢察〉、〈弟實美之莒省親途次遇雪

1　郭廷以：《中華民國史事日誌》第 2 冊，頁 501。

有遺女求載舟車七晝夜而不及亂予許其古道因作長歌〉、〈新官〉。(《雪廬詩集》,頁 43-45)

〈新官〉(實美注:政權互易,國益板盪。新官者多政變酬庸來也。):只解新官喜,誰憂舊國非;屋墉穿欲毀,雀鼠竟何依。謦欬驕妻妾,彭亨笑蕨薇;胡塵遼海上,已向塞南飛。

【案】先生任職莒縣時,曾接弟弟至莒縣同住。幾年後實美返回濟南老家管理家中房產和土地,兄弟二人共同分擔家計直至一九四三年抗戰期間,才因經濟困難而有分家事宜。〈長歌〉詩中,先生以「顏叔子」、「魯展禽」媲美其弟,盛讚其坐懷不亂、無愧衾影美行,末句云:「阿弟真能無愧衾,羞道春宵值千金。顏叔子,魯展禽,萬古于喁結知音。吾將收作暗室箴,須取高山流水,與爾譜鳴琴。」

1930年・民國19年・己巳－庚午
41歲

【國內外大事】

- 中原大戰爆發，閻錫山、馮玉祥、李宗仁等聯合對抗蔣中正。

【譜主大事】

- 二月至七月，莒城被圍半年。期間，先生縋城與圍軍斡旋。圍困中偶讀《護生畫集》，立願護生茹素。解圍後獲讀弘化社郵贈佛書。

戰禍蔓延。莒城被圍半載。農商破產。（《重修莒志選》，頁124）

　　二月，第十九師高桂滋自臨沂移駐莒城。三月，山東主席陳調元遣師長范希績圍莒城，中央軍又遣陳耀漢、阮肇昌二師入莒，合攻之。縣長張元羣設臨時政府於大店鎮。四月，第五路總指揮馬鴻逵遣代表蒞莒，諭降停戰。五月，戰事重開。陳耀漢遣旅長張鏡銘繞城四面築長塹圍之。七月，中央軍與高軍議不協，戰端重開。張旅於長圍外更築重疊，為久困之計。八月，高軍團長王守義、劉天魯自高密回兵救莒，圍解。高軍北去。（《重修莒志・大事紀》卷3，頁8）

二月，中央與晉軍爭戰。中央軍范熙績東下，晉軍高桂滋移駐莒城。

二月，中央與晉豫兩省發生戰事，駐莒第十九師師長高桂滋，陝人，部多陝晉子弟，分駐臨沂、莒縣、安邱、諸城四縣，時有附晉之嫌，中央令山東主席陳調元攻之，調元使師長范熙績率軍東下，分向諸、安兩縣進展。高軍駐安邱者，為熙績擊敗，南走入莒；駐諸城者為高建白一旅，乃高軍中之精銳，奮勇抵抗，終以眾寡懸殊，為熙績包圍。桂滋聞訊，由臨沂移駐莒城。
（《重修莒志選》，頁 97-98）

三月二十四日，中央軍轟城。先生有詩〈陷城〉（有序）

（《雪廬詩集》，頁 48）：

歲庚午春二月，西北軍馮玉祥等起兵抗中央，時十九師高桂滋入據莒、諸二邑響應馮軍。中央遣范熙績、陳耀漢兩師合攻之，遂圍二邑。

漫天皆是恨，二月更無春；陽候不歸雁，曲塘猶凍鱗。鼓笳衝峻壘，脛胆斷荒榛；呵手書空問，何時楊柳新。

【案】多年後，莒人馬晉封回憶當日情景曰：「時為二月二十五日（陰曆）清晨，余尚擁被。自窗際窺見滿天陰霾欲釀春雨。正默誦昨日所受生書作入塾準備，突兀一聲巨響，雷霆震眩，此中央王師攻城之第一炮也。」[1]

---

[1] 子晉（馬晉封）：〈讀雪公詩憶往〉，《明倫》第 173 期（1987 年 4 月）。

城外有中央軍從城南城北合擊,毀機關、學校、民宅、畜舍。城內高軍環城挖溝,各戶門板都拆卸去構建工事,又燒毀近城民房,以防中央軍接近。多方對抗夾擊,牲畜廬舍毀損,民不聊生。

  范軍進至城北,中央又遣陳耀漢一師,從南包抄,與范軍合圍攻城。巨炮震天,排槍似雨,文廟前中學校大門建設局等處,俱為炮彈炸毀。居民挖窖而居,莫辨昏曉。高軍於環城挖造蓋溝,以避彈火,城內板扉盡被摘卸。居民多編禾藁,或懸衾褥,暫杜門牖。北路范軍利用民房掩護進攻,牆皆鑿穿,萬戶洞達,可以直迫城下。高軍患之,則斬木段,浸以石油,然火擲焚民房,破其遮護。中央軍更派飛機日向城中拋投炸彈,地裂天昏,號哭沸起。居民徐鳳奎宅中、劉世安宅前、馬家崖頭、北城根、中學校、金龍河、前後營、小堂後、自衛團、北城角、張家場、快花林等處,均被彈擊。或炸或不炸。兵士居民各有傷亡。牲畜廬舍,同遭損害。
(《重修莒志選》,頁 99-100)

四月,清明節後,中央派代表招降,兩軍停戰協商。不成,再啟戰端。

  四月,陳耀漢攻高桂滋不下,中央派代表三人蒞莒諭降,兩軍暫告停戰,往返數次,條件卒不協。會晉軍占據濟南,桂滋遂留代表不發,戰端於是重開。莒城僻小,向無積蓄,至是糧食燃料,漸形乏匱。桂滋盡封居民之糧充軍食,更伐城中之樹供炊爨,策勵士卒固守待

援。(《重修莒志選》,頁 100)

五月,莒城糧草有限,盡被充作軍用,至民以糠粃為食。地方父老因請發放難民以減少城中負擔,獲得兩軍同意,部分城民得以出城避難。

　　五月,城內食糧燃料益形缺少。高軍輒踰城篡取糧薪,競銘恐其突圍,繞城掘長塹以阻之。桂滋無術,派兵沿戶收糧,精鑿者盡以入軍,居民僅得糠粃為饘粥,漸至搯笮為薪,咸有睢陽之憂焉。八隅隅長以休兵無期,民食堪虞,環請桂滋發放難民,以減城中消費。桂滋允放婦孺疲癃外出,復邀得陳軍同意。屆期兩軍嚴陣,半啟東門,各隅長攜冊持旗,先詣陳軍受檢查,始唱名陸續發放。男婦老幼聚於城闉,各相叮嚀繾綣,嗚咽不成聲。離亂之苦,有如此者。(《重修莒志選》,頁 100-101)

　　清明後,內外相持兩造,通過士紳代表洽商,為免於城內居民困於食盡,枉死於炮火。乃於是日停戰,開城放人。時余弟尚未出世,祖母年高,念佛誠篤,無畏兵戈。父侍慈親,未可一人逃離。乃命余獨自出城,奔農莊依佃避難。自是廢讀,日與樵蘇牧畜者遊,是以余頗諳農事,甚知稼穡艱難,亦多識鳥獸草木之名。先住莊疇,因近郊坰,時憂夜襲,旋遷浮來之麓,響波樓別業,得祖父藏書讀之,地近定林寺,山水清幽,頗有探尋之樂,稍戢違離父母之憂矣。(子晉(馬晉封):〈讀雪公詩憶往〉)

【案】同時間,孔德成先生在曲阜孔府,也受到晉軍閻錫山部猛烈炮火攻擊。晉軍炮火攻擊「歷時十一晝夜,曲阜城裡落滿了炮彈。孔廟內有十五處被嚴重摧毀,魁文閣西北角被打穿,二層飛檐也被毀壞,大成殿天花板也被打穿。這次戰事雙方共死傷三千多人,躲在孔府、孔廟裡的人也有被炸死炸傷的。」最神奇的是:「有一發炮彈落在樓梯上,孔德成就在樓梯下。炮彈從樓梯上滾落下來,沒有爆炸。還有一發炮彈落在大成殿裡孔子像前,也沒有爆炸。」[1]

先生於清明節前後有詩數首記其事哀其難:〈聞雁〉、〈戰地寒食日雨〉、〈哀時〉五首、〈攬鏡〉、〈碩鼠嘆〉、〈當罏嫗〉、〈莒城圍困憶趙阿南兼呈呂今山〉、〈牡丹〉。(《雪廬詩集》,頁48)

〈聞雁〉:莒子無春至,憐君尚北歸;城邊多戰壘,莫向近郊飛。

〈戰地寒食日雨〉:風雨淒涼塹壘新,杏花憔悴別傷春;放晴明日墳添土,卻是衝鋒鐵騎塵。

〈哀時〉五首(錄三首):
憂極翻無淚,雲多不是霖;唯須千日醉,度此十年陰。
江漢長颷冷,關山泛水深;檄文皆護憲,宛似有肝心。
中原罷農事,混戰當耕耘;縱使今秋穫,翻加隔歲勤。

---

[1] 孔德懋:《孔府內宅軼事》(臺北:傳記文學出版社,1991年),頁189-191。

涕洟春作雨，爨燧夜蒸雲；吾有筆成陣，何能真掃軍？
天心未悔禍，人事似圍棋；黑白徒紛擾，存亡豈預知。
殘兵猶負固，對局已神疲；何處覓國手。敲秤安四夷？

〈當壚嫗〉（實美注：城困已久，糧盡民飢。當局意圖自全，附之高軍。有因事逃亡者，詩人紀實以美之。）：少年聯轡驕戎衣，路草不發塵揚飛；枯楊城邊問酒肆，翕赫下馬敲荊扉。三三五五入門去，狂飲恣謔抽刀揮；烟寒天低墜昏日，更喚煮酒添甘肥。當壚老嫗笑趨拜，世亂園蔬只韭薤；請聽暮角催衝鋒，早歸莫遣元戎怪。吾有二子昔從軍，十年背家戍關塞；一付法曹偶失機，一殁沙場遭戰敗。不憂老死刀兵鄉，見君憶子情慘傷；莫言墳前木已拱，正似刳心栽劍鋩。莫誇男兒志四方，倚閭日引千里腸；天下父母皆如此，休教戰鼙傳君鄉。尚欲有言已吞聲，四座色沮齊涕零；玉壺有酒誰能傾，相率解甲歸春耕。元戎中宵起促戰，月高野闊多空營；孟諸芝艾半焦死，欬唾數點崇朝生。幾輩簪裾厭粱肉，手攜時策翻白目；含怒張鬣如箭豬，斯須局蹐能蜎縮。輒趨轅門為歌功，道逢卒乘先側足；村嫗鴻毛何足論，竟除瑯琊一路哭。

六月，縣黨部與中央往返疏通，城民獲准出城刈麥。然高軍常有攜械潛逃者，於是又啟戰端。先生與黨部委員等縋城解釋，戰事復停。

　　六月，高桂滋再派兵沿戶搜糧伐樹，十室九空，民有菜色；陳軍日夜攻擊，居人中流彈而亡者時有所聞。

當戰事正激,招撫之議又起,縣黨部委員同中央代表,往返疏通。中央允桂滋歸馬鴻逵師節制,於是雙方停戰,靜待收編。時二麥成熟,城內乏糧,居民邀准兩軍當局,出城刈麥。陳營兵士亦時至城濠與高軍偶語,儼然和平有望。不意高軍兵士常有攜械潛逃者,城內疑為外兵所誘,再見陳兵近城,開槍射擊,斃之。競銘怒,釁端重開,街巷流彈如雨。李豔同縣黨部委員李悅言、建設局局長魏延琴,縋城詣陳軍解釋誤會,要求各禁私鬥,以待後命。戰事復停。(《重修莒志選》,頁101-102)

七月,中央軍攻擊加巨。城樓、縣府、學校、商會、監獄、民舍,坍毀不計其數。民間床具、糧食、人力,徵供不盡,民怨滋深。高桂滋於是在十四日(觀音佛誕日),第二次發放難民出城。

　　七月,中央以高桂滋受撫無誠意,令陳耀漢急攻之。炮火激烈,倍於曩昔,隆隆之聲,聯貫不絕。南東兩城敵樓及奎星樓俱為擊毀,縣政府中學校商會監獄炸毀多處,居民廬舍擊坍者,尤不勝計。桂滋巡按雉堞,重修蓋溝,凡民間戶牖几牀,無不搜括殆盡。復逼春糧以獻,有以少穀貯枕中者,亦為查獲。居民苦於徵供,多欲棄家出走。桂滋知民怨讟,恐為變亂,於是又放難民一批,催徵少緩。張競銘督軍薄城,仰攻數日,城隍深峻,士卒頗有傷亡。競銘度急攻難下,且知城內糧資將罄,遂驅迫鄉民,於長塹外更築重疊,內防奔突,外防救援,以為久困之計。(《重修莒志選》,頁102-103)

六月十九日觀音佛誕（亦先嚴誕辰），城中第二次「開圍放人」。父出城尋來，相見悲喜交集，不可名狀。（子晉（馬晉封）：〈讀雪公詩憶往〉）

【案】佛教節日與觀音菩薩有關者三：二月十九日為觀音菩薩聖誕，六月十九日為觀音菩薩成道紀念日，九月十九日為觀音菩薩出家紀念日。

圍城近半年，民多苦患，先生有詩多首紀實：〈莒城圍困數月夜聞碾磑之聲應軍役也斷續酸楚森動人魄依其聲以為短歌〉、〈舍營〉、〈餉億〉、〈拉夫〉、〈炮聲〉、〈病酒〉、〈對雨〉、〈登樓〉、〈贈張秀甫〉。（《雪廬詩集》，頁53-58）

〈莒城圍困數月夜聞碾磑之聲應軍役也斷續酸楚森動人魄依其聲以為短歌〉：月淒淒，露淒淒，疑是疑非烏夜啼。輾軋軋，磑軋軋，斷聲蹇澀續聲滑。時斷時續如泣訴，忽雜戲謔忽瞋怒。遠天淅瀝飄風來，挾泣挾訴神聽哀。飄風挾之欲何去，茫茫不知堪寄處。戍樓鼓角催嚴更，四隅喧聒秋潮生。似聞陳辭未能盡，牛馬效走旋轉緊。悲矣乎！悲矣乎！聲自斷續言卻無。續聲長，應是續淚千萬行；斷聲傷，應是斷碎心與腸。飢疲臥道兵飽糧，安望此身兮偕汝亡。

〈舍營〉（實美注：軍隊所經皆踞民舍。臨去並門窗而拆之。）：角吹野塵動，檐隙飄悲風；鐵蹄塞巷隘，婦孺竄西東。兵士喧屋廡，軍官踞閨中；主人強顏笑，進退身曲躬。搯筲供炊爨，雞豚為一空；旬牆起噂

嚄,鞭捶號鄰翁。兔亡狐豈免,側耳心忡忡;國軍自重紀,村氓或倥侗。明朝聞前發,轂擊夜隆隆;釜甑棄道路,祗裯覆青驄。深跪將致詞,嚴威逗雙瞳;盡驅子弟去,羈絆牛馬同。歸來何所見,四壁撐蒼穹;獨蹲垂頭泣,此恨無時窮。

〈餉億〉(實美注:過軍皆就地勒民出餉。):炎魃焮烈風,連秋不作雨;壯夫投四裔,畎畝半焦土。三年皆什征,村長繫縣府;大軍何處來,獰獰若虦虎。晨視甎瓿空,搔首憂供取;高門輸牛馬,閭閈市麻縷。一死誠艱難,有生日茹苦;已甘貼兒婦,何惜鬻田圃。少博歡喜顏,寸陰似天祐;昨夜嚴霜飛,峻寒痛刺股。餘此懸鶉衣,那堪應培塿;金戈高於山,欲去無翼羽。始知縣官好,尚可少撐拄;仰頭望青霄,飢火燒肺腑。歲月何其遲,鯉魴泣網罟。

【案】詩後有呂今山評此詩道:(一)「大軍」下,句烹字鍊。「苦」字韵與上「忡」字韵(案:應指前一首詩〈舍營〉,「側耳心忡忡」句)異曲同工,至佩至佩。(二)「貼婦」句酸楚不忍卒讀。「祐」韵好,「羽」韵,離一筆悲壯蒼涼,「拄」韵,始知二字皮裏陽秋。(三)不懈而及于古,奚翅杜陵、天寶等什?健羨無既。

〈拉夫〉(實美注:移軍時擄民擔架名曰拉夫。必出資贖放。):今日應役歸,荷鉏徂南畝;禾黍辨更稀,田隴薈稂莠。秋來不得糧,何以養父母;耕者滿郊原,噸呻同一口。官軍絡道周,囊橐萬物有;吚啞齊捉

人，披靡四野走。疾或墜溝傷，徐則遭其肘；懾懾無所容，忿悁高牛斗。彭觥鞭扑身，牽引緪貫首；壯丁將大車，斑白任擔負。飢須并日食，寢亦環兵守；還似奏捷書，獻俘加械杻。哀哀亂世民，爭及太平狗！

【案】詩後有呂今山評此詩道：（一）「在」韵妙直萬字，所謂如梳如篦如薙，犯及秋毫也。「肘」字，簡峭古勁，光芒作作，至佩至佩。（二）「斗」韵，抑揚中酷肖強怯精神，惟忿悁似與「斗」不屬。彭觥新警，來歷未譜，不敢妄評。（三）結運諺為文，一唱而三嘆，隱括無限，古歌遺響也。（四）古人品詩，謂「寧拙勿纖，寧樸勿華。」少陵之獨步千古，元氏句云：「憐渠直道當時事，不著心源傍古人。」知言也。統讀傷時等著，氣息沉毅，硬語盤空。盱衡近代，殊為健者。曩有「律學元、白」語，不值方家一噱也。呵呵。

〈炮聲〉：輸軍莫道萬家空，朝有丹霞暮有風；惟恨炮聲殘夜止，不為飢鳥一開籠。

【案】莒人馬晉封曰：「《燹餘稿·下》自〈陷城〉至〈解圍〉二十題二十八首，[1]所寫民國十九年（庚午）二至閏六月，莒城因西北軍高桂滋所部蟠踞抗拒中央，淪為戰場時諸般見聞悵觸，均為實錄而出之以詠嘆。雖難免激憤之音，第仍未傷悲憫敦厚風人之旨。論其價值，直信而有徵之詩史也。」（子晉（馬

---

1 《全集》本為二十題二十七首。

1930年・民國 19 年｜41 歲

晉封）：〈讀雪公詩憶往〉）

〈贈張秀甫〉：一卷新詩吟最工，瑯環幾度落花紅；墨池寒浸浮丘月，斑管長驅渤澥風。雲樹江天懷舊雨，劍戈檐宇哭群雄；汨羅幽怨何人識，泚水瀟瀟感慨同。

【小傳】張秀甫，莒縣店子集鎮張家圍子人，時任縣立第一小學校長。該校於一九二八年由崇德女子學校、縣立高等小學、區立完全小學、乙種農業學校合併組成。校址在金龍河南岸，有初小十班，高小四班，學生四百餘名。張為合併後第一任校長。[1]

八月一日，高軍團長王守義、劉天魯自高密回兵救莒，圍解。高軍北去。事出突然，先生甚感意外震動，有詩〈撤軍〉並序其事云（《雪廬詩集》，頁 58-60）：

入秋，西北軍攻陷濟南。省軍東走，有旅部韓某離二欲投馮，逗遛於濰。先是高桂滋派其第二旅他往，圍後無所歸。旅長某甲聞濟訊喜，往求援，只與軍火，使自返解至濰。遇韓，說以解莒圍立功。并進，不二日，中央軍各路皆勝，西北軍自濟退，省軍反收復之，大局底定矣！圍莒之陳軍，因是弛於防外。是日，高軍縋城至郊採樵，韓甲二旅不知濟變也。從陳軍背後猝擊，陳又見城上軍源源而下，腹背受攻，疑局勢又有轉捩。惶

---

[1] 參見：山東省地方史志辦公室編：「日照市／莒縣／城陽鎮／縣立第一小學」，《山東強鎮名村志》（濟南：山東省地圖出版社，2002 年 8 月），頁 744。

173

惑撤圍去,而採樵之高軍,誤韓甲等為陳軍來攻,力抗之。韓甲等亦誤採樵者為圍城陳軍,奮撲之。從朝至暮,彈密如雨,死傷枕藉,至肉搏交語乃悟。及向濟報捷,方知西北軍之全潰也,夜相與棄城遁。

攻守兩軍齊遁逃,奇文曾未見龍韜;元戎不解天心悔,各向夢中脫戰袍。

傲倖重生事亦奇,途窮恐是夢華欺;昂頭紅日分明見,不似酣眠未覺時。

【案】事在八月一日,馬晉封〈讀雪公詩憶往〉云:「至閏六月初七日圍解。遄返故宅。時日將晡,新雨初收,夕陽照屋瓦上,空氣通明澄澈,溫柔而靜謐,恍惚間竟不知身置何所,所履何地,然亦竟不知涕泗滂沱之所從來矣。」圍城得解事亦曲折,詩〈序〉已略述一二,詳見《重修莒志選》(頁103-104)。

兩軍既撤,城圍頓解。有〈解圍〉四首(《雪廬詩集》,頁60-61):

綿綿血雨打城開,如啟蟄蟲春氣來;滿眼黃塵連郭暗,人烟數點劫餘灰。

誰棄自殘同室戈,伏屍纏草夾城河;縱為京觀高山嶽,爭及流民血淚多。

猶傳鼙鼓聚任城,千里迢遙心已驚;但道軍中皆節鉞,為鈞為國不分明。

炊骸掘鼠不堪論,故舊今朝幾箇存?江北江南消息絕,難猜孰與孰招魂。

城被圍時,先生常就食黨部。於彼處獲讀豐子愷《護生畫集》而悟戒殺放生因果,誓願若得脫難,永斷肉食。今既解圍,於是開始茹素。[1]（見《圖冊》,1930年圖1）

> 共和建元,十九年庚午,高桂滋軍附馮玉祥,據莒抗命,中央遣范陳兩師,先後圍之。予時客城中,穴地避砲火,食絕乞米友家,覯豐氏護生光明畫集。翻轉玩索,慨然有感,曰:若獲重生,不復食肉。予茹素,自困於莒,覯豐畫始之也。[2]

> 五四後,國內大亂,一次,西北軍閥倒戈,攻莒城,據城池,中央軍來援,圍城,余亦困於城中,為期半年,過軍踞民舍、勒民餉,糧食殆盡（請參考《雪廬詩文集‧爇餘稿下》）,乃就食於黨部。此期間,城外日日砲轟城內,朝不保夕,時時死在眼前,然此正余之大助也。余之居處,具園圃,時正三月間,花開蝴蝶來,觀彼逍遙自在,人反不如,乃有感焉!一日,又往黨部,見有豐子愷之《護生畫集》,翻之,皆勸戒殺放生者,頗覺有趣,借回,一面閱之,一面賞花觀蝶,乃嘆於我放其生,誰放我生耶!?一時情生,乃誓曰:此難不死,後不再殺生食肉矣!此余第一次發心也。（吳聰龍記:〈訪雪公老師談學佛因緣〉）

---

1 〈縣城圖〉,《重修莒志》,卷首。李俊龍手繪「莒縣城示意圖」見：弘安（黃潔怡）,〈濟南行（八）——離愁不盡別君去 匹馬蕭蕭莒子城〉,《明倫》（1990年7/8月合刊）。

2 見李炳南：〈獅頭山無量壽長期放生會重印光明畫集序〉,《雪廬寓臺文存》,《全集》第14冊之2,頁57-60。

電報局長楊子餘代向蘇州弘化社申請贈書，一讀生信，對佛法從只信唯識而開始念佛。先生從此展開弘化，對家人、對電報局長，以至於每週一次講座，及對監獄看守所受刑人講說。

　　時，蘇州弘化社（印光祖師所設立）印書贈人，我與電報局長常相過從，一日，局長送來一信，載弘化社贈書訊，謂付數分郵資，即可獲贈多本書，乃閱而大怒曰：「人心危甚！戰事方了，又來招搖撞騙，誠該死！」局長雖為解說，仍不信，彼乃曰：「不信請試之」！遂代我辦理。半月後，已忘之，郵差忽傳來一包書，上標蘇州所寄，不敢遽拆，正躊躇間，局長又來，始恍然憶起，局長且莞爾笑曰「彼佛家不欺人也」。其書皆小冊子，接引初機者，乃取《學佛淺說》而讀之，甚得解，回顧昔讀大經時，皆是妄作聰明，望文生義，真是閉眼亂碰壁也。於是一閱到底，接讀《佛法導論》、《普門品》……等，信心生焉！且其中皆是介紹淨土法門，昔但信唯識，而於淨土念佛法門則甚反對，以為老太婆之事。今由書中之善巧開導，且畏於他宗之難，遂學念佛焉。唯憚於人知而譏己，故密行之耳。（吳聰龍記：〈訪雪公老師談學佛因緣〉）

　　莒城解圍後，第一對家庭，第二對電報局長。後與局長合作，每週舉行一次座談會，由我主講，亦上監所宏揚。（吳聰龍記：〈訪雪公老師談學佛因緣〉）

　　【案】炳南先生九十五歲時，致函楊慧民女士云：「本人即濟南市券門巷之人，曾在莒縣辦理監獄等

事，與令尊子餘公為通家之好，並同皈依印光祖師學佛，現年九十五歲，寄居臺中正氣街九號。」（見1983年11月15日譜文）楊子餘局長之子楊傑民憶述其先父與炳南先生因緣云：「先父子餘公乃東北熱河人，曾為莒縣電報局長，當時炳老為莒縣典獄長，他們十分要好，曾一起皈依蘇州報國寺印光祖師。炳老法號德明，先父法號德育。以此因緣舍下全家也都皈依印光祖師，這都是炳老引進的。當時印祖送很多書，炳老便在莒縣大力推廣佛學，對法器也都推廣。並且常常買魚鳥放生，先父亦如此。炳老還推廣素食，他曾教莒縣魚香里飯館，做假的蟹黃，味道很好。炳老還自己配藥方，在莒縣與先父發起施藥——『復甦散』與『十滴水』的功德。這藥治療霍亂、痢疾都十分有功效。並且在文廟辦監獄示範，且經常在文廟作講演會。他還教監獄中犯人念佛，獲得上級很多好評。」[1]

【又案】先生多年後自述：「予卝角讀書佛寺，嘗聞內典而欣。中歲屯蹇仕進，檢而研之。躍然曰：嗟！從有獲於天爵矣。」當亦指此事。[2]

念佛、讀佛書，於是知有皈依事及印光法師事蹟。友人推崇

---

[1] 弘安（黃潔怡）：〈濟南行：（四）小院高桐碧蔭疏〉，《明倫》第202期（1990年3月）。

[2] 李炳南：〈周楊慧卿傳〉，《雪廬寓臺文存》，《全集》第14冊之2，頁91-93。

印光大師為由儒而佛之大德,於是更生嚮往。

　　自行之,為全家說之,全家遂信佛,且見書中言及皈依拜師之事,且言及印光法師,人多依之,而觀其文鈔亦甚好,暗想此必有道高僧也。時有濟寧老友任教國文,路過必來訪,後欲他就,不能再來,而普陀山(印祖閉關處)有佛學院,欲薦予往教國文,乃自愁乎佛學之不明也。彼慰以不必愁,並言及印祖乃由儒而佛之大德,且曰:「我縣張廣傳即佩服印光大師而為其皈依弟子者」,張氏為大文學家,固非吾所及,故對印光大師更加折服焉。既知老友亦學佛者,即坦然告以素來學佛情形與皈依之事,彼謂可皈依印光大師,然終不果。雖不果,已種其因矣。(吳聰龍記:〈訪雪公老師談學佛因緣〉)

是年詩另有:〈閑夜〉、〈鄰有豢鶴夜聞其唳〉、〈琴堂張筵歌〉(有序)。(《雪廬詩集》,頁61-62)

　　〈鄰有豢鶴夜聞其唳〉:九皋鳴不似,或泥此宵心;客正看孤月,君非友素琴。迍邅惟一境,感慨有同音;混沌乾坤裏,從無苔與岑。

　　〈琴堂張筵歌〉有序(實美注:莒州志,潘劉皆酷吏,詩記云:蓬蒿四十里,煙火兩三家。):戰後邑宰多為軍幕武弁,為酬庸也。亂初平,流寇四擾,新宰耽於行軍舊習,深避之。惟賦稅之繁求也。

城南城北雀符多,琴堂暇豫整絃歌;牀頭捉刀有英士,昔慕從政今投戈。高張華筵集巨室,不言平寇言催科;由來報災希苟免,官本寬惠民求苛。掾曹笑罵各瞋目,

仁者難乎作民牧；潘劉用法相繼嚴，百里幾家完骨肉？財充府庫績冠軍，赫赫具瞻自畏服；與時座客寂無聲，蠟淚垂紅酒澄綠。霹靂裂雲彈雨飛，使君沉醉人去稀；出逢奔迸說寇至，彷徨路隅何處歸？詰旦入門半焦土，長號四顧天一圍；蔫驚喧呼止哽咽，稅吏來徵燒後扉。

1931 年・民國 20 年・庚午－辛未
42 歲

【國內外大事】
- 九一八事變。日軍占吉林。

【譜主大事】
- 春,於淨居寺從真空法師學禪,並與可觀法師同參究。
- 五月,詩稿《雪廬吟草》初次編成。

一月二十二日,至山東省立圖書館訪館長王獻唐,相談多時。

　　一月二十二日,李炳南(雪廬)來談多時。[1]

　　【案】圖書館在濟南。炳南先生當是自莒返家省親。

　　【小傳】王獻唐(1896-1960),幼名家駒,名鳳珺,後改名琯,字獻唐,以字行。別號有鳳笙、鳳生、向湖老人……等多名。山東日照人。為著名經學、金石學學者。於一九二九年(民國十八年)八月,應山東省教育廳廳長何思源之邀來濟南,任山東

---

1 張書學、李勇慧:《王獻唐先生年譜長編》(上海:華東師範大學出版社,2017 年),頁 140。

省立圖書館館長。[1] 抗戰初起，王獻唐館長與屈萬里主任運移館藏重要文物至曲阜孔府寄放，而後又再移往重慶保存以避戰火。期間與奉祀官府孔德成先生、呂今山、炳南先生來往密切。

是年，山東掖縣教育局以興辦「師範講習所」為名，強占海南寺房舍，將藏經閣藏經搬出焚燬。事為記者得悉，馳往查看，已焚毀三分之二。披露報端後，舉國驚憤，山東教育廳得知，派省圖書館館長王獻唐前往勘查，掬其殘餘二千二百七十五本，運回濟南由圖書館保管。[2]

濟南淨居寺敦請北平真空法師南來，先生從之學禪。並與可觀法師同參究。

若夫學禪，則於避渝之前，濟南城東之「淨居寺」，改建為十方叢林，開十輪金剛法會，請北平真空禪師來此開示，乃從之學禪，與方丈可觀公同參究，共亦八年。（吳聰龍：〈訪雪公老師談學佛因緣〉）

【小傳】真空禪師（1872-1952），名直性，字真

---

[1] 王獻唐出任館長係由丁惟汾推薦。見：丁爻：〈丁惟汾與王獻唐、孔德成的師友關係〉，葉飛鴻主編、程玉鳳執行編輯，《丁惟汾先生史料彙編》，（臺北：國史館，2014年10月），頁3205-3271。

[2] 該事《佛教評論》第1卷第3期（1931年7月）報導與評論甚多，有李滿康：〈山東掖縣海南寺明版大藏經被燬感言〉；呂碧城自歐洲發文：〈燒與殺〉；編者〈附識〉及〈報導〉等多篇。今收黃夏年主編：《民國佛教期刊文獻集成》第46卷，頁385-389、389-390、400-402。

空，河南唐河縣王崗村人。民國初期，真空禪師與虛雲和尚齊名，禪門中有「南虛雲，北真空」之稱。一八九八年，年二十六，捨家出塵，依通良老和尚剃染。而後親近法忠和尚，參「父母未生前本來面目」話頭。在清水寺龍風岩獨自隱修七載，又往湖北隨州艾家灣苦參數年，終於識心達本、成辦大事。悟道之後，又居雲臺寺閉關三年，保養聖胎。三年中從未倒單。一九三〇年左右，受靳雲鵬等之請，移居北京，住持北京西直門內南小街彌勒院。是時，海內禪客，聞名而至者，如雲飛霧湧，不日即成叢林。一九五二年春，端坐入定半月，出定後安然坐化，世壽八十歲，僧臘五十四載。荼毘後，得紅白舍利百二十餘。[1]

【案】可觀法師，生平不詳。據方志及相關史料，一九二一至一九四七年間，實際主管淨居寺寺務者，歷有德馨、鑑慧、能和、妙蓮、可觀、靜齋諸師。妙蓮和尚任住持，約在一九二六至一九三五年前後。一九三五年以前，可觀法師尚非該寺住持；先生「與方丈可觀公同參究」，應是日後回溯而稱「方丈」。先生「與方丈可觀公同參究，共亦八年」，則最遲應始於是年。

【又案】淨居寺，位濟南東關（位置見《圖冊》，

---

[1] 釋體源：〈真空禪師簡傳（摘錄）〉，《明倫》第506期（2010年7/8月合刊）。原文見：〈當年與虛雲老和尚齊名的大禪師，卻幾乎被人遺忘〉（2020年9月15日），中華網佛教頻道，讀取自：https://ppfocus.com/0/cuf981f47.html

1895年圖1之10），一九一八至一九二一年重修，成為濟南首剎。該寺始建于宋，元代毀廢，明代重修。清末民初，又成荒邱，「僅存佛殿三楹」。潘對鳧居士「以為省會之地，絕無十方叢林。則高僧無緣涖止，正法莫由宏通。」於是邀請濟寧普濟庵退居住持德馨法師，在濟南重建寺廟，弘揚佛法。潘對鳧赴北京籌款，找到時任國務總理的同鄉靳雲鵬，以及自己兒子，時任財政總長的潘複，又有就任山東督軍篤信佛法的田中玉提倡。淨居寺得以很快於一九二〇年落成。重修後的淨居寺共有樓殿一百二十大間，土地十三・三公頃，僧眾八十餘人，為十方常住大寺。每逢夏曆正月十五、七月十五大季頭，和二月十五、四月十五小季頭，十方遊僧來去不斷。此時的淨居寺成為全市佛教活動中心，與各地大寺廟多有聯繫，經常開佛教會並化緣。淨居寺重建落成，特邀請印光大師撰寫〈濟南淨居寺重興碑記〉[1]，多年後，淨居寺請《大藏經》，印光大師又代住持妙蓮法師撰有〈濟南淨居寺恭請大藏功德碑記（代作）〉[2]。印光大師與濟

---

1 原刊於《大雲》第73期（1926年11月3日），頁45-48。今收入黃夏年主編：《民國佛教期刊文獻集成補編》第18卷，頁135-138，另見：《印光法師文鈔增廣正編》卷4下冊，頁872。

2 釋印光：〈淨居寺恭請大藏功德碑記（代作）〉，原刊於《海潮音》第10卷第9期（1929年10月22日），頁1-2。收見黃夏年主編：《民國佛教期刊文獻集成》第173卷，頁433-434。另見《印光法師文鈔三編》卷3下冊，頁809。

南淨居寺因緣特深,當亦先生親近淨居寺原因之一。淨居寺舊址現已改建為山東省濟南醫院,僅存原寺名石匾(1921)及〈淨居寺恭請大藏功德碑記〉石碑(1929),存放於百花公園西側閔子騫墓旁。

是年春,有詩:〈早春負暄〉、〈春郊晚眺〉、〈新柳〉、〈春日登莒子城〉四首、〈題張愚談山水畫冊〉、〈聞鐘〉。(《雪廬詩集》,頁62-66)

〈早春負暄〉(實美注:戰後次春,喘息初定之意。):新綠階墀幾處生,胡床負日愛春晴;有時舒眼青天上,數點流雲自在行。

〈新柳〉(實美注:戰後邑令多來自營伍,貪婪恣睢尚不及舊官僚少知恤民命也。):數株新柳傍官衙,爭似河陽一縣花;畢竟春風不私惠,蓬蒿也滿庶人家。

〈春日登莒子城〉四首(實美注:傷離亂也。):
春風一夜滿空庭,獨上荒城望野坰;村舍全非亂山在,重開笑靨向人青。
黃埃如雨鍤如雲,隴畝縱橫半不分;戰壘剗平春已暮,空將租稅望耕耘。
一潭烟水夕陽昏,寂寞桃花掩小村;不識主人何處去,離離春草入柴門。
數處茅檐照眼新,築牆猶是馬蹄塵;流亡初集少燈火,深巷晚風吹碧燐。

〈題張愚談山水畫冊〉:山窗佳氣突兀三千丈,惟覺涼颸颯颯生簾幌。誰驅五嶽置几前?疑是真宰闢天

壞。巒崩澗落怪石走，波蹙泉立如應響；灌木隱現橫蒼烟，幽人羽士自來往。眾芳細茸披晴昶，雷雨歸帆入浩湃；霜後疏林半江干，月中積雪千峰上。中華藝苑多取神，原非曲士堪問津；歐西畫在書卷外，時尚不為方家珍。申江諸子好奇詭，役志側媚喪其真；張生挺出力追古，下筆直與石濤親。憶昔東蒙頤園叟，擅場歷下稱絕倫；萬山雜沓足雄健，片石孤松極嶙峋。其間跡熄二十載，至此清發有傳人。豔也識力薄，對之徒驚愕；心雖能通不能說。巨細無痕見斧鑿。為君濡毫兮一放歌，胸少邱壑兮如畫何？歌罷回看人間世，湖山白眼冠蓋多。願借臥遊不惜十日過，聊得照人眉宇青峨峨。

　　【案】此詩為先生諸多題畫詩之首篇。據《中國美術家人名辭典‧補遺二編》：「張愚談，又名禹壇。歷城人，系名畫家張友甫之子，能承其父學。一九二四年俞劍華回濟經營翰墨緣美術商店，組織翰墨緣書畫社時，張愚談、王文禎為社友。工山水、花鳥、蟲魚。後從事教育工作。」[1]

五月，彙集詩作為《雪廬吟草》，請莒縣友人呂鴻陞（今山）、張瑞馣寫序。呂稱賞為豪雋士，雄於酒，好劍術，又深諳金石學。在莒迭遭兵燹時排難解紛，有魯仲連之稱。詩學李杜，多為針砭世道，關懷家國之作。張

---

[1] 喬曉軍：《中國美術家人名辭典補遺二編》（西安：三秦出版社，2007 年）。

則稱許其近體詩逼近杜甫，古體詩漸入漢魏。（《雪廬詩集》，頁5-8；《圖冊》，1931年圖1）

呂鴻陞〈序一〉：歷下李君炳南豪儁士也。雄於酒、好劍術，尤邃金石學。官於莒，莒迭遭兵燹，排難解紛，久有魯仲連之稱。詩學杜而又枕饋太白者有年。平日自遣及友朋唱酬，不喜律而好古，不好詠物小品，而多針砭世道，及疴瘝家國之什。一旦興會淋漓，其意之玄、情之悃、字句之峭、格之懿，且古氣之恣肆排奡，批郤導窾，挪中彪外，洵有所謂下筆如有神者。而大含細入，周規折矩，步趨風騷，輔軼齊梁。凡四聲互通，切響同用，及正紐旁紐大韻小韻，曰粘曰拗諸法等弊，尤凜凜乎壁壘森嚴，不差絫黍，吁亦奇矣。余不能詩，古體更未識門徑，惟恐時輩之目為輕易而梼昧為之也，乃亟請君詩，剋日付梓，而預綴數語以弁之云。

民國二十紀歲辛未城陽呂鴻陞序於闕里

【案】呂鴻陞字今山，以字行。簡歷見一九二三年文。呂〈序〉末署「城陽呂鴻陞序於闕里」，可知呂今山時已任教於孔府。

張瑞錟，〈序二〉詩之由來遠矣！葩經楚騷外，若漢魏六朝，若宋元明清，代有作者，蓋不可一二數。民國以來，大興新體詩，顧新體詩無韻腳、無聲調，猝觀之與白話文無以異，識者病之。余友濟南李君炳南，新人也，顧不喜新詩，日取漢魏六朝隋唐諸大家吟誦而玩索之，宋以下蔑如也。所著雪廬吟草，出以示余，余讀之樸而不鄙，質而不俚，近體詩逼近少陵，而古體詩則

1931年・民國20年 | 42歲

浸淫六朝，以漸入漢魏人之室，令弟實美為之注，軒豁呈露，蓋得之炳南指授者為多。嗚呼！盡之矣。或曰炳南詩果純粹無疵乎？曰不然，杜失之滯，李失之滑。炳南何人，焉得而無疵？疵何在？曰欠渾。炳南才高而志銳，下一字必取其峭，出一語必欲其奇，用力太過，乃少從容自得之致。此亦事之有必然者，倘由此而進之，矜平躁釋，怡然煥然，以蘄古作者之林，尤余之所厚望也，夫是為序。民國二十年清和月四日古城陽張瑞燄謹序於桐蔭書屋之下

【小傳】張瑞燄（1871-?），字輯五，山東莒縣人，廩膳生。一九一〇年（宣統二年）秋，莒州議事會成立，被選為城區議事會副議長（《重修莒志・民社志》卷37，頁1）。一九一五年，曾主持《莒縣城東門裏張氏族譜》之修纂工作。[1]

【又案】《雪廬吟草》為先生詩作最早編成的詩集，後來成為《雪廬詩集》中《燹餘稿》的一部分。《燹餘稿》所收詩作到一九三七年四十八歲時，〈燹餘稿小引〉所稱「幼學及艾近四十年之所積也」。而應該也有許多《雪廬吟草》中的詩作沒有收到《燹餘稿》中，因為抗戰期間，山東淪陷，「家人恐以賈禍」，「集中涉日人者悉剔而焚之」，所餘四百首，

---

[1] 參見：張瑞焰：〈續修族譜序〉，張士田等：《莒縣城東門裏張氏族譜》第1卷，辛卯仲冬（山東：莒縣，2011年11月，六修）；《莒縣城東門裏張氏族譜・長支列傳》第3卷，頁631。

先生「又自刪去二百數十首」。（《雪廬詩集》，頁3）
請參見一九三七年末譜文。

夏秋之間，有〈仕進〉、〈有幸〉兩詩，[1] 對照冷熱兩種不同從政態度。

〈仕進〉（實美注：韓復榘主魯，眾官點名發薪，巡視所屬多堂見。每日五鼓集眾官朝會唱歌跑步。）：
不解絃歌化，惟教廝隸從；錄囚新仕進，待漏舊朝容。未許存真氣，豈還追禮蹤；依然門若市，仰首競攀龍。

〈有幸〉：冷官居僻縣，把卷日悠然；守志骨非傲，直言辭若顛。羹牆真有幸，金玉早無緣；識得簞瓢樂，蓬瀛不羨仙。

九月，劉桂堂率殘部再犯魯南各地。亂離之世，兵匪交加，有難分難解者。作〈剿匪〉、〈清盜紀功碑〉二詩記其事。（《雪廬詩集》，頁67-69）

〈剿匪〉二首（實美注：巨盜劉桂堂，寇沂各地，省派兩軍進剿，至沂與盜背馳，未交一戰，民受重困，詩紀實也。）：

寇東負嶼兵擊西，寇北兵南非路迷；寇兵自是風馬牛，民被兵劫向天啼。兵之視民即寇盜，寇卻引兵為同調；兩者之間難為民，悠悠蒼天胡不弔。

富人說兵較勝盜，貧人說盜勝於兵；盜兵俱各飽颺去，

---

1 李炳南：《雪廬詩集》，《全集》第14冊之1，頁66。

創痛留啟災黎爭。兵惟劫財不擄人，盜只劫富能寬貧；事秦事楚費猶疑，恨我何幸生今時。

【案】劉桂堂一九二五至一九二九年間，橫行魯南，蒙山、沂水一帶尤被殘害。不僅劉，當時山東遍地股匪，殺燒虜掠，慘極不可聞，具見史乘，不忍卒載。為國府軍收編後更肆無忌憚。至若兵匪勾結，「匪如梳、兵如篦」之事，固每每如此，苦無從貸。《平邑縣志》載一九二五年「秋，張宗昌派其主力部隊寧旅來費縣接替白俄軍圍殲土匪劉桂堂，縣警備隊和民團配合圍劉部于龜蒙頂，劉桂堂買通寧旅全部逃走。」又一九二七年「冬，張宗昌部方永昌旅的九十三團、九十四團輪番清剿劉桂堂部，雙方在摩天嶺交戰。官兵在陣地留下槍枝、彈藥，佯為敗退；劉部取走槍枝、彈藥，留下銀元撤走。官匪勾結，匪勢日盛。年底張宗昌將劉部收編。」[1] 據此及實美注，本篇詩所指事應發生在一九二五至一九二七之間。詩作時間，應在一九二八年冬以後。然一九二八年冬劉桂堂才奉命暫編第四師，應尚無出剿之事。此詩排序在解圍之後，因繫於此。

〈清盜紀功碑〉（實美注：韓為主魯之總戎韓某，馮謂馮玉祥也，其風好作偽枉民。詩中所云皆紀實也。）：魯南盜寇紛如麻，越貨殺人劫官衙；鎮軍連營

---

[1] 山東省平邑縣誌編纂委員會編：〈大事記〉，《平邑縣誌》（濟南：齊魯書社，1997年1月）。

觀壁上，臨淮不解依輔車。寇颺十日鎮軍入，利無可攘名可賒；枉民希旨頌平寇，豐碑勒銘題萬家。亂時輕文偏重武，勢所使然無今古。厥惟風紀科不同，韓軍原是馮舊伍；廝卒斂財鞭縣官，將校羽書欺督府。眼底從政等犬羊，耳中肱篋皆熊虎。寧知盜寇還復來，鎮軍退避城四開；盡驅人畜逍遙去，豐碑屹屼遺黃埃。荒天落寞積秋雨，贔屭側蹟眠青苔；君看峴山一片石，同此墜淚殊其哀。

【案】《重修莒志選》載：「二十年九月，（劉桂堂）率殘眾七八百人突然入莒，全縣洶懼。縣長唐介仁掩關拒之，桂堂不得入城，駐於店子集，休養兵力，冀有所待。省政府得警，遣八十一師師長展書堂，馳莒堵剿。進至招賢鎮，遣諜偵察虛實。桂堂聞之，度力不敵，亟東去，攻陷日照恣行殺掠，日照縣長亦為所擄。既而展師往救，桂堂始退出日照縣城，又返至莒縣坪上一帶，飽掠人畜而去。」（頁105）詩中所賦當即此事，碑今已無可考。

是年詩作另有：〈蟋蟀〉、〈秋陰〉、〈聞笛〉、〈贈賀四〉。〈贈賀四〉中，自述少年好劍好酒，今則「棄樽禮袈裟」。（《雪廬詩集》，頁67-70）

〈贈賀四〉（實美注：丁卯南北戰起，魯派方永昌守臨沂，勝之。有人謂國軍北來是君之招也。事平君歸，嘗以雕章自遣，故有磨碬之句。）：少年好劍術，來往朱亥家；登堂喚美酒，醉擊秦皇車。長者皆側目，

飄流東海涯；城陽逢賀四，傾蓋日西斜。市頭解金貂，酒為李白賒；放言論時政，把臂嗟長沙。憶昔沭河湄，春耕入鼓笳；獨君敬墳墓，欻起安閭閻。功高易來謗，玉潔蠅飛瑕；連秋竄亡命，勞我望蒹葭。百里機杼鳴，歸來雙鬢華；兒童不相識，危坐笑磨䂻。予病謝交遊，棄樽禮袈裟；時哉已如此，慎勿長咨嗟。君竟不厭老，聞雞看青蛇；賓客時滿堂，舌鋒猶燦花。酣歌氣蓋世，潦倒虛乘槎；風雨動窮谷，瀟瀟灑窗紗。座中盡掩涕，如聽漁陽撾。達者貴適志，浮名安足誇？願共攜手去，碧山餐紫霞。

1932年・民國21年・辛未－壬申
43歲

【國內外大事】
- 一二八事變。哈爾濱失陷。滿洲國成立。
- 一月,國府自南京遷都洛陽,十月遷回。

【譜主大事】
- 八月十四日,夏曆七月十三日,大勢至菩薩聖誕,通信依印光大師皈依三寶。

年初,日軍攻陷錦州,我國在遼寧最後行政權消滅。先生作〈錦州失陷雜咏〉詩以記。(《雪廬詩集》,頁70-71)

〈錦州失陷雜咏〉(存六):

銀球遺恨誨金戈,此日真成沒奈何;戰罷回看漢關月,糧籌處處唱沙多。(儲銀盡為日人輦去,戰士卻多欠餉)

玉樹魂銷歌未終,樓臺高下美人風;龍沙戰血腥千里,不及臙脂一點紅。(主帥正嬖某一舞女)

新猷未展各相猜,爭道扶桑祕使來;不信國人真瞶瞶,顧公終是外交才。(時有簽祕約之謠,民多思顧維鈞大使出交涉之)

遼陽北望淚沾巾,儘有英豪恥帝秦;奮起揮戈張大義,難能昔是盜鈎人。(綠林中人多起義抗之)

驚心欲起蟄潭龍,尚憶腥涎灑九重;縱不蒼生在洪水,

也非霖雨作東峰。（聞軍閥某欲乘機再起也）

冠蓋升沉朱雀橋，中樞傳舍噪螗蜩；胡兵忍擊山河碎，宦海難平萬丈潮。

八月，承鄰縣林居士寫介紹信請求皈依。十三日獲印光大師親函應允，賜法名「德明」，並開示敦倫盡分與念佛之法。十四日（夏曆七月十三日，大勢至菩薩聖誕紀念日），依函示於佛前自行皈依禮，另加禮拜一百次。

（《圖冊》，1932 年圖 1）

　　戰息陸續向弘化社請其餘書，日日研討，遂發心誓修淨土，擇日供像，定課如儀。時廿一年舊七月十三日。值勢至菩薩聖誕，自卻不知適此勝緣。逾年，恭往蘇州皈依印公，從斷葷酒。[1]

　　數年後，鄰縣有土匪死屍未埋，予發起埋屍事。事後，縣推一位林姓代表來謝，林氏腕上套有一串念珠，言談間得知彼為印祖之皈依弟子，遂說出皈依素願，蒙彼慨然應允寫信介紹皈依，說來莫非因緣也。不久，蘇州來一信，乃印祖之親筆開示，並賜給法名。接信為舊曆七月十二日，翌日，依所示儀式於佛前自行皈依禮，正值大勢至菩薩紀念日也。大師之開示，大要為敦倫盡分與念佛之法，從此始死心塌地而學之。（吳聰龍：〈訪

---

[1] 李炳南：〈復如岑法師書〉，原刊《淨宗隨刊》第 3 期（1946 年 10 月）；收入黃夏年主編：《民國佛教期刊文獻集成補編》第 76 卷，頁 345-346。世傳印光大師為大勢至菩薩再來，文中稱「自卻不知適此勝緣」，除指勢至菩薩聖誕，或亦隱寓此意。

李炳南老師談學佛因緣〉）

　　後來見到弘化社流通之淨宗冊子，初還嫌其太淺，至讀了兩本以後，始覺以前學佛簡直是閉著眼亂碰壁。從此發生了皈依印光之心，以無門徑，不敢冒昧。又遲了數年，到了某縣去辦救濟事務，遇見一位當地人，腕上套著一串念珠，談話之間曉得他是印老之皈依弟子，遂向他說明素願，蒙他慨然應允寫信介紹皈依。不到一星期，印老回了親筆開示，賜給法名。區區喜出望外，將開示供在佛前，叩首一百次，表示敬誠。老人賜給之開示，其中大要：「學佛之人，必須敦倫盡分，閑邪存誠，諸惡莫作，眾善奉行；自行化他，同修淨業。念佛之法，宜執持名號，口念清楚，耳聽清楚，久久自得一心，不必兼修觀想。因倘不明教相，境細心粗，反而生弊。」對於持齋戒殺，更是諄諄告誡。後又討了一張相片，與開示裝了一個鏡框，供在佛前。[1]

　　【案】〈年表〉繫皈依事於一九三一年獲得弘化社寄贈佛書之後，確實時間則未詳。今據〈復如岑法師書〉與〈訪雪公老師談學佛因緣〉，雪公通信皈依日確認為一九三二年八月十四日（民國二十一年舊曆七月十三日）大勢至菩薩聖誕日。

　　【小傳】釋印光法師（1862-1940），俗名趙紹伊，

---

[1] 李炳南：〈印光大師圓寂十周年紀念回憶錄〉，原刊於《覺生》第 5/6 期合刊（1950 年 12 月 31 日）；再刊於《菩提樹》403 期（1986 年 6 月），頁 33-34。今收入《雪廬寓臺文存》，《全集》第 14 冊之 2，頁 202。

字子任，法號聖量，生於陝西省郃陽縣。上有兩兄，法師為幼子。自幼接受儒學教育，因儒家批評佛教而接觸佛教、研究佛法，從而生起向佛之心。二十一歲，於陝西終南山南五臺蓮花洞寺出家，旋被兄長強制返家並禁足。而後趁隙潛回終南山。其師道純法師令其遠赴安徽參學，以避家人。一八九三年，三十一歲起，在浙江普陀山法雨寺藏經樓閱藏。一九一八年，五十六歲起，印行淨土經論近百種，印量達數十萬冊，廣泛贈送各界人士。一九二六年，蘇州靈巖山寺真達和尚請印光大師訂立規章，奠定淨土道場基礎。此後又於南京創建法雲寺放生念佛道場，興辦佛教慈幼院，組織監獄感化會以及從事賑災救濟等慈善公益事業。一九三〇年，年近七十，至蘇州報國寺閉關，閉關前囑託明道法師創立弘化社，專務印製、流通佛經、善書。

一九三七年，抗戰爆發，應靈巖山寺監院妙真和尚之請，遷至靈巖山寺，持續弘揚淨土法門。一九四〇年十一月，委任妙真和尚擔當靈巖山寺住持職務。十二月二日凌晨，向妙真和尚與身邊弟子作最後囑咐與告誡：「要念佛、要發願，要生西方！」此後，面向西方端身正坐，安詳而逝，享壽八十，僧臘六十。荼毘後，撿得五色舍利子一百多顆，另有大小舍利花，及血舍利、牙齒舍利（三十二顆）等，約計有一千多顆。

法師著述主要為弟子所集書信文稿，有《印光大師文鈔》、《續編》、《三編》、《三編補》等。教界

推尊其為淨土宗第十三代祖師,為淨土宗重要中興人物。

皈依後有詩〈悔〉二首,[1] 立願不再諷喻時政。

人事天心兩不知,迂論深悔刺當時;群山孰是中流柱?爾縱貪瞋我亦癡。

青蓮花下禮空王,呵壁懷沙枉自傷;熱淚從今歸淨海,教他有力載慈航。

爾後,數年間,與印光大師通信請問法要,郵遞頻繁。熱心弘化,並常引介信眾皈依,甚得大師嘉許。

印光大師〈復宋慧湛居士書〉:但須切實修持,將身作則,認真提倡。至誠感人,人自樂從。莒縣監獄官李炳南,提倡不二三年,莒縣人皈依者,已有一百多,皆士農工商政界之男子。[2]

【案】現存可見印光大師回示信函,主要集中在一九三五至一九三六年間,共九篇。另有多篇於印光大師捨報後徵文時寄出,恐因戰亂遺失。[3] 先生寄去

---

1 李炳南:《雪廬詩集》,《全集》第 14 冊之 1,頁 72。
2 釋印光:《印光大師文鈔續編》上冊(臺中:青蓮出版社,1987 年),頁 260-262。
3 〈本刊社長李炳南居士跋〉:「吾師淨宗第十三祖圓寂後,淨業緇素聚於木瀆靈巖,徵集遺文,擬編《續文鈔》也。時正日夷入寇,余陪孔上公避居渝州歌樂山,遂航函家中檢開示教理者以奉。日降歸里,詢所存只獲此十二紙,為類皆私事訓語,先寄靈巖者以戰亂故已不復返。」《菩提樹》第 97 期(1960 年 12 月),頁 20-21。

之書札,則目前均未見。印光大師來函九篇;【數位典藏】收存七篇,《印光大師文鈔三編》收錄一篇,《淨土宗》月刊(1935)收錄一篇。【數位典藏】之七篇,已收見台中蓮社出版《印光法師文鈔三編》卷四「增錄」;《印光法師文鈔三編》收錄一篇為〈復德明居士書〉(卷2,頁364);《淨土宗》月刊第十二冊收錄一篇為〈印光法師開示李德明居士法語、李德明居士附誌〉(見1935年7月18日譜文)。

《印光法師文鈔續編》(卷上,頁105-109)載有〈書復李德明書〉二篇,第一篇與《淨土宗》月刊收錄同,而節略甚多,不如《淨土宗》月刊所刊為完全。(見1935年7月18日譜文)

1933年・民國22年・壬申－癸酉
44歲

【國內外大事】
- 日軍陷山海關、進攻熱河。

【譜主大事】
- 在莒縣。助成重修定林寺。

十月八日,重陽節。有〈九日雜興〉六首。前後又有:〈月蝕〉、〈今從軍〉四首、〈贈桐城張二赴南洋〉、〈古劍〉、〈遊仙〉、〈冬夜宿山寺〉、〈雪後野望〉。
(《雪廬詩集》,頁 72-78)

〈今從軍〉四首(實美注:刺內戰之驕兵也):
今日從軍樂,閭閻盡是家;關中多錦繡,意不在胡沙。
越卒防秦地,秦兵駐越方;還家各垂淚,荊莽似他鄉。
有子從軍去,倚門傷亂離;翰將似懸磬,猶自受兵欺。
破屋歸鴉少,秋原戰骨新;蒼生同一哭,非弔陣亡人。

莒縣城西浮來山南麓有古寺定林寺,數年前被毀,今有僧侶佛成募緣重修。莊陔蘭撰並書有〈重修定林寺碑〉,周興南篆額。[1] 先生亦參與捐獻修寺,供獻燭臺、幢幡、香

---

[1] 莊陔蘭:〈定林寺碑〉,政協日照市委員會編:《日照舉人錄第三編・莒縣卷》(北京:中國文史出版社,2011年12月),頁259。

爐等法物。（見《圖冊》，1933年圖1）

定林寺在浮來山。隋仁壽中，曇觀奉勅送舍利於定林寺。民國十八年毀。二十二年僧佛成募緣重修。（《重修莒志》卷46，頁23）

　　大家正移步走向大殿時，崔先生請來寺內最年長（77歲）的管理員。他一聽大家遠從臺灣而來，不勝歡迎。再聽說是因老師雪公而來時，竟然說：「李炳南先生，我認識他，他是先兄的好朋友。我哥哥名叫盧兼山。我叫盧省三。李先生在莒縣時，曾捐獻很多法器給定林寺，名字還刻在那石碑上。」盧老先生領著大家走到一塊石碑前，那是莒縣大儒莊心如太史手書佛經的一塊碑文。碑文的後面，有捐獻修寺者的名單，盧老先生手指著第四位，大家睜大著眼睛跟著念：「李炳南，木燭臺一對，神幔五架，綾幢幡一對，磁花瓶三對，海燈四座，木花瓶五對，木香爐五座。」盧老先生又說：「在我記憶中，炳南先生他有二撇鬍子，修養很好。當時我十五、六歲。他跟我大哥很有交情，我大哥曾在曲阜師範大學教書，他四年前，八十六歲老的。骨灰就撒在浮來山上。」[1]

---

[1] 弘安（黃潔怡）：〈濟南行（六）浮來石碑留屐痕〉，《明倫》第204期（1990年5月）。

1934 年・民國 23 年・癸酉－甲戌
45 歲

【國內外大事】
- 希特勒被任命為德國元首。
- 國府恢復祭孔,以〈禮記・禮運大同篇〉為孔子紀念歌。

【譜主大事】
- 三月起,在莒縣任《重修莒志》分纂。
- 十二月二十二日,赴蘇州報國寺參謁印光大師。

三月,《重修莒志》於賈氏花園開局編纂。由前任縣長唐介仁及十區區長發起,縣長盧少泉聘請前清翰林莊陔蘭出任總纂,分纂有:炳南先生、周興南、趙阿南、莊厚澤。先生負責「古蹟、軍事、司法、金石」四類。(見《圖冊》,1934 年圖 1)

　　縣長盧少泉〈《重修莒志》序〉:民國二十二年十二月,少泉奉令代理。下車伊始,莒人士復以為言。余曰此吾責也。乃延耆宿莊心如太史董其成,復聘李君炳南、周君召亭、莊君德符、趙君阿南,分襄厥事。二十三年三月開局編纂。[1]

　　《重修莒志》卷首〈題名〉:總纂:莊陔蘭心如,

1　盧少泉:〈《重修莒志》序一〉,《重修莒志選》,頁 5-7。

1934 年・民國 23 年 ｜ 45 歲

　　分纂：李豔炳南、周興南召亭、趙子莪阿南、莊厚澤。[1]

　　歲甲戌，國步粗安，官紳協議重修。設局於賈氏花園，徵聘莊太史心如任總纂，分纂及與其事者，均邑之鴻儒，可謂濟濟一時。余不才，亦忝廁足其間。(〈影印重修莒志序〉，《重修莒志選》，頁 1-4)

　　【案】總纂、分纂共有五人，除先生外，皆為莒縣在地人。先生又名列四位分纂官之首。

　　【小傳】莊陔蘭（1872-1946），[2] 字心如，又字渚山，號春亭，原名莊阿蘭，山東莒州大店鎮人，一九〇四年（光緒三十年）進士，並為庶吉士進入翰林院。日本東京大學法政專修畢業，回國後，任山東法政學堂監督，與師範學堂監督。一九一四年（民國三年），任山東省民政長官公署總務廳廳長，兼任山東圖書館館長。一九一七年當選山東省議會議長，[3] 一九一八年，當選為第二屆國會參議院議員。一九三六年，應曲阜孔府之邀，任孔德成漢文教

1　莊陔蘭等：《重修莒志》，卷首，頁 1-2。
2　莊陔蘭生年有 1864 年、1870 年、1872 年三說。今確認其生日為 1872 年 2 月 29 日（同治壬申年正月 21 日）。據繼修族譜籌備組：《魯莒大店莊氏族譜》，山東：日照，自印本，2000 年；《莊公諱陔蘭會試中式墨卷（附履歷）》（約 1904 年刻本，莒縣莊氏家藏），以及〈莊陔蘭年表〉（手稿，2012 年）。以上三件文獻由莊德潤（莊陔蘭先生曾孫）提供。
3　據《重修莒志》卷十四〈選舉表〉，莊陔蘭於一九一二年（民國元年）任山東臨時省議會副議長，至「一九一七年當選山東省議會議長」一事則未見錄。

師，專教韻學和經書，歷時十年。[1]莊陔蘭先生經學、佛學、金石、書法、文章等具臻上流，因主持史志開局，炳南先生因以「太史」敬稱。

莊厚澤（1871-?），莒州大店鎮人，字德符，號玉方，一九〇二年（光緒二十八年）舉人，清立京師大學堂經科畢業。一九三五年經炳南先生介紹，皈依印光大師，法名德扶。[2]

周興南（1879-1947），字召亭又作「韶亭」，城西大湖村人，清末廩生。精於史實考證和金石文字。與炳南先生有詩文往來。（小傳見1927年）

趙阿南，趙子莪（1887-1969），字阿南，後以字行。莒縣人，遜清附生，留學日本，曾充山東省政府顧問，山東省參議會議員，中國大學教授，國史館纂修等職。為炳南先生初到莒縣時就來往的文友，常有詩文往來。（小傳見1921年）

【又案】賈氏花園，在莒縣縣城西北角，現為莒縣府招待所文心賓館，位於文心中路南側。（見《圖冊》，1934年圖2；另參見1930年圖1）為邑紳賈珣所建。《重修莒志》有傳云：「賈珣，字仙瀛，後營街人。幼穎悟好學，九歲畢五經，執筆為文出語輒驚其

---

[1] 政協日照市委員會主編，雋桂德執筆：《日照舉人錄》（北京：中國文史出版社，2011年12月），頁257-268。

[2] 莊陔蘭等：〈職官表〉，《重修莒志》卷7-8；政協日照市委員會主編，雋桂德執筆：《日照舉人錄》，頁246-257。皈依事見1935年7月18日譜文。小傳見1923年。

長者。書法遒秀,集顏柳之長。入邑庠時甫成童,督學奇賞之。生平篤風義、重承諾,胸坦白無城府。樂道人善,見文字之佳者或作事之可稱者,恆獎借不去口;聞談人過失,必加規勸,引古證今以為戒,其篤行類此。晚年闢地數弓於北城下,因垣築基,葺茅為屋,榜曰『城市山林』。日寢饋其中,以詩酒自娛,蒔花種竹,疊石引泉,俱栩栩有生氣。足不出戶庭者且三十年,蓋古之市隱者流也。年六十五,以明經終。」(卷67,頁12)《重修莒志》錄有其詩作〈城市山林感興〉云:「柿葉園紅漸見稀,春風幾日柳依依。百無一事安生理,十有三年學忘機。鼠粒晨賒炊早飯,羔裘秋典禦冬衣。貧儒骨相甘清冷,笑比梅花我較肥。謀生計拙費安排,環堵蕭然草徑埋。義種禮耕樊子圃,霞餐柏食杜公齋。入城山色青窺座,貼地苔痕綠上階,不羨詩豪銘陋室,早將名氏寄無懷。」(卷55,頁17)見得果然是大隱隱於市者。莊陔蘭太史早歲參與政事甚深,致仕後,退居鄉里大店鎮,常住賈園。賈珣一八七四年(同治十三年)作有〈重修浮來山定林寺碑記〉,又參與一八九〇年(光緒十六年)《重修莒州志》的編纂工作。莊陔蘭則於一九三三年有〈重修定林寺碑〉,一九三四年在賈珣的花園主持《重修莒志》的編纂大局。可謂緣會奇巧,亦可見前後承傳如出一轍之軌跡。

三月二十九日,去函上海世界佛教居士林,請求代辦放生為

母祈福。

〈李炳南居士來函〉：放生會主任慈鑒，屢蒙費神代放生物，感荷之私難以言喻。茲有懇者，敝人為家慈禱求健康，發願今春放生四萬數。已在觀音菩薩前焚香告明。莒地僻塞，舉辦甚艱。夙仰仁者上宏下化、胞與為懷，謹奉上銀幣肆拾圓，敬懇撥冗，即時代購田螺及水族小動物四萬，擇地解放。其買數及時間因發願所拘，故不敢有絲毫通融。非情之干，尚希示知，以便在菩薩前回向。至屢叨法益之處，惟有銘骨不忘。肅此，奉懇，敬請道安。　　　林友李炳南和南　三月廿九日發

〈復李炳南居士書〉：炳南居士慧鑒，昨奉惠函并放生捐款洋肆拾圓照收，藉悉為求令堂康健，發願買物四萬數。具見孝親仁物，欽佩無已。茲已將來款購買螺蜥、黃鱔二物，其數當在四萬以上。於今日午刻，由本林蓮社諸師等諷誦放生儀規一遍，飭夫役運送至黃浦江內放生。特此奉告，敬請

道安　　　　　　世界佛教居士林謹啟　四月八日[1]

【案】去函有「屢蒙費神代放生物」，可見已有多次。第所刊布者僅見此次。

三月，劉桂堂軍又到莒縣劫掠。經追剿，至四月，大致捕滅。

---

[1] 〈李炳南居士來函〉、〈復李炳南居士書〉，《世界佛教居士林林刊》第38期（1934年7月1日），頁61；今收入：黃夏年主編：《民國佛教期刊文獻集成補編》第12卷，頁69。

地方損失不可勝計。

民國二十三年四月,劉桂堂擾亂山東數年,至此被包圍痛勦,全股捕滅。⋯⋯然追逐旬月,農商失業,供應消耗,即莒縣一隅,其損失已不可勝計矣。(《重修莒志選》,頁 114-116)

一九三四年三月,劉率眾數千人從察哈爾復竄山東。多為騎兵,日馳百餘里。當時省府主席韓復榘編三路軍為六縱隊,追勦劉桂堂。劉經新泰、萊蕪、沂水入莒境。入莒後,避兵不戰,忽東忽西,南竄北逃,蹤跡遍蘇北、魯東南的沂水、日照、諸城、安丘、贛榆、臨沂等縣,曾攻破贛榆縣城。所到之處財物搶掠一空,村落被焚殆盡,殺傷百姓不計其數,莒縣首當其衝,全縣大部慘遭匪禍。後劉桂堂竄至十字路,被空、陸兩軍緊逼追勦,劉喬裝隻身逃往天津,匪眾逃散,多有繳械投誠者。其一股殘匪逃到安丘桃源、石門一帶,被膠東團長高蘭田尾追包勦,全股被殲。[1]

晚間月下吟詩、練劍。見星相異常,預言將有刀兵災。動念返鄉。

父親對古詩很有研究,晚飯後獨自吟詩,發出抑揚頓挫的聲音,抒發出思古之幽情。父親在晚飯後,喜歡練習劍術,常常見他在月光下揮舞著一柄古劍,閃閃發

---

1 莒縣地方史志編纂委員會:〈軍事——土匪武裝〉,《莒縣志》卷19。

出寒光。有一次他練完了劍術之後，向家中人說，他看到天上的星相有異常現象，不久將有刀兵之災。過三年後，果然爆發了蘆溝橋事變，全面的抗日戰爭開始，證實了他的預言。……回到濟南僅兩年多，全面侵華戰爭就已開始，莒縣遭到兩次戰爭荼炭，城垣夷為平地，軍民死傷無數，我家若是仍在莒縣，則情況不堪設想，父親對時局的看法，有先見之明，使我們倖免於難。（李俊龍：〈回憶父親〉）

【案】炳南先生少年好劍術（見1911年〈得劍〉詩、1931年〈贈賀四〉詩）。據弟子傳述，先生擅習梅花劍法。之所以習劍，除個性有所好樂，也由於曾祖及門人中多有膺任武官者，自幼濡染之故。[1]

【又案】《莒縣志》記載，一九三八年二月二十三日，「莒城失守。是役劉震東將軍壯烈殉國。日軍入城後實行燒光、殺光、搶光政策。」[2]李俊龍謂「我家若是仍在莒縣，則情況不堪設想」，所言不虛。

十二月二十二日，因出差之宜，趨蘇州報國寺參謁印光大師。此為第一次參謁，亦唯一一次。（見《圖冊》，1934年圖3）

（通信皈依後）又過了二三年，好容易挪了幾天工夫，跑到蘇州報國寺參謁他老人家。是時老人正在閉

1　陳雍澤：《雪廬老人儒佛融會思想研究》，頁36-37，注8。
2　莒縣地方史志編纂委員會：〈大事記〉，《莒縣志》。

關。[1]

後回濟南服務於某法院，一次出差至南京，乃因勢上蘇州報國寺，此第一次參謁大師也。（吳聰龍：〈訪雪公老師談學佛因緣〉）

【案】據先生〈吾師印祖涅槃二十年追思十首之十・初參師時恰值冬至〉，[2] 參謁印光大師是在某年「冬至」；參謁時，「老人正在閉關」。經查印光大師行止，係於一九三〇年春閉關，至一九三六年十月出關，該年冬至已不在關中。[3] 是以參謁事當在一九三五年以前。先生通信皈依印光大師在一九三二年，「又過了兩三年」，則不會是當年，參謁應是在一九三三到一九三五年之間。經查：一九三三年冬至日為夏曆十一月六日，一九三四年冬至日為夏曆十一月十六日，一九三五年冬至日為夏曆十一月二十八日。據參謁當日所作兩首詩，〈蘇州報恩寺瞻塔〉：「寶幢涌出梵王宮，檐拂飛雲角挂風，無數寒鴉纔入定，半天鈴語月明中。」；〈楓橋〉：「山鐘初動近中宵，斜捲江帆欲落潮；千里故人城畔月，霜天送客上楓橋。」及〈吾師印祖涅槃二十年追思十首之十・初參師時恰值冬至〉「劍閣珠潭二十年，神州猶未靖烽烟，不是

---

1 李炳南：〈印光大師圓寂十周年紀念回憶錄〉，《雪廬寓臺文存》，《全集》第 14 冊之 2，頁 202-208。
2 李炳南：〈吾師印祖涅槃二十年追思十首之十・初參師時恰值冬至〉，《雪廬詩集》，《全集》第 14 冊之 1，頁 302-303。
3 沈去疾：《印光大師年譜》（臺中：青蓮出版社，1999 年）。

姑蘇冬至夜，當頭愁見月中天。」有「月明、中宵、月中天」等語，依夏曆望日（十五日），午夜時月中天，則當晚月景，應與十六月夜較為相近。因繫於一九三四年冬至日。

【又案】一九三四年冬至，先生尚未返濟南，雖與前引「回濟南……出差……因勢上蘇州報國寺」不符，然據印光大師來函封文與信文判斷，調返濟南服務為一九三六年春應為可信。詳見一九三六年譜文。

印光大師從關門探出半身，將過去來往函件詳細講說。午餐後，又再招先生來開示。先是身教示現不可過分享福，再又詢問念佛功課、素食等事，殷殷開示終日。晚粥用過才告辭。平常大師與人談話不過一二十分就閉關門，今待先生特別優遇。

德森大師將關門輕輕敲了兩聲，啟關後說明來意，導區區前去叩謁。見關門之間，探出半身，導師金容，安重如山，卻是春風藹藹。此時區區心靈即同見了彌陀一樣，急急磕了三個頭。老人命坐，咳嗽了兩聲，遂不問自說，將區區昔年來往請教之函件，一字一板講了大半天，卻使區區吃驚不小。他老人家弟子不下十萬，區區個人之事，何能記得如此清楚。本來見面時打算有許多話要問，到了此時，簡直一句話也說不出來。壁上掛鐘已到十二點了，德森大師來招午餐。老人謂德師曰：飯後教德明（區區法名）再來。退出以後，德師曰：老人今日特別歡喜，汝飯後再去聽訓，要細心聽。常聽人

說，他老人家與人談話不過一二十分鐘就閉關門，今日真是寵從天降，那裏還有心吃飯，胡亂敷衍了一碗飯就要去。德師曰：不要這樣慌張，先到我房裏去吃杯茶，忽想起真是失禮，連說是要去。又在德師房裏談了約二十分鐘。仍是德師領導區區再到關門前叩謁。……老人又將宋儒闢佛發生之弊端，說了一大段。繼說讀書之人，必須德學並進，若是無德，不如無學，因他有了學問作壞事自比普通人大的多，現在越是讀書人，越不如鄉村人可靠了。當時是舊曆十一月，天氣正寒。有蘇州城裏一位大紳，帶著工匠去到關房裏裝置洋火爐。老人堅決不受，遂對著區區說：人生不可享受過分，要是自己無德空去享用，那便是折福。這位大紳卻十分誠懇，再三請求，必須供養。德森師也從旁勸請，老人說安在外間客廳裏吧！那裏時常來人，讓大家一齊暖和。外間的空氣暖，這間裏的空氣也會變暖的。他們忙了半點鐘，將火熊熊升起，老人只是微笑搖首。區區恐時間久了，老人疲乏。忙起身請出，老人將手搖著說，沒要緊，可再談一會，又問區區每日功課多少？境界如何？是否吃長素？這卻教區區出了一身汗，因著雖然吃長素，功課作的實在不好。只得如實稟陳，老人又訓誨了一番。德森師又派人來招吃晚粥，這才退了出來。回寺後求德森師領去辭行。拿出兩分供養，一分供師，一分供廟。老人向德森說：他出門能帶多少錢，不必這樣客套。老人同德師都這樣吩咐，不敢勉強多讓，只得收回。向二位老人頂禮告辭。臨轉身時，他老人家又說了

一句：「回去好好念佛！」趕到車站，竟然誤了鐘點。問知須明早五時方能有車，不好再回去，遂投了一家旅館，這卻來了魔事。茶房同著花枝招展的兩個女子，進來教我留一個度夜。這好像阿難尊者遇了摩登伽女。費盡了唇舌，他們只是不出去，區區只得從懷中取出念佛珠來，在床上結跏瞑目念佛。眾生皆有佛性，他們卻好，見此光景，連說阿彌陀佛！罪過罪過！一哄而散。這或者冥冥中有指使者，看區區道心若何，也未可知。
（〈印光大師圓寂十周年紀念回憶錄〉）

二十多年後，先生有詩追憶此因緣：印光大師有許可之意，而先生亦有刮去心盲之感，對自己的修學，以及對家人對他人教說，皆大有提升。

〈吾師印公淨宗第十三代祖涅槃二十週年追思〉十首（錄五，另五首見 1960 年 12 月 8 日）[1]：

青蓮目啟泛慈光，乘戒從容問短長。我自不知根利鈍，金鎞宛似刮心盲。（初參聞訓）

布袍朝鑿硯池冰，日落空堂自剔燈。一字銘關心歇了，隨緣還是定中僧。（師以「死」字銘關，四壁蕭然）

一法何曾捨佛門，菩提惟有世間存。倫常豈止人天道，敢謗大權誤後昆。（師輒教人敦倫盡分，淺者譏之）

---

[1] 李炳南：〈吾師印公淨宗第十三代祖涅槃二十週年追思〉十首，《菩提樹》第 97 期（1960 年 12 月 8 日），頁 32；今收見：《雪廬詩集》，《全集》第 14 冊之 1，頁 301-303；詩題、詩序、詩文，與原刊略異。

求法慚無斷臂誠，叨恩深懼損師明。遺文每讀增惆悵，兩利蹉跎白髮生。（師賜開示有小許之訓）

劍閣珠潭二十年，神州猶未靖烽煙。不是姑蘇冬至夜，當頭愁見月中天。（初參師時恰值冬至）

  李俊龍：有一次父親去蘇州報國寺謁見印光法師（在莒縣時已皈依印光法師為弟子），蒙開示終日，回家向家人傳法師的意旨，家人的思想境界，皆有所提升。（李俊龍：〈回憶父親〉）

  起初親近印祖時，祖師勸吾不要往外聽經。十年後，佛法有底子，聽各種人講經都不一樣，才知道祖師說的有道理。若眼中沒有分寸，隨便看、隨便聽、隨便信，危險啊！所以《老子》說：下士聞道，大笑之。不笑，不足以為道也。（《論語講記・泰伯第八》「十二、如有周公之才之美」）

同日，有〈楓橋〉、〈蘇州報恩寺瞻塔〉二首記參謁事。（《雪廬詩集》，頁78）

  〈楓橋〉：山鐘初動近中宵，斜捲江帆欲落潮；千里故人城畔月，霜天送客上楓橋。

  〈蘇州報恩寺瞻塔〉：寶幢涌出梵王宮，檐拂飛雲角挂風；無數寒鴉繞入定，半天鈴語月明中。

是年，國民政府明令每年八月二十七日為先師孔子誕辰為國定紀念日。十一月國民政府議決「衍聖公」改為大成至聖先師奉祀官，以特任待遇。孔德成先生旋於一九三五

年一月,由國府特任為「大成至聖先師孔子奉祀官」,取代延續八百九十餘年「衍聖公」稱號。[1]

---

[1] 1934年11月,「國民政府議決衍聖公改為大成至聖先師奉祀官,以特任待遇。」1935年1月,「國府十八日令:茲以孔子嫡系裔孫為大成至聖先師奉祀官,以特任官待遇。」見:李經野等:〈聖賢志〉,《曲阜縣志》卷2,頁7、24。

1935年・民國24年・甲戌－乙亥
46歲

【國內外大事】
- 國府任孔德成等為四聖祭祀官。

【譜主大事】
- 持續在莒縣賈家花園編輯《重修莒志》。期間與師友論史論詩，情意相通、德學相輔，為「賈園盛集」。
- 七月，山東省黃河大堤決口洪患，先生與電報局楊子餘局長等成立莒縣救濟委員會，設收容所賑濟災民。
- 獲中醫師執照。

持續《重修莒志》編纂。工作之餘，常於賈園與邑紳耆宿詩文唱和。是為「賈園盛集」[1]。

  馬晉封，〈悼雪廬先生〉：民廿後，局勢漸定，生民稍蘇。會莒邑修志，邑大儒莊陔蘭（心如）太史主纂，公嘗參與其役。編撰之暇，輒有請酒唱和會於賈園

---

1 「賈園盛集」詞見先生〈景印重修莒志序〉，《全集》第12冊之3，《重修莒志選》，頁2。

（進士[1]賈洵宅第之西園，所謂「城市山林」是也）。邑耆宿張瑞澹、呂今山、趙阿南、周紹亭、唐戟符、單紫坪諸賢，皆所交遊。公有《燹餘稿》上下編，所錄什九皆在莒之作。如碩鼠嘆、當爐嫗、舍營、餉億、拉夫諸古體所詠，都為生民塗炭之實況。心如太史許為「苦心獨造，語必己出。其規切時事者，感喟蒼涼而淋漓盡致，合於變風變雅之旨。」[2]

以詩稿請教莊陔蘭太史。莊太史讚賞炳南先生詩「規切時事，淋漓盡致，合於變風變雅之旨」，而「渣滓未化，斧鑿有痕，是其通病。」先生遵囑刪削，並「存原批以誌其教」。（見《圖冊》，1935 年圖 1）

燹前居莒，隨莊太史心如同修志書。太史長予三十歲，師事之。凡經所疵，或易或刪，特檢其所批，附於《燹餘稿》之殿，以誌其誨。（《雪廬詩集》卷首，〈例言〉）

莊陔蘭太史「評語」：苦心獨造，語必己出，胎息

---

1 莒縣地方文史傳記亦有稱賈洵為進士者，疑誤。《重修莒志》卷 67，「賈洵傳」傳末稱其「以明經終」，「明經」為明清以來對「貢生」的雅稱。貢生與貢士不同，貢生為國子監的生員／學生；貢士則是通過會試取得殿試資格者。殿試通過才是進士，但殿試不刪汰，除非不參加殿試，否則貢士就等同進士。賈洵為貢生／秀才，而非貢士／進士。

2 子晉（馬晉封）：〈悼雪廬先生〉。莊陔蘭太史評點先生詩作語，見下文。另參見：藏密（鍾清泉）：〈每自微吟輒憶君——雪公與莊太史〉，《明倫》第 413 期（2011 年 4 月）。

古人,而不蹈襲一字,是作者擅長處。譬之良玉在璞,精金在礦,尚待琢鍊之功。楊子雲云:「讀千賦乃能作賦」,惟詩亦然。自《毛詩》、《楚辭》、漢魏六朝以及三唐,作者一一會其旨趣,而熟其節奏,斯得之矣。嚴滄浪云:「詩有別材,非關書也。詩有別趣,非關理也。」而杜工部云:「讀書破萬卷」,又云:「精熟《文選》理」,此義可參。自耽禪悅,久謝綺語,略為檢點字句,無裨高深,不足為他山石也。──心如居士妄談(見《雪廬詩集》,頁83-85)

莊陔蘭太史「眉批」:集中古體,格意俱高,其規切時事者,感喟蒼茫,淋漓盡致,合於變風變雅之旨。惟渣滓未化,斧鑿有痕,是其通病。近體中,渾成跌宕之作,便覺前無古人。──心如妄參(同前)

期間與師友論史和詩,情意相通、德學相輔。受教於莊陔蘭太史者尤多。多年後,仍感念賈園勝事,有詩〈春日憶莒縣諸友〉、〈訓莒州趙阿南〉、〈訓周召亭寄書〉、〈重過九槐書屋懷莊師心如〉、〈客臺二十年憶故友莊太史〉多首述懷。

七七事變前,莊陔蘭先生亦於佛學有所指點。抗戰後,中國佛教會理事長太虛大師在四川弘法,對炳南先生影響亦大。炳南先生之人生歷程,受莊先生影響最深,除指導入佛門徑,其對中國學問之方法、古文之研究,乃至為人處事之道,均受賜於莊先生。(孔德成口述,王天昌筆記:〈李炳南先生傳略〉)

【案】莊陔蘭先生民初前後從事政治活動，與夏繼泉（溥齋）十分熟稔。[1]致仕後，莊、夏二人均致心於佛學。夏改名為蓮居，全力於會集《無量壽經》之大業。莊則於評點炳南先生《雪廬吟草》時，自稱「自耽禪悅，久謝綺語」；又於呂今山邀聘時以「年來治佛學，不啻孔門罪人」婉謝（見1936年夏秋之季文），則其久諳內典可知。同為分纂的莊厚澤，昔任莒縣教育局長與炳南先生共事，是年（1935）七月十八日經炳南先生介紹皈依印光大師。具見治史之餘、談詩、論佛之融洽。

〈訓莒州趙阿南〉二首（1940年秋）：

客鬢秋逾短，鄉書亂後稀；渝天雁初到，莒路夢常歸。

老去身猶健，重逢願恐違；思君時北望，但有峽雲飛。

〈訓周召亭寄書〉二首（1942年8月）：

蒼葭白露正思君，萬里秋風一片雲；見說平安心自喜，如何翻墜淚紛紛。

撿書西日下花塀，歸去挑燈更和詩；幾載巴山秋雨夜，夢中還似賈園時。

---

[1] 「1912年（民國元年）3月18日，統一黨山東支部成立，夏溥齋為部長，潘複、莊陔蘭為副部長。」見山東省地方史志編纂委員會編：《山東省志‧大事記中冊，1919-1949》（濟南：山東人民出版社，2000年12月）。「（莊陔蘭）1906年被保送日本法政大學，與孫中山領導的革命黨人有過接觸。1908年回國，任山東法政學堂監督，與師範學堂監督、同盟會員王墨仙以及夏繼泉等，經常祕密集會。」見山東省地方史志編纂委員會編：《山東省志‧人物志》（濟南：山東人民出版社，2003年）。

〈春日憶莒縣諸友〉（1943年春）：頻年客阻錦江頭，一度春來一度愁；華髮不堪談往事，壯心還欲障中流。賈園細雨梨花夜，樂壘斜陽槲葉秋；聞道盡成戎馬地，銷魂遙憶舊同遊。（賈園在邑城內，余與諸友曾脩縣志於此。樂毅軍壘在城南沭河畔，為邑人遊憩之所。）

〈重過九槐書屋懷莊師心如〉二首（有序）：余同心師於賈園脩縣乘時曾病。今過曲復病，次首感此作也。（1947年6月）

書堆狼藉小窗前，欲話平生轉悄然；獨有九槐枝上月，照人還似舊時圓。

無端示現病維摩，曾記賈園扶杖過；風雨滿庭春寂寂，朝來也自落花多。

〈客臺二十年憶故友莊太史〉（1974年）：昔日愁來詩百篇，曾勞硃墨定媸妍；欲焚新稿投君塚，孤客猶吟二十年。

〈影印重修莒志序〉：三載事峻，治裝歸。短燭撫劍而論史，霜晨插菊而聯吟，以及兵匪壓境，掊斂農商，無不長形夢寐中。（《重修莒志選》，頁1-4）

接印光大師函示：「人心太壞，是大亂之兆。」莊陔蘭太史讀出大師對時局的預警。

民國二十四年，介紹皈依弟子，接老人的回示，諄囑加工念佛。說人心太壞，是大亂之兆，好人壞人，是要統統遭劫。不過好人去處不同。當時並未措意。有位友人莊太史，他是習禪的，見了此信說不得了，這些大

師說話，都有含蓄，時局恐怕有變化！迨二十六年蘆溝橋之禍，就發生了，區區避亂入蜀，這才信莊太史有先見之明。（〈印光大師圓寂十周年紀念回憶錄〉）

七月，山東省鄆城黃河大堤決口，加之大雨積澇，洪患劇烈，淹及菏澤、鄆城及蘇北等地共二十七縣。先生與電報局楊局長等成立莒縣救濟委員會，設收容所賑濟災民。

二十四年八月，黃河水災救濟委員會莒縣分會成立。設十一收容所，收容鉅野、嘉祥、濟寧等縣被水災民，男女四千六百多口。（〈大事記〉，《重修莒志》卷3，頁10）

那時候，內戰頻繁發生，水災、蝗災輪番降臨，很多農民流離失所，父親與當地士紳創辦災民收容所，在縣城的東關外募捐救濟款，修建了住房，籌辦了糧食，災民的衣、食、住，都得到妥善的解決，並勸導災民信仰佛教，讓災民都回到自己的家園。（李俊龍：〈回憶父親〉）

（楊傑民居士說：）炳老十分樂善好施，那時有一年，山東鬧水災，很多人都流離失所，炳老出頭與先父在東關搭起臨時收容所，專門救濟災民，並且收埋無主的死屍。平常對孤兒、殘疾之人都特別幫助，教以求生之道。[1]

---

[1] 語見：弘安（黃潔怡）：〈濟南行（四）小院高桐碧蔭疏〉，《明倫》第202期（1990年3月）。楊傑民為莒縣電報局長楊子餘令公子。

1935 年・民國 24 年 ｜ 46 歲

七月十八日，印光大師函示：「因果者，世出世間聖人，平治天下，度脫眾生之大權也。」並詳述先生介紹四位皈依者法名緣由。先生為與大眾同受法益，刊布此函。九月十六日，上海《佛學半月刊》刊出首段；十月，重慶《淨土宗月刊》刊出全文並先生文末識語。

〈印光法師開示李德明居士法語、李德明居士附誌〉：德明賢契鑑。諺云：「天下本太平，唯人自擾之。」智者以智擾，愚者以欲擾。欲擾之禍雖烈，人猶得而知之。智擾，則非具超方知見者，不得而知。既不知為擾，則反以為德，此吾國開自有天地以來之大亂之所由來也。學說誤人，深可畏懼。文王澤及枯骨，不數百年，而殺人殉葬之風，遍於天下。穆公為秦之賢君，尚殺百七十七人殉葬，而子車三子，亦不以國之賢臣以免。其不賢者，所殺之多，更何忍言。自佛教東來，大明因果輪迴之事理，而後世南面稱朕者，亦不敢為。縱暴惡之君，猶欲為之，決不敢以此為榮，及以多為貴也。設使世無佛法，其人民孰能得其令終哉？吾固曰：「因果者，世出世間聖人，平治天下，度脫眾生之大權也。」周安士曰：「人人知因果，大治之道也；人人不知因果，大亂之道也。」[1]

程、朱天資超邁，竊取佛經之義以釋儒經。又恐人學

---

[1] 本篇第一段，曾題為〈印光覆李德明書〉，刊於上海《佛學半月刊》第 135 期（1936 年 9 月 16 日）；今收入黃夏年主編：《民國佛教期刊文獻集成》第 53 卷，頁 41。

219

佛,特倡異義,謂佛所說之因果報應,生死輪迴,實無其事,不過藉此以騙愚夫愚婦奉彼教耳。且人死之後,形既朽滅,神亦飄散,縱有剉斫舂磨,將何所施?又神既飄散,又有何人復托生乎?此事在佛法中為極淺之事,在國家社會為極要之事。彼既提倡因果輪迴為虛謬,則善無以勸,惡無以懲,徒抱定正心誠意,為教民治國之本。而不知無因果輪迴,則正心誠意,與不正心誠意,有何分別,不過一空名而已。且實既無有,又誰顧此虛名乎?自此以後之理學,無一不偷看佛經,無一不闢駁佛法。由不提倡因果,則治國治民治心之根本,反視作迂談謬見。數百年來,猶能維持者,尚有禮教之儀型在。及至歐風東漸,則完全隨歐風以披靡矣。以無因果輪迴之根本,故致放僻邪侈,無所不為。在程、朱當日之本心,乃借毀佛以護儒,而不知毀佛即成毀儒。如今《五經》、《四書》,乃成犯禁之書,而大小學堂皆不許讀,此明證也。儒釋本同源,認心性為身形之異端,而謀為滅除心性,則先滅身形矣。使二子有靈,當不以己所說者為是,而悔無所及矣。然此種話,似疏而實親。讀書人於此關頭認不清,則看佛經即生信仰,看理學闢佛之書亦生信仰。理欲交戰於一心,欲自利利他,大有障礙。故為略說其弊,以期推類悉知耳。

莊厚澤,年已六十五歲,而欲以粥飯庸僧為師,故為取法名為德扶。謂以因果報應,信願念佛,為自扶扶人之法,俾一切同倫,生為聖賢之徒,沒生極樂世界。方長隆,字寒泉,以無躁競之清心,普潤一切,故名德澤。

戰之一字，關係甚深，人欲、天理之際，若不以力戰，則理被欲蔽，俾理必隱而欲必著矣。孔子四十不惑，乃理勝而欲伏之時；七十所欲不逾矩，乃天下太平，了無戰事矣。孔子曰：「我戰則克。」孔子一生，未操兵權，何得說「我戰則克」之話乎？乃孔子教人「克念作聖」之微旨也，故為取名德克。聖人垂衣拱手而治天下，其要只是無欲，無欲則無戰。有欲則長戰，直至自他同歸於盡，方肯死心。否則，必欲人亡而我獨存，決不肯念戰爭之慘而暫息也。于霈霖，若知如來淨土法門，為九界眾生之甘露霖雨，果能敦倫盡分，閑邪存誠，諸惡莫作，眾善奉行以自行，則一倡百和，相觀而善者，大有其人焉，故名德霖。汝謂旅居恐無人繼，今此四人，則是本鄉，當可令此法門，永遠傳布。光為汝作一臂助，以彼四十元香敬，完全作寄書用。俾汝與彼等，各有取法，自行化他，為有根據。當開一單，凡大部頭，及義旨深奧者，四人各與一分。凡普通人所能看者，隨便送人，及與監犯。然須切囑恭敬，不可與普通人讀儒書之了無恭敬一樣，庶可得益，而不至獲褻慢汙穢之罪。其事見於〈敬書惜字單〉中，此不備書。

光老矣！以宿業故，生六月後，即病目六閱月。此六月未曾開目，除食息外，日夜長哭。愈後猶能見天。幼時自已不如人，四十後不親筆墨亦不讀誦，專以念佛為事，在普陀二十多年不用「印光」二字。至民國六年，徐蔚如以三封信稿，印數百本送人，次年搜羅二十餘篇，在北京排印，名《印光法師文鈔》。從此終日為人

忙，至今目不能看字，尚有信札來。此文乃眼手二鏡並用所寫者。以後息心看書不許來信，亦不許介紹人皈依，以目力精神均不給故也。爾以此意與彼等說之，唯慧察是幸。

印光謹復　乙亥年六月十八日

昔六祖聞「無所住而生其心」，即證菩提；紫柏誦「假借四大以為身，心本不生因境有」而得大悟。可見一句半偈，均能悟道，要在人降心體會耳。印老乘願再來，語皆真實，海內人士，接其咳唾獲大益者，何止萬計？近以齡高目弱，執筆艱難，故冀得數語開示者，頗屬不易？茲函千數百言，字字中肯，實為難得之遭遇。至匡時淑世，警俗牖民之處，尤加諄諄，可想見老人同體大悲之心矣。明未敢自祕，謹貢報端，俾世人共沾法味，圭臬有取，而生為聖賢，沒生極樂。此區區之志，是所望於同人。 李德明謹誌

【案】德明為炳南先生法名。此函原署名「印光、李德明」，題為〈印光法師開示李德明居士法語、李德明居士附誌〉，刊於一九三五年十月《淨土宗月刊》第十二冊，[1]日後改題為〈復李德明居士書二〉

---

[1] 釋印光、李炳南（李德明）：〈印光法師開示李德明居士法語、李德明居士附誌〉，《淨土宗月刊》第12冊（1935年10月）。收見：黃夏年主編：《民國佛教期刊文獻集成》第77卷，頁105-106。

收入《印光大師文鈔續編》，[1] 標題下小注：「民國二十四年，原名炳南」。本篇為《印光大師文鈔續編》所收兩篇中的第一篇，但只錄至第三段「此不備書」止，「光老矣」以下尚有一段未錄，亦無後附「德明居士誌語」。原刊未分段，字句與《印光大師文鈔續編》亦略異，今依《印光大師文鈔續編》逕作整理。此函為介紹四人皈依，故印光大師詳說法名因由。先生時當在理監，故云寄書送人「及與監犯」。

【又案】先生介紹皈依四人為：莊厚澤法名德扶、方長隆法名德澤、戰某（名不詳）法名德克、于霈霖法名德霖。印光大師特別提到「汝謂旅居恐無人繼，今此四人，則是本鄉，當可令此法門，永遠傳布。」則先生已經在為離莒縣返濟南作準備。而印光大師言「光為汝作一臂助」也確實發生作用，日後，戰德克承接炳南先生弘化熱誠，陸續介紹皈依者多人。《印光大師文鈔續編》錄有一九三六年〈復戰德克居士書〉兩封，[2] 分別有十九人、十八人由戰德克介紹求皈依。

---

1 釋印光：〈復李德明居士書〉，《印光大師文鈔續編》（台中蓮社，1987年），卷上，頁105-107。

2 釋印光：〈復戰德克居士書二〉，《印光大師文鈔續編》卷上，頁191-195。標題下標注時間為「民國二十六年」（1937）。唯第一篇印光大師開示「扶乩」之函文於1936年（民國25年）11月17日，在上海《佛教日報》第2版刊布。（現收入：黃夏年主編：《稀見民國佛教文獻彙編（報紙）》第4卷，頁246-247）文後落款「印光書三月十五日」（夏曆），則該函當為民國25年（1936）4月6日所書寫。第二篇函文則確是民國26年（1937）無誤。

【又案】《李炳南教化作品與生活紀錄典藏計畫》（以下簡稱【典藏計畫】）中，收存印光法師信件七、信封六。六件信封有五件寄莒縣管獄署，一件寄濟南南關券門巷。[1]（見《圖冊》，1935年圖2）見得信件來往有在莒、有在濟南者。封文第一件，上郵戳為「南京廿四年十二月十八」，中郵戳為「山東棗莊二十四年十二月二十」。民國二十四年十二月十八日，夏曆為十一月二十三日，〈印光法師之三〉落款「十一月廿二」，因知印光大師各函落款日期為夏曆。

九月十九日，夏曆八月十九日，印光大師來函，開示孝親當勸其吃素念佛，求生西方，方為究竟。印光大師感於先生至誠，又特為設齋、供佛及僧，普佛一堂。[2]（見《圖冊》，1935年圖3）

〈印光法師之一〉（八月十九函）：德明鑑。汝書，與四十元，俱收到。汝之為母之誠，可謂至誠無[3]加，然當以至誠，勸母吃素念佛，求生西方，[4]方為究竟

---

1 見【臺中蓮社宗教文物資料——李炳南教化作品與生活紀錄典藏計畫】（以下簡稱：【數位典藏】，省略網址）書信／出家法師／印光法師／〈印光法師之一信封〉，此件共有六紙信封。【數位典藏】見：http://www.lbn.nchu.edu.tw/index_welcome.php

2 【數位典藏】書信／出家法師／印光法師／〈印光法師之一〉。

3 原件如「无」、「当」、「归」等，皆逕更為繁體。以下同，不另標注。

4 原件在「勸母吃素念佛，求生西方」一句旁，加「。。。」強調。

有益之孝。世間習俗為親謀者，屬皮毛上事，尚有加親之罪（如以肉食奉養為孝），扳親墮落（如臨終預為揩身換衣，閒談安慰，及哭泣，並喪祭用酒肉，及待客等）。此種事理在俗人子不知，固不足責。若佛弟子，猶狃于習俗，則是借此以博孝親之名，實則破壞親之出苦之路，成就親之墮落之方。其為孝也，與羅剎女之愛，無有少異（羅剎女攫人將食之，曰：「我愛汝，故食汝。」世間此種孝子，則萬有九千九百多。或有一二不如此者，亦未可知）。今為汝寄《臨終津梁》並《喪葬須知》，另寄書三包，以答汝五元之敬。閱之，自不至以孝累親墮落也。汝書到後，有人往靈岩，交三十元，并汝之信，令當家師對大眾讀而解說之。今設齋，上供，供佛及僧，并散櫬。又念普佛一堂，此以汝之誠，非成例也。報國于十七日午供麵，僧只五位，有二位出外未歸，適有客僧四位，人各櫬大洋二角。寺內在家七位用人亦然，令彼生歡喜心。將近吃飯，上海來四位弟子，頗為有緣，近日冗務頗繁，故為遲遲其復。祈慧察　　　　　　　印光書　八月十九

十一月二十六日，夏曆十一月初一，印光大師函示，為介紹皈依諸人取法名，並寄書請詳閱。囑咐先生當以因果輪迴事理勸世，再為說淨土法門。（見《圖冊》，1935 年圖 4）

〈印光法師之二〉（十一月初一日）：德明鑑。人心本善，隨習而轉。隨于無信人，則便毀謗佛法；隨于有正信之人，則便修持淨業。社會國家之興敗，視其首領之人可知矣。現在亂至其極，當以三世因果、六道輪

迴之事理為挽救。彼肯依從,則再為說淨土法門,俾其同念佛號,同生西方,是為最要一著。劉以書諸人,既欲皈依,今為各取法名,另紙書之。光老矣,目力精神均不給,不能詳為開示,今以彼等香儀六十五元,令寄書四十八包,每種各與八人一部,有餘則送有信心、通文理、能恭敬者。以後詳閱此各書,則無疑不釋,亦用不著函詢也。當令彼等敦倫盡分,閑邪存誠,諸惡莫作,眾善奉行,存好心、說好話、行好事。庶不負此日求皈依之素志也。餘詳《文鈔》、《嘉言錄》,此不備書。祈慧察,與彼等說之。　　印光謹復　十一月初一[1]

十二月十七日,夏曆十一月廿二日,印光大師函示,指出《歧路指歸》稱所有佛書「都贈閱」之失誤,並特別指示不宜將其與歷代祖師並列。(見《圖冊》,1935年圖5)

〈印光法師之三〉(十一月廿二日):德明鑑。前接汝及慧修等書,因弘化社言有德克之《歧路指歸》二百冊,尚未來,故不即復。前日其書來,光目力不給,略看二三幅,頗覺甚好,遂努力作三四次看。通篇均好,但有三處悞點,不得不為說明。五八,八、九行:「《飭終津梁》,蘇州弘化社贈閱。」此一小本,尚無大碍。六二,二行:「《勸世白話文》、《初機淨業指南》、《彌陀經白話解釋》、《飭終津梁》、《印光法師文鈔》等書,蘇州弘化社都贈閱。」此各書

1　【數位典藏】書信/出家法師/印光法師/〈印光法師之二〉。

1935年・民國24年 | 46歲

皆贈閱，其印書費，從何而來？現今學佛者甚多，若通贈閱，則誰不願請。何不詳看照本流通？此則要請多少，則付多少。半價流通，及全贈流通，乃有限制。若通作贈閱，勿道印資無來源，而印刷及包紮之人，不知用若干人方能了事？此事乃明道師所辦，光殊不以全贈半價為然。有有學問、家頗豐裕之人，開大部頭若干部，亦只給半價。贈閱之權在我不在人，則隨我意可贈。若公開，尚有限制，人不詳閱，亦難應付。然此乃錢財邊事，即彼責備，亦可以章程回復，無足致意者。唯三一，第八、九行：「晉朝慧遠大師，以至最近還在世的印光大師。」此十二字，殊覺失體。在德克以為尊師，而不知其樹的以招眾矢之共射也。此十二字，當改作「晉朝慧遠大師，以至善導、永明、蓮池、蕅益、省庵、徹悟（徹悟即夢東，現安徽有名夢東者，故用徹悟也。）等，都是最有學問」云云。光乃粥飯庸僧，雖知淨土法門之利益，何可以與從上祖師並列、並論？然時人固不知是德克自引，則謂光意所使，人必以光為冒充通家，欲與蓮宗初祖同列，則光之人格、罪過，不堪設想矣。幸努力看完，否則，將無法收拾矣。吾人一舉一動，各守本分，人自不會特意誹毀。若稍帶矜誇僭越氣分，則不但吹毛求疵者，咸起攻訐，即厚德君子，亦當以此而藐視之。祈與德克說之，令將此三處酌改之，仍不多加行。唯三一第八、九行，添三幾字，以下行尚有十一個空故也。此書流通，實有大益。光亦非世之久客，我死之後，凡我弟子，只可依教修持，不得七拉八

扯,把我一個土偶,妝做真金,則是以凡濫聖,自己與光,同得罪過。《文鈔》中與潘對鳧、馬契西之信,[1]當查閱之。祈慧察,是幸。　　　印光謹復　十一廿二[2]

【案】據《圖冊》,一九三五年圖二,此信函應為圖右起第一封。此信落款為一九三五年十二月十七日(夏曆十一月二十二日),當日或隔日寄出。信封三個郵戳:下戳「吳縣(蘇州)」為收寄局,日期已無法辨識;上戳「南京廿四年十二月十八日」為轉遞,由南京轉遞棗莊;中戳「山東棗莊廿四年十二月二十日」亦為轉遞,由棗莊轉遞莒縣。信封背面應會有莒縣投遞局的郵戳。不考慮城鄉交通的差距,蘇州至南京二百公里,郵件費時一日;南京至棗莊四百公里,郵件費時二日;棗莊至莒縣二百公里,郵件費時一日。再加上投遞日,大約十二月二十二日可收到信。

先生兼治岐黃之術,獲中醫師執照。(〈年表〉「46歲」)

吾家人口眾多,一年之中,除大年、初一以外,天天得煮藥。至少一、二壺。延醫診病,各人說各話,都

---

[1] 釋印光:〈復潘對鳧居士書〉,見《文鈔正編一》頁240,述及馬契西所作〈印光大師傳〉「陷(光)於以凡濫聖」。〈與馬契西書〉見《印光大師文鈔正編一》頁269,提及「以凡濫聖,罪在不原」之戒。

[2] 本文收入《印光法師文鈔續編》卷上,頁107-109,〈復李德明居士書二〉中第二篇。篇題下有小注「民國二十四年,原名炳南」。原件收於【數位典藏】書信 / 出家法師 / 印光法師 /〈印光法師之三〉。

不一樣。吾才立志學醫。[1]

　　吾初學中醫時，沒有老師，但是自己下苦心研究。我跑遍國內很多省份，常與醫者互相訪談切磋。[2]

　　吳碧霞，〈雪廬風誼——俠骨詩情醇儒本色　悲心忍力菩薩真行〉：李公子說：「父親很孝順，對祖母的生活照顧得無微不至，祖母患有慢性氣管炎，每到冬季就患病，父親聘請當地名醫診視，煎藥後，必親自嘗試，對祖母愛吃的飯菜，必想方設法買到，對烹調的方法也做具體的指導。」學人曾親聞之於雪公，說熬小米稀飯熬到上面浮一層油，才進奉給老人家，又學醫的因緣也從想醫治母親的病來。[3]

　　【案】一九四四年九月，先生向考試院申請中醫師檢覈。山東省駐渝辦事處、前濟南市長邢藍田出具服務證明，稱先生「在山東第一監獄及反省院相繼擔任中醫師十一年有餘（見1944年9月譜文），則先生取得中醫師執照當約在是年。

1　李炳南講述，陳雍澤記：《黃帝內經素問筆記（乙）》（中國醫藥學院中醫系四年級「內經」課，1973年11月30日－1974年6月7日，未刊本），1974年4月12日。
2　李炳南講述，陳雍澤記：《黃帝內經素問筆記（甲）》（中國醫藥學院中醫系五年級「內經」課，1973年11月30日－1974年6月7日，未刊本），1974年3月20日。
3　吳碧霞：〈雪廬風誼——俠骨詩情醇儒本色　悲心忍力菩薩真行〉，《明倫》第363期（2006年4月）。

1936 年・民國 25 年・乙亥－丙子
47 歲

【國內外大事】
- 西安事變。

【譜主大事】
- 春,《重修莒志》編輯事訖,自莒縣調職回濟南。離莒時,前往車站送行者三百餘人。
- 返回濟南,任職山東省監獄。
- 八月,於濟南淨居禪寺求受五戒。
- 九月,於山東女子蓮社求受菩薩戒。
- 十一月,《重修莒志》發行。

二月五日,《歧路指歸》經印光大師、德森法師等修訂後重排流通,印光大師撰有〈重修流通序〉說明成書因緣為戰德克取《印光法師文鈔》義,以問答形式而成。經先生參訂、印光大師鑑訂。印光大師〈重修流通序〉曰:

> 近有山東莒城戰德克、李德明者,謬聞人言,函祈歸依。因示以博地凡夫,欲于現生了生脫死,若不念佛求生西方,絕無一法能滿願者。又為寄《文鈔》等,以為修持之據。德克因取其義,述《歧路指歸》,借為問答,以釋疑慮而明宗旨。又祈德明為之參訂,志期利人,不惜心力。已經排印流通,寄書求為印證。光閱

之，不勝欣慰。以間有詞意欠圓，恐閱者或難領會，稍為修正，令其一目了然，絕無疑議。另行排板，期廣流通；庶可于佛一代教典中，唯依契理契機，信願念佛求生西方一法而修。

　　　　　　民國二十五年歲次丙子元月立春日[1]

二月十三日，夏曆一月二十一日，印光大師函示《歧路指歸》一書校改過程及印刷等應注意事項。（見《圖冊》，1936年圖1）

〈印光法師之四〉（一月廿一日）：德明居士鑒。《歧路指歸》，李圓淨初校一徧，凡俗體字，略為標改，亦有二、三處稍為修改者，寄來祈付排。光又詳閱一次，有語意欠圓處為補足。德森師又閱一次，改用「。，」以省語意，亦有補足處。凡難認之土話字，光改作易認之字，「章程」亦改作「實行」，以祈省紙。凡問字上加一●，答字上加一○，即實排下去，問答皆另起頭。弁言前光與德森師各作一序。書後以甘肅奉安一老儒，初闢佛遭報，後學佛作發露懺悔文，附之。彼祈光作跋，同附之，以為讀書者之指歸。已付游民習勤所令排，排好當打三、四付紙板，擬送道德書局一付紙

---

1 釋印光鑑訂，李德明參訂，戰德克編述：《歧路指歸》（臺中：青蓮出版社，1988年7月）。戰德克，生平不詳。1935年，經炳南先生介紹，與莊厚澤、方長隆、于霈霖共四人，依印光大師皈依（見：1935年7月18日文）。《重修莒志》，卷首載有「戰則五」擔任校對工作，未知是否同一人。

板,前之板當收回焚之,祈與該書局說之,庶不至或有不肯。此書初次光印二萬本,以後續印,或有數十萬也不定。待印出後,當寄幾包來,閱之,自知其用意。光凡所印書,皆不敢曠用紙,一本省一張,十萬本即省十萬張,為實大有可觀。現今人民困苦,吾人雖欲利人,亦不可祇圖好看,不計物力維艱也。祈慧察

印光謹啟　正月廿一日書一半　夜書一半[1]

春,《重修莒志》編輯事訖。調職返回濟南。

（縣長）牛介眉,〈《重修莒志》序〉:民國二十二年冬。省令各縣修志。其明年盧前縣長少泉聘請邑紳莊心如先生任總纂。二十四年年終。編輯蕆事。校印未竣。而解職以去。(《重修莒志選》,頁9-11)

一九三三年冬,奉山東省政府令,莒縣縣長唐介仁發起修縣誌。翌年春,新任縣長盧少泉繼續督修,聘本縣清末翰林莊陔蘭為總纂。至一九三五年底,《重修莒志》二十本初稿完成。[2]

李俊龍,〈回憶父親〉:鑑於祖母年歲已高,不宜在外地久居,父親要求調回濟南工作。一九三四年春,我和祖母、母親先乘汽車到濰縣,再乘火車去濟南。父親留在莒縣辦理工作交接手續。

1　【數位典藏】書信／出家法師／印光法師／〈印光法師之四〉。
2　李興河等主編:〈大事記〉,《臨沂地區志》(北京:中華書局,2001年)。

1936年・民國25年 | 47歲

【案】先生自莒返濟南時間,據上先生公子李俊龍憶述為一九三四年春。然李俊龍同文又有「回到濟南僅兩年多,全面侵華戰爭就已開始」之記述。「全面侵華戰爭」為一九三七年七月,依此回推兩年,則回濟南當是一九三五年。又,李俊龍於另文受訪時稱「我曾在那裡(莒)受過五年小學教育,後來因父親工作調動,我十三歲返回濟南。算來離開它已五十四年了。」[1]李俊龍出生於一九二四年,「十三歲返回濟南」當為一九三六年;回憶時為一九八九年,「離開五十四年」則離莒時為一九三五年。總結先生離莒時間為一九三四年至一九三六年間。

經查《重修莒志》〈職官表〉,「二十四年(1935)七月一日,成立地方法院」項下,當時先生任職「莒縣地方法院管獄員」(卷8,頁5)。因此調返濟南時間當為一九三五年七月以後事。依先生〈景印重修莒志序〉言「三載事峻,治裝歸」(《重修莒志選》,《全集》第14冊,頁1),則從莒縣返回濟南當在一九三六年春。但如此一來,先生到蘇州參謁印光大師(詳見1935年12月22日譜文)的時間,就不會是「回濟南後,上蘇州報國寺」(吳聰龍:〈訪李炳南老師談學佛因緣〉),而是在蘇州參謁後,才調動回濟南。

現所見印光法師七件來函,其中有五件寄莒縣管獄

---

1 弘安(黃潔怡):〈濟南行(五)——留得清白在人間〉,《明倫》第203期(1990年4月)。

233

署,一件寄濟南南關券門巷,一件寄濟南反省院。[1]〈印光法師之六〉有「莒縣之書,仍歸彼處」語,[2]見得其時先生已經遷返濟南。此前五件,俱仍寄往莒縣。此第六件復函時間為夏曆「四月三日」,即西曆一九三六年五月二十三日;第五件復函時間為夏曆「三月二十八日」,即西曆一九三六年四月十九日。先生自莒縣返回濟南,當在兩者間,約當四月下旬、五月初。

計自一九二〇年迄今仕莒十六年。本職外,兼辦社會教育工作,任講演所主任;又多次在戰亂中擔任縣政代表,平時待人處事亦深得民心。離莒前夕,莒人懸掛多幅讚頌聯文於其住處。臨行時,自動前往車站送行者三百餘人。先生致贈每人一本《歧路指歸》,勸人信佛。

周笑通、徐仰止等編,《莒鄉聯語》:
救濟人病,裨補時闕。
官亞七品貴,名得百世傳。
振仁義於一邑,垂光輝而千秋。
挽一邑災難置生死不顧,求萬民安樂樹仁義永恆。
釋:上述聯文,係莒文人所贈,於李離莒前夕,將此聯

---

[1] 見:《圖冊》,1935 年圖 2。其中六件存於【數位典藏】,寄「反省院」一件,收存於雪心基金會。

[2] 【數位典藏】書信/出家法師/印光法師/〈印光法師之六〉。另參見 1936 年 5 月 23 日譜文。

1936年・民國 25 年｜47 歲

文懸於其舍。此聯係與掌故邵履均先生訪談時所得。[1]

　　李俊龍，〈回憶父親〉：父親臨走時，到莒縣汽車站送行的有三〇〇人，並拍了一張照片留念，可惜已經遺失了，他給每人送了一本《歧路指歸》，是一本勸人信佛的書。

　　徐昌齡，〈故舊來函〉：鄰居中，有警務處余副處長之尊翁籍山東莒縣，高齡今已九十八，尚健在，於前年閒聊時，提及炳老在抗戰前，曾任莒縣典獄長，因其感化獄囚，頗具成效，厥功至偉，莒縣民眾，人盡皆知。余無論何時何地晉謁炳老，皆是受到懇切之招待與訓導，尤其告辭出門，炳老之久立門外送行，令人感佩難忘。[2]

　　黃潔怡，〈濟南行（四）小院高桐碧蔭疏〉：我們在濟南訪問了一位雪公故友楊子餘居士之子——楊傑民居士。他說：「炳老十分樂善好施，那時有一年，山東鬧水災，很多人都流離失所，炳老出頭與先父在東關搭起臨時收容所，專門救濟災民，並且收埋無主的死屍。平常對孤兒、殘疾之人都特別幫助，教以求生之道。因此炳老在離開莒縣時，送行的行列裏有盲人，也有殘疾人，大家共站了好幾根電線桿那麼長，這在我記憶中十分清楚。」[3]

1　周笑通、徐仰止等編：《莒鄉聯語》（莒縣：莒縣文藝創作室，1994 年 12 月，莒縣民間文學集成（四）聯語卷），頁 45-47。
2　徐昌齡：〈故舊來函〉，《明倫》第 164 期（1986 年 4/5 月合刊）。
3　弘安（黃潔怡）：〈濟南行（四）小院高桐碧蔭疏〉，《明倫》第 202 期（1990 年 3 月）。

【案】《歧路指歸》署名為「戰德克編述、李德明參訂」，德明為先生法名。〈編者弁言〉落款為「佛陀降世後二千九百六十二年五月」，即初刊於一九三五年五月。戰德克為莒人，係經先生推薦介紹求請印光大師證皈依者。印光大師一九三五年十二月十七日及一九三六年二月十三日兩次函示先生俱為指示此書修訂出版事宜（見前譜文），二月並為此書撰序。先生離莒時贈予送行人的應即是修訂再版的此書。又，先生初至臺中開展法化時，有小冊《怎樣念佛》，即摘錄自此書。今收入《弘護小品彙集》中「小宣傳集錦」。[1] 十分可能這部分即為先生主筆。

返回濟南，任職山東省監獄。

調來濟南之後，在山東省監獄工作，早上去上班，中午在機關吃飯，晚上回家。星期天常領全家人去東關淨居寺，聽法師講經。（李俊龍：〈回憶父親〉）

【案】上引稱任職單位為「山東省監獄」，先生自述「後回濟南服務於某法院」（〈訪雪公老師談學佛因緣〉），據印光大師來函封文，任職單位為「濟南反省院」（見《圖冊》，1935年圖2）。先生任職反省院為期甚短，一年左右即辭職在家。後應聘赴奉祀官府。

---

[1] 「小宣傳集錦」見李炳南：《弘護小品彙集》，《全集》第4冊，頁18-25。另參見：釋印光鑑訂，李德明參訂，戰德克編述：《歧路指歸》。

據一九四四年九月,「山東省政府駐渝辦事處」及前濟南市市長邢藍田出具之〈證明書〉,先生於反省院擔任職務為中醫師。見該項譜文。

【案】東關「淨居寺」為濟南首剎,一九三一年,先生於此隨真空禪師學禪,並與寺眾可觀法師共同參究。(見1931年譜文)

春,因公旅次武昌、開封。有:〈過武昌與傅覺夢宴黃鶴樓〉、〈黃鶴樓〉、〈朱仙鎮懷古〉、〈過開封寄懷〉各詩。(《雪廬詩集》,頁79-80)

〈過武昌與傅覺夢宴黃鶴樓〉:謫仙登臨擱筆去,過客千載俱無詩;我與江山雖有興,焉敢率爾輕吐辭。今緣行役訪故好,抒情長吟言我私;傅生漢皋為清吏,扁舟夙約來與期。生涯聞道還如舊,酒債築臺詩盈袖;參商一面誠艱難,勸酬何辭百樽受。倚欄東指蛇山陽,萬株梅花貌清瘦;遠賞醉懶不能從,更憐斜日依巖岫。明朝又是離別愁,坐起徘徊行且留;萍蹤大抵似黃鶴,安得復返黃鶴樓?日夷津滬作戎首,戰禍弦箭無能收;相思莫教入烽火,暮雲春樹仍可求。

〈過開封寄懷〉:西湖歌舞哀南宋,過客時艱話汴州;榆塞煙塵窮日變,吳門富貴破天求。難逢青眼雖長處,恨逝華年筆未投;太息信陵今已杳,欲摧秦寇共誰遊。

【案】黃鶴樓在武昌,朱仙鎮在開封西南,此皆同旅次作。〈過武昌與傅覺夢宴黃鶴樓〉云:「今緣行

役訪」，當是公務出差。又同詩有：「日夷津滬作戎首」，〈過開封寄懷〉詩注云：「日夷寇邊正急時也。」日本侵略天津、上海之主要事件為一九三一年十一月入侵天津、一九三二年一月至三月侵略上海的一二八事變，以及一九三七年七月在北平天津之平津戰事、八月之淞滬會戰。《爇餘稿》中此數首詩作，排序在〈蘇州報恩寺瞻塔〉後，〈日軍突襲蘆溝橋名城繼陷京師震動〉前，雖有憂國之思，而詩情尚緩，當不是指一九三七之事件，因繫於此。

原莒縣電報局長楊子餘為與先生就近來往，請調濟南電信局。遷調前，楊家子弟先到濟南就學，借住先生府中。

我們在濟南訪問了一位雪公故友楊子餘居士之子——楊傑民居士。他說：當他離開莒縣回到濟南時，家父也自願請調到濟南電信局，以便與炳老就近往返，而我也先到濟南找中學，當時我十五、六歲，便住在炳老府中，與祖母、伯母、叔叔、俊龍等，大家情同親人，為時好幾個月。可惜後來炳老便到南方去了，這期間家父曾到南方再與他見一次面，炳老有寫一首詩為記：〈送楊子餘赴上饒〉——「勸子應多住，他遊未是歸，雖來今兩聚，已與故人違。吳苑碧桃笑，隋堤黃鳥飛，如何掛帆去，不共醉春暉。」（弘安（黃潔怡）：〈濟南行（四）小院高桐碧蔭疏〉）

在莒縣時曾收集一奇石置寓所門前，未能同時運返。特託友

人搬提到濟南置南券門巷家門口。

　　李公子蹲著輕撫著那塊石頭說:「這是我父親最喜歡的一塊石頭,是先父在莒縣時收集到的。它原本是擺在莒縣先父寓所的門口,後來先父回到濟南,常常想起這塊石頭,便托朋友從莒縣提著這塊沉重的石頭,先是坐汽車、再坐火車到濟南。五六十年來,它一直埋在屋前小院中。許久以來,也不知道什麼原因,原本有二尺來高的石頭,竟短缺了一大塊,而那一塊也不知去向了。」(弘安(黃潔怡):〈濟南行(四)小院高桐碧蔭疏〉)

　　【案】日後,先生公子李俊龍特別將此一奇石,託人帶至臺中,捐給雪廬紀念堂珍藏展覽。

四月十九日,印光大師函復先生介紹孫鶴年擬出家從師事。擬代擇師剃度。

　　〈印光法師之五〉(三月廿八日):德明鑒。十餘日前,孫鶴年來,所帶各食品,均合大家同餐。參花與德森師,以光一向不喜多事,此物或存或服,皆甚洛索。鶴年之人,頗誠實,現先令在報國住,待有合宜之師,當令其依之剃度。此事不可著急。光一生誓不收徒,須待可以拜師者再令依之剃度。本宜即復,以人事繁而目力精神不給,故遲至今。現《歧路指歸》將印,印出當令儘二百四十元之款為寄書。祈慧察。

　　　　　　　　　　　　　　印光謹復　三月廿八[1]

---

[1]【數位典藏】書信/出家法師/印光法師/〈印光法師之五〉。

五月二十三日，夏曆四月三日，印光大師函復介紹皈依者法名，並開示宜早為慈母臨終準備。（見《圖冊》，1936年圖2）

〈印光法師之六〉（四月三日）：德明鑒。令慈年老，當為眷屬說臨終助念之利益，及未終前即為揩身換衣哭泣之禍害，令彼等練習熟悉，利害明了，若到臨終便可決定往生西方。若不令練習，及不說利害，則十有九個被眷屬之孝心所破壞，俾仍在六道輪迴中受生受死矣。詳看《飭終津梁》自知。七人法名為開去，每人各寄《五經》、《十要》等三包書，以資修持。前所來之後生，于閏月初旬，有天台山國清寺僧來，令其帶去，或住持收，或別人收，均可。以國清寺住持，亦是蘇州靈巖寺住持，素所知其為人，故令帶去，祈勿念。《歧路指歸》，不久當寄來，又有《淨土五經》，亦不久寄來，《物猶如此》，大約六七月可寄來。莒縣之書，仍歸彼處。祈慧察。　　　　印光謹復　四月初三

《歧路指歸》，打五付紙板，一送上海道德書局，一送北平刻經院。《物猶如此》亦然，現已令排，改作五號字，俾老人易看耳，亦擬印三萬本。

聲聞隔陰之昏，菩薩出胎之迷。此指初、二、三果，未斷盡思惑者言；阿羅漢思惑已盡，則無此事矣。菩薩亦指未斷盡思惑之菩薩言，思惑盡則無所迷矣。往生西方，思惑已斷，乘願再來，或化現、或入胎，均隨機現。然雖入胎，示同常人，亦須先現迷相，實無迷情可得。如作戲然，苦樂悲歡，做得酷肖，而心中完全無此

實情。由汝不知聲聞菩薩之地位，故將斷惑者一例同看，則其錯大矣。菩薩有多種，總以未斷盡思惑者為準，不可混而總言其昏迷也。祈看過為其寄去。[1]

【案】據「莒縣之書，仍歸彼處」之語，先生當時應已返濟南。現台中蓮社雪廬紀念堂典藏印光大師六件信封，其一之收件地址為「山東濟南南關券門巷二號」，應即本函。

七月十五日，印光大師函復介紹十餘人皈依法名，並開示女子教養事。

〈印光法師之七〉（五月廿七日）：德明鑑。世間事要做得無過，均需要盡一番心力，若一不細心，則功少過多矣。光于去秋，始知毒乳殺兒之慘，故于息災會開示中說：「若生大氣後，當過一日，待乳之毒性轉好再喂。」今春以屢聞人言死者病者之多，因作一毒乳殺兒之廣告，云：「當過三日再喂。」其書印出，寄于南京一弟子，彼以此事說與其妻，其妻係西洋人，云：「此名火急奶，須一生氣隨即令心平氣和，否則懷恨在心，乳難轉好矣。氣平後半日即可喂，喂時須先擠出半茶碗倒了，再令兒吃，即無患。若過三日，奶或發脹痛，反為不美。」故即令改紙板，第二次三萬，當無悞。又言：「月經來時，亦不可生氣，一生氣月經即止。」以故女子未嫁亦有月經不調之病。竊謂此事，于

---

1 【數位典藏】書信／出家法師／印光法師／〈印光法師之六〉。

家庭教育、國家人民，均有關係，以女子從小須習以性情柔和，則可無月經不調，及大氣致兒死、小氣致兒病之患。既性情柔和，則無口舌是非，而家庭和睦矣。祈將此意，與一切人說，所有息災開示毒乳殺兒廣告，頂格批明，下之「過三日」字抹殺，則了無後患矣。

手書并卅三元俱接到，十七、八人法名另紙書之。自儒者破斥因果，世之狂者愚者，遂得大逞其志。各人瞎造謠言，立一教門，引誘無知之人，入彼邪黨，而且祕而不稍洩露，故致全國之人，多半入于邪途。犯「未得謂得，未證謂證」之大妄語，而無所畏懼者，皆由宋儒關因果輪迴以壯其業膽也。今為寄《文鈔》二十部，十包，《嘉言錄》三包，《了凡四訓》二包。其皈依者，能看則送，不能看不必送，以送有信心通文理能恭敬者。祈慧察。　　　　　　印光謹復　五月廿七[1]

八月三十日，於山東濟南淨居禪寺，依可觀法師求受五戒。

（見《圖冊》，1936 年圖 3）

九月二十六日，於山東濟南女子蓮社，[2] 依大雲法師進求菩薩

---

1 【數位典藏】書信／出家法師／印光法師／〈印光法師之七〉。本文原題〈印光復李德明居士書〉載於上海《佛學半月刊》第 156 期（1937 年 8 月 1 日）；今收入黃夏年主編：《民國佛教期刊文獻集成》第 54 卷，頁 245。然僅刊出至「則了無後患矣」，以下最後一段未刊。

2 山東女子蓮社事見 1919 年 9 月譜文。

戒。(見《圖冊》,1936年圖4)

〈大雲法師在濟南傳授皈戒誌盛〉:濟南女子蓮社,昨迎請大雲法師講經一節,曾誌本報。頃聞該法會已圓滿,於昨國曆九月二十六日(古曆八月十一日),由雲師傳授三皈五戒有男女善信百餘人,復於二十八日(八月十三日),傳授居家菩薩戒相,三十日傳授居家梵網戒相,兩日共約二百餘人,均依寶華山戒相正範,如儀舉行,一時歡喜讚歎,供養莊嚴,洵為當地盛舉。雲師復自擬有「傳戒之感想」,亦可見該地同仁求法之殷與佛化,較前有顯著之發展云。[1]

大雲法師〈濟南女子蓮社傳戒之感想〉:吳倩𤫉居士,乃諦老法師之高足,修持誠篤,祖籍浙江吳興,在四川任某教育職有年,民初受山東女子師範之聘,任教授數年,成績斐然。後同梅擷芸居士計議,恆念齊魯眾生,不聞佛法,不能出苦為憂,於民國八年,建築成立女子蓮社。……成立後,復歷請戒德高僧,講經傳戒,修持勿懈,並社員數十位,均常年過午不食,每日除二時功課外,念佛四小時,餘暇看經,一日未有間斷,誠學佛如斯之堅切,必感將來往生上品之果不虛矣。此次雲朝禮五台後,弘法平津,道過濟南,參拜道風,深受該地佛化同人,一致敦促講法,開壇傳戒,功從實入,悟自虛生,普

---

[1] 〈大雲法師在濟南傳授皈戒誌盛〉,《佛教日報》(上海:1936年10月21日),第2版。今收見黃夏年主編:《稀見民國佛教文獻匯編(報紙)》(北京:中國書店,2008年),第4卷,頁198。

願眾生，立地成佛。定慧之寶，如是我聞，陽明不欺本心之明，伊尹遂天民而覺，居士精修梵行，意在斯乎。[1]

【小傳】大雲法師（1879-?），法名能信，字智定，法號大雲。江蘇江都人吳氏子。初中師範畢業，十八歲，往寧波觀宗寺親近諦老法師，十九歲，投邵伯梵行寺鏡波和尚出家。次年冬，蒙師送南京棲霞受具戒。曾遊歷海外，經南洋，往緬甸，參禮仰光大金佛髮塔，又率諸善人往印度八大佛蹟巡禮，繼遊巴黎、暹羅、日本諸國。期間朝夕禮拜華嚴。每到一處，延講經者數起，聽眾恆逾千人。二十七歲回國，宏法港粵數月。後返江蘇，屢受南京棲霞、鎮江焦山、揚州靜慧北來各寺傳戒教授師數次。雲師教觀，係根據諦老法師台宗為歸宿，及念佛法門，依當代淨宗大德印老法師，以淨土為指南方針。[2]

【案】濟南女子蓮社傳菩薩戒，約兩年舉辦一次。民十七、十九、二十一年冬為德寬老和尚傳戒，每屆參加人數約三十人。民二十三年八月，由迦陵法師傳戒，參加人數十八人。

---

[1] 釋大雲：〈濟南女子蓮社傳戒之感想〉，《佛教日報》（上海：1936年10月21日），第2版。收入：黃夏年主編：《稀見民國佛教文獻匯編（報紙）》第4卷，頁198。

[2] 張慧蓮：〈大雲法師小傳〉，《正信週刊》第9卷第28期（漢口：佛教正信會，1937年1月25日），頁3-4；收見黃夏年主編：《民國佛教期刊文獻集成》第63卷，頁271-272；〈大雲法師年來各地宏法彙誌〉，《佛教日報》（上海：1936年7月22日），第1版。收入：《稀見民國佛教文獻匯編（報紙）》第4卷，頁1。

1936 年・民國 25 年 | 47 歲

夏秋之季，莊陔蘭太史應曲阜至聖先師奉祀官府聘，擔任奉祀官孔德成先生之教讀。

一九三六年，應孔府之邀，去曲阜任孔子七七代孫孔德成漢文教師，歷時十年。孔德成的姊姊孔德懋在《孔府內宅軼事》一書中寫道：「莊老師年近七十，是個翰林，經書和書法造詣很深……是客居孔府，不要薪俸，只是每天生活所需，由孔府開支算是招待，專教我們韻字和經書。」[1]

【案】莊陔蘭太史入孔府任職時間有三種說法：

一、一九二九年入府，且莊陔蘭在呂今山之前。孔德成先生令姊孔德懋稱：「（孔德成九歲時）最初請的是王毓華老師，他是新式學堂畢業，經書基礎較差，來孔府任教不久，……莊陔蘭老師隨中國郵政代表團來曲阜參觀。莊老師年近七十，是個翰林，經書和書法造詣很深，孔府就挽留他不要回去，在家學任教。後來莊老師又介紹呂今山老師來共同任教。呂老師是個舉人，略年輕些。呂老師來後，王老師就不怎麼上課了，只是輔導我們自習。王、呂、莊，這三位老師儼然是孔府的『忠臣』，他們一年到頭住在孔府，很少回家。」[2] 汪士淳作《儒者行：孔德成先生

---

1 莒縣地方史志編纂委員會編：〈人物〉，《莒縣志》第 30 卷，頁 1242。
2 孔德懋：《孔府內宅軼事》（臺北：傳記文學出版社，1991 年），頁 147-148。

傳》採取此說。[1]

二、一九三二年入府。孔繁銀《衍聖公府見聞》稱莊陔蘭：「一九三二年春被聘為至聖府府內教師。」[2]

三、一九三六年入府。《莒縣志》前引文及雋桂德：〈莊陔蘭〉、〈莒州翰林莊陔蘭新證〉兩文持此說。[3]

莊陔蘭入府時間未詳，但確在呂今山之後。屈萬里《載書播遷記》載其事綦詳：初公府西席，惟呂師（今山）與毓華先生二人，呂師思得一經師而兼人師者，以為奉祀官傅，計莫若心如先生，乃親往延之。先生年近古稀，家又豐饒，人固必其不出也。既晤，師言其意，先生果謝曰：「予年來治佛學，不啻孔門罪人，是烏可往！」師請益堅，而先生辭益力，將不諧矣。時日嚮暮，呂師索酒，相與對飲，至半酣，師正色曰：「吾輩今日能明義理、屬文辭、粗有聲聞者，非讀孔氏書而致之乎？」先生曰：「然。」師曰：「然則聖人之裔，孤幼待教，彼德足以型之，而學足以傅之者，寧能恝然不顧乎！予懷無窮之望而來，以為聖門孤裔，永有所託，不謂先生漠然視之，

---

1 汪士淳：〈孔德成大事記〉，《儒者行：孔德成先生傳》（臺北：聯經出版，2013 年），頁 383-384。
2 孔繁銀：《衍聖公府見聞》（濟南：齊魯書社出版，1992 年），頁 62。
3 雋桂德：〈莊陔蘭〉、〈莒州翰林莊陔蘭新證〉兩文均收見：政協日照市委編，《日照舉人錄》，頁 257-268。

既不獲命,吾其行矣。」推杯而起。先生蛋然曰:「有是哉!吾往矣。雖然,予以三事相約,可則偕行。」師請其說,則曰:「吾不受束脩也。」師應曰:「諾。」繼曰:「往返路費亦未可過豐也。」師又領之。終曰:「吾當與奉祀官友,不能為師也。」師復諾之,其義遂定。[1]屈萬里為呂今山學生,述此事又在由魯遷蜀之時,當可確信。

考莊陔蘭太史生於一八七二年,一九二九年時五十七歲,並非孔德懋所稱的「年近七十」。而且孔府教師「一年到頭住在孔府,很少回家」,與莊太史一九三四年至一九三六年坐鎮賈園主持《重修莒志》大局之情事不符。因此前述一九二九年、一九三二年入府的可能性都不大。據趙阿南〈呂今山傳〉,「曲阜孔奉祀官德成先生已到讀書年齡,孔府長老聘請今山為教師。八九年間,遍教群經。今山知道他所擔任的工作責任重大而深遠,所以他的教學既努力又嚴格。今山曾經告訴我說:『孔奉祀官是儒家道統的寄託,我不敢對於全經有所刪節,也不敢以文藝看待經學。』」「八九年間,遍教群經」,確實是啟蒙教師的規格。與呂今山訂交四十多年的鍾孝先,於《蓮浮集·序》中云:「民國二十二年,余與阿南纂魯省黨

---

[1] 屈萬里:《載書播遷記》,《山東文獻》第 2 卷 3 期(臺北:山東文獻社,1976 年);現收入《屈萬里先生文存》(臺北:聯經出版,1985 年),第 3 冊,頁 1205-1273。

史於青島，詢今山近況，已久膺曲阜至聖公府之聘，教今奉祀官達生讀矣。公府禮師優異，今山至則謙抑而損其故例，而其施教也則勤而且嚴，八九年間遍授群經。達生亦敬而愛之。」[1]再者，呂今山於一九三一年五月為先生《雪廬吟草》撰序時，落款「民國二十紀歲辛未城陽呂鴻陞序於闕里」（見該譜文），同樣可證呂今山已在孔府。孔德懋雖為親歷其事之人，然回憶錄已是晚年之作。綜上，繫莊太史入孔府於是年。

十一月，《重修莒志》由莊陔蘭籌措補足資金，發行一萬套。

一九三四年（民國二十三年）三月，設縣誌局，重修莒志。一九三五年底《重修莒志》初稿完成。一九三六年夏，由縣新成印務局印一萬套，全書共七十七卷，分二十冊裝訂。[2]

一九三四年春，陔蘭應縣長盧少泉之聘，出任《重修莒志》總纂。一九三五年底定稿，共七十七卷。其間因資金不足，陔蘭訂出潤筆價格，賣字以補其缺，在其努力下，此書於一九三六年刊印成書。[3]

【案】現任縣長牛介眉有〈重修莒志序〉，落款為

---

[1] 呂今山、鍾孝先、趙阿南：《蓮浮集》（臺南：趙阿南發行，1965年），頁3。

[2] 莒縣地方史志編纂委員會編：〈大事記〉，《莒縣志》，附錄。

[3] 莒縣地方史志編纂委員會編：〈人物〉，《莒縣志》第30卷，頁1242。

「中華民國二十五年十一月」，則出版當在十一月以後。

前任縣長盧少泉、現任縣長牛介眉俱有〈序言〉。總纂官莊陔蘭太史有〈敘例〉詳述全書體例有四：圖、記、表、志，而編纂宗旨則在「紀實」。[1]

〈敘例〉：自來方志之作，多在國家統一之世，而賡續於承平日久文物大備之時。莒志昉自成化，續於萬曆，中更崇禎壬午之變，燬滅無存。清順治五年，乃重修焉，然今存者，康熙、雍正、嘉慶三志而已。至是而莒志之失修者已百餘年。民國十五年，邑人復議重修。二十二年冬，十區區長傅心如等，合辭上請縣府，乃有重修莒志之籌備，委陔蘭等分任編纂。二十三年二月，始設局採訪。自周武王十有三年，至於民國二十四年，三千餘年之事，彙為一編。故不係以州縣之名，而概曰莒志云。

志之總例有四。一曰圖，圖之數二十有二，自全縣疆域，以及舊志之州治學宮，無弗詳焉。仿張氏圖經例也。二曰記，自春秋莒國，以及民國之事，攝其大要，而為全志之綱領者也。三曰表，記所弗能詳者，則以表列，故表次乎記。表之總目凡四，曰沿革，曰職官，曰封爵，曰選舉。依蔣氏例也，而分屬於各志者不與焉。四曰志，凡記與表所弗詳，至於志則無弗詳矣。

---

1 《重修莒志選》，《全集》第 12 冊之 3，頁 13-19。

莒自春秋以來，以國名縣，至今無改，與他縣異。則其為志，當與他志異。至民國而為莒志，又當與前志異。然綜是數異，而有一同焉，曰紀實而已矣。當十九世紀之末，民二十餘年之間，而談志乘，必詳著手政治之演進，社會之嬗變，以究極夫治亂得失之所在。吾秉經也，酌史也，仿古名著也，未知其與紀實之旨，果有合焉否也？夫山川不能語，而古人不可作，吾述古而不實，古人烏得而質之？若徵今而不實，人皆得正其失而糾其謬矣。吾為此懼，尚望海內宏達，進而教之。

中華民國二十四年十二月　莊陔蘭謹識

十二月十六日，孔德成先生娶前清名宦孫家鼐曾孫女孫琪方為妻，婚禮採中西合璧儀式。[1]

---

[1] 汪士淳：《儒者行：孔德成先生傳》，頁 99-106。

1937年・民國 26 年・丙子－丁丑
48 歲

【國內外大事】
- 七月,盧溝橋事變、北平失守。
- 八月,淞滬會戰,中日全面戰爭。
- 十一月,國民政府移駐重慶、上海失守。
- 十二月,南京失守、南京大屠殺。

【譜主大事】
- 十一月,入奉祀官府任職。

一月二十三,除夕,有詩〈返里度歲有憶〉。前後又有〈舊居〉、〈故鄉〉、〈久客歸來風物多改感而誌之〉、〈榆錢〉。(《雪廬詩集》,頁 78、81)

　　〈返里度歲有憶〉:客況歲朝三十春,歸來除夜憶前塵;眼中禮俗依然在,鏡裏顏非竹馬人。

　　〈舊居〉:小院高桐碧蔭疏,長篩明月傍吾廬;半生苦作風塵吏,偶得歸來檢舊書。

　　〈故鄉〉:故鄉瀟灑憶他年,物候撩人境宛然;我是會心參象外,難將滋味作言傳。

　　〈久客歸來風物多改感而誌之〉:海外風華滿,詩書氣已消;樓臺非昔日,佳麗又今朝。戚舊音難問,坊鄰姓未標;盈途少談者,多見女招搖。

〈榆錢〉：琅琅滾滾逐清塵，逗得群芳笑綻唇；不羨青錢天上落，羨他買足十分春。

七月七日，日軍假演習為名，炮擊宛平，盧溝橋事變爆發。二十九日，北平失守。三十日，天津失守。[1] 有詩：〈**日軍突襲蘆溝橋名城繼陷京師震動**〉。（《雪廬詩集》，頁82）

此日哭何益，蛇封三十年；國人猶未醒，使節妄圖全。祇有舟同濟，從無事在天；看誰頭可斷，不屈白旛前。

【案】「蛇封三十年」當是指一九〇四年日俄戰爭以來，日本入侵東北至今三十餘年。「使節妄圖全」則是因七七事變後，外交部、駐日大使交涉不斷，主持華北軍政事務的冀察政務委員會委員長宋哲元也都還企圖透過關係以停戰。詩題有「名城繼陷」，當是指北平、天津失守事。本詩應作於天津失守後，約當八月初。

七日，接印光大師來信。[2]（見《圖冊》，1935 年圖 2）

---

1 郭廷以：《中華民國史事日誌》第 3 冊，頁 700-712。
2 〈印祖手書信封〉，《雪廬老人題畫遺墨》，《全集》第 16 冊，頁 328。原件收存雪心基金會，郵戳清楚可見為「七月五日」發出，「廿六年七月七日濟南」收件。本件未見函文，只存信封。與【數位典藏】收存之七件函文，以及收入《印光大師文鈔續編》之〈復李德明居士書〉，時間亦皆無法對應。

1937年・民國26年 | 48歲

八月,印光大師在上海各報刊發廣告,普勸全球同胞同念觀音聖號,祈求消解殺劫。先生響應,邀請大眾念觀音,人各十萬、放生百萬。

民國二十六年八月十九日,重慶《佛化新聞》第三期:「印光老法師請全國同胞持觀音聖號」。[1]

印光大師〈復戰德克居士書〉:初七之信,昨十六日午後方接到,以戰地交通斷絕所致。十八人求皈依者,法名另紙書之,祈為分送。必須令彼等各各敦倫盡分,閑邪存誠,諸惡莫作,眾善奉行,喫素念佛,求生西方。切不可求人天福報。凡夫有福,必造殺業,既造殺業,難逃殺報。況有福之人,不止造一殺業。然則求福之人,乃為自他求禍也。學佛之人,不可不知此義。德明邀大家念觀音,人各十萬,放生一百萬,以祈消滅殺劫,此亦莫大之功德也。然觀音當終身常念,凡入會者,各各戒殺喫素,方是徹底辦法。否則,今日出錢買些生放,日日買生自殺,或買於殺而賣者之家,仍是一暴百寒,何能消自他之宿現殺業乎?放生,乃提倡戒殺喫素之法耳。若不注重於戒殺喫素,則所放者有限,所殺者無窮矣。光於六月二十八,函知上海新、申報館,令登普勸全球同胞同念觀音聖號廣告,各十天。其稿附

---

[1] 「印光老法師請全國同胞持觀音聖號」(廣告),刊登於《佛化新聞》第3期(重慶:1937年8月19日),第2版。收見:黃夏年主編:《稀見民國佛教文獻匯編(報紙)》第7卷,頁30。

寄,以戰事阻止,報不知看過否?[1]

【案】印光大師函知登報日為夏曆「六月二十八」,西元為八月四日。盧溝橋事變已生而淞滬戰事未啟。

八月十三日,淞滬會戰,中日全面戰爭。

十月十二日,山東省立圖書館館長王獻唐為防範戰爭破壞,委派編藏部主任屈萬里、工友李義貴,押運該館收藏文物、文獻精品共十箱,離濟南南下,十五日運抵曲阜奉祀官府保存。屈萬里中途先往接洽,奉祀官孔德成先生慨許。

屈萬里,《載書播遷記》:晉謁奉祀官孔德成先生,接洽房舍,當承慨許。孔公年甫十九,溫溫儒雅,而應事明快,望而知為非常才也。時業師莒縣呂先生今山,方任奉祀官府西席,亦得晤面。師性耿介,肝膽照人。其授徒也,循循善誘,如匡鼎說詩,如生公說法,析入毫髮,使人忘倦。生平所歷中學教師,大學教授,未見其儔。予先後在第七中學及東魯高級中學受業數載,今日粗能執筆屬辭者,實呂師誘導之力也。予性亦孤冷,有似於師,以故特蒙青眼。數年睽違,時縈夢寐,今於患難中相晤,喜極欲泣,直不知語從何起。此次所攜,書籍四百餘種,二千六百餘冊,裝五巨

---

[1] 見:釋印光:〈復戰德克居士書二〉之第二篇,《印光大師文鈔續編》卷上,頁 193-195。

箱。金石器物七百三十餘品，裝三巨箱。漢魏石經殘石百三十二為一箱、書畫百五十餘軸為一箱。本館歷年所慘淡經營者，其精華略萃於此矣。」[1]

王獻唐致函屈萬里：「將來兄南下第一步即至曲阜。曲阜為館中辦事處，遍觀省內各地，無如此間妥者，既有人幫忙，又有特殊之力量無形保護，過此則遍地荊棘矣。」[2]

【小傳】屈萬里（1907-1979），字翼鵬。山東省魚臺縣人。任山東省立圖書館編藏部主任時，與館長王獻唐為保存文物，乃選善本及金石書畫精品，遷諸遠省，經曲阜，至漢口，輾轉至四川萬縣樂山保存，計程凡七千餘里，為時一年有餘。在重慶，獲邀入奉祀官府為孔德成先生伴讀。從此與孔先生、炳南先生建立深厚交誼。初來臺灣，與炳南先生且有「鬥富」之交（見1949年3月譜文）。後歷任國立中央圖書館編纂、特藏組主任。一九四九年四月，應國立臺灣大學校長傅孟真（斯年）聘，任教中國文學系，後與中央研究院歷史語言研究所合聘。一九七二年，膺選中央研究院院士。曾任臺灣大學中文系主任、中央研究院歷史語言研究所所長、中央圖書館館長。著述宏富，《全集》凡四百餘萬言。版本目錄學、甲骨文、易

---

1 屈萬里：《載書播遷記》，《屈萬里先生文存》第3冊，頁1205-1273。
2 屈萬里：《載書播遷記》。

學、詩經學、尚書學等俱有多本專著。[1]

【又案】此為山東圖書館寄存之第一批，後續十月二十三、十一月十六、十二月十九，又有三批運到。當時山東陷敵時，山東省主席韓復榘對王獻唐館長搶救文物之呈文批示「不理」，[2]故爾該館自力救濟，頗費心力。日後，山東省主席韓復榘執行「焦土政策」，十二月二十二日離開濟南前，將省府、日本領事館以及濟南市重要建築放火燒毀。加上日兵侵占濟南後之焚奪，山東省立圖書館戰後之圖書文物，除王獻唐帶去存放在曲阜及四川者外，幾蕩然無存。「總計損失書籍二十三萬二千餘冊、銅器三百二十餘件、磚瓦一千二百餘件、古陶器四百三十餘件、有文字古陶片一萬五千二百餘片、字畫七十餘幅，另有玉器、銀器、石器等種種文物。」[3]

十一月，經莊陔蘭先生推薦，至大成至聖先師奉祀官府任教讀兼祕書。

【案】炳南先生入孔府任職時間為一九三七年，至於月份則有多種不同說法：

---

1 李偉泰：〈屈萬里先生傳〉，《國立臺灣大學中國文學系系史稿》，讀取自：https://homepage.ntu.edu.tw/~chinlit/ch/html/MA3d010.htm；王天昌：〈中央研究院故院士屈萬里先生事略〉，《屈萬里先生文存》第 6 冊，頁 2149-2153。
2 張書學、李勇慧：《王獻唐先生年譜長編》，頁 721-722。
3 張書學、李勇慧：《王獻唐先生年譜長編》，頁 734。

1937年・民國 26 年 | 48 歲

一、一月。據孔德成先生口述:「民國二十六年一月莊陔蘭先生推薦炳南先生入大成至聖先師奉祀官府任職。不久即晉升為主任祕書。」[1]以及曾見大成至聖先師奉祀官府中華民國二十六年一月二日公文,「曲聘字第一號:『茲聘李炳南為本府主任祕書。奉祀官孔德成。』」

二、七月。炳南先生公子李俊龍,〈回憶父親〉:「一九三七年七月,父親辭職在家,由於莊心如先生推薦,應聘為先師奉祀官府主任祕書。」

三、十一月。〈大成至聖先師奉祀官府服務證明書〉:查李炳南山東省濟南市人,現年五十二歲。於民國二十六年十一月到府任中醫師職務,迄今已近七年。現仍在府擔任前職。特此證明。大成至聖先師奉祀官孔德成。中華民國三十三年十月六日。(奉祀官府公文,見《圖冊》,1937 年圖 1)

四、十二月。汪士淳敘述孔德成先生南遷時,隨行眾人中,有「到府才十幾天的祕書李炳南」。[2]

上述一月和十一月的說法都來自奉祀官府公文。但民國二十六年一月,奉祀官府的編制中未見有「主任祕書」的職稱;即以旅渝、旅京之「奉祀官府辦事處」論,一九四四年奉祀官府編列預算時,列「奉祀官一人、祕書二人、總務主任一人、會計二人、庶務

---

1 孔德成口述,王天昌筆記:〈李炳南先生傳略〉。
2 汪士淳:《儒者行:孔德成先生傳》,頁 111。

二人、雇員四人」，[1]亦未有「主任祕書」設置。該件文書當是多年來臺後追溯補發的。兩件公文，以十一月到府的可能性較高，也與汪士淳「到府才十幾天」的說法接近。另據屈萬里《載書播遷記》言：「予居曲阜，時趨呂師處請益。公府西席三人，呂師而外，則莒縣莊心如陔蘭先生，萊蕪王毓華樸先生也。」[2]並未及炳南先生。屈萬里住進孔府時間為十月中，可能炳南先生尚未到任，也有可能炳南先生主要職務並非教讀故未言及。考量諸證，當以奉祀官府「中華民國三十三年十月六日」出具的公文信度較高，該文「任中醫師」的職稱，係為當時申請考試院中醫檢覈規定而特別出具以符合要求，因此未列出其他職務名稱，此由同時間山東省政府駐渝辦事處、前濟南市長出具相同內容可證知（詳見1945年2月譜文）。唯該〈奉祀官府服務證明書〉所指到府時間則並未提前，應有較高信度。

先生返里原欲事親，因此未敢承接，經祖父勉勵而就任。從此遵照祖父及莊陔蘭太史囑咐，服務奉祀官府，護持奉祀官「孔上公」四十九年。

---

1 「奉祀官府三十三年度經費」（1944年），〈大成至聖先師奉祀官府三十三年度經費〉，《行政院》，國史館藏，數位典藏號：014-010602-0002。

2 屈萬里：《載書播遷記》，《屈萬里先生文存》第3冊，頁1205-1273。

1937年・民國 26 年｜48 歲

　　莊太史擬舉薦老人入聖裔府輔佐孔德成奉祀官時，老人亦曾顧慮長年在外，未能居鄉侍親，恐有虧倫常之道，以致遲疑不決。其令祖父景純公卻以國家為重，勉之曰：「李家近代未曾貢獻國家，汝能為孔聖人做事，正是好機會，家中諸事，汝可放心。」老人才毅然遠赴曲阜，捨私從公，肩負起護持聖裔之重責大任。[1]

　　〈致函孔德成先生〉（1985 年 12 月 22 日）：「我輩四十餘年關係，自當履行諾言，萬萬不敢更改，有負庭訓及莊師之教。」（見 1985 年 12 月 22 日譜文）

　　【案】「孔上公」，是炳南先生對孔德成奉祀官的尊稱。「上公」的由來是宋真宗以「上公制」待孔子。[2]「上公」稱號則源自《周禮・典命》，[3] 位極人臣之尊稱。先生自一九三七年應聘入「至聖先師奉祀官府」任職，直至一九八五年以主任祕書職卸任，服務孔奉

1　吳聰敏：〈雪廬老人的現實踐履與終極關懷〉，收錄於中興大學中文系主編：《應教木鐸振春風——紀念李炳南教授往生三十週年學術研討會論文集》（臺中：青蓮出版社，2017 年 10 月），頁 1-13。

2　大中祥符二年（1009 年），「二月，詔立孔子廟學。三月，加孔子冕服，桓圭一，冕九旒，服九章，從上公制。」見：孔祥林主編：〈大事記〉，《孔子志》（濟南：山東人民出版社，2009 年），附錄。

3　《周禮・典命》：「上公九命為伯。其國家宮室車旗衣服禮儀皆以九為節。侯伯七命。其國家宮室車旗衣服禮儀皆以七為節。子男五命。其國家宮室車旗衣服禮儀皆以五為節。王之三公八命。其卿六命。其大夫四命。及其出封。皆加一等。」見：鄭玄、賈公彥：《周禮注疏》（臺北：藝文印書館，1955 年，影印《十三經注疏》阮刻本），卷 21，頁 1-3。

祀官四十九年。炳南先生與孔先生在職務上為部屬與上司，在學問上為師友，在情感上則孔先生視炳南先生如父執輩、炳南先生視孔先生如少主。先生以孔明自待鞠躬盡瘁，孔先生亦熟知其允諾承當忍死以赴的責任感，固不許辭，「數萬里流離備嘗甘苦與君共，五十年交誼多歷艱難為我謀。」[1]兩人多年共事，道情深厚。

【又案】國民政府於一九三六年，為孔德成先生聘有丁惟汾擔任導師。[2]如此則在炳南先生之前，孔先生教讀先生已經有莊陔蘭、王毓華、呂今山、丁惟汾四位，為何又聘炳南先生？孔府對重要職事的甄選，品德修養學識自然有一定的要求，但先生被看重的則是除此之外，還有辦事的能力。唐瑜凌指出：「雪廬老人曾在濟南市政府任承審員及科長。後來又有機會到莒縣的監獄去上班，辦獄政成功及與盜匪折衝，保護縣民身家性命財產，莊陔蘭先生這位莒縣人看在眼裡，請雪廬老人共同重修莒縣縣誌，對雪廬老人各方面的能耐一一悉知。民國二十六（1937）年，因為孔家需要一位幹才輔助孔上公，莊陔蘭先生便推薦雪廬

---

1 孔德成為炳南先生所寫輓聯。見 1986 年譜文。
2 丁惟汾（1874-1954），字鼎丞，又字鼎臣。國民黨元老，曾任國民黨中央宣傳部部長、監察院副院長。小傳見 1944 年 11 月 16 日。

1937年・民國26年 | 48歲

老人進孔家上班。」[1]孔先生需有幹才輔佐，當是莊太史特別推薦先生入府的主要原因。先生於孔府所任職事，見後一九三八年一月三日譜文案語。

十一月十六日，山東省立圖書館館長王獻唐搶運第三批文物十五箱至曲阜孔府。抵曲後，雖軍馬倥傯，讀書論學如平日。[2]

十一月二十日，國民政府發表宣言，移駐重慶。

十二月十三日，南京淪陷。

十二月二十六日，膠濟路濰縣激戰，日軍逼進。有詩〈濟南陷落前一夕南發〉（《雪廬詩集》，頁82）：

　　去國空流恨，著鞭慚未能；河山餘此夜，風雨暗平陵。民命輕於芥，軍心澳似冰；忽聞吹畫角，轉覺氣崚嶒。

　【案】濟南於一九三七年十二月二十七日失守，此詩作於濟南失守前一夕，則是二十六日無疑。唯「南

---

[1] 唐瑜凌：〈奉祀官府由來意義成效——兼論雪廬老人與孔上公情誼〉（2019年），臺北：中華無盡燈文化學會，https://www.wct.org.tw/single-post/2019/10/05/奉祀官府由來意義成效-兼論雪廬老人與孔上公情誼

[2] 屈萬里：《載書播遷記》，《屈萬里先生文存》第3冊，頁1205-1273。

發」未知何指。奉祀官於一九三八年一月二日出發，經武漢入川。一行自曲阜出發南下兗州、徐州、鄭州，歷四日於一月五日抵達武漢，每日進程均有詳細記錄（見該日譜文），本詩「南發」應非指護隨孔德成先生入川事。

【又案】日本入侵必先山東，此為有識者所共知。四月間，上海《佛教日報》刊出「日本侵略魯計畫」謂：「歷城係山東省會，為日本侵略目標中三省之第二目的物。青島係魯省重要商埠，青濟之間有鐵道可通，而為日本連中國內地重要之交通道路，故該路終點之濟南，對日本政府實有重大之利害關係也。城內現有日本居民二千餘人。」[1]

十二月二十七日，日軍南逼。王獻唐從第一批運移文物中檢擇五箱珍品，與屈萬里、李義貴搭乘第十重傷醫院專車，離開曲阜南下，餘留奉祀官府，並與孔德成先生約訂保存辦法。經八日行程，抵漢口。

屈萬里記：適省立醫院，奉軍政部令，改組為第十重傷醫院，將以專車往漢口，爰商得同意，允附載書物五箱。及就第一次所運十箱中，更選其半，俾附載而南。其餘在奉祀官府者，為妥訂辦法存之，不復能遠移

---

[1] 見：《佛教日報》（上海：1937年4月8日），第4版。現收入：黃夏年主編：《稀見民國佛教文獻匯編（報紙）》第6卷，頁152。

1937年・民國26年 | 48歲

矣。二十七日南行,過銅山、經汴鄭、出武勝關,凡八日行程,三遇空襲,而抵漢口。至漢乃悉濟南已於離兗之日淪陷。[1]

當時王獻唐與孔德成有約定,存留孔府的二十八箱古籍文物,若國亡,則為孔府所有;若抗戰勝利,則歸省圖。[2]

【案】山東圖書館王獻唐、屈萬里二人從曲阜出發,間關萬里,在重慶與奉祀官府諸君又得相逢,時相過從。多年後,又與屈萬里重逢於臺灣。

是日,濟南失陷。[3]

【案】明年起,避寇入川。從此離鄉,僅曾一返。生命進入另一階段。先生晚年自述受用最大的學問有三,「一是詩學,詩乃文章之祖,詩人之詩,字字珠玉,學詩須懂文字、格局、方法、音韻,一個字安了三年也安不上。再者是佛學,佛經有科判,如八十華嚴,一體到底,脈絡井然。三者是法律,法律學或判決書上所用的字眼,有嚴格的規定,對於作文、

---

1 屈萬里:《載書播遷記》,《屈萬里先生文存》第3冊,頁1205-1273。
2 見:李勇慧:《王獻唐研究》(山東大學歷史文獻學博士論文,2011年5月),頁102,注3。
3 郭廷以:《中華民國史事日誌》第3冊,頁746。

辦事有很大的助益。」[1] 此三者在四十八歲以前已有堅實基礎，也充分展現所學在工作上。先生沒有提到的是性情的部分。每到一地，先生總能很快地結識好友，並在分隔異地時保持情誼。熱情開朗、真誠待人又能犯難助人，當是人人樂與之交的重要原因。居士曾自省：「吾學司法，年輕時刻薄寡恩，言語也是如此。」[2] 豈其然哉！當是先生用儆後學之深刻語。

四十八歲以前所作詩，日後集成《燹餘稿》。燹者兵火也，指此集為戰亂焚餘之詩。實則先生又將焚餘之詩刪汰過半，今存一三四題，一六八首。《燹餘稿·小引》述緣由云：[3]（見《圖冊》，1937年圖2）

此稿為予幼學及艾，近四十年之所積也。時逢軍人割據，流寇縱橫，終招日人之侮，乘以進窺，侵地殖民，冀酬夙素，軍寇反從而結之，以圖自固。國勢之危如累卵矣。喪亂之世，寧免憂憤之鳴，故篇什間，言輒及於時政。迨蘆橋戰作，避地巴蜀，家人恐以賈禍，摘集中涉日人者，悉別而焚之。勝後返里，檢其所遺，得老友序二篇、詩歌四百餘首。重吟之竟，覺其矜躁稚氣，又自刪去二百數十首。論今所存，非無匿瑕，未忍

---

1 三學（鍾清泉）：師訓集錦（九），《明倫》第263期（1996年4月）。

2 李炳南：《論語講記·里仁第四》「七、我未見好仁者」。

3 李炳南：《雪廬詩集》，《全集》第14冊之1，頁3-4。

決然盡棄之者,欲藉鴻雪,聊貢後人采風,有所覽焉,非為取乎文也。因名之曰:《燹餘稿》,蘊結未窮,續成三絕。

拄笏五嶽碧雲端,回首邱陵睥睨看,四十年間詩萬首,堪羞口乳未曾乾。

幾篇點竄幾篇留,快意終輸一筆勾,正似糟糠下堂去,情絲欲割寸腸柔。

敝帚兩三非自珍,滄桑好助認前塵,離騷雅頌誰還讀,鉛槧無心累後人。

1938-1945

第二卷

❖

蜀道吟
（川）

政府遷渝，余隨孔上公追扈之。
日機飛渝轟炸無間宿夕，連續近四載，
閭閻盡成焦土。……
當其邂逅乎朝暉夕陰、時花候鳥之變，
流竄乎硝雲鐵雨，堠火羽書之交；感夫
天涯崎嶇孤客淪落，未嘗不搔首扼腕，
欲一吐其鬱積之氣放之天壤也。
歌歟！泣歟？發之於詩曰：蜀道吟。

——《雪廬詩集·蜀道吟小引》

第二卷　國內外重要大事

- 一九三八年，武漢會戰。國民政府遷都重慶。北京大學、清華大學、南開大學遷到昆明合組西南聯大。
- 一九四〇年，印光大師往生。
- 一九四一年，日本突襲珍珠港，美國、英國和中華民國向日本宣戰，太平洋戰爭（1941-1945）開始。
- 一九四五年，抗日戰爭結束。國共衝突，國共重慶談判後簽訂雙十協定。

第二卷　譜主大事

- 一九三八年,四十九歲,護隨孔德成奉祀官避遷重慶。與梅光羲居士重逢,受太虛大師交付至監獄看守所弘化。
- 一九三九年,五十歲,編撰《佛說阿彌陀經義蘊》、《佛說阿彌陀經摘注接蒙》等書。
  五月,遷居龐家岩。
  九月,龐家岩住處被炸毀,遷居歌樂山。
  十二月,遷入「猗蘭別墅」。
- 一九四二年,五十三歲,太虛大師交付雲頂寺弘化任務。
- 一九四三年,五十四歲,開始持午。
- 一九四四年,五十五歲,組織歌樂山蓮社。年來,介紹皈依上百人。
- 八年居蜀,結識謝健、朱鏡宙等至交,與王獻唐、屈萬里等密切往來,與孔德成、呂今山等朝夕相處。所作詩輯為《蜀道吟》。

1938年・民國 27 年・丁丑－戊寅
49 歲

【國內外大事】
- 一月,青島失陷。
- 十月,廣州、武漢失陷。
- 十一月,長沙大火。

【譜主大事】
- 一月二日,護隨孔德成奉祀官避難,離開曲阜。
- 二月二十五日,抵重慶。
- 三月,值遇太虛大師與梅光羲居士,加入太虛大師創辦之中國佛學會為會員,並從學於兩位大士。
- 太虛大師派至監獄弘法,間亦於長安寺講演。
- 與長安寺佛學會謝健、王曉西、虞愚過從甚密。與文化界人士來往眾多,沈尹默、張善子、陳之佛等題畫相贈。

1938 年・民國 27 年｜49 歲

一月一日，國軍孫桐萱軍長奉令至曲阜護送奉祀官孔德成先生伉儷南下。

一月二日，凌晨兩點，奉祀官孔德成伉儷拜別祖廟。安排族叔孔令煜代理奉祀官職務，教讀先生莊陔蘭、王毓華留守輔佐。先生摯友趙阿南特來城西古道送別，深感離亂蒼涼。

　　姜維翰，〈孔德成撤離孔府〉：孫〔桐萱軍長〕于一月三日晚十時即到孔府，說明來意，並〔讓孔德成〕看了電報和手諭，限孔德成於兩小時內準備妥當，隨之撤退。當時孔還猶豫不決，以其妻朝夕要占房〔即分娩〕，不想走。當時孔德成的堂伯母即孔令喜之妻及孔府近族家屬都跪地要求不走，孔德成也哭了。孫〔軍長〕說：「在路上生孩子，我們也有大夫、護士，不走不行。日本來了你能當漢奸嗎？這是民族氣節問題。」孫即派人跟隨孔德成，恐其躲藏，令〔其〕家人加緊準備起程。因孫乘坐的是鋼甲車，還得〔乘鋼甲車〕去指揮部隊，谷[1] 將〔我倆來時〕自用的小轎車留與孔氏夫婦乘坐。孔德成延至夜兩點鐘才起程，行前安排孔令煜負責代理奉祀官職務，只帶其伯母一人，保姆二人，男僕二人，以及教師呂金山、帳房先生李秉南[2] 及孫〔軍長〕派的衛兵數人。走時只乘小轎車一輛，卡車二輛。因系

1　「谷」指谷良民軍長。見後【案】語。
2　「帳房先生李秉南」應作「帳房先生李炳南」。

夜間，群眾均無驚擾。[1]

【案】姜維翰時任韓復榘部第五十六軍上校軍醫，當時與軍長谷良民、孫桐萱同在現場，所述情節非常詳細，可信度高。姜回憶：孔先生撤離孔府時間是一九三八年一月四日凌晨，而汪士淳《儒者行：孔德成先生傳》引述孔德墉回憶，及呂今山《入川遊紀》，則是一月二日凌晨。呂今山伴隨奉祀官同行，日記沿途行旅綦詳；又據《中華民國史史料外編——前日本末次研究所情報資料（中文部分）》，孔德成先生離魯在「二日日軍福榮部隊占領曲阜之前。」[2] 因採是說：告別曲阜孔府為一月二日。

汪士淳，《儒者行：孔德成先生傳》：三八年一月一日韓部向曹縣撤退時，接到國民政府行政院長孔祥熙的火急電報：「蔣委員長諭撤退時一定將奉祀官孔德成帶走。」韓命令孫桐萱赴曲阜執行這項任務，孫於一日晚上十點到達曲阜，立即赴孔府對孔德成說明來意，要求他兩小時內收拾妥當，以兗州等候的專車迎他南下與國民政府會合。孔德成因為妻子已隨時要分娩，他為此

---

[1] 姜維翰：〈孔德成撤離孔府〉，中國人民政治協商會議山東省青島市委員會文史資料研究委員會編：《青島文史資料》第 8 輯（青島市：中國人民政治協商會議山東省青島市委員會文史資料研究委員會，1981 年 10 月），頁 110-111。

[2] 季嘯風、沈友益主編：《中華民國史史料外編——前日本末次研究所情報資料（中文部分）》（桂林：廣西師範大學出版社，1997 年 5 月），第 65 冊，頁 99。

猶豫不決，孔府家屬都給孫桐萱下跪，要求留下不走。孫桐萱說：「在路上生孩子我們也有大夫、護士，不走不行，這不是你我說了算的事，這是民族氣節問題。」孔德成於是恭請莊陔蘭、王毓華兩老師，任職山東財政廳科長的族叔孔令煜（字雪光）和古樂傳習所副主任的族叔孔靈叔留守；二日（農曆丁丑年十二月一日）凌晨兩點，孔德成叩別祖廟，和妻子孫琪方、老師呂今山和到府才十幾天的祕書李炳南，以及貼身當差吳建章、陳景榮，還有張氏、劉氏兩女僕，一起登車赴兗。[1]

孔德墉回憶：「記得那是農曆年十二月一日，突然孔德成上我家，問我爸爸在哪，我回答在寧陽。他說，『孫師長要我走，公太太也一起走，但是肚子這麼大怎麼走？』他又離開，半夜十二點鐘，孔德成又來說，『不走不行了。去接大叔去。』他講的大叔就是我爸。凌晨把我父親接來了。他簡單地交代，要我父親代理府務，然後帶呂今山老師和李炳南祕書一起走。天亮，我上大門口，就看到日本鬼子來了。」[2]

趙阿南，〈呂今山傳〉：盧溝橋事變發生，局勢緊急，政府派遣專使迎接奉祀官南遷。當時正值農曆十二月的嚴冬，今山奔回山東莒縣請示母親而獲得同意，再冒風雪趕回曲阜，隨即轉往四川重慶。我在城西古道送

---

1 汪士淳：《儒者行：孔德成先生傳》（臺北：聯經出版，2013年10月），頁111。
2 汪士淳：《儒者行：孔德成先生傳》，頁112。

行，執手言別，百感蒼涼。[1]

孔德成，《孔德成先生日記》：余離曲時，將家中一切事務託雪叔（係昭字分支）照料。毓師管理會計。靈叔（亦係昭字分支）管理林廟。春師者，乃參議府務。兩師、二叔皆處困難而不辭勞苦，真可感也。[2]

【小傳】孔令煜（1887-1955），字雪光，號一庵，山東省曲阜縣人，孔府大宗戶凝祉堂後裔，為孔令燦長兄，孔德成先生堂叔。光緒二十九年（1903）生員，後畢業於山東優級師範學堂，歷任山東省運河船捐局局長、山東省財政廳科長等職。為家族中分支最近且具威望長輩，孔德成先生嫡母陶夫人葬禮、孔德成先生婚禮，皆請孔令煜主持。一九三八年，孔德成先生離開曲阜南下前，委託其留守管理孔府。此後九年，孔令煜在曲阜代理奉祀官，主持林廟祀典及維護曲阜古蹟。一九四七年，孔德成先生返回曲阜，孔令煜辭職返回濟南，後遷居北京，一九五五年於北京病故，享壽六十八歲。

【小傳】孔令儁（1876-1958）字靈叔，孔德成先生堂叔，曾任孔府古樂傳習所副主任。一九三八年，孔德成先生避難離曲阜時，將府務分別託付留守孔府之莊陔蘭、王毓華二位老師及孔令煜、孔令儁二位堂

---

1 趙阿南：〈呂今山傳〉，《山東文獻》第 2 卷第 3 期（1976 年 12 月 20 日）。

2 孔德成：《孔德成先生日記》（臺北：藝術家，2019 年 1 月），頁 57。「毓師」為王毓華，「春師」為莊陔蘭。

叔。一九四七年，孔德成先生返曲阜孔府時，取消以前各廳、房公府官衙制度，改為行政機關制度。同時對所有孔府人員進行全面調整。同時成立「府務委員會」，管理孔府的日常事務。指派孔令儁擔任府務委員會主任。一九五八年病逝於家中。

一月三日，晚七時，抵達鄭州。先生與呂今山等六人扈隨孔德成先生，從曲阜南下兗州、徐州，再西向，一月三日晚抵達鄭州。[1]（《圖冊》，1938年圖1）

孔繁銀，《衍聖公府見聞》：據《孔府檔案》八九三〇卷載，孔府當時教讀先生有莊陔蘭、王毓華、呂金山、李炳南。莊陔蘭，字心如，清代末期翰林，山東莒縣大店人氏。王毓華，山東省萊蕪縣人。當時任教的教讀先生，還有呂金山、李炳南，兩位教授擔任教讀現代科學。這兩位教讀先生在一九三七年冬隨奉祀官孔德成南下。[2]

汪士淳，《儒者行：孔德成先生傳》：二日（農曆丁丑十二月一日）凌晨兩點，孔德成叩別祖廟，和妻子孫琪方、老師呂今山和到府才幾天的祕書李炳南，以

---

1 使用底圖為〈中華國恥地圖〉（河北省工商廳，1929年10月）；另參見：〈抗戰前中國主要鐵路圖 1876年-1937年〉，武月星主編：《中國現代史地圖集 1919-1949》（北京：中國地圖出版社，1999年7月1日），頁99。

2 孔繁銀：《衍聖公府見聞》（濟南：齊魯書社，1992年），頁62。文中「呂金山」宜作「呂今山」。

及貼身當差吳建章、陳景榮,還有張氏、劉氏兩女僕,一起登車赴兗。走時孫琪方還在梳頭,連頭也沒梳完就催著上車了。呂今山以後為文說,深夜危亂之際,只見沿路的汽車燈光外,韓部撤退的兵員在路上到處都是。他們在凌晨三點抵達兗州。一行人趁夜抵達兗州,孫桐萱預備的一列鋼甲車已經升火待發,清晨五點啟程向南。二日傍晚六點抵達徐州。再西向,一月三日晚七點抵鄭州。[1]

【案】先生入孔府擔任職務,據上引各文,有:帳房先生(姜維翰)、教讀先生(孔繁銀)、祕書(孔德墉)。另又有任中醫師者(據奉祀官府出具到府任中醫師之服務證明,見 1945 年 2 月文)。今據「奉祀官府卅三年度經常費預算分配表說明」:「本府編制計奉祀官一人,祕書二人,總務主任一人,會計二人」。[2] 其中並無「教讀」職稱,「祕書二人」當指呂今山及先生。應是孔先生已經成年,教讀職務轉為祕書職。呂今山入府已十餘年,若呂是時職務已為祕書,則先生初才入府,當更是以祕書職為主。教讀一職,從孔德成先生稱王毓華為「毓」師、稱呂今山為「今師」、稱莊陔蘭為「春師」,而獨於《日記》稱先生為「炳南」,於書信稱先生為「炳兄」,二人似非師生之

---

[1] 汪士淳:《儒者行:孔德成先生傳》,頁 111-112。

[2] 「奉祀官府卅三年度經常費預算分配表說明」,〈1944 年奉祀官府編列預算〉,《國民政府》,國史館藏,數位典藏號:014-010602-0002_1-38。

誼。唯孔繁銀《衍聖公府見聞》所據為《孔府檔案》八九三〇卷，當有所本。今未見《孔府檔案》該卷，容待後考。至中醫師則是偶一為之，更非主要。奉祀官府出具到府任中醫師之服務證明事出特別，係為申請考試院中醫師檢覈而發，由三家不同機構出具類似證明可證（見1945年2月文）。

此後八年避秦居蜀所作詩，輯為《蜀道吟》，有〈蜀道吟小引〉（《圖冊》，1938年圖1）：

日人冀逞吞華凶謀，百計尋釁。歲丁丑，借端寇宛平，造成盧溝橋之變。復傾陸海空軍，南北並進，九貢相繼陷。政府遷渝，余隨孔上公追扈之。日機飛渝轟炸無間宿夕，連續近四載，閭閻盡成焦土。上公兩易其居，俱化灰燼。因之城鄉互徙，後避入歌樂山結廬焉。然行役而歷山川，居處而棲巖岫；當其邂逅乎朝暉夕陰、時花候鳥之變，流竄乎硝雲鐵雨、烽火羽書之交；感夫天涯崎嶇孤客淪落，未嘗不搔首扼腕，欲一吐其鬱積之氣，放之天壤也。歌歟？泣歟？發之於詩曰：《蜀道吟》。（《雪廬詩集》，頁89-90）

【案】一九三八年一月二日，隨奉祀官孔德成先生南下湖北，二月九日西行，從三峽入重慶，直到一九四六年九月，離開重慶，乘舟到南京。避秦時間八年八閱月。

一月五日，晚六時，抵漢口。[1]先生伴隨孔德成先生，四日間倉皇行走兩千餘里，有詩〈征車行〉記其事，歎「征車何太疾，齊楚三朝分。」山東圖書館王獻唐、屈萬里、李義貴一行於前兩日抵達，亂世相逢恍如隔世。

〈征車行〉（武漢道中）：征車何太疾，齊楚三朝分。眼中未滅鵲華樹，袖上忽飄黃鶴雲。黃鶴之雲向西飛，我心結在東海湄。來時好山千萬疊，煙光暈紫凝夕暉。問車前進止何處，車後山川今棄去。寸寸國土寸寸金，當此如何不反顧。幾欲呵車使倒行，眼前山色盡留住。君不見，庾子山，江南有賦流人間，心悲志哀辭危苦，讀之使我彫朱顏。長樂老，安樂公，烏能與爾心肝同。隨時皆自得，為樂永無窮。（《雪廬詩集》，頁91-92）

屈萬里，《載書播遷記》：元月三日，抵漢口。[2]未幾，孔奉祀官抵漢，呂師偕來，相見幾如隔世。[3]

在漢口停留閱月。[4]尋訪舊友、憑弔古蹟，有〈登樓〉、〈晨〉、〈歲晏避亂重過蛇山梅嶺〉、〈避亂入蜀過漢

---

1 汪士淳：《儒者行：孔德成先生傳》（頁112-113），引呂今山《日記》為「四日晚六時」抵漢口，引《蔣中正日記》則為「五日」事，呂為夏曆、蔣為國曆。

2 劉兆祐：《屈萬里先生年譜》（臺北：學生書局，2011年），頁18。

3 屈萬里：《載書播遷記》，《屈萬里先生文存》第3冊，頁1216。

4 停留的原因，一方面是因為中央政府播遷，運輸緊張；另方面則是孔夫人抵達漢口後住院待產。見汪士淳：《儒者行：孔德成先生傳》，頁113-114。

皋小住重逢傅蘧廬〉、〈武漢早春〉、〈昔讀小競居士詩愛之避亂南竄識於漢上有贈〉等詩多首。(《雪廬詩集》，頁92-94)

〈登樓〉二首：
大江挾沙流，孤憤登樓發；三楚標雄風，慨慷思往烈。
胡塵拂齊燕，骼骴暗吳越。朔風檻外寒，迸淚眼中熱。
何時濟此江，一埽狼煙滅。
掘田築營壘，歌杵鳴鼓笳；不見胡塵動，如何先破家。
漜蘆炊晚汀，藉草眠江沙；童稚徵丁去，比肩綰長麻。
樓閣青靄間，管絃正紛華；前軍信未急，少願緩征車。

〈歲晏避亂重過蛇山梅嶺〉：梅花一嶺月溶溶，臘雪春燈兩度逢；此夕登臨漫怊悵，江山還似舊時容。

〈避亂入蜀過漢皋小住重逢傅蘧廬〉：漢上避烽火，客中憐友生；不聞鄉井訊，莫話亂離情。投博思陶侃，懷沙弔屈平；仍當別君去，有夢錦官城。

〈昔讀小競居士詩愛之避亂南竄識於漢上有贈〉：我愛君詩好，更傾君道尊；屬文禪般若，接席氣清溫。入世乘前願，觀空悟上根；迢迢千里外，欣喜拜龍門。

【案】〈歲晏避亂重過蛇山梅嶺〉有「臘雪春燈兩度逢」，指一九三六年春過武昌事。當時與傅覺夢宴於黃鶴樓（見1936年春譜文），所以此時又有〈重逢傅蘧廬〉之作。傅蘧廬應即傅覺夢，事蹟不詳。與先生當為文學與佛學的舊友。先生西來時，與家人聯絡，幸有傅覺夢居間轉寄（見是年3月譜文）。次首詩題中之「小競居士」為強小競，應是由傅覺夢而認識。先

生詩稱許「我愛君詩好、觀空悟上根」，當為詩佛同道。

舊友相逢，特為留影。強小競題詞於照片記其事。山東旅漢同鄉會亦有歡迎會合照。[1]（《圖冊》，1938年圖2、3）

　　強小競，〈照片題詞〉：歲丁丑冬莫國難方殷，今山雪廬兩道長先生隨聖裔孔達生先生避地入蜀過漢小住。多年神交，晤談益契。當偕第雲、覺夢兩兄，邀請攝景。調寄過龍門率成一闋，呈奉鑒正：東魯兩經師，千里心知。訂交漢上歲寒時，星聚數參天與地，春到南枝。明鏡仰清輝，江水縈回。駒光驪唱漫相催，緣誌雪鴻留印跡，悵別雲泥。錫山弟強光治小競氏拜題。

一月三十，除夕。強小競題畫相贈。（《圖冊》，1938年圖2）

　　強小競，〈止庵作畫小競題句〉：萬里歸來鬢未皤，又攜琴鶴到巖阿。白雲故屋欣如舊，蒼翠長松未改柯。雪廬道長先生屬正　丁丑除夕　止庵作畫小競題句[2]

二月九日，下午五點，奉祀官府一行從漢口三北碼頭登船西

1　〈故人合照〉，收見：【數位典藏】／照片／其他／與友人合照。〈山東旅漢同鄉歡迎會合照〉引見：三學（鍾清泉）：〈一見便知己　平生有幾人——雪公與孔上公〉，《明倫》第389期（2008年11月）。

2　強小競：〈止庵作畫小競題句〉，收見《雪廬老人題畫遺墨》，「附雪廬老人庋藏」，《全集》第16冊，頁259。

1938年・民國 27 年 | 49 歲

行。五天後抵宜昌，換小輪過三峽。抵宜昌前，舟行過荊門山，有詩〈過荊門山〉（八首）寓神傷於荒景。
（《雪廬詩集》，頁 94-95）

汪士淳，《儒者行：孔德成先生傳》：在漢口過了農曆春節後，正月初十下午五點，孔德成夫婦一行由三北碼頭登龍安輪，向西行駛。龍安輪行駛了五天抵宜昌，再換小輪過長江三峽，又行駛好幾天才抵達重慶。[1]

〈過荊門山〉八首錄四首：
江近荊門闊，水從三峽來；光浮遠山動，聲到險灘回。
濤湧霧常起，岸危沙共摧；天邊看浩蕩，白鳥向舟迴。
石磯齊似削，插水若帆揚；風色動岩嶹，江聲流混芒。
亂莎篩細雨，半壁挂微陽；欸乃驚烏鵲，灘頭集復翔。
明妃一千載，遺跡問漁樵；松影金釵合，山皺翠黛描。
荒寒胡塞月，幽怨楚江潮；春滿村前路，魂些不可招。
行近西陵月，回憐漢沔春；舟隨此山遠，心與去流親。
連峽杜鵑響，映江桃李新；他鄉風景異，觸處總傷神。

【案】此詩荊門灘景況，是乘輪泛江時作。詩有八首，恐不必皆同時所賦。又云：「行近西陵月。」西陵峽以次即三峽也。山東圖書館王獻唐、屈萬里、李義貴一行一月十九日發漢口，晝行夜泊，二十一日傍晚抵沙市，即今荊州治內。翌日發，「行百四十里，江岸漸有岡巒起伏，過虎牙荊門三山」（《載書播遷記》），二十三日抵宜昌。歷經五日，路程與奉祀官

1　汪士淳：《儒者行：孔德成先生傳》，頁 114。

府一行相若。據此推算,則上元日眾人已抵宜昌。

二月十四日,舟抵宜昌。是日為元宵節,有詩〈元宵〉。
(《雪廬詩集》,頁96)

〈元宵〉(在荊州道中):江上元宵月,高堂萬里心;胡塵關塞斷,春草歲時深。祖楫誰同擊,殷書爾竟沉;喧喧簫鼓夜,祇益二毛侵。

【案】日後,先生有詩〈己未七夕前望月〉,自注謂:「前入蜀十年,來去皆泊江陵,去上元,歸中秋。」(《雪廬詩集・辛亥續鈔下》,頁609)

二月二十一日,宜昌停留一週後,換乘小輪民勤輪進三峽。 有〈三遊洞〉、〈西陵峽夜泊〉、〈舟發夷陵〉、多首詩作。[1] 即使述古寫景,多有憂國傷時,如「我來萬方正多難,禹甸破碎無完州;腐儒慚短補時計,逃竄誰解蒼生憂。」(〈三遊洞〉)亦多無奈,如:「任他東水流,只入西陵去。」(〈西陵峽夜泊〉)

「孔德成電國民政府文官處」:茲乘民勤輪於箇日起程,敬日可到渝。謹聞請轉陳。[2] (《圖冊》,1938年圖4)

---

1 李炳南:《雪廬詩集》,《全集》第14冊之1,頁96-97。另三峽行旅諸詩本義請參見:藏密(鍾清泉):〈蜀道吟——尋訪雪公入川遺蹤〉,《明倫》第449期(2014年11月)。
2 見:「孔德成電國民政府文官處文」,〈奉祀官職位承襲優待辦法(二)〉,《國民政府》,國史館藏,數位典藏號:001-051610-00004-014。

【案】民國初期電報價格昂貴，以字計費。為節約用字，發報時月份用地支代替，日期用韻目代替。「箇日」為二十一日，「敬日」為二十四日。

〈舟發夷陵〉：三巴西望水天遙。青壁白沙迴客橈。神女峰頭雲是夢。楚王宮畔柳如腰。愁連芳草生春浦。淚墜哀猿漲暮潮。屈宋傷時空作賦。江山極目總蕭條。

【案】〈舟發夷陵〉，宜昌舊稱夷陵。詩云「淚墜哀猿漲暮潮」，發舟當在是日晚間。然峽江湍峭，夜行危險，至西陵峽口便停泊（應在屈氏提及之平善壩附近，宜昌至平善壩二十五華里）。不在碼頭停泊者，或為避空襲故。

〈三遊洞〉：北峽隼處盤林邱，側看西陵還仰頭。奔泉斷崖失所向，野老相導來茲遊。徑斜草豐上復下，中得一境清且幽。深巖似螺廣半畝，巉石作柱蟠龍虯。窊前構木嵌廊宇，簡古不飾磚與髹。數聲鐘磬度林莽，靈谷四應如答酬。雲噴露垂漬衣冷，目眩絕澗明湍流。歐蘇元白五百載，芳跡雖傳今寡儔。我來萬方正多難，禹甸破碎無完州。腐儒慚短補時計，逃竄誰解蒼生憂。桃花開遍桃源渡，消息已洩難淹留。牽藤捫蠻屏息下，汗浹脊胸乾舌喉。惘然解纜登我舟，眾壑欲暗煙光愁。綠杉紫欄望中盡，江水浩淼風颼颼。

【案】三遊洞摩崖下臨江岸，《遊川須知》云：「洞在宜昌城外西北十五里，洞大如三間屋。有一穴，通人過。又一穴，後有壁，可居，鐘乳垂地若

柱，正當穴門。」[1]傳說唐時白樂天、宋時蘇長公昆仲偕友到此，故名「三遊洞」。詩中「歐蘇元白五百載」之謂也。

〈西陵峽夜泊〉：此夜萬重心，孤舟月照處；任他水東流，只入西陵去。

二月二十二日，進入西陵峽。〈入峽〉、〈黃陵廟〉、〈新灘〉、〈秋風亭〉。有「錦城雖好非吾家。況當中樞播遷日；冠蓋塞途如亂麻。東來藉作復興地，猛將恐今還姓花。」等警句。（《雪廬詩集》，頁98-100）

〈入峽〉：昔聞蜀中山水奇，今日得遊三峽水。侵曉激濤拍船窗，擊鐘鳴笛喧舟子。披衣倒屣坐船頭，夾岸峭壁插空起。百轉千折天不寬，鴻濛噓吸風水寒。雲木乍分日斜入，裂嶂蒼黝礬赭丹。垂藤倒松若直引，北幹可挽南山巒。前行方訝江欲盡，回首更圍山排筍。乾坤真能納壺中，九曲波瀾環一綑。盤渦澎湃走黿鼉，舟艇相警萬棹緊。臨近豁然舟可通，隨關隨闖源皆逢。行雲飛雨無朝暮，晦冥吞吐十二峰。鵑啼猿吟有時住，半天蕭蕭響青楓。遊子到此長咨嗟，錦城雖好非吾家。況當中樞播遷日，冠蓋塞途如亂麻。東來藉作復興地，猛將恐今還姓花。此日三峽

---

[1] 上海商業儲蓄銀行旅行部編：《遊川須知》（成都：巴蜀書社，據1924年排印本影印，2014年5月），《中國西南地理史料叢刊》第41冊。

1938年・民國27年 | 49歲

來，何時三峽去。名山惜從愁裏看，勝跡強半不知處。待到東歸詳記取，挑燈細向故鄉語。

〈新灘〉：（北岸曰龍門，水湍急，多暗石，為峽中最險處。宋皇佑三年，知歸州趙誠，聞於朝，疏鑿之，灘害始去。）一灘磊塊古生愁，風撼龍門水急流。上下征帆輕似鳥，幾人憑弔趙歸州。

【案】詩附記「峽中最險處」云云，當據陸放翁《入蜀記》。新灘以枯水期最險，《遊川須知》言峽江水位：「每至二、三月時水即暴漲，直至十月後水始漸低。」（頁24）先生一行以及屈萬里等，皆在此時節經過。《載書播遷記》載及牽纜上灘之事云：「新灘者，古名青灘，江枯絕險。茲值春初，適當險時。灘上下水差至四尺，高屋建瓴，輪船馬力，不足以當之，複以百數十人之力，挽纜相助，乃克上駛。」新灘過後抵秭歸，《遊川須知》云：「輪船至此，停輪片刻。」（頁24）

又：〈秋風亭〉云：「淚映斜暉兩袖紅。」到此已然夕照向晚，故當拋碇停泊。

二月二十三日，由秋風亭啟碇，一日行程經神女峰、白帝城、灩澦堆，抵夔州過夜，所過皆有詩。（《雪廬詩集》，頁100-101）

〈白帝城〉：蕭疏古木擁荒城，群峭蒼蒼江有聲；門對瀼西看石陣，寒雲起處暮潮平。

〈灩澦堆〉：客帆天半走風湍，行近石堆心早寒；

緣底千秋流不去,應多離恨此中蟠。

〈夔州〉:微茫靄色萬山巔,燈火夔門泊客船;十二巫峰三峽水,雲根結處一城懸。

【案】夔州即奉節,詩云:「微茫靄色萬山巔,燈火夔門泊客船。」在此停留一宿。《遊川須知》云:「輪船上行至此(奉節),日暮,川江夜不見水,航行者例須停泊,至次日天明再行,故輪船多在夔府拋錨過夜。」(頁26)

二月二十四日,三峽水行接近尾聲。有詩〈巴陽峽〉、〈石堡寨〉、〈桓侯廟〉。(《雪廬詩集》,頁101-102)

〈石堡寨〉:孤峰拔地若飛來,根蒂疑從鬼斧裁;石作芙蓉雲作水,凌虛十丈對江開。

【案】桓侯廟,又名張桓侯廟,係為紀念三國時蜀漢名將張飛而修建,位雲陽縣長江南岸。桓侯廟過後西行至石堡寨,《遊川須知》云:「石堡寨在忠州下游。有石高數丈,屹立江中,依石壁建樓九層,彷彿塔形。」(頁28)即詩中前兩句所指。相傳秦良玉構此以抗張獻忠。

二月二十五日,抵達重慶朝天門碼頭。有詩〈入蜀〉、〈登渝州城〉。(《雪廬詩集》,頁102)

〈入蜀〉:聞道錦城好,來從蜀國遊;彩雲開白帝,春浪漲黃牛。季世簡書短,中原金革稠;挂帆日西去,江水自東流。

〈登渝州城〉：山連村郭一屏繞，江抱石磯雙練流；葛嶺雲深香似海，龍門霧捲月垂鉤。（巴縣志十二景金碧流香。金碧山亦名葛嶺，每清風徐過，馥馥流香，尋之並無花木。龍門浩月，大江對岸兩巨石，各刻龍門二字，艇子出入，其形如月，浩者港也。）兵戈阻歲時看鏡，羈旅逢春怯上樓；半世風塵常寄恨，元殊今日在渝州。（時國府亦西遷渝州）

【案】二十一日發電報通報：二十四日抵渝（見21日譜文），確切抵渝日則為二十五日。「奉祀官孔德成致孔祥熙副院長函」有「德成業於上月二十五日平安抵渝」。[1]詩附記所言之「龍門浩」在朝天門碼頭東對岸，「葛嶺」在今渝中區人民公園，均在碼頭附近。

奉祀官旅重慶先是賃居於兩路口新邨六號，即上清寺新村之府邸內；翌年（1939）五月，遷居龐家岩。九月，龐家岩住處被炸毀，借住重慶市西郊歌樂山山麓青雲路。後由政府撥款於歌樂山雲頂寺側樹林間（蝦蟆石）營建新居，十二月遷入，取名「猗蘭別墅」。[2]（見《圖冊》，1938年圖5）

孔德成，〈佛巖山館日記・前言〉：余既客居重

---

1 「奉祀官孔德成致孔祥熙院長函」（1938年3月3日），〈奉祀官孔德成赴歐美遊歷〉，《行政院》，國史館藏，數位典藏號：014-010602-0034，頁27-29。

2 先生「重慶八年行旅圖」，底圖為金擎宇、阮國樑：〈重慶市附近交通詳圖〉（上海：亞光輿地學社，1943年3月）。

慶，賃屋于兩路口新邨六號，係四川美豐銀行經理龔某之屋，窗外綠蕉三兩，清風微雨，亦頗宜人。[1]

【案】此為孔德成先生之日記，目前已出版者有四年，始於一九三八年九月十六日，止於一九四二年八月十八日。後續引用不標識卷名，簡稱《日記》，只引錄日期。該日記在一九四〇年十二月三十一日以前，皆以夏曆紀年；此後則採陽曆兼注夏曆。[2]

三月，尋訪長安寺，巧遇太虛大師與佛學啟蒙師梅光羲居士。太虛大師指點易名與家人通信，並請寺裡佛經流通處幫忙收發。經梅師推薦，太虛大師選派先生至監獄、看守所弘化。弘講績效優良，獲大師題贈墨寶「靈光獨耀　迥脫根塵」。[3]（見《圖冊》，1938年圖6）

〈紀念太虛大師說今昔因緣〉：學人幼年，曾投江西梅擷芸大士門下，學習唯識，承大士介紹，看海潮音雜誌，當時即對太虛大師發生了景仰。一直到了盧溝橋戰事發生，一箇人流亡到重慶，故鄉被日人佔據，家信不通，忽然想到借寺廟隱名通信，或不致引起日人的干

1　見：孔德成：〈佛嚴山館日記・前言〉，《孔德成先生日記》（臺北：藝術家，2019年1月），頁74。又，徐昌齡時亦在蜀，據稱：「政府遷至重慶，遂住居上清寺新村之府邸內。」見：徐昌齡：〈故舊來函〉，《明倫》第164期（1986年4/5月合刊）。

2　見：孔德成：《孔德成先生日記》，頁195。

3　〈太虛大師題贈墨寶〉，收見《雪廬老人題畫遺墨》，「附雪廬老人皮藏」，《全集》第16冊，頁240。

涉。重慶一座大廟，叫作長安寺，便到那裏去，預備求人，一進門就聽人說，太虛大師住在這裏，真是喜從天降，急求人帶領求見，更奇了，到了房裏梅大士也在座中，內心無限的衝動，也說不出是甚麼滋味來。參拜以後，經梅大士介紹簡歷，大師特別垂青，那時長安寺內辦了一所佛學社，就派學人擔任監獄宏法工作。過了幾天，隨將想通家信的計畫說出來，寺裏原有一所佛經流通處，大師就派那裏的人給學人收發家信，這是與大師由私淑到親近的一段緣分。[1]

〈承侍太虛大師因緣記〉：丁丑之歲，日人入寇，予從孔上公避渝州，偶遊各剎，至長安寺，聞師卓錫焉。心幸喜，進參之，豐頤疏髭，氣和神肅，詢示多方，語甚契，退，送之曰，可常來。時寇據魯，不敢通家書，師教易名，輒代郵之，俾遊子得申有方微孝者，師之德也。師偶赴監所法施，選講才，業師梅擷芸開士，以予薦。與蜀僧定九公偕，遍蒞講述，績佳。師聞之喜，題字使虞愚來授，榮而寶之，俾羈旅措大普被青眼者，師之德也。[2]

【案】據《太虛大師年譜》，太虛大師一九三八年三月八日至十日，在漢藏教理院主經壇追薦班禪，四月在漢院接見顧次長，是年春在漢院講《真現實論宗

---

1 李炳南：〈紀念太虛大師說今昔因緣〉，《雪廬寓臺文存》，《全集》第 14 冊之 2，頁 228-233。
2 李炳南：〈承侍太虛大師因緣記〉，《雪廬寓臺文存》，《全集》第 14 冊之 2，頁 102-106。

體論》；「五月二日抵渝，駐錫佛學社。」佛學社即重慶長安寺佛學社。六月去成都，八月始回重慶。先生初謁太虛大師於長安寺，當即是年五月事。太虛大師與梅光羲居士五月都在長安寺，殆為中國佛學會議而來。〈民國佛教年紀〉載一九三八年五月十五日：「中國佛學會在渝召開會員大會，代表一百餘人，內政部派員指導，改選理監事，太虛、梅光羲、謝健、黃懺華、許崇灝、法尊、法舫等當選。」[1] 長安寺禮謁時，應即會議前後。

【小傳】太虛大師（1890-1947），生於浙江海寧。一歲時父親病逝，五歲時母親改嫁，自幼即與外婆相依為命。外婆常攜同出入寺庵。十六歲（1905）在寧波天童寺剃度，十六歲時與當時二十九歲圓瑛法師結為兄弟，互勉為佛國棟樑。當時外強侵略，社會動盪，讀康、梁、馬、列著作，深受激勵。有感於中國佛教歷經唐宋盛世，到明清衰弱，民國佛教幾乎喪失弘法利生之濟世情懷，淪為山林化和鬼神化之民間信仰，認為應大刀闊斧改革，以復興佛教。十九歲（1908），在西方寺閱《大藏經》初次體驗悟境，文思活躍，閱讀經藏皆能得其精髓。

一九一二年，太虛大師向大總統孫中山先生進言，

---

[1] 塵空：〈民國佛教年紀〉，張曼濤主編：《中國佛教史論集（七）民國佛教篇》（臺北：大乘文化，1978 年），頁 167-231。原文只列年月，「15 日」係據釋印順：《太虛大師年譜》，頁 424。

發起成立「中國佛教協進會」，唯遭到舊派反對，第一次改革失敗。一九一三年，又提出佛教三大改革口號：打破教理專向死後探討，轉向現生如何發達進步。著重僧眾教育，健全僧眾組織。改革寺院財產私傳私有，改為十方僧眾共有。改革口號一出，又遭保守佛教界撻伐，斥為邪說。

由於改革屢遭挫敗，太虛大師在二十六歲時（1914）前往普陀山閉關，由印光大師為其封關。三年閉關期間，潛心研讀經典，「一夜，在聞前寺開大靜的一聲鐘下，忽然心斷。再覺，則見光明無際。」此為大師第二次悟境。此時佛學理論體系逐漸清晰。培養僧眾人才和佛教世界化傳播成為關注焦點。

出關後，於三十歲（1918）時，將東遊日本及臺灣所見所思，編成《東瀛采真錄》，有「撥一代之亂而致全世界於治的雄圖，期以人的菩薩心行——無我大悲六度十善——造成人間淨土」之悲願，從而開啟「人生佛教」藍圖。此後三十年間，創辦雜誌、創辦佛學院、推動佛教改革、遊化歐美弘揚佛法、遊走於學界及政界，且著述不輟。一九四七年二月，太虛大師晚年最器重的青年學僧福善病逝，大師哀傷不已。三月十二日在上海玉佛寺說法時因腦溢血昏迷，至十七日捨報圓寂，世壽五十九歲。

三月二十七日，由太虛大師介紹加入中國佛學會為會員。[1]

（《圖冊》，1938年圖7）中國佛學會為太虛大師所創立，去年冬遷於重慶，以長安寺為佛學社會址。

「中國佛學會會員證書」：中國佛學會渝字第參號會員證書

茲由本會會員太虛法師、陳澤普，介紹李炳南居士遵章加入本會為會員。除登記外，合行發給會員證書。

中國佛學會理事長　太虛
中華民國廿七年三月廿七日

【案】塵空法師〈民國佛教年紀〉載一九一八年（民國七年）冬：「重慶釋佛源，創立佛學社於長安寺。」《太虛大師年譜》一九三七年十一月二十六日：「大師與謝健（謝鑄陳），假佛學社，召開中國佛學會臨時理事會議……。議決：佛學會遷渝，借設會所於長安寺，函聘王曉西為常駐幹事。」

與先生一同擔任監所法施的定九法師，曾任重慶慈雲寺住持，時任羅漢寺住持。重慶長安寺街佛學社常禮請定九法師講經，開講經典有《佛說轉女身經》、《地藏經‧存亡利益品》。[2]

梅光羲先生時亦在長安寺開講《百法明門論》，先生均往聆

1　「中國佛學會會員證書」，鄭惠文收藏。
2　《佛化新聞》第39、42、64期（重慶：長安寺街佛學社，1938年3月17日、4月7日、9月8日），第1版；今收見黃夏年主編：《稀見民國佛教文獻彙編（報紙）》第7卷，頁145、157、245。

教。

　　【案】梅先生至長安寺參加會議，佛學社因邀得開講。佛學社公告謂：「本年五月佛學社同人，聞居士因事來渝，特恭請居士，在社講《百法明門論》，聽者甚讚講演入微，歎為得未曾有。」[1]

親近太虛大師，常請教淨土法門。太虛大師開示：聖教量，不必疑。

　　〈重印《彌陀淨土法門集》序〉：丁丑蘆橋之役，避兵渝州，親師於長安寺，嘗以淨請益，輒得循循講，不厭，並誨之曰，聖教量不須疑也。是時各方庶士，咸聚於渝，往參者各有問，性也、相也、天台也、賢首也，雜然而前陳，師皆莊而答之。如七弦在几，扣宮聲宏以舒，則應以黃鐘；挑商聲散以明，則應以南呂；於角徵羽絲，莫不皆如所應，不鼓者不鳴，第同余所鼓者鮮耳。[2]

先生受太虛大師命，間亦於長安寺講演。曾以「淨宗三障」為題演說，講綱如下：[3]（《圖冊》，1938年圖8）

1　見：《佛化新聞》第75期（重慶：長安寺街佛學社，1938年11月24日），第1版；今收見黃夏年主編：《稀見民國佛教文獻彙編（報紙）》第8卷，頁9。

2　李炳南：〈重印彌陀淨土法門集序〉，《雪廬寓臺文存》，《全集》第14冊之2，頁40-42。

3　該次演說今僅存講綱，見〈淨宗三障講稿〉，《明倫》第395期（2009年6月）。

（甲）懷舊（1）述前塵（2）淨土道場之新興
（乙）此場當係佛願促成（1）今世災厄加重（2）佛法益難聞難修（3）淨宗契機方便——三根普遍、十念往生、山林城市、行住坐臥
（丙）慮在難信（1）不發心（2）退墮（3）他轉
（丁）古德定三要以期果（1）信（2）願（3）行
（戊）淨宗三障
　　（天）外障（1）迷信譏（2）村嫗譏
　　（地）內障（1）教理淺（2）不究竟（3）著相（4）心外無佛無土
　　（人）自障（1）雜脩（2）忽於教戒
（己）受障之瘢癥（1）不守其要（2）信無根力（3）應丙項略述經義
（庚）破障
　　（天）外障（1）信佛語，不迷物欲，是智（2）婆心勝曲折心
　　（地）內障（1）多經指歸，如《華嚴》、《法華》、《楞嚴》、《文殊般若》（2）心境雙泯同禪（宗），阿字同密（宗），一心三觀同台（宗），圓鏡應物同相（宗）等等（3）著相亦是法（4）穢淨二土「理無事有」，是聖言量
　　（人）自障（1）三增上緣：「明教義，守戒律，專一法」（2）方便可取二
（辛）此係述個人經過（1）眾均智慧如海（2）求就正

（3）備萬一參考

長安寺佛學會眾每週舉行弘法活動，先生參與其中，曾聽講《中論》，又得與諸友共事共學；為入川階段重要同修佛友。與謝健、王曉西、虞愚過從甚密，與謝健交誼一直延續到臺灣。

〈明倫講座第七期檢討會雪公老師開示〉：吾在四川時，太虛大師講《中論》，門關起來，非熟人不可進，吾以為鄙吝，後乃知，聞此不夠程度聽不得也！[1]

〈承侍太虛大師因緣記〉：蜀人謝竹存、王曉西，越人虞愚，此諸君子，皆一時之知識，俱介為友，過甚密。每週舉蔬食會、放生，繼辦仁王護國法會，分司其事，上善聚處，俾孤客忘懷天涯淪落者，師之德也。[2]

【案】謝、王、虞皆佛學會成員，與太虛大師關係密切。謝竹存應指謝竹岑。

【小傳】謝健（1883-1960），字鑄陳，晚字竹岑，四川榮昌人。早年留學日本，民國後，歷任推事、檢察官、庭長、縣長等職。一九二八年，北伐統一後，歷任考試院院長戴季陶祕書、國民政府簡任祕書、考試院考選委員會專門委員、第一屆高考典試委員、司法行政部次長。謝之皈依佛教，係受湖北高等檢察長

---

1 〈明倫講座第七期檢討會雪公老師開示〉，《台中蓮社歷年會議紀錄》，1974 年 7 月 28 日，台中蓮社檔案。
2 李炳南：〈承侍太虛大師因緣記〉，《雪廬寓臺文存》，《全集》第 14 冊之 2，頁 102-106。

黃涵之、湖北高等審判所所長梅光羲之濡染、勸導。任湖北省黃陂縣知事時，敦請太虛大師前往講學，「入縣境時，謝知事率衛隊洋鼓吹打相迎，一路入縣署，鬧動了空村、空鎮、空巷、空城的數萬民眾來聚觀，為我所經集群動眾的第一次奇景。寓在前川中學，講了數天，傳了一次三皈，皈依的官紳男女數百人。」[1]一九二八年七月，太虛大師成立中國佛學會，謝當選理事，以後連任二十餘年。一九二九年，內政部頒布《寺廟管理條例》，以興辦教育慈善事業為名，將地方寺廟強行接收。鑄陳以國府祕書的身分，協調聯絡，由太虛、圓瑛、諦閑等具名，召集十七省代表呈請黨部及內政部改訂為較緩和的《監督寺廟條例》十三條，為佛教盡了最大的心力。抗戰勝利後，鑄陳一度出任司法行政部常務次長，一九四七年當選中國佛教會理事。先生在長安寺，與鑄陳相識，結為好友，時相聚首討論佛學。一九四九年，鑄陳隨政府來臺，自公職退休，以夫人在臺南法院服務，故寓居臺南，較少參與佛教活動。一九六〇年二月九日，在臺南寓所病逝，享年七十八歲。[2]

---

1 釋太虛：《太虛自傳》（臺北：善導寺佛經流通處，1980 年），《太虛大師全集》第 19 編文叢下卷，頁 266-268。
2 謝健：《謝鑄陳回憶錄》（臺北縣：文海，據：楊樹梅，1961 年自印本影印，1973 年），《近代中國史料叢刊》第 91 輯。另參見：釋東初：「謝健」，《中國佛教近代史》（臺北：東初出版社，1984 年再版），頁 521-522。

1938 年・民國 27 年 | 49 歲

【小傳】王曉西,生平不詳。太虛大師創建漢藏教理院時,負責籌備工作。一九三二年漢藏教理院在重慶北碚成立後,擔任院董事。《世界佛學苑漢藏教理院年刊》第一期,有〈王曉西院董致教務主任函〉,可以看出行事之嚴謹與對佛教修持法門之抉擇:「海潮音自密宗問題發表後,引出廣東方面東密學者諍論。渝地藏密學者,正握管以待。區區甚望大眾將其最精深之妙理討論出來,嘉惠未來學者,功德實大。但是本院員生,斷不可發一詞說一句。這箇問題,未升堂入室者,不能妄加評判。升堂而入室者固不可門前相望,徘徊內外者更不可。此事之諍論,照曉西觀察,非數年內所得平息。因密宗素重傳承,各各師尊所證境界不同,而發揮意義即不克完全一致。且海內談教理者莫過內學院,而內學院對於密宗尚未輕道一字。曉西於密法所學亦不少,以根鈍故未修,只晨誦梵網經、暮誦普賢行願品、餘時念佛念觀音菩薩心咒,迴向西方淨土耳。」[1]

【小傳】虞愚(1909-1989),原名德元,字竹園,一字佛心,浙江紹興人。因讀章太炎、梁啟超等人佛學著作,深受感動,嚮往研究佛學。中學畢業,入武昌佛學院就讀。武昌佛學院是太虛大師於一九二二年

---

1 〈王曉西院董致教務主任函〉,《世界佛學苑漢藏教理院年刊》第 1 期(1934 年 3 月 1 日),頁 22-23;收見黃夏年主編:《民國佛教期刊文獻集成補編》第 53 卷,頁 474-475。

所創辦。在院期間,教員有唐大圓、張化聲等人。太虛大師特親講《二十唯識論》,這使虞愚對唯識與因明發生濃厚興趣,亦由此奠定佛學研究目標。後考入廈門大學心理學系。畢業後留校任理則學教員。就讀廈大時,太虛大師任廈門南普陀寺住持兼閩南佛學院院長,兩校比鄰,太虛大師授課時,輒往聽講。抗戰開始,輾轉入渝,在監察院任職。一九五六年調北京撰述《斯里蘭卡佛教大百科全書》,同時兼任中國佛學院教授。一九八九年在廈門病逝,享年八十歲。

炳南先生遷寓歌樂山前,常參與佛學社活動,並曾加入佛學會,與虞多有相與往來。

是月,經漢口友人傅覺夢協助,與家人取得聯繫,得知平安消息。有詩誌感誌謝。(《雪廬詩集》,頁103)

〈西來〉:闕里驚傳失稷門,西來誰與賦招魂;元非避地全微命,別有傷心未忍言。

〈濟南陷後骨肉未卜存亡,尺素付郵每不能達,幸賴故人傅覺夢在漢枲百計轉寄,烽火三月,初得家書,開緘釋然,感激賦贈〉:故國悲淪陷,長懷骨肉憂;家書重尺璧,子義足千秋。一灑巴山淚,都歸漢水流;看君露肝膽,慷慨意何酬。

兵馬亂世,人多自顧不暇,先生令弟仍能挺身從事救災。先生歡喜賦詩,也有詩〈寄母〉、〈寄內〉。(《雪廬詩集》,頁104-105)

1938 年・民國 27 年 | 49 歲

〈亂中聞弟實美在鄉辦理收容災童事喜而寄贈〉：聞汝事災賑，今朝方破顏；兒童乃吾幼，夙夜總心關。暗室雖無睹，蒼天自好還；應憐彼同我，等是念家山。

〈寄母〉：願減兒孫壽，祝親龜鶴齡；齋心凜疢疾，節祿奉康寧。努力兼人膳[1]，虛懷一卷經；時清有歸計，早與報萱庭。

〈寄內〉：去國八千里，慈親稀壽年；干戈悲路梗，菽水賴君賢。子拙勤催讀，家貧可賣田；仍當力脩省，祈禱早團圓。

先生遠在萬里，不忘對家人對子弟關懷教導。除曲阜孔府按月寄去薪資，先生也會另外匯款。莊陔蘭太史留守孔府也常寫信關照先生家人。

黃潔怡，〈濟南行（四）小院高桐碧蔭疏〉：（李俊龍師兄回憶）家父在對日抗戰時，隨孔奉祀官到南方去，那時家裏的糧餉還由曲阜孔府撥下。先父也陸續寄錢回來。[2]

黃潔怡，〈濟南行（六）浮來石碑留展痕〉：（李俊龍師兄回憶）：一九三七年以後，先父去重慶，莊老伯留在曲阜聖公府，是他關心家人生活，將先父薪金按月匯寄到家中，並常來信問寒問暖。使我家庭生活得以

---

1 「膳」與「饌」通。
2 弘安（黃潔怡）：〈濟南行（四）小院高桐碧蔭疏〉，《明倫》第 202 期（1990 年 3 月）。

維繼。[1]

　　李俊龍，〈回憶父親〉：抗日戰爭起，父親跟隨孔上公去武漢，暫住一段時間，再去重慶。從來信中得知，先在重慶市內居住，由於日本飛機的狂炸，處境危急，後遷到歌樂山，猗蘭別墅。父親的工資由孔府留守人員按月寄到家中，故那時生活尚好維持溫飽。父親的來信，需隔一個月才能寄到，內容是教導我努力學習文化、篤信佛教、多行善事。在八年的過程中，不斷的給我的家信，晶結著父親對我的教導，對我的期待。這些教導使我銘記在心，成為我今後做人處世的指南。

三月至四月，另有〈觀漁〉、〈登李園飛閣〉、〈李園虎巖〉、〈花灘溪〉四首、〈飛泉〉、〈仙女洞〉、〈遣愁〉、〈寒食〉、〈誚莊敬生〉諸作。「日欲遣愁去，遠尋山水奇。」看似賞玩山水，實因蘊結濃重。所以即使看人打魚，也都看到「如人遭世亂，避死各亡家」。
（《雪廬詩集》，頁 104-107）

　　〈觀漁〉：窟陷離群走，驚罟復畏叉。如人遭世亂，避死各亡家。

　　〈遣愁〉：日欲遣愁去，遠尋山水奇；每當好景處，總是憶親時。邊塞少中策，坫壇容失辭；故園徒極目，俯仰淚成絲。

---

1 弘安（黃潔怡）：〈濟南行（六）浮來石碑留屐痕〉，《明倫》第 204 期（1990 年 5 月）。

〈寒食〉：愁坐看江漲，渝州春已深；花飛小園雨，竹密野塘陰。諸郡方多難，何時定七擒；鄉關寒食裏，勝事盡銷沉。

〈訓莊敬生〉：喪亂竄邊地，徘徊無所親；跫音亦足喜，詩句更生春。閩右多名士，天涯結德鄰；蘇端如不厭，微雨定來頻。

【案】〈花灘溪〉、〈飛泉〉、〈仙女洞〉三篇主題景點位於今南溫泉公園區域，同列十二景。當時要人如蔣中正、林森、孔祥熙多設公館於南泉。先生至南泉應非遊憩，當是隨從奉祀官赴會參訪。

〈訓莊敬生〉係與莊君唱和之作。莊君與先生同舟西來，同船多日而結交。一九四一年底另有長篇〈訓莊敬生〉。

夏，有詩：〈夜起〉、〈看江〉、〈讀宋鎮江葛太守小傳〉、〈贈陳居士〉二首、〈浮圖關〉。（《雪廬詩集》，頁107-109）

〈夜起〉：一夜鄉心萬里愁，鵑聲引夢到齊州；殘更覺起搴帷看，煙滿寒江月滿樓。

〈看江〉：檻外長江日夜流，蜀山纔盡楚山稠；挂雲挂雨帆千片，幾片東歸到石頭。

〈讀宋鎮江葛太守小傳〉：安得金鋪祇樹園，檢書驚喜獲嘉言；利人何患阮囊澀，此後心香輸葛繁。

【案】葛太守指北宋鎮江知府葛繁。葛自號鶴林居士，江蘇丹徒人。歷任兵器監主簿、許州臨潁主簿、

知鎮江府。清康熙・史潔珵編輯《德育古鑒》一書，以「功過格」為綱，以「功過案」為目，提倡「日行一善、日省一過」，葛太守事即為顯例。宋王日休《龍舒淨土文・卷九》有〈葛守利人說〉，述其四十年行利人事，未嘗一日廢。先生「安得金鋪祇樹園、利人何患阮囊澀」指此。

〈贈陳居士〉二首：

陳叟何為隱，非關恥折腰；自懷寧靜志，無礙聖明朝。白屋書千卷，黃花酒一瓢；仍憐多慧業，致累早騰超。

照見娑婆苦，心香繡佛前；乾坤皆假相，功業更浮煙。般若三重破，摩尼百八圓；證來無量壽，七寶聚青蓮。

〈浮圖關〉：雉堞連青嶂，江山關地雄；佛巖垂夜雨，鳥道沒晴空。刁斗千帆上，關防二水中；戍樓吹畫角，落日一旗紅。

【案】浮圖關，又名浮屠關、佛圖關，抗戰時期稱復興關，位於重慶市渝中區半島西端最窄處山脊上，北東南三側為懸崖峭壁，古為死守重慶城的要塞，因有唐代以來眾多佛教石雕造像而得名。（見1938年圖5，位於地圖中間位置）

十月八日，中秋節。晨四時即有空襲警報，一小時半解除。晚餐奉祀官府人員併成一桌，應團圓意。

《孔德成先生日記》：（夏曆廿七年）八月十五日中秋節，晴。早四時即發出警報。余同林君均起床，小坐約一小時半，即行解除。復臥。晚餐同呂老師、李君

炳南、壽如、三嫂、林君共食，以應團圓之意（每日兩桌，余同林君、壽如、三嫂一桌，老師等又一桌。今日合併為一桌。）飯後憑闌望月，不禁離人之感，口占一律云：「萬里逢佳節，仰看月更明；蟾光今夜滿，客思幾人生。蜀地亦烽火，沂河猶甲兵；花間聊一醉，蟋蟀淒涼聲。」[1]

十月二十七日，《佛化新聞》為峨眉山龍門洞倡建放生林池發行特刊，由太虛大師題榜「峨眉龍門洞特刊」，國府主席林森、前行政院副院長陳銘樞等皆有題識。先生題詞刊於太虛大師題榜下方。（《圖冊》，1938年圖9）

〈演觀大和尚倡建峨山龍門洞放生林池紀念〉：已脫網羅魂尚驚，林池借爾樂餘生；人羊互啖知多少，喜到此間冤盡平。[2]

秋，有〈江干〉、〈懷莊心如太史〉、〈遊老君洞〉、〈嘉陵江閑眺〉二首等詩。（《雪廬詩集》，頁109-110）

〈江干〉：邑僻乾坤隘，時危日月長；江干秋有興，逆旅酒無腸。翠濯蘭苔露，丹塗橘柚霜；青齊烽火隔，搔首意茫茫。

〈懷莊心如太史〉：三峽秋風滿，懷師意轉深；白

---

1 孔德成：《孔德成先生日記》，頁14。
2 《佛化新聞》第71期（重慶：長安寺街佛學社，1938年10月27日），第1版；今收見黃夏年主編：《稀見民國佛教文獻彙編（報紙）》第7卷，頁273。

雲飛不盡，華髮坐相侵。指月敢酬語，拈花容印心；何時參几杖，聞喝散煩襟。

〈遊老君洞〉：古洞封雲世少知，脫巾舒嘯立多時。而今大地遍烽火，願遇仙人看弈棋。

〈嘉陵江閒眺〉二首：

嘉陵江上夕陽遲，水淨天青秋爽時；兩岸風高帆一片，輕雲飛過碧琉璃。

江岸青山竹樹繁，萬家樓角下秋暄；參差雲窟攢星火，煙水蒼茫嘯夜猿。

十一月九日，屈萬里來訪。屈與王獻唐護送山東圖書館珍貴文物進川，正尋覓妥適處所。屈萬里記錄護運過程，成書《載書漂流記》。

《孔德成先生日記》：（夏曆九月）十八日：翼鵬來（姓屈，山東魚臺人，山東圖書館主任），以所著《載書漂流記》見示。所載之書為圖書館之書也。其記分上下兩卷，上卷即記由濟南至萬縣途中所記也。下卷則專記曲阜賢德也。對曲阜考據諸條有不精者，亦有誤者。[1]

【案】屈萬里《載書漂流記》，後改題為《載書播遷記》。曾發表於《山東文獻》，現收入《屈萬里先生文存》第三冊。唯僅見「由濟南至萬縣途中所記」之上卷，未有「專記曲阜賢德」之下卷。或因孔德成先生評其「有不精、有誤」而未定稿。山東圖書館南

---

1 孔德成：《孔德成先生日記》，頁24。

遷館藏,獲教育部同意運往樂山保存。十一月十一日抵重慶,十一月二十四日到達四川樂山,寓樂山城內銅河天后宮大佛寺下院。後將南遷古物移存凌雲寺。[1]

十一月十五日,曲阜莊陔蘭先生來函,談論詩道、報平安,並轉達先生令弟李華來信云久不見家報事。時通信不易,寄書兩閱月始達。[2](《圖冊》,1938年圖10)

〈老春來函〉:炳兄道鑒:九月惠函,七十餘日始到曲。〈酬阿南詩〉快讀之,格律神韻直逼少陵,只第二首蒲、團、北三字稍弱,然苦思無以易之,奈何。數月以來,雲狗變態又自不同,或獻歲開春有希望乎。此間諸同人自一公以次均佳。日前實美兄來信,云久不見家報,或亦郵遞遲滯之故。餘續陳,即頌

淨安　　　　　　　　　　老春肅啟　十一月十五日

【案】「老春」為莊陔蘭先生,莊先生字心如,號春亭;孔德成先生常以「春師」敬稱(《孔德成先生日記》,頁57)。唯莊先生書法集中未見有以此自稱者,[3] 今獲莊陔蘭先生令曾孫莊德潤確認,「見過老爺爺為莒縣東關董家寫的《家譜·序》就是這種筆法。」

1　張書學、李勇慧:《王獻唐先生年譜長編》,頁721。

2　〈老春來函〉,《雪廬詩文集》(臺中:李炳南老居士八秩祝嘏委員會,1969年12月8日),「蜀道吟」卷後附錄,頁1。該附錄收錄友人來往詩文數件,未收見於《全集》。

3　莊傑、莊虔玉:《莊陔蘭先生文墨選集》(北京:世界圖書出版公司北京公司,2014年7月)。

（2023年8月25日，微信通訊）「一公」，當指曲阜孔府代理人孔令煜，孔令煜字霄光，號一庵。據函文內容，姑且繫為初抵重慶首年事。

十一月二十日下午四時，太虛大師應佛學社之邀於長安寺大雄寶殿演講：「佛教的最要一法與中國急需的一事」。有七百餘人聽講，軍需署司長周枕琴、稅務管理局長朱鏡宙、四川高分院院長費孟輿、首席孔保滋、蔣委員長特派傷兵視察員金誦盤、中國佛學會副理事長謝健、梅光羲、理事陶冶公、漢口佛教正信會副會長鍾通亭⋯⋯等均在場聆教。[1] 先生當亦在場。

十一月二十七日，梅光羲居士再應佛學社同人敦請，本日起，每星期日午後三時至四時，於長安寺講解《唯識三十頌》。[2]

十二月二十一日，與呂今山為山東殉職專員范竹仙合撰一輓聯，有「無憖許遠守睢陽」句。

《孔德成先生日記》：（夏曆十月）三十日上午

---

[1] 《佛化新聞》第75期（重慶：長安寺街佛學社，1938年11月24日），第1版；今收見黃夏年主編：《稀見民國佛教文獻彙編（報紙）》第8冊，頁9。

[2] 《佛化新聞》第75期（重慶：長安寺街佛學社，1938年11月24日），第1版；今收見黃夏年主編：《稀見民國佛教文獻彙編（報紙）》第8冊，頁9。

薄陰　晚雨。寫輓聯送山東殉職（聊城殉職）專員范竹仙並同時殉職者，文云：「政聲比龔勃海，教令比黃潁川，戎馬一鳴琴，無限謳歌遍沂水。壯烈似左冠廷，沉雄似戚武毅，風烟重對壘，式憑靈爽保神州。」（竹仙先宰沂水，後宰聊城，政聲後遜于前）呂師、炳南輓之云：「仗節衛枌榆，方歎汪踦殉魯國。（竹仙子先死於濟南）結纓死社稷，無憨許遠守睢陽。」瀞叔輓之云：「百里宰瑯琊，勤政愛民，治績應登循吏傳。孤忠幛聊攝，成仁取義，英風無愧戚家軍。」[1]

十二月，有詩〈題宋范塔磚拓本〉。

〈題宋范塔磚拓本〉（樂山白塔遺磚皆范塔形，與錢吳越王塗金塔式略同，旁有造象姓氏，予友屈翼鵬所得也。）：曾傳七級掛斜陽，色相空餘翰墨光；不必求徵煩屈子，塗金一例話錢王。（《雪廬詩集》，頁109）

【案】拓本係屈萬里所贈，印自屈在樂山大佛寺所得之「宋張璩史氏白塔造像磚」。稀有少見，先生於是有此詩作，日後請熊夢賓題於拓本，並請金石書家題詞。（見1941年7月12日譜文，拓片題詞見《圖冊》，1941年圖2）

又，此詩於《蜀道吟》排序在〈浮圖關〉與〈江干〉之間，時序應在夏秋之間。然屈萬里等移運省圖

1　孔德成：《孔德成先生日記》，頁34。

文物至樂山為一九三八年十一月二十四日,[1] 拾得遺磚、拓印郵贈,當已在十二月以後。

是年,有詩作〈七哀〉,記錄抗戰至今兩年所見,共有七首,分別紀七七戰作、紀秋九月曹州地震連續兩月、紀渝州風災之異、紀戰役中牟決河、紀盜匪蠭起、紀難童、紀上海濟南長沙武漢大火。寫戰禍、寫天災、寫人禍,更寫災禍下無辜受難者。(《雪廬詩集》,頁 111-116)

〈七哀〉(紀丁丑戊寅所見),七首錄五:

〈陣連〉(紀七七戰作):兩陣決生死,彈射如星流。陣連數千里,漫野硝雲愁。城郭為圄圄,蒸黎待決囚。凌空馳雷車,白刃環其周。亦知鐵圍山,欲出無自由。列缺揭地起,殘肢鬥蛇蚓。陣移人跡滅,羊角旋髑髏。斷垣塗血腥,不夜鬼啾啾。

〈黃河〉(紀戰役中牟決河也):黃河自天瀉,屬響風雷哀。慘慘日光赤,搖搖坤軸摧。哭聲干雲上,難挽逆流回。陵谷隨陸沉,魚鼈緣木來。馬牛不能辨,俱向波中頹。萬籟一時寂,混茫無九垓。兵家不姑息,徒使生者哀。何日變桑田,漉泥封朽骸。

〈盜蹠〉(紀盜匪蠭起也):大都銷兵燹,郡縣繁盜蹠。衡門滿荊榛,不必山與澤。昨日貼兒女,今朝輸粟帛。斯須緩炮烙,陡覺百體適。虎鬚不可拈,龍鱗莫批逆。

---

[1] 屈萬里:《載書播遷記》:「十一月二十四日……抵樂山,旋僦居於城內天后宮中。」

往往膾人肝,磨刀隍水赤。牒文偶索錢,相較官已瘠。愴懷空矯首,寰海塞金革。漫學窮途哭,由來天地窄。

〈弱喪〉(紀難童也):秋雨逗峭寒,黑天鬼車鳴。稚童三五群,跛躄泥中行。長街闐萬戶,顛倒臥檐楹。借問弱喪者,何由此飄零。但言避屠殺,攜我遠出征。父母半途失,存亡俱不明。一語一哽咽,棲鴉為之驚。已矣莫復道,誰忍卒其聽。殘夜勁西飆,四隅各吞聲。

〈焦土〉(紀上海濟南長沙武漢大火也):兵車待明發,嘈雜百川沸。蹀躞劍戈鳴,昏途亂篋笥。悲笳咽曉風,烈焰騰九地。瓊樓集百工,一炬成火肆。賢愚昔日名,撥爐難別類。禮樂後人徵,文獻尋夢寐。制敵不資糧,餘或非所忌。蛍蛍苟免心,未喻安遷義。吾家濟水陰,鴻雁何由致。國難正殷憂,骨肉應捐棄。

【案】〈黃河〉一詩係指:一九三八年(民國二十七年)五月,徐州失守。日軍十六師團配合裝甲部隊西進,土肥原師團亦自魯南進入豫東。國軍於六月挖決黃河大堤,以洪流遏阻日軍機械化部隊攻勢。黃河於中牟趙口、花園口堤潰,洪流淹沒河南、安徽、江蘇數十縣,傷亡無算。

〈焦土〉:一九三七年十二月二十七日,濟南失守。山東省主席韓復榘撤離前夕,下令焚毀省政府、進德會等,名曰焦土抗戰。一九三八年十一月十三日,湖南省主席張治中以敵寇逼近長沙,下令焚城,

全市數十處同時起火。至十八日尚未完全熄滅。[1]

年終，有詩〈極樂世界依正頌〉二首、〈有客話玉門關〉。
（《雪廬詩集》，頁 115-116）

〈極樂世界依正頌〉二首：

琉璃疆域絡金繩，縹緲飛空樓幾層；水漾樂鳴方沼冷，柯交雲燦七欄蒸。及時歌鳥宣根力，始旦雨花供佛僧；最是蓮宮香潔處，紛紛九品任人登。

眉毫如月髻如山，海眾蓮池繞聖顏；三際皈依煩巧度，萬方起信許同攀。光中說法花頻落，林下安禪歲共閑；我願往生圓種智，化身沙數返人間。

〈有客話玉門關〉：半輪殘照萬重山，駐馬昂頭損客顏；似鐵壯心柔作水，不能搥碎玉門關。

明年五月遷至市郊。遷居前居住市區，來往文化界人士眾多。今存者有沈尹默、張善子、陳之佛相贈之題畫。
（《圖冊》，1938 年圖 11）

張善子，〈昂頭天外〉：炳南先生博教　虎癡弟張善子　戊寅同於渝州[2]

沈尹默，〈韓昌黎秋懷詩〉：卷卷落地葉，隨風走

---

1 參見：郭廷以：《中華民國史事日誌》第 4 冊。
2 題畫見〈張善子題贈畫虎（昂頭天外）〉，《雪廬老人題畫遺墨》，「附雪廬老人皮藏」，《全集》第 16 冊，頁 256。

前軒。鳴聲若有意,顛倒相追奔。空堂黃昏暮,我坐默不言。童子自外至,吹鐙當我前。問我我不應,饋我我不餐。退坐西壁下,讀詩盡數編。作者非今士,相去時已千。其言有感觸,使我復悽酸。顧謂汝童子,置書且安眠。丈夫屬有念,事業無窮年。

韓昌黎抒懷詩書奉炳南先生雅正　　　　　　　　　尹默[1]

　　陳之佛,〈雪翁題贈畫梅〉:平生多傲骨,不畏雪霜加。若待知音至,隨開滿樹花。

　　　　　　　　　　　　　　炳南先生屬畫　雪翁[2]

【小傳】張善子(1882-1940),名澤,字善,一作善孖,又作善之,號虎癡。四川內江人,現代名畫家張大千的二哥。其八弟張大千自一九四一年起在敦煌臨摹壁畫,摹成壁畫二百餘件,隨即在重慶、成都舉行展覽,極為轟動。兄弟二人俱能畫,善子則以擅畫虎名。先生與張善子為振濟委員會前後期同事,張善子一九四○年於委員任內,積勞病故,政府明令褒揚。[3]

【小傳】沈尹默(1883-1971),字中,又字秋明,

1　題畫見〈沈尹墨題贈(韓昌黎秋懷詩)〉,《雪廬老人題畫遺墨》,「附雪廬老人庋藏」,《全集》第16冊,頁247。

2　題畫見〈雪翁題贈畫梅〉,《雪廬老人題畫遺墨》,「附雪廬老人庋藏」,《全集》第16冊,頁254。

3　見:「明令褒揚振濟委員會委員張善子」(1940年11月2日),〈協助抗戰有功人員褒卹案(一)〉,《國民政府》,國史館藏,數位典藏號:001-036000-00067-065。

號君墨，別名鮑瓜庵主人，浙江吳興人。早年留學日本，「五四運動」期間從事新文化運動，為《新青年》雜誌的編輯之一，書法與于右任並稱「南沈北于」。後任國立北平大學教授和校長、輔仁大學教授。一九四九年後歷任中央文史館副館長，上海市人民委員會委員，第三屆全國人大代表等職務。抗戰開始，應監察院院長于右任之邀，至重慶任監察院委員，曾在重慶曾家岩借地營屋以卜居。與先生來往約當此時。

【小傳】陳之佛（1896-1962），乳名紹本，又名陳杰，號雪翁，浙江省紹興府餘姚縣人。中國國畫家、美術教育家。先後任上海東方藝術學校、上海藝術大學、上海美術專科學校、廣州市立美術專科學校、國立中央大學藝術系教授等校教授。出版《兒童畫指導》、《圖案法 ABC》、《西洋美術概論》、《圖案構成法》等十多部著作，發表數十篇學術論文。一九六一年，赴北京參與全國高等藝術院校教材編寫，主編《中國工藝美術史》教材。一九六二年一月十五日，陳之佛因腦溢血在南京逝世，享年六十六歲。

1939年・民國 28年・戊寅－己卯
50 歲

【國內外大事】
- 第二次世界大戰爆發。日機狂炸重慶。

【譜主大事】
- 著手編撰《佛說阿彌陀經義蘊》、《佛說阿彌陀經摘注接蒙》等書。
- 二月，梅光羲居士於長安寺佛學社開講《唯識三十頌》圓滿。此後有更多親近時間。
- 五月，遷居龐家岩。屈萬里至奉祀官府任文書主任。
- 八月，日機轟炸，幾險遭不測。
- 九月，遷居歌樂山山麓。
- 十二月，遷居歌樂山猗蘭別墅。

一月十七日，孔奉祀官德成伉儷邀先生、梅慕賢同往歌樂山郊遊。

　　《孔德成先生日記》：（夏曆十一月）廿七日陰雨。早偕林君、炳南、慕賢赴歌樂山閒遊，距重慶約四、五十里。下汽車後換乘花（或作滑）杆行半里許，滿山松柏，寒雲如織。在磴子穿雲而行，上有石門，題曰「全生門」，過此則廟宇在焉。正殿題曰「大雄寶殿」。余等在西廂（本作箱）進餐，野蔬山米，亦特具風味。略事盤旋，即下山而歸，途中過老鷹崖（距重慶三十里左右），下車小遊，四時抵家。[1]

　　【案】歌樂山頂佛寺唯「雲頂寺」爾。

二月十三日，梅光羲擷芸居士於長安寺佛學社開講《唯識三十頌》圓滿。大眾發起佛學社中歡宴，計到四十人。

　　〈報導〉：當代佛學大家梅光羲擷芸居士，於國曆二十七年十一月二十七日，應佛學界同人殷殷之請，開講唯識三十頌，計時兩月餘，共講十二次。本星期日（2月12日）講演圓滿，聽眾共同發起，於前日（13日）在佛學社歡宴居士，計到四十餘人，合撮一影，以作紀念，濟濟一堂，甚形熱鬧，直至午後三時，賓主始盡歡而散。[2]

---

[1] 孔德成：《孔德成先生日記》，頁43。
[2] 見：《佛化新聞》第87期（重慶：長安寺街佛學社，1939年2月16日），第1版；今收見黃夏年主編：《稀見民國佛教文獻彙編（報紙）》第8卷，頁57。

1939 年・民國 28 年 | 50 歲

此為梅先生最後一次公眾說法。後梅先生因病辭公職,炳南先生有更多親近時間,得益甚大。曾獲梅先生書贈《佛遺教經》法語:「汝等比丘若攝心者,心則在定,心在定故,能知世間生滅法相,是故汝等當勤精進,修習諸定。」[1](見《圖冊》,1939 年圖 1)

梅光羲,〈六十四自述〉:六十歲入川。是年曾在重慶長安寺講《唯識三十頌》、《百法明門論》。自六十一歲辭去行政法院評事後,常居鄉養病,未曾講經。[2]

吳聰龍記,〈訪雪公老師談學佛因緣〉:蘆橋役起,避渝州,重遇梅擷芸先生,太虛大師亦同在,組佛學社,每週會一次。後先生病,辭公職,得以常親近,被受益嚴,得益甚大!

【案】梅老於蜀中講經只一九三八年五月、十一月兩次。先生於赴莒縣前,親近梅大士多時,此為再度親近。題贈墨寶不知何時,姑且繫於是年。

是年起,著手編撰《佛說阿彌陀經摘注接蒙》、《佛說阿彌陀經名數表解》、《佛說阿彌陀經義蘊》。有〈小引〉說明編纂因緣。撰作直接因緣則是當時有梅光羲先生同門以淨土為「寓言權說」,先生於是撰作是書以駁

---

1 〈梅光羲大師題贈墨寶〉,收見《雪廬老人題畫遺墨》,「附雪廬老人庋藏」,《全集》第 16 冊,頁 241。
2 梅光羲:〈六十四自述〉,《梅光羲著述集》,頁 9-12。

之。[1]（手稿見《圖冊》，1939 年圖 2）

《佛說阿彌陀經義蘊・小引》（節錄）：

一、釋迦世尊，悲憫眾生，故於八萬四千法門以外，而又開此念佛往生一法。是說本經之因緣也。

一、此法之奇，不經祇劫，無須斷惑，眾生往生，皆是蓮花化身。廣大方便，普應群機，所謂三根普被，利鈍全收。而本經文法，更為奇特。不談玄妙，然無一處不含玄妙。亦可謂三根普被之絕妙文章。惜乎眾生福薄，或文字障重，或我慢貢高，遂使大好慈航，不肯乘渡。區區悲眾生惶惑，兼悲經道蹇遇，是述義蘊之動機也。

一、本經文簡而顯，義豐而微。以故通宗通教大家，視為語義平凡，不足講論。偶有講者，而哲學文學之儕，亦存無甚可聽成見。述者早歲心理，亦具此等錯誤。因之不揣譾陋，實為自補前愆，兼為謗本經者，普作懺悔也。

一、本編所述，專為經文含蘊。偶舉片羽，可想吉光，冀人咸知本經構造。並非釋經，亦非闡揚淨土義理，蓋古今注釋之家，各有獨到，吾知有涯，未敢盲道。

一、本編成於蘆橋事變，三巴道中。流離之次，參考無書，不自藏拙，輒喜生事。其間紕繆，諒必繁多。尚祈海內大善知識，不吝匡教。為幸。　　述者謹識

---

[1] 李炳南：〈小引〉，見《佛說阿彌陀經義蘊》，《全集》第 1 冊，頁 129-132。

1939年・民國28年 | 50歲

〈摘要〉：《佛說阿彌陀經》，專說持名一法。此經文字看似淺顯，涵義幽深廣大。為接引初機，遂有《佛說阿彌陀經摘注接蒙》之著述。取徐珂《彌陀疏鈔擷補》為範本，依「析句解釋」方式，兼采蕅益大師《彌陀要解》等注編述。又附《阿彌陀經名數表解》，使學者便於檢索對照。《阿彌陀經義蘊》亦成於抗戰流離之際，著述動機與用意，其一是感於末法時代，眾生福薄，或文字障重，或我慢貢高，對於淨土念佛法門，未曾深求，便妄生誹謗；其二是先生深體此經不談玄妙，卻無處不含玄妙，需「會於文字之外」，因悔悟早歲對此經的誤解，欲著書為謗經者普作懺悔。《義蘊》專門闡發經中含蘊的義理旨趣，揭示文法構造的精妙，又以「一心不亂」為大義。修學之士當與《摘注接蒙》或其他諸注合觀，方能理解所云為何，並從而生起尊重，以堅定信願。[1]

吳聰敏，〈由《佛說阿彌陀經義蘊》管窺雪廬老人的淨土思想〉：先生為反駁梅光羲先生同門藐視淨土為「寓言權說」，原擬公諸報刊論戰，經梅光羲先生婉勸，乃撰《義蘊》駁之。[2]

---

[1] 【數位典藏】／全集／第一冊／吳毓純編撰，吳碧霞審訂：〈《佛說阿彌陀經摘注接蒙義蘊合刊》摘要〉。

[2] 吳聰敏：〈由《佛說阿彌陀經義蘊》管窺雪廬老人的淨土思想〉，陳器文主編：《紀念李炳南教授往生二十週年學術研討會論文集》（臺中：青蓮出版社，2006年4月），頁237-268。引文所述係據先生於內典研究班上課講授內容。

【案】此事約當在梅老講座期間。機緣如此,因繫撰述於梅老講座之後。以上三書,日後出版題為《佛說阿彌陀經摘注接蒙·義蘊合刊》。〈小引〉稱「本編成於盧橋事變,三巴道中」,但一九四五年十月六日函呈如岑法師時,稱此書尚未出版(見該日譜文)。至一九五〇年來臺中講經時(見 1950 年 4 月文)始見付梓,付梓前並先寄四川請如岑法師鑑定。《摘注接蒙》〈弁言〉有「積久集其摘錄,遂成卷帙。……久藏行篋,未正有道。」(《全集》第 1 冊,頁 13-14)此書當是此時初成,再逐步增修而成書。

編述同時,多次演說淨土精要。有〈淨土大意〉講綱:首揭正行四法、助行無量,再則從學宗教、學佛、學大乘講說修淨土之必要,再及學習之次第。(手稿見《圖冊》,1939 年圖 3)

〈淨土大意·摘要〉:〈淨土大意〉手稿乃先生為通俗講演草擬之講綱,羅列二十項要點,說明正助雙修之重要,開示「修淨以度眾生為目的」、「唯有修淨能圓滿大乘菩提願」的大意,舉《觀無量壽佛經》、《普賢行願品》、《大乘起信論》與阿彌陀佛四十八大願為例,末以「學佛先正知見」的要則與「學佛應有次第」作結,導歸實行。草稿共一張,以小楷毛筆書寫,有多處塗改痕跡,是先生備課過程珍貴的紀錄。[1]

---

[1] 吳毓純編撰,吳碧霞審訂:〈「淨土大意」摘要〉;見:【數位典藏】/手稿/佛學研究/淨土大意。

二月十八日，戊寅年除夕。有詩〈巴山戊寅歲除〉。

> 鼓角催華鬢，天涯歲暮時；渾忘來日短，翻恨逝光遲。僻壤輸常因，哀軍戰不疲；江梅憐異客，寂寞放南枝。（《雪廬詩集》，頁116）

二月十九日，己卯年新正。有詩〈早春奉書莊師心如〉。

> 花開無賴客思鄉，且寄平安墨數行。欲說巴山春信早，天涯恐斷故人腸。（《雪廬詩集》，頁116）

三月十三日，至模範市場銀行公會，參加「護國息災法會」成立大會。大會公推戴傳賢為會長，張繼為理事長，陳藹士、屈映光為副理事長，孔德成、章嘉呼圖克圖等十五人為常務理事。[1]

> 【案】先生有「護國息災法會」會章。（《圖冊》，1938年圖7）。《孔德成先生日記》（1939年3月13日）記載：「下午戴季陶、張溥泉先生等發起救國護法會。此佛家事，本不宜往。乃因戴、張兩位，故情不得卻，強赴之。溥泉謂：『孔子非宗教人，所以知為人之道，即孔教也。故中國數千年來無宗教戰爭。』其言是也。」[2]

---

[1] 〈重慶各界發起護國息災法會〉，《海潮音》第20卷，第3、4、5、6號合刊（1939年6月15日），頁58-59。

[2] 孔德成：《孔德成先生日記》（臺北：藝術家，2019年1月），頁57。

五月三日，日機狂炸重慶市區。為避轟炸，奉祀官家人遷居龐家岩。

五月九日，下午，至龐家岩探視奉祀官。決定於此加租擴建，將奉祀官府全體人員遷至龐家岩。

  孔德成，《孔德成先生日記》：此七月中，我軍退出漢口、廣東省城番禺，繼而退出武漢。金甌神州，遂而闕其大半矣。至三月十四日（即陽曆五月三日），敵機狂炸重慶市區，燃燒數十街（十五日炸燒更甚），余始擬下鄉居住。斯時鄉間房屋已有人滿之患，乃暫居於房主龔某化龍橋龐家岩山居，地居佛圖關下。[1]

  孔德成，《孔德成先生日記》：（夏曆三月）二十日　晴熱。早起讀《毛詩》，下午炳南來，遂決定在化龍橋龔某處起屋四楹，外賃四楹，皆租定矣。將全體遷來，則將賴家橋處辭之。晚坐院中納涼後，燈下抄書，孤燈如豆，蚊蟲擾人，家人皆以癡笑之，而不知先生樂處不在此，而在彼也。[2]

  【案】龐家岩在重慶西郊。距原來市區兩路口約六公里。「佛圖關」或作「浮屠關」，關門在龐家岩與兩路口之間，自古即為扼守重慶的關隘，因有唐代以來的佛教石雕造像而得名。先生去夏有詩〈浮圖關〉即寫此。

---

1 孔德成：《孔德成先生日記》，頁74。
2 孔德成：《孔德成先生日記》，頁75。

1939年・民國28年 | 50歲

五月二十四日，至龐家岩，與奉祀官、屈萬里，同往屋後山頂閒遊，平原萬頃。[1]

五月二十六日，與奉祀官夫婦及李稽核外出，到老鷹崖看地，擬在此建屋。

> 孔德成，《孔德成先生日記》：（夏曆四月）初八日　陰。早偕林君、炳南與李稽核同往老鷹崖遊覽，借看地皮，將在此建屋也。[2]

五月二十八日，屈萬里應聘來奉祀官府任文書主任。月俸三十元。

> 孔德成，《孔德成先生日記》：（夏曆四月）初十日　晴。翼鵬來。翼鵬，呂師、潄叔弟子也，為人忠厚勤儉，而苦讀書。治學謹嚴，尤邃于《易》。原任山東圖書館主任，以是得徧閱諸圖書，遂又深究目錄、版本、校對之學。七七變後，隨圖書館西遷于嘉定。館長王獻唐（日照人）者，雖少有學，然好非古人，立異說以為能，于是二人不相容，遂辭原職來渝，欲投某機關，暫居余家中。余從呂師、潄叔之詢問及觀其人之行勤勉，屬青年而甚老成（今年不過三十歲），所謂不苟言笑者，吾于斯人見之。余欲留之府中，惟薪金太少，恐其不肯就耳。乃托呂師、潄叔詢其意見，不但無問

---

[1] 孔德成：《孔德成先生日記》，頁77。
[2] 孔德成：《孔德成先生日記》，頁78。

題,而薪金只可十元,多則將去矣,力強之不可。瀞叔曰:「此何數也!達生欲每月送汝四十元。」余乃絛炳南,每月送其三十金,如此或可受耳。[1]

【小傳】孔令燦(1888-?),字瀞庵。山東省曲阜縣人,孔府大宗戶凝祉堂後裔,與胞兄孔令煜,俱為孔德成先生堂叔。歷任山東省立第七中學校(濟寧)校長、山東省政府建設廳科長、山東省義務教育委員會主任委員、督學、教育廳科長、祕書,山東省政府財政廳科長。一九四八年當選山東省第六選區第一屆立法委員。一九四九年後,任中國人民政治協商會議第三屆山東省委員會委員。

屈萬里,《載書播遷記》:銅山失陷,魯省淪入敵人後方。私念吾輩生活費用,殆不能繼續發放;而館中存款無多,為持久計,勢須節省,因相商為予別謀枝棲。在樂山停居五月,當書物妥存之後,適渝中另有機緣,余乃決計南下。遂與獻唐先生,訂後約而別,時五月十一日也。[2]

廖玉惠,〈讀書與治學的歷程——訪屈翼鵬先生〉:我(屈萬里)高中的呂老師和孔老師(孔德成先生的本家叔父)都在孔德成先生家裡。孔先生因為是大成至聖先師奉祀官的關係,蔣委員長非常愛護他,所

---

[1] 孔德成:《孔德成先生日記》,頁 78。
[2] 屈萬里:《載書播遷記》,《屈萬里先生文存》第 3 冊,頁 1226-1230。

1939年・民國28年｜50歲

以，行政院撥款供給他和他的隨員使用，雖然不多，倒也可以維持。我到重慶後，去看呂老師，他說：「轟炸成這個樣子，你到哪裡去找事，達生（孔德成先生的別號）在這兒正需要有一個人和他伴讀，你就留在這兒，和他一道讀書好了。」孔先生自己也勸我留在他那裏，我便留在那邊。[1]

屈煥新，〈屈萬里與李炳南喪亂中「鬥富」〉：一九三九年五月，屈萬里將所載圖書文物妥善隱藏在樂山大佛寺後，應孔德成和呂今山（孔德成和屈萬里共同的老師）之邀，到重慶任奉祀官伴讀，而此時，李炳南也在孔德成處任祕書。這次屈萬里在重慶一年半時間，直到一九四〇年冬進入中央圖書館。二人在奉祀官府的身分大致相同，尤其是在戰亂年代、異域他鄉，孔德成不像在曲阜時有眾多隨從，可以想見，李炳南和屈萬里應該是朝夕相隨，形影不離，正所謂他鄉遇故知，患難之中見真情。[2]

【案】屈萬里，字翼鵬（簡介見1937年10月12日譜文）。一九二二年，屈萬里十六歲，考入山東省立第七中學（在濟寧），孔令燦為當時校長。一九二五年，屈十九歲，轉入私立東魯中學高中部，呂今山（鴻陞）先生授詩文。因此孔德成先生稱屈萬里為

---

1 廖玉惠：〈讀書與治學的歷程——訪屈翼鵬先生〉，《屈萬里先生文存》第6冊，頁2121-2134。
2 屈煥新：〈屈萬里與李炳南喪亂中「鬥富」〉，《明倫》第474期（2017年5月）。

「呂師、瀞叔弟子」。屈萬里當時只願受薪十元，奉祀官後來請炳南先生送月薪三十元。葉國良稱，「當時中學老師收入約十多元，身分地位高者（如胡適之祕書）就三十、四十元。」[1]據屈萬里是年十月致王獻唐函載「日前為李義貴匯去六七八三個月工資三十元」，[2]則工友工資為每月十元。奉祀官入川時，國民政府以「招待費」編列經費，每月二千元。後來或因通貨膨脹，一九四一年，增為每月三千元；至一九四二年，增為每月五千元。[3]

　　山東圖書館珍貴文物，經館長王獻唐、主任屈萬里、工友李義貴三人，間關萬里運移，幸得收藏於樂山大佛旁山洞。然因魯省淪陷，經費無著。因此留李義貴一人看守，王獻唐、屈萬里二位外出謀職求生，

---

[1] 葉國良：〈孔德成先生的青少年與抗戰時期生活〉，中華無盡燈文化學會，https://www.wct.org.tw/single-post/2019/10/04/ 孔德成先生的青少年與抗戰時期生活（2020 年 11 月 23 日讀取）

[2] 屈萬里：〈致王獻唐函〉（1939 年 10 月 6 日），見：安可荇、王書林手稿整理，杜澤遜編校整理：《王獻唐師友書札》（青島：青島出版社，2009 年），頁 1794。

[3] 「奉祀官孔德成留渝期間每月招待費二千元」（1938 年 9 月 1 日），〈奉祀官職位承襲優待辦法（二）〉，《國民政府》，國史館藏，數位典藏號：001-051610-00004-033。「奉祀官旅渝招待費三十一年度核定數額為全奉六萬元」（1942 年 2 月 7 日），〈奉祀官職位承襲優待辦法（二）〉，《國民政府》，國史館藏，數位典藏號：001-051610-00004-067。另據一九四〇年孔府《薪金雜支清冊》，炳南先生當時每月薪金為陸拾元。見：【孔府檔案第 8893 號】，曲阜：孔子博物館提供。

並承擔李義貴生活費用。李義貴,在館長、主任四處覓職尋求援助時,獨自看守照護封藏在山洞裡的典籍。甚至在戰亂加劇沒有收到任何經費的情況下,去江岸清淤扛砂、擺地攤賣菸、賣菜果以餬口。在連年戰亂饑荒中,堅守崗位十三年,使這批珍藏,躲過土豪兵痞的覬覦,抵抗蟲蛀潮黴的侵蝕。王獻唐、屈萬里是學問通透的文化大將,李義貴則是一位幾乎文盲的文化巨人。[1]

五月三十日,與奉祀官等人外出,二度到老鷹崖看地。
　　孔德成:《孔德成先生日記》:(夏曆四月)初十二日　晴。早日王局長孟範、李稽核、瀞庵叔及炳南又赴老鷹崖看地皮。赴孟範家進午餐,下午歸。[2]

近日有〈龐家岩避兵雜詠〉六首、〈讀朱鐸民《詠莪堂記》題贈〉、〈梅雨〉、〈晦暝〉。(《雪廬詩集》,頁116-119)
　　〈龐家岩避兵雜詠〉六首:
　　飛蟲雨過滿花畦,來去翩翩高復低;勝似流民在歧路,斷魂時節踏春泥。

1　參見:張在軍:《堅守與薪傳:抗戰時期的武大教授》(臺北:秀威資訊,2013年),頁315-321;杜興導演:《護書十四年》(北京:中國中央電視臺紀錄頻道,2020年11月),《炮火下的國寶》第6集,https://www.youtube.com/watch?v=x-kWNENXBDU&t=1388s
2　孔德成:《孔德成先生日記》,頁79。

車聲人語兩紛紛，禁火高呼隔竹聞；起傍青崖望星斗，數行鐵鳥夜衝雲。

虹霓萬丈貫天閽，鐵羽離群向月奔；揭地翻空雷雨處，血光硝氣一城昏。

紫藤碧草結為鄰，臥向山中避劫塵；士女何曾歇歌舞，風流不讓六朝人。

月落山窗曙色遲，慘號驚夢費猜疑；靜聽聲自屠門出，猶似前朝城破時。

水田如鏡界青莎，山雨初晴待月磨；高疊玉臺三百丈，好教彎岫照煙螺。

〈讀朱鐸民[1]詠葰堂記題贈〉：奇文欣賞詠葰堂，瀧阡翰藻爭熊光。嗟今無人陟岵屺，讀此堪與醫心盲。孝親豈止於名顯，赫濯廟貌型垂芳。干戈萬里識吾子，金鎞刮目豁然張。玉墀常棣春風裏，兩枝憔悴珊瑚蕊。東來膏雨細無聲，花萼交輝蘇連理。更逢怨序乖雨暘，鵠面鳩形阨閭里。賑贍何惜便毀家，慷慨願為蒼生死。少微爛爛天姥高，世德繼美欽梓喬。義莊姑蘇足矜式，家法河東仰清標。家理移官允洽治，政舉民信君獨超。規常永懷封鮓訓，玉壺冰鑑當青霄。四時報祈薦俎豆，玉樹成林皆肯構。罙恩輕胃銀燭煙，松柏全皴秋雨溜。降福孔多萬斯年，賓連萐莆競挺茂。雁蕩明月照此心，瓣香遠度巴山岫。

---

[1] 朱鐸民，名鏡宙。與先生、蔡念生，被稱為臺中佛教三老。朱自述與先生定交於同住歌樂山時。小傳見 1940 年夏。

〈晦暝〉：三峽晦暝雷雨外，六洲消長劍戈中；沉舟或挽全輸勢，擊柱先爭未竟功。鐵陣環天飛作鳥，硝雲駕海燦如虹；保民誰有匡時策，圖霸人多亂世雄。

【案】呂今山亦有〈龐家岩詠懷〉八首，附錄兩首於後以見同行同住者一斑：

佛頭山麓小河隈（巴名嘉陵江曰小河），問竹尋花日幾回；每佇林皋窺鳥去，翻倚巖穴怕人來（凡多人來定是警報）。乾坤有意銷兵氣，陵谷無涯問劫灰；漫向錦城訪遺跡，蜀王曾築望鄉臺（有友邀往成都）。

日無魚書來魯東，蒼黃伏莽又稱戎；一家骨肉悲歌外，兩載干戈醉眼中。蒿葉依風隨意綠，楩花泡雨為誰紅；巴山三月春猶永，無限秋心亂草蟲（三月草蟲鳴）。[1]

六月十五日，與奉祀官、孔令燦等人至歌樂山訪李應元及其友人孫君。談妥土地建房事。彼可受理建屋及代辦手續。

《孔德成先生日記》：（夏曆四月）廿八日　陰。早九時即隨瀞庵叔偕炳南赴磁器口，約香蓀同赴歌樂山，往訪李君應元。李君，瀞叔、香蓀老友，並有孫君者，某大建築公司總工程師（李君介與余），即與之談覓地皮事，二君云無問題，當代為覓地址。因山坡松林間皆可隨意選地建房，二君並云，所有建屋及購地一切

---

1 呂今山、鍾孝先、趙阿南：《蓮浮集》，頁 10-11。

手續均可代辦。因山間主管人不在,而其主管機關辦事又茫無頭緒也。[1]

六月二十七日,確定在歌樂山建屋。

《孔德成先生日記》:(夏曆五月)十一日 陰雨。與李應元、工程師張秀山,決議建屋事,並交款五千元,地皮費一千五百元。[2]

六月二十八日,呈報行政院,申請歌樂山建築經費。(見《圖冊》,1939 年圖 4)

「奉祀官府申請建築費用」(1939 年 6 月 28 日):渝市遭敵機轟炸後,原租兩路口新村房舍居住不宜,茲擬在歌樂山建築住房。所需建築費地皮價及防空洞挖鑿費估計為壹萬陸仟捌佰伍拾元。前曾將估平摺呈鈞座,奉批照准辦理。理合備具呈文連同估單,恭請鑒核。俯賜撥款興築,實為公便。

謹呈院長孔。

大成至聖先師奉祀官孔德成[3]

---

1 孔德成:《孔德成先生日記》,頁 82。
2 孔德成:《孔德成先生日記》,頁 84。另參見:藏密(鍾清泉):〈客眼巴山似故鄉 —— 雪公在重慶(下)〉,《明倫》第 504 期(2020 年 5 月)。
3 「奉祀官府申請建築費用」(1939 年 6 月 28 日),〈孔德成建築住房請撥經費〉,《行政院》,國史館藏,數位典藏號:014-010602-0033,頁 8-9。

1939年・民國28年 | 50歲

六月三十日，龐家岩擴建完成。奉祀官府工作人員遷至此地辦公。退租兩路口新邨六號。

《孔德成先生日記》：民國己卯二十八年五月十四日（陽六月卅日）微陰。新建屋成，呂師、瀞叔、炳南、慕賢、翼鵬均移來，將新邨六號房屋辭退。三嫂亦移入新屋。余與林君、鄂女三人居原租室中，暫可清靜讀書數日矣。[1]

七月二日，為奉祀官開方治咳嗽。

《孔德成先生日記》：（夏曆五月）十六日　陰雨。讀《毛詩》、《六譯館叢書》（四川井研廖季平著），因咳嗽痰多，炳南開方服之，主健脾，去濕潤肺，去痰。[2]

七月二十一日，歌樂山建築獲財政部預算支應，總經費一萬六千餘元。

「財政部撥款奉祀官辦公處建築費」（1939年8月3日）：財政部函行政院。鈞院二十八年七月二十一日呂字第八三一五號訓令，飭撥大成至聖先師奉祀官辦公處建築費一萬六千八百五十元等因，並抄發原賚在歌樂山擬建之住房估價清單一份，奉此自應遵辦，除已函知

1　孔德成：《孔德成先生日記》，頁860。
2　孔德成：《孔德成先生日記》，頁861。

中央銀行照撥，即交由孔奉祀官具領應用。[1]

八月一日，上山後與奉祀官同返至化龍橋探病。孔令燦、呂今山因躲空襲警報受風。呂今山原犯瘧疾病更重，赴院治療。

　　《孔德成先生日記》：（夏曆六月）十六日　微晴。炳南來山，云今師、潚叔日來均患病。飯後隨翼鵬、炳南返化龍橋探視潚叔，略受外感。今師係瘧疾，昨晚避警報，又受風寒，病狀甚重。遂定明日來山，赴寬仁醫院診治。四時返山，余赴李士偉處，托其介紹寬仁醫院大夫特別招拂也。[2]

八月三日，上山。報告奉祀官：孔令燦也得瘧疾。呂今山出院。

　　《孔德成先生日記》：（夏曆六月）十八日　晴。終日陪今師閒話。今師今日又注射一針，下午瘧遂不發作，身體亦見清爽，遂定明日下山返化龍橋。炳南來，云潚叔昨日亦得瘧疾，甚劇。飯後炳南下山。午夜敵機又襲重慶。[3]

---

[1] 「財政部撥款奉祀官辦公處建築費」（1939年8月3日），〈孔德成建築住房請撥經費〉，《行政院》，國史館藏，數位典藏號：014-010602-0033，頁14。

[2] 孔德成：《孔德成先生日記》，頁95。

[3] 孔德成：《孔德成先生日記》，頁95。

八月八日，立秋，有詩。另有：〈巴雨〉、〈晴〉、〈七夕〉、〈野望〉等作。(《雪廬詩集》，頁120-121)年少時曾為一年一見之兩星憐，而今離家三載，徒然羨慕一年得能一會。

〈立秋〉：昨夜秋風滿兩川，秣陵東望尚烽煙；萍蹤待定干戈後，鬢影行衰草木前。不見葡萄迎漢使，空教羽檄到胡天；如何一葉梧桐墜，依舊遲遲日似年。

〈巴雨〉：巴雨連江暗，捷書遲漢宮；孤臣倚南斗，戰士怨西風。泥淖三湘隔，蓬蒿十室空；豐城有劍氣，願爾駕長虹。

〈七夕〉：少小七夕時，茶瓜話中庭。舉頭望牛女，使我愁緒生。一年一相見，無奈長別情。干戈遍華夏，三載烽火明。室家各離散，萬里多空城。今宵流人淚，匯入五湖平。一年亦易期，翻爾羨雙星。胡虜氣尚驕，乾坤幾時清。悲笳動秋野，銀漢中天橫。殷勤問諸將，誰是戚家營。

〈野望〉：古戍吹羌笛，高原列漢營；商飆雙袖滿，衰草四郊平。日落先零遠，秋深太白明；何時罷西狩，耒耜息蒼生。

八月二十三日，德國與蘇聯簽訂互不侵犯條約。先生有詩預卜歐戰復起。一週後，德蘇從波蘭東西部入侵，第二次世界大戰爆發。

〈德義日三國以標榜反共相結合日人利德牽蘇遂侵中國歲己卯八月蘇德突結互不侵犯協定國際壁壘遽變

歐戰亦將復起〉：歐陸風雲日漸昏，海牙誰復問迂論；秋陰吳苑飛燐火，曉月盧橋照血痕。已使匈奴摧右臂，不須回紇救中原；旌旗際此指河朔，洗馬龍江同舉樽。（《雪廬詩集》，頁 121-122）

八月二十八日，日機猛烈轟炸，龐家岩落彈數百。奉祀官府才擴建完成之寓所全被炸毀。奉祀官一家幸先移住山區，先生及其他教職員等幾遭不測。先生詩〈紀厄〉敘謂「予蹲土阜間，環周如雨下，土鬆摧，皆滾入澗中而炸」，是以得倖免。詩有句云「今疑不我死，定要復興年」。奉祀官孔德成先生第二天進城探視。

〈紀厄〉（此首無題，讀乃憶之，為遷蜀居龐家岩時，遭寇轟炸所紀也。是夜飛機來，我探照燈四集搜空，寇失其向，彈亂投。予蹲土阜間，環周如雨下，土鬆摧，皆滾入澗中而炸，是以得不死也。茲擬題曰紀厄。）：哀笛裂雲響，長虹掃星躔。城郊息鐙火，人隱松嶺巔。忽似疾飆來，還聽暴雨懸。鐵鑄浮圖林，參差墜我前。滾滾趨深壑，崩摧陵谷遷。聲寂面煩熱，飛揚塵火煙。廬舍幻中滅，微軀何獨全。恐非人間世，亦不類黃泉。上有蒼蒼天，下有茫茫田。數家哭聲異，傷彼新棄捐。今疑不我死，定有復興年。（《雪廬詩集》，頁 256-257）

《孔德成先生日記》：（夏曆七月）十四日　晴。晚八時許警報，敵機分三批來襲。彈多投化龍橋、小龍坎、磁器口一帶，尾壁亦覺動搖，至十二時始解除。

七月十五日　晴。早偕林君進城，赴化龍橋，余寓所昨夜警報時全部炸毀。今師、潏叔、炳南、慕賢及三嫂等均幾遭不測。龐家岩下炸彈落有數百枚。[1]

日機轟炸頻繁，有〈轟炸書憤〉、〈秋邊〉、〈東望〉、〈寇機〉為記。（《雪廬詩集》，頁258-259、264）

〈轟炸書憤〉（此中日之戰，蜀中所遭之事也。酆都、望鄉台皆蜀之地。）：酆都西去望鄉台，真似幽冥喚我來；火海鐵鷹長夜夜，何當一躍出輪迴。

〈秋邊〉：秋邊萬里討天驕，大將威儀過渭橋；塞下高蹄馳輾轆，沙中列幕擁招搖。須衝堅壁直擒虜，莫射蒼穹空落雕；何日漢關歸奏凱，梅花香後雪初消。

〈東望〉：東望無由竭海枯，砲臺遙岸向番都；於今設守已非計，要使長纓能獻俘。

〈寇機〉：金鳶鐵卵嘯晴空，萬物全銷一炬紅；聞道有窮能射日，願除妖孽借雕弓。

【案】此數首與〈紀厄〉俱收《發陳別錄》，先生編次時已有不能憶及時地者。今依詩序及詩文姑且繫此。

八月三十一日，奉祀官府再遷移。先生等教職員借住歌樂山麓高店子棕嶺一號。

〈蜀道吟小引〉：政府遷渝，余隨孔上公追扈之。日機飛渝轟炸無間宿夕，連續近四載，閻閭盡成焦土。

1　孔德成：《孔德成先生日記》，頁100。

上公兩易其居，俱化灰燼。因之城鄉互徙，後避入歌樂山結廬焉。[1]

《孔德成先生日記》：（夏曆七月）十七日　晴。讀《毛詩》、《史記》、《左傳》。炳南、慕賢及全部移來，住高店子李應元房。[2]

《孔德成先生日記》：既移歌樂山後，余借居青雲路七號，今師、瀞叔及炳南、慕賢皆借居山下棕嶺一號。[3]

九月一日，通報國府，奉祀官府遷移歌樂山青雲路七號。

（見《圖冊》，1939年圖5）

「奉祀官函報國民政府由龐家岩移至歌樂山」（1939年9月5日）：茲已於九月一日由化龍橋龐家岩十七號移至歌樂山青雲路七號。特此奉聞並懇轉陳主席為感此致魏文官長。至聖奉祀官府啟九月二日。[4]

九月二日，孔德成先生獲知大姊德齊日前在北平逝世，悲慟不已。

---

1 李炳南：〈蜀道吟小引〉，《雪廬詩集》，《全集》第14冊之1，頁89。

2 孔德成：《孔德成先生日記》，頁100。

3 孔德成：《孔德成先生日記》，頁129。

4 「奉祀官函報國民政府由龐家岩移至歌樂山」（1939年9月5日），〈奉祀官職位承襲優待辦法（二）〉，《國民政府／內政／禮制服制曆法／禮制》，數位典藏號：001-051610-00004-046。

《孔德成先生日記》：（夏曆七月）十九日　晴。翼鵬告以大姐六月廿七日夜間在平病故。恐余心痛，故遲數日，始告余知。凶耗乍聞，晴天霹靂，心痛如刺。死者已矣，姐遺二男一女，長者六、七歲，小女才二齡。教育之責，弟何敢辭。姐其瞑目，弟敬以昌黎事嫂之心事吾姐矣。姐以民二年十一月十三日生，廿八年六月廿七日卒，年二十七歲。[1]

九月五日，陪奉祀官孔德成先生對弈解憂。

《孔德成先生日記》：（夏曆七月）二十二日　晴　下午大風雨　旋止。心痛、脅痛，尚可支。與翼鵬、炳南對弈兩局，聊可解痛。[2]

九月，有詩：〈歌樂山夜起散步〉、〈病中〉、〈蜀道〉、〈山中晚晴客思〉。（《雪廬詩集》，頁122-124）

〈歌樂山夜起散步〉：連壑松濤萬馬奔，愁來乘月踏雲根；石林秋葉風前落，山市宵燈霧裏昏。疇昔衣冠隨鶴化，至今渤澥入鯨吞；青衿憂國終無補，空漬新亭舊淚痕。

〈病中〉：病裏難支久客身，挑燈臥聽鼓笳頻；丹傳不老知全妄，書寄平安信未真。榆塞秋風千壁壘，石城寒雨半荊榛；鄉思國恨愁無極，一夜鏡中華髮新。

---

1 孔德成：《孔德成先生日記》，頁101。
2 孔德成：《孔德成先生日記》，頁102。

〈蜀道〉：古磴盤絕壑，哀湍瀉危峰。漫江滾瘴霧，茂草棲蛇龍。蜀道雖云險，人心尚難同。剎那翻雲雨，萬象森鋩鋒。況此叔季世，蠻夷變淳風。黃金間骨肉，一笑驅井中。道險信可理，治心失良工。聖賢今不作，散髮隱蒿蓬。

〈山中晚晴客思〉：歸雲如水傍谿流，山雨新晴晚更幽；亂壑蟲吟明月夜，數峰人住碧天秋。江潮曳霧昏沙浦，野渡生寒上竹樓；一片長風碪杵急，書燈藥竈入鄉愁。

十月二十一日，重九，有詩〈鄰舍菊〉。後又有〈歌樂山椶嶺望雲頂寺〉、〈為客〉三首。（《雪廬詩集》，頁124-126）

〈鄰舍菊〉：客中逢九日，鄰舍菊花開；昔歲曾云好，秋畦輒自栽。徒添遊子恨，難及故人杯；相對知誰瘦，西風薄暮來。

〈歌樂山椶嶺望雲頂寺〉：千巖堆出碧芙蓉，突兀晴霄第一峰；木杪雲開秋月滿，殿陰雨過落花濃。禪心靜對青山滅，妙諦偶於流水逢；小立憑高回首處，江帆驛馬厭塵蹤。

〈為客〉三首：
時危家易破，迫我萬里走。慈親問歸程，弱弟攜我手。
強歡語支吾，昔騰如醉酒。交遊三十年，還鄉空皓首。
倦鳥使遠飛，已知百苦有。緬懷陳仲子，深慚虧孝友。
去兮復去兮，豈敢惜衰朽。

出門突烽火，孤帆上瞿塘。偃蹇巴子國，生事殊渺茫。
胡車摩空飛，傳警愁遯藏。疾雷墜雲表，毒火燔我旁。
雖得苟全身，何曾補痍瘡。亂世尚機巧，自顧多疏狂。
時遭鬼揶揄，甚於金革傷。昔日游俠兒，而今鬢髮蒼。
未能振翮羽，進退俱徬徨。
烏扉拆家書，讀罷起長歎。不道飢寒苦，只愁時紛亂。
諄諄促我歸，似聞杜宇喚。外寇正驕恣，暴民尚離叛。
關津塞干戈，欲度無羽翰。空將萬里心，結想在雲漢。
博得斗秕糠，牽汝腸寸斷。

十一月，月初前後，上歌樂山訪雲頂寺。日前在住處仰望，今日來此遠眺。有詩〈登歌樂山雲頂寺遠眺〉、〈客感〉。（《雪廬詩集》，頁126）

〈登歌樂山雲頂寺遠眺〉：杖藜出雲頂，萬里俯秋山；想像故園處，斷腸蒼靄間。衝煙江自去，認樹鳥知還；歸櫂何年事，征袍澣淚斑。

〈客感〉：客中秋夜永，萬感總傷神；機巧縱時尚，逢迎非我真。歸看故鄉月，坐對素心人；坦率全天性，乾坤自有鄰。

【案】歌樂山，《巴縣志》載：「城西三十里，高五里。群峰北向，上有雲頂寺。祀川主李冰次子，俗稱二郎治水，曾歌樂山上，故名。寺側有龍泉下有冷水溪、鳳凰溪。」（《巴縣志》〔同治丁卯年刻本〕，卷一，頁17）

十一月五日,上山,陪伴奉祀官伉儷看診。飯後巡視新屋工程。

  《孔德成先生日記》:(夏曆九月)二十四日　早陰　下午晴。炳南來山,偕林君赴李士偉處診視,因自昨晚林君偶腹痛也。飯後赴蛤〔蝦〕蟆石觀房子。[1]

十一月二十八日,奉祀官家人及呂今山、屈萬里等人,遷入歌樂山桂花灣蝦蟆石新建房舍。先生尚未遷入,先有詩寄興。

  《孔德成先生日記》:(夏曆十月)十八日　陰　下午微雨。早移什物等。至下午移畢,隨偕林君暨鄂女、益兒移入。呂師亦移來,與翼鵬同屋。壽如三嫂及其女亦移來。[2]

  〈孔上公歌樂山猗蘭別墅寄興〉:翠屏掩映鎖秋暉,靜裏常關松下扉;欄外紫霞隨澗落,窗中黃葉共雲飛。晴江一曲天邊盡,煙嶂千重雨後微;西蜀南陽同不陋,春風從此長芳菲。[3]

秋後,又有〈密雲〉、〈江村〉、〈避亂歌樂山蘭墅望獅子

1　孔德成:《孔德成先生日記》,頁 116。
2　孔德成:《孔德成先生日記》,頁 120。
3　李炳南:〈孔上公歌樂山猗蘭別墅寄興〉,《雪廬詩集》,《全集》第 14 冊之 1,頁 126-127。徐醒民曾於明倫講座講解此詩,見:藏密(鍾清泉):〈蜀道吟──尋訪雪公入川遺蹤〉,《明倫》第 449 期(2014 年 11 月)。

峰紅葉〉、〈客中送別呂慶堂弟赴雅安〉、〈空警〉等詩作。寫歌樂山雲霧氣候,寫空襲下之期待:「看誰似后羿,一射挽天回。」(《雪廬詩集》,頁 127-128)

〈密雲〉(渝多陰晦,歌樂山高矗江表,猶常封雲中。己卯避亂來居,每於雲蒸咫尺不睹物,此境此時彌增憂感。):沉陰祇有乖時感,不雨知非濟物材;已厭盪胸揮短袂,豈堪舒目躡高臺。秋生澗壑濤千捲,白嵌江天雪一堆;踟躕此間渾似夢,好風何日為予開。[1]

〈江村〉:野菊離披烏白紅,一坪餘照四山風;茅茨矮屋斜臨水,人語炊煙秋色中。

〈避亂歌樂山蘭墅望獅子峰紅葉〉:澗南霜樹欲遮山,紅紫飄颻滿目斑;勝似桃花武陵笑,不妨隨水向人間。

〈客中送別呂慶堂弟赴雅安〉:烽煙未息君行遠,別恨已多春轉遲;萬里鄉情一樽酒,巴山風雨夜深時。[2]

〈空警〉:馳鶩紅塵起,裂雲胡哨哀;花鈿陌上靜,鐵羽霧中來。斷胆懸枯樹,崩梁枕劫灰;看誰似后羿,一射挽天回。

十二月十九日,上午十時至下午三時空襲警報。爭取夾縫時

---

1 樂山矗立於嘉陵江畔,平均每年霧日達一百四十一天,一九四〇年十二月,三十天中,有二十七天雲霧瀰漫,能見度往往在咫尺之間。

2 呂慶堂為呂今山次子。呂今山有三子,長子、三子當時均在家鄉莒縣,唯二子慶堂跟隨至重慶。(李珊提供)

間，由棕嶺借居遷入歌樂山桂花灣蝦蟆石。由龐家岩遷至此地借住已歷五閱月。

《孔德成先生日記》：（夏曆十一月）初九日　陰微晴。午十時發出警報，即偕林君、鄂女、益兒避入防空洞中。聞機身繞頂而飛，投彈數枚，至下午三時始解除。炳南等今日已由棕嶺借居移入猗蘭別墅新屋。數月來兩地相居，耗消實多，已欠債數千元矣。今後或可少節省也。[1]

《孔德成先生日記》：既移歌樂山後，余借居青雲路七號，今師、瀞叔及炳南、慕賢皆借居山下棕嶺一號，時已將近五月矣。新居于前日落成，遂全部移來，今師名之「猗蘭」，蓋取先聖〈猗蘭操〉意也。[2]

呂今山援〈猗蘭操〉孔子喻意，為新屋取名「猗蘭別墅」，並請莊陔蘭先生題匾。先生居室沿用故里齋名為「雪廬」，屋內有孔德成先生題字「一見便知己，平生有幾人。」（見《圖冊》，1939年圖6）

〈琴操〉曰：猗蘭操者，孔子所作也。孔子聘諸侯，莫能任，自衛反魯，隱谷之中，見香蘭獨茂。喟然歎曰：夫蘭當為王者香，今乃獨茂，與眾草為伍，乃止車，援琴鼓之，自傷不逢時，託辭於香蘭云。[3]

1　孔德成：《孔德成先生日記》，頁124。
2　孔德成：《孔德成先生日記》，頁129。
3　〔唐〕歐陽詢等：《藝文類聚》（臺北：文光，1977年，影印古籍），卷81，「藥香草部上，蘭」。

《孔德成先生日記》：（夏曆九月）十五日，莊師所書「猗蘭別墅」匾亦收到。[1]

〈題林青坡女士臨王獻唐雪廬圖・序〉：雪廬者，故里齋之榜也。戊寅（1938）避寇入蜀山中，居仍襲其名。[2]

徐昌齡，〈故舊來函〉：民國廿八年間敵機轟炸陪都，府邸被燬，當局乃於距市區七十餘里之郊區，歌樂山雲頂寺側樹林間（蝦蟆石）興建兩棟木造平房，作為官邸，此處環境優美，鄰舍相距甚遠，非常幽靜，屋前行人小徑，進出有柴扉，以「猗蘭別墅」四字匾額裝置，甚為高雅，炳老居此有六年，修養身心更有裨益。偶於炳老住室內，見壁間鏡框有奉祀官親筆題詩一首，僅記其中兩句「一見便知己，平生有幾人」，由此可見其友情之深厚矣。[3]

【案】歌樂山新建兩棟木造平房，孔奉祀官住家為蝦蟆石二號，先生及官府人員住蝦蟆石八號（據1942年6月「振濟委員會」公文封）。

十二月二十日，修改預算書，送陳奉祀官。

《孔德成先生日記》：（夏曆十一月）初十日　陰。

---

[1] 孔德成：《孔德成先生日記》，頁114。夏曆九月十五日為西曆十月二十七日。

[2] 李炳南：〈題林青坡女士臨王獻唐雪廬圖・序〉，《雪廬詩集》，《全集》第14冊之1，頁353。

[3] 徐昌齡：〈故舊來函〉，《明倫》第164期（1986年4/5月合刊）。

讀《毛詩》、《史記》及《厤朔疏證》。炳南又改造預算來，物價人力高漲，另為每月一千柒佰廿元，今定為每月一千八百矣。[1]

十二月，屈萬里有詩二首，〈步莊太史心如猗蘭別墅原韻〉（二十八年歲杪寓歌樂山）：[2]

　　愁對九迴江水曲，厭看萬點蜀山奇；何須更續蘭成賦，都付先生紀事詩。

　　松杉屋外插天青，眼底江山列帶屏；荒徼又驚歲華晚，還將舊淚哭新亭。

1　孔德成：《孔德成先生日記》，頁124。
2　劉兆祐：《屈萬里先生年譜》，頁26。

1940 年・民國 29 年・己卯－庚辰
51 歲

【國內外大事】
- 汪兆銘與日本合作,在南京建立政權。
- 十二月,印光大師捨報於蘇州靈巖寺。

【譜主大事】
- 九月,前川康區稅務局局長朱鏡宙來住歌樂山,與先生論交。
- 十月,王獻唐移居重慶歌樂山雲頂寺,與先生多所往來。
- 十二月二日,夏曆十一月初四,印光大師預知時至,安詳捨報。
- 印光大師捨報後,弟子向外徵集大師函稿。先生特選印光大師函示有關論道者,悉數付郵。惜因戰亂,未能寄達。

一月二十一日，下午二時，山東同鄉赴銀行公會參加吳佩孚將軍追悼會。由丁惟汾主祭。

　　《孔德成先生日記》：（夏曆十二月）十三日：二時赴銀行公會，參加吳子玉追悼會，由丁鼎丞師主祭（會中發起人為丁、孔、于右任、居正、何應欽、葉楚傖、王法勤、洪蘭友）參加人甚多。委座亦親臨參祭，並親至吳將軍像前一鞠躬，情甚哀悼，並親書一「義」字，下題蔣中正贈。追悼會後，山東同鄉亦舉行公祭，散會時已三時許矣。[1]

　　【案】吳佩孚（1874-1939），字子玉，漢族，山東蓬萊北溝吳家村人，一九〇六年任北洋陸軍曹錕部管帶，後升任旅長。一九一九年十二月馮國璋病死，曹錕、吳佩孚繼承直系軍閥首領地位。一九三九年十二月四日逝世。國民黨政府追認為陸軍一級上將。《孔德成先生日記》「廿八年十月廿七日（夏曆）」載：「報載吳子玉將軍于十二月四日下午六時五十分，以牙疾病逝平寓。吳因不欲賣國求榮，且決不與漢奸合作，故為日人及漢奸所妬。」[2]

一月二十三日，孔德成先生書贈崔塗詩句「亂山殘雪夜，孤燭異鄉人。」

　　《孔德成先生日記》：（夏曆十二月）十五日　大

1　孔德成：《孔德成先生日記》，頁134。
2　孔德成：《孔德成先生日記》，頁134。

雪竟日。山中早起，雪景更佳，獅子、兔兒諸峰，皆被銀衣，松枝屋頂，皆積寸許。早點後，林君親采雪烹茶，味不佳，蓋水新故耳。室中圍爐，窗外雪飄，入夜讀畢，推窗遠眺，雪色與夜色相映，大地皆入孤寂。吟崔塗「亂山殘雪夜，孤燭異鄉人」之詩，不禁慨嘆久之，並書兩條分贈炳南、慕賢兩兄。讀《儀禮》、《史記》、《先秦諸子繫年》。熊丈觀民仍留墅中。[1]

一月二十五日，有詩記〈猗蘭別墅雪夜宴集〉及〈曉靄〉。孔德成先生有詩和。（《雪廬詩集》，頁128-129）

〈猗蘭別墅雪夜宴集〉：殘雪巴山夜，天涯歲月深；松風吹不斷，爐酒醉還斟。急柝嚴江國，短檠然客心；愁聞鷓鴣唱，感慨共題襟。

孔德成和炳南〈蘭墅雪夜宴集詩〉：殘臘北風冷，門前雪已深；山空無犬吠，寺靜有鐘音。快聚故人意，高談說我心；夜寒初宴罷，餘酒尚沾襟。[2]

一月二十八日，與奉祀官伉儷及梅慕賢進城採購過年什物。

《孔德成先生日記》：（夏曆十二月）二十日晴。早九時許，偕林君、炳南、慕賢進城買過年應用禮品及食物等。[3]

---

1 孔德成：《孔德成先生日記》，頁134。
2 孔德成：《孔德成先生日記》，頁135。
3 孔德成：《孔德成先生日記》，頁135。

一月三十一日，與梅慕賢再度進城採購年節物。

《孔德成先生日記》：（夏曆十二月）二十三日　陰。讀《儀禮》、《史記》。炳南、慕賢自城返，買回過年諸物，並送李士偉大夫年禮一份，送李應元、張秀三年禮一份，夜以糖果祀竈。[1]

二月五日。與奉祀官對弈。

《孔德成先生日記》：（夏曆十二月）二十八日　陰。讀《儀禮》。下午赴香孫處閒談，又赴高店子理髮。作書復莊、王二師、雪光叔，並稟伯母賀年。與炳南對弈數局。[2]

【案】孔先生「作書復莊、王二師、雪光叔」，莊指莊陔蘭太史，王指王毓華，二位為奉祀官教讀，留守曲阜孔府。雪光叔為堂叔孔令煜（1887-1955），字雪光，號一庵。孔德成先生離開曲阜南下前，託其留守管理孔府。

二月六日。與奉祀官對弈。

《孔德成先生日記》：（夏曆十二月）二十九日　陰。讀《儀禮》。寫對聯三付。下午與炳南、翼鵬對弈數局。夜與翼鵬閒談。家中預備過年諸事。[3]

1　孔德成：《孔德成先生日記》，頁136。
2　孔德成：《孔德成先生日記》，頁137。
3　孔德成：《孔德成先生日記》，頁137。

二月七日。準備過年。下午與呂今山、奉祀官閒談。

《孔德成先生日記》：（夏曆十二月）三十日晴。終日忙歲事。下午與呂師、炳兄閒談，夜與林君、壽嫂、慕賢作竹城戲守歲，至夜三時始散。以餃子敬先，祭後共食，少息遂寢。[1]

二月八日，庚辰正月初一。午飯後與奉祀官對弈數局。

《孔德成先生日記》：庚辰正月初一日　陽曆二月八日　早晴　下午陰。早敬　先，與林君、壽嫂出遊。午飯後與瀞叔、炳南、慕賢作竹城戲，夜十二時始散。[2]

二月九日，庚辰正月二日。印光大師函示日後有發心者，即皈依當地僧，以免時間往返不及。先生預感大師住世不久。

印光大師，〈復德明居士書〉：當此大劫，宜勸大家一致進行求生西方。否則後來之苦，比此更甚。以人心愈趨愈惡，殺人之法愈趨愈妙，則成人間地獄矣。況由此奮發惡心所感之真地獄乎？倘有知識者聞之，當不至漠然置之。後有信者，令皈依當地僧。光目力精神均不給，又朝不保夕，或成徒勞。（正月初二）[3]

1　孔德成：《孔德成先生日記》，頁137。
2　孔德成：《孔德成先生日記》，頁137。
3　釋印光：〈復德明居士書〉，《印光法師文鈔三編》第2卷，頁364。

二十九年秋又為介紹皈依弟子,老人的回示說:「你們好好念佛,將來世界,要造成人間地獄,以後再不可介紹皈依,有發心念佛者,即皈依當地僧,時間往返恐來不及。」區區這次卻小有聰明,就疑惑他老人家恐怕不多住世了。果然到了舊曆十一月初四日,就圓寂生西。而將來造成人間地獄之語,誰知應到今日。[1]

【案】印光大師來函為「正月初二」,先生〈印光大師圓寂十周年紀念回憶錄〉則稱「二十九年秋」。或有他函未見。然印光大師此函確實指示「皈依當地僧」。

二月十一日,奉祀官生日。與屈萬里等送酒席祝賀。

《孔德成先生日記》:(夏曆正月)四日　陰。今日為予生日。早敬　先,晚翼、炳、慕三兄饋酒席一桌,香孫來。[2]

二月二十二日,柯璜(定礎)先生來訪,留贈墨梅一幅。

《孔德成先生日記》:(夏曆正月)十五日　陰。讀《儀禮》。鼎丞師來,飯後去。下午與德垸弟竹戲,柯定礎先生來訪,繪墨梅一副予炳南,余代謝之。早晚供先。[3]

---

1 李炳南:〈印光大師圓寂十周年紀念回憶錄〉,《雪廬寓臺文存》,《全集》第 14 冊之 2,頁 201-208。
2 孔德成:《孔德成先生日記》,頁 138。
3 孔德成:《孔德成先生日記》,頁 139。

1940年・民國29年 | 51歲

【小傳】柯璜（1876-1963），字定礎，號綠天野人，浙江省黃岩桐嶼人，書法家。早年與趙丕廉、賈景德擔任閻錫山的智囊團成員。一九三〇年，任北京故宮古物陳列所主任。抗日戰爭爆發後，居於重慶歌樂山雲頂寺，主持重慶藝術專科學校。先生〈遊國府主席林公歌樂山館〉詩後題注「雲山九疊」即柯璜手筆。一九四二年，柯老又贈先生書藤一幅。（見1942年12月文）

三月一日，在汽車站飯館為友人送行。

《孔德成先生日記》：（夏曆正月）二十三日陰。仲舒去。早，炳南在汽車站三友園飯館為之送行。[1]

是年春，有詩多首：〈遊國府主席林公歌樂山館〉、〈邊春寄弟〉、〈和孔上公初春月夜次韻〉、〈春日遣懷〉、〈渝市〉、〈徵倖〉、〈歌樂山麓桃李數千株早春盛開與孔公瀞庵呂公今山同往觀之〉、〈多士〉二首、〈新都時妝競尚袒裼有倮國之感〉、〈渝亭柳〉。（《雪廬詩集》，頁129-132）

〈遊國府主席林公歌樂山館〉：晴江抱檻綠沄沄，仙館堦墀草色薰；蕉葉障天春有雪，梅花滿澗水流芬。凌霄超出三千界，排闥飛來九疊雲；傳道塗山賓萬國，樂歌餘響至今聞。（九疊雲，左門以外遙屏層巒，其數

---

[1] 孔德成：《孔德成先生日記》，頁141。

約九,摩崖有柯璜題「雲山九疊」四字。塗山,相傳夏禹大會諸侯於塗山,復至此山歌樂。)

〈邊春寄弟〉:北馬南船老不閒,邊春入歲最心關;撩愁池草回鄉夢,無賴梅花照客顏。未必天涯皆白眼,總宜門外對青山;或能綰得風光住,留待優遊濟水間。

〈和孔上公初春月夜次韻〉:上元燈火壓江干,小閣氤氳入峭寒。檻外香風晴帶雪,杏花初向月中殘。

〈春日遣懷〉:興逐落花減,愁隨春水添;巴山雲不盡,鄉樹夢能瞻。虜盛窺黃浦,烽高接白鹽;已傷離亂久,佳士尚龍潛。

〈渝市〉:斷壁矗江干,千家骨未寒;胡兒尚秣馬,我輩竟無肝。醉引芳樽倒,歌催玉漏殘;分明覆巢下,何事異悲歡。

〈徵倖〉:辭家虧事蓄,壓線累饔飧;易突狼烽走,難為虎口存。春帆沒江嶂,煙草醉衡門;徵倖重團聚,苦辛期共論。

〈歌樂山麓桃李數千株早春盛開與孔公瀞庵呂公今山同往觀之〉:平疇暈蒼靄,湍瀨漱晴沙;郁李連山雪,穠桃兩岸霞。流人漫無賴,春色也能賒;更欲待良夜,張燈來坐花。

〈多士〉二首:

巴蜀古形勝,新都更始年;黃金納多士,珠履座三千。落日鳴騶出,江亭醉管絃;沙場明月夜,與此兩無眠。
仍覺王孫貴,浮誇翊贊功;危時思憲典,絕塞弔沙蟲。

豈足信父老，難為調異同；江山餘半壁，漸欲蔓蒿蓬。

四月五日，有詩〈清明〉。後並有〈望浮圖關飛閣〉、〈聞鵑〉等作。（《雪廬詩集》，頁132-135）

〈清明〉：黃州風雨三寒食，[1]巴峽烽火三清明。天涯感慨共此淚，今古淪落非同情。山椒避胡築小閣，荒徑異域無親朋。但見江風送嵐氣，日升月落繞山行。夜來子規滿溪樹，啼斷旅魂聲不住。杜鵑紅覆雲際巖，芳草綠暗旗亭路。遣愁每擬強尋春，春到眼前卻懶顧。東風不融鬢上霜，花飛鳥啼春欲暮。人生為歡曾幾何，憂思惟覺今朝多。鄉關墓田鼓笳裏，葛藟應蔓松楸柯。登高望遠目難盡，蒼巘萬疊雲湧波。未能報恩即歸去，等觀百事皆蹉跎。

〈望浮圖關飛閣〉（浮圖關，絕壁千仞，聳翠插空，其巔建閣曰飛閣。）：肇革凌風起，丹青拔地孤；時看脫雲現，祇恐入天無。絕壁雙重翠，晴霄一點朱；翻疑九萬里，鵬鳥作南圖。

【案】《巴縣志》云：「佛圖關，縣西十五里，智里三甲。渝城三面抱江，陸路惟佛圖關一線耳。壁立萬仞，磴曲千層，兩江虹束如帶，實為咽喉扼要之區。佛圖能守，全城可保無恙。關門石牆舊規宛在。」[2]先

---

1 蘇軾〈黃州寒食帖〉有句：「自我來黃州，已過三寒食。」
2 〔清〕王爾鑑，《巴縣志》卷2（1760年序，日本早稻田大學圖書館藏，電子檔），頁38-39。

生一九三八年夏有詩〈浮圖關〉，一九三九年五月遷居龐家岩即在浮圖關旁。此詩，當是從歌樂山頂遠眺之作。

〈聞鵑〉：饒舌勸歸去。聲聲牽我愁。長江解人意。水不向西流。

四月二十六日。孔德成先生夫人生日。與同事合送一桌酒席祝壽。

《孔德成先生日記》：（夏曆三月）十九日　陰。林君生日，翼鵬、炳南、慕賢送酒席一桌。[1]

五月六日。孔德成先生邀往沙坪壩購書。

《孔德成先生日記》：（夏曆三月）二十九日晴。昨接瀞叔城信，云欲往上海匯一千五百元，非托中央銀行撥兌不可。余即擬進城面與行中主持人面商，後因羅子文請病假，不先進城，遂偕炳南赴沙坪壩購書，下午四時歸。[2]

六月十二日，日機轟炸，古剎長安寺及羅漢寺燬壞多處。

〈報導〉：午時，日機來襲，長安寺及羅漢寺兩古剎被敵機炸燬。長安寺佛學社內共中彈三，將銅佛殿及後之韋陀殿，並關聖殿對面兩廊完全炸燬，大雄寶殿前

---

[1] 孔德成：《孔德成先生日記》，頁149。
[2] 孔德成：《孔德成先生日記》，頁151。

面震壞,明時所造西方三聖丈六銅像彌陀與觀音兩尊毀壞,唯勢至菩薩,金身安然無恙。[1]

是年夏,有詩〈題南山芭蕉寄呂今山〉、〈儲奇門遠望〉、〈群動〉。(《雪廬詩集》,頁135-136)

〈題南山芭蕉寄呂今山〉:芭蕉上與翠樓齊,欲借新詩印雪泥。一葉萬言書不盡,好留餘地待君題。

〈儲奇門遠望〉:斷岸孤城下,青崖削似瓜;閭閻架危棧,帆席落平沙。燈火山嵎密,江流地底斜;竹兜喧夜霧,列肆坐談茶。

〈群動〉:海日湧波起,飛空如鏡懸。萬方共一照,群動窮媸妍。鱗羽互吞噬,人禽不同天。相殘無夷夏,骨肉難苟全。問渠胡為此,煩冤苦糾纏。說者辭多妙,聽者總茫然。八表鼓腥風,瀛寰血潺湲。所殺一朝暮,未能計億千。君看西傾日,燁燁紅色鮮。玻璃映血光,始自濛鴻年。生存果誰適,回首盡風煙。

朱鏡宙從川康區稅務局局長離任,轉職華西公司。[2] 公司與奉

---

[1] 《佛化新聞》第142、144期(成都:1940年6月20日、7月4日),第1版;今收見黃夏年主編:《稀見民國佛教文獻彙編(報紙)》第8冊,頁185、189。

[2] 華西公司,指華西建設公司;陳果夫任董事長,總經理為蕭錚青萍。朱於一九四〇年辭公職,至華西公司任職。見朱鏡宙:《夢痕記》(臺中:樂清朱氏詠莪堂,《朱鏡宙詠莪堂全集‧外編》,1970年),第九十章「華西公司」。

祀官府比鄰，因蓄水工程與先生論交。先生有兩首詩題贈：〈題朱權使鐸民維摩室圖〉、〈又次朱權使自題維摩室圖元韻〉。(《雪廬詩集》，頁137)

〈題朱權使鐸民維摩室圖〉：離垢何處有，嘉州拓山田。半弓起棟宇，竹樹通谷泉。朱子權政，現身一隨緣。蒼生培元氣，煩苛新除蠲。退食脫烏巾，威儀皆是禪。窗虛雲不盡，江靜月常圓。客許文殊入，機鋒臻妙玄。穢中自有淨，毒火開青蓮。此意人不解，空將畫圖傳。破顏似契悟，吟罷忽忘荃。

〈又次朱權使自題維摩室圖元韻〉：山扉幽僻少懽譁，榻畔香清有墜花；能詠元深工部律，解參曾澈趙州茶。棲梁社燕泥添壘，繞屋時禽樹作家；偶向定中觀小劫，應憐門外競紛華。

朱鏡宙，〈菩提醫院〉：當抗戰時期，因日本肆行日夜疲勞轟炸，華西公司，曾在離重慶約百里的歌樂山上，購置樓房一座，與孔德成先生比鄰；時李炳老任孔府祕書，因得相識。歌樂山高不過百尺，因交通便利，人口一天天的增加，食水遂大成問題。我是一個不安分的人，到處喜管閒事，總想設法來解決這件事。適半山腰有一泓流水，終日不竭。因私忖道：大家都嚷著沒水吃，為什麼又任這裏的水自行流去？如能加築一道攔水壩，豈不成為一個很好的蓄水池。遂招工估計，約須二千餘元，當即挨戶勸募，款既有了著落，乃與包工立約施工，進行方半，我奉公司命，去自流井監督製鹽事宜，約請捐戶開會，選人接替，無一至者。不得已將銀

1940 年・民國 29 年｜51 歲

行存摺,及各捐戶姓名數字,包工契約等,商請李炳老接收。我還記得工程落成的時候,據炳老來書,剩五元餘,代為捐助歌樂山小學。由是,奠定我二人深厚的友誼。[1]

【案】朱鏡宙於〈《雪廬詩文集》重印序〉敘此事謂:「節餘四元五角,無法處理,悉以贈國校;夫敬大事者,必不遺小節,是以古德有言之一丈,不如行之一寸之誠。此為予與君定交之始。」[2]

【小傳】朱鏡宙(1890-1985),字鐸民,號佛顯,法號寬鏡,為虛雲大師弟子,餘杭章太炎先生之婿。徐醒民居士有傳云其「博通墳典,深於內學。闡儒弘佛,著作特豐。年甫冠,值內亂,以文章匡濟時艱,初主杭州天鐘報,繼主上海民信報,以及北京民蘇報。南北統一後,歷任甘陝省政府委員兼財政廳長,革弊興利,遐邇蜚聲。抗戰期間,任川康區稅務局長,三年之內,民稅輕,而公庫超收倍蓰,弊絕風清,嚮所未有。神州易色,隨政府來臺,任光復大陸設計委員,籌策之餘,一意修持佛法,並創臺灣印經處,流通貝葉,廣接學人。遺著有《朱氏詠莪堂全集》,分內外編。內編為《八大人覺經述記》、《論地藏經是佛對在家弟子的遺教》、《維摩室謄語》、

---

1 朱鏡宙:〈菩提醫院〉,《夢痕記》(臺中:樂清朱氏詠莪堂,《朱鏡宙詠莪堂全集・外編》,1970 年),頁 610-611。
2 朱鏡宙:〈《雪廬詩文集》重印序〉,《雪廬詩集》,《全集》第 14 冊之 1,頁 1-6。

《五乘佛法與中國文化》。外編為《夢痕記》、《思過齋叢話》。並兼內外編之《詠荍堂文錄》、《詠荍堂文錄續篇》。內編四種復由瑞金周公慶光夫子列入「中華大典」宗教類佛學部門。」[1]徐業鴻（淨空法師）、徐醒民，皆受朱鏡宙引領學習，先後至臺中親近炳南先生。

九月十九日，成都《佛化新聞》刊出如岑法師為《思歸集》撰寫之〈發凡〉。該書出版前並請印光大師作〈序〉。[2]

是年秋，有詩：〈訓莒州趙阿南〉二首、〈九日蘭墅宴集〉。（《雪廬詩集》，頁138）

〈訓莒州趙阿南〉二首：
客鬢秋逾短，鄉書亂後稀；渝天雁初到，莒路夢常歸。
老去身猶健，重逢願恐違；思君時北望，但有峽雲飛。
盛事難回憶，安身道有同；琴樽歌芳歲，鼓角勁秋風。
鱸膾慚張翰，蓮池淑遠公；巴山多夜雨，剪燭意何窮。

〈九日蘭墅宴集〉：瀘酒滿浮金巨羅，客懷聊借醉消磨；慭忘胡馬關山近，且喜故人風雨過。木落江天秋色遠，城昏碪杵晚涼多；菊花欲插還成笑，短鬢蕭騷奈

---

1 參見：徐醒民：〈朱公鐸民老居士傳〉，《明倫》第203期（1990年4月）。

2 《佛化新聞》第155期（成都：1940年9月19日），第2版；今收見黃夏年主編：《稀見民國佛教文獻彙編（報紙）》第8冊，頁208。

1940 年・民國 29 年 | 51 歲

爾何。

十月十七日，王獻唐十月自樂山來向家灣國史館任職，與邢藍田共同移居重慶歌樂山雲頂寺。與奉祀官府為鄰，因與先生多所往來。[1]

《孔德成先生日記》：（夏曆九月）十七日。獻唐、仲采移居雲頂寺，送菜四味予之。[2]

【小傳】邢藍田，字仲采，河北文安人，抗戰前曾任濟南市財政局長。好搜藏書籍。在王獻唐館長支持下，六次前往章丘鵝莊訪書，訪得李文藻等人手劄、字畫、金石拓本、古錢幣、珍貴典籍多種。應邀為山東省立圖書館撰寫《奎虛書藏記》。王獻唐辭職後，副總幹事一職，先由任丘張藎臣先生繼任，繼又由文安邢仲采（字藍田）先生以纂修兼任主持。「仲采先生抗日戰爭前曾任山東省政府祕書長，詩文俱佳，有名的北方才子，在山東與獻唐先生共事多年，詩酒酬唱，相交甚篤，獻唐先生長仲采先生三歲，形同手足。」[3] 一九四四年九月，先生應考試院考選委員會檢覈中醫師資格，邢藍田以「前濟南市市長」名義，證明先生曾「在濟南市執行中醫業務七年以上，著有聲

---

1 張書學、李勇慧：《王獻唐先生年譜長編》，頁 810。
2 孔德成：《孔德成先生日記》，頁 181。
3 石可：〈憶尊師王獻唐〉，《春秋》雙月刊（濟南：山東省政協文史資料委員會），1994 年第 2 期。

譽。」（見 1945 年 2 月譜文）

王獻唐與孔德成先生，俱為丁惟汾門下。是時，師生三人俱集歌樂山，每逢假日，孔、王二人必偕同至丁惟汾處受業。

孔德成，〈詁雅堂侍師記〉：二十七年，政府遷渝，〔師〕為成每週講《毛詩》及古韻，並按古韻以誦《詩》，師誦，成亦隨之誦，至能背誦而後已。誦畢，將均〔韻〕部注於經文之旁，如是者年餘。後師與成皆鄉居，值休沐，必偕王獻唐先生詣師。師取經、史諸書，親自講授。[1]

十月十九日，屈萬里應徵教育部工作，派發至成都教育工作團。先生等設宴餞行。

《孔德成先生日記》：（夏曆九月）十八日。翼鵬向余告長假，准之。朝夕相處一歲餘矣，乍然相別，感慨無已，況余之交翼鵬，翼鵬之對余，非泛泛比也。[2]

《孔德成先生日記》：（夏曆九月）十九日。讀《儀禮》。晚炳南等宴送翼鵬，余飲多，微有醉意。[3]

---

1 孔德成：〈詁雅堂侍師記〉，《丁惟汾先生史料匯編》，頁 3282-3283。另參見：丁爻：〈丁惟汾與王獻唐、孔德成的師友關係〉，《丁惟汾先生史料匯編》（臺北：國史館，2014 年 10 月），頁 3205-3271。

2 孔德成：《孔德成先生日記》，頁 181。

3 孔德成：《孔德成先生日記》，頁 181。

1940 年・民國 29 年 | 51 歲

劉兆祐，《屈萬里先生年譜》：秋，教育部徵求社教工作人員，先生寫信應徵，錄取後派至成都教育工作團工作。該團設在一職業學校，先生之工作為管理該職業學校圖書，並兼授兩小時歷史課。冬，由財政部參事李青選先生之推薦，中央圖書館館長蔣復璁先生聘先生為編纂，管理善本書。[1]

廖玉惠，〈讀書與治學的歷程——訪屈翼鵬先生〉：到民國廿九年，國家經濟愈來愈緊了，物價愈來愈貴，孔先生除了供我吃飯外，每月還給我七十元零花。雖然在那期間我利用時間把《皇清經解》中和易經有關的書都看了，並且撰成了《先秦漢魏易例述評》一書，對我幫助固然很大，但我在那兒無事可做，自己愈想愈不過意。到了夏天，我實在忍不住了，便對孔先生說：「我在此地一點用處也沒有，你的錢多時還無所謂，但現在我看也很緊，我實在待不下去了，請你允許我另外找工作。」他很爽快地說：「我如果有什麼對不起你的地方，請你痛痛快快地說，若是我的錯，我一定改，如果沒有的話，你不能走。我挨餓時，你跟著我挨餓，我現在有飯吃，雖是粗茶淡飯，大概也還能吃飽，你絕不能走。」到了秋天，教育部徵求社教工作人員。我和孔先生辭行說：我現在已有工作了，我在這兒反正也沒事做，請你不必再留我了。他沒有辦法，只好讓我

---

[1] 劉兆祐：《屈萬里先生年譜》，頁 28。

去了。[1]

餞別宴時，先生有詩〈餞別屈翼鵬赴長生橋〉。（《雪廬詩集》，頁138-139）

〈餞別屈翼鵬赴長生橋〉：世路多艱險，關山厭別離；文章自有品，道義本無私。舊德何由報，良箴足可師；明朝江霧隔，且盡掌中巵。

十月二十六日，孔德成奉祀官長子維益週歲。先生等送酒席一桌為賀禮。

《孔德成先生日記》：（夏曆九月）二十六日晴。今日維益周歲。讀《儀禮》。十二時警報，二時許解除。被炸處仍在南岸一帶。讀《漢書》，讀《荀子》。壽如太太送酒席一桌，炳南等送酒席一桌。[2]

【案】孔維益一九三九年十一月出生，《中央日報》刊載：「至聖奉祀官孔德成夫婦，於七日下午三時慶弄璋之喜。嬰兒經歌樂山李士偉大夫接下，此為孔之長子，即為七十七代至聖先師之後裔云。」[3] 孔先生長女維鄂，一九三八年一月在漢口出生，以古地名鄂州取名；長子維益，出生於重慶，以古地名益州取

---

1 廖玉惠：〈讀書與治學的歷程──訪屈翼鵬先生〉，《屈萬里先生文存》第6冊，頁2121-2134。
2 孔德成：《孔德成先生日記》，頁182。
3 見《中央日報》，1939年11月9日，第2版。

名。應皆呂今山所命名。[1]

十一月十七日，月餘未有曲阜孔府消息，致函曲阜詢問近況。

《孔德成先生日記》：（夏曆十月）十三日　陰。月餘未接家書，頗以為念。[2]

《孔德成先生日記》：（夏曆十月）十八日　陰。炳兄致函一叔、心敏二師詢曲近況。[3]

十二月二日，夏曆十一月初四，清晨五點，印光大師預知時至，安詳捨報於蘇州靈巖寺。

靈巖山寺護關侍者，〈印光大師示寂記〉：印光大師，今年八十，法體素健。二十八日早起，精神如常，午間亦進飲食，下午一時，大師召集在山全體執事及居士等三十餘人，告眾曰：「靈巖住持，未可久懸。」即以妙真師任之。於是占十一月初九日為妙真師升座之期，大師曰：「太遲了。」次改選初四日，大師曰：「亦遲了。」乃復擇初一日，大師曰：「斯可矣。」議定後，進晚餐，即休息，至後夜分，抽解六次皆溏瀉。二十九日晨，精神少現疲乏，過午即恢復，行動如常，

---

1 《孔德成先生日記》：「（夏曆十月）初二　陰雨。呂師命名『維益』，字『魯僑』，號『小魯』。」見：頁117。
2 孔德成：《孔德成先生日記》，頁185。
3 孔德成：《孔德成先生日記》，頁185。

晚食稀粥一碗，且準備翌日親為妙真師送座，入夜安寢。十一月初一日，早起精神甚佳，並討論接座儀式頗詳。因真達老和尚由滬趕至，故送座之事，乃由真老行之。初三日，早午均見良好，尚能自己行動，至解房大小淨，便後洗手，佛前禮佛，及在室外向日二次，食粥一碗。入晚又進粥碗許，食畢對真達老和尚云：「淨土法門，別無奇特，但要懇切至誠，無不蒙佛接引，帶業往生。」說畢，少須，大便一次，尚不須人扶持，嗣後精神逐漸疲憊，十時後，脈搏微弱，體溫低降。初四日上午一時三十分，大師由床上起坐云：「念佛見佛，決定生西。」言訖，即大聲念佛。二時十五分，大師坐床邊呼水洗手畢，起立云：「蒙阿彌陀佛接引，我要去了！大家要念佛，要發願，要生西方。」說竟即坐椅上。侍者云：「未坐端正。」大師復自行立起，端身正坐，口唇微動念佛。三時許，妙真和尚至，大師吩咐云：「你要維持道場，你要弘揚淨土，不要學大派頭！」自後即不復語，只唇動念佛而已。延至五時，如入禪定，笑容宛然，在大眾念佛聲中，安祥生西矣。直到現在，矗坐如故，面貌如生。護關侍者謹白民國二十九年夏曆十一月初四日下午八時記。[1]

印光大師捨報後，靈巖寺諸弟子向外徵集正、續《文鈔》未收之大師函稿。先生特選印光大師函示有關論道者，悉

---

[1] 靈巖山寺護關侍者：〈印光大師示寂記〉，《印光大師永思集》。

1940年・民國29年 | 51歲

數付郵。惜因戰亂,未能寄達,湮沒於世。

〈靈巖山寺啟事〉:徵集本寺所無之各件如下:一最初印刷出版之文鈔。(在弘化社開辦以前者,即非該社所印之文鈔。)二老人墨寶。(如對聯書函及其他一切文稿。凡關於老人之遺墨,皆徵集之。)三照相。(凡二十八年以前老人所攝之影,不問何時何地、個人團體,一律徵集。)以上各件,如蒙割愛,無任歡迎,倘自願保存而不忍割愛,亦請將品名及保存人與地點示知,俾代登記而資考查。[1]

〈印公紀念堂布置就緒,並徵求遺稿照片〉:(印公)文字般若足以繼雲棲靈峰二老,無一字無來歷,無一語之虛設。惟生平對各方開示信札及所為文稿絕不留底。正續編文鈔所載,皆由他人抄錄。而未經抄出,有刊行流通必要之作尚不在少數。迺者泰山已頹,親炙無由,片簡隻字,尚足珍貴,而況等身著述,莫非載道喻訓之作、親證心得之語,湮沒不彰,實非所安。該寺為特徵求,各方善信,凡有大師文稿手札留在者,請即寄交蘇州木瀆靈巖山寺,以便編印流通,原稿錄出後,仍即寄還。[2]

---

1 《覺有情》第30期(1940年12月16日),第9版。收見黃夏年主編:《民國佛教期刊文獻集成補編》第61卷,頁155。
2 〈印公紀念堂布置就緒,並徵求遺稿照片〉,《弘化》第2期,頁28-29;今收見黃夏年主編:《民國佛教期刊文獻集成補編》第68卷,頁62-63。直至明年都仍布告徵求,如:《佛化新聞》第176期(成都:1941年2月27日),第1版;今收見黃夏年主編:《稀見民國佛教文獻彙編(報紙)》第8冊,頁243。

編者，〈靈巖書樓簡介〉：民國二十九年，祖師圓寂後，靈巖諸弟子向外徵文，擬編文鈔續集，師選有關論道者，悉數付郵，卒未寄達，湮沒於世，至為可惜。現存之十餘封，雖非專門論道者，然學者恭讀之後，道心已油然而發，實為希有之法寶。[1]

【案】靈巖山寺徵集函稿，即多年後輯成之《印光大師文鈔三編》。該書刊行事頗曲折：先是經七年搜集，經羅鴻濤居士編輯，於一九五〇年結集成冊；再請慧容法師楷書抄寫，妙真和尚、德森老法師、寶存我居士審閱校勘，然卒未能付梓，將稿收藏於蘇州靈巖山寺，由妙真和尚保存珍藏於經樓。文革十年，靈巖山寺頻遭破壞。至一九八〇年，靈巖修復，住持明學法師於藏經樓清刻龍藏內發現此書稿，完整無恙。而後於一九八九年始得發行流通。台中蓮社於一九九二年冬影印發行，卷末增錄印光大師函示炳南先生之翰札七通。[2] 原函現存十餘紙，存供於台中蓮社雪廬紀念堂。

十二月八日，奉祀官至北碚參加張自忠將軍祭典。祭禮由丁惟汾主祭，奉祀官及吳錫九陪祭。

《孔德成先生日記》：（夏曆十一月）十日　陰。

1　編者：〈靈巖書樓簡介〉，《明倫》第 1 期，1971 年 3 月。
2　見徐醒民〈景印序〉，羅鴻濤〈序〉，明學法師〈跋〉：《印光大師文鈔三編》（臺中：青蓮出版社，1994 年），頁 1-2、1125-1126。

早八時,赴北碚致祭張藎忱將軍及于範亭太姻長,由鼎丞師主祭,予與吳錫九先生襄祭。同鄉到約六十餘人。祭畢,在長生橋(金蘭飯店)聚餐。余與瀞庵二叔、玉昆五叔、雪南同赴碚市小餐。林君在瀞叔家便食,下午三時半歸。[1]

【案】《孔德成先生日記》中記事未必將同行者皆載錄,如一九四一年三月六日事,孔先生記「下午往訪獻唐」,未錄同行者誰;然王獻唐《日記》則記「孔德成、李炳南來談。」[2] 唯此次祭禮,「同鄉到約六十餘人」,行禮後亦未見炳南先生參與跡象。此一方面透露奉祀官府的分工情形,同時也可能是炳南先生的蔬食原則與同儕聚餐之間的拿捏。

十二月九日,屈萬里經孔德成先生介紹,輾轉應聘擔任國立中央圖書館編纂。

《孔德成先生日記》:(夏曆十一月)十一日陰。翼鵬來,中央圖書館事已成,彼擔任編纂事。[3]

廖玉惠,〈讀書與治學的歷程——訪屈翼鵬先生〉:在那(案:指成都教育工作團)待了個把月,我回去看孔先生他們,問過那邊的情形後,都認為太艱

---

1 孔德成:《孔德成先生日記》,頁189。
2 王獻唐:《平樂廬日記》(未刊),引據《王獻唐年譜長編》,頁819。
3 孔德成:《孔德成先生日記》,頁189。

苦。孔先生就暗中替我另謀工作。……於是進了中央圖書館管理善本書。這時是民國廿九年冬天。[1]

是年冬,有〈山居遣興〉:

己覺人間萬事慵,有時江上看青峰;鬚髯慚向新朝市,風雨愁牽舊菊松。細嚼詩書香不減,靜思親友惠皆濃;山深更喜無拘束,葉落霜高臥曉鐘。(《雪廬詩集》,頁139)

---

1 廖玉惠:〈讀書與治學的歷程──訪屈翼鵬先生〉,《屈萬里先生文存》第 6 冊,頁 2121-2134。

1941年・民國30年・庚辰－辛巳
52歲

【國內外大事】
- 十二月，中國正式對日、德、義宣戰。
  珍珠港事變。

【譜主大事】
- 一月，至長安佛學社參加「印光老法師追薦會」。
- 五月，協助孔德成先生於歌樂山雲頂寺成立「中華孔學會」。
- 七月，請王獻唐、熊夢賓、孫奐崙、劉君復、陳名豫、孔德成先生等多人為〈宋張璩史氏造像磚拓片〉題詞。歷時一年有餘。

一月十二日,至長安佛學社參加「印光老法師追薦會」。追薦會由梅光羲居士等發起。太虛大師亦於月底在漢藏院率領全院師生誦經追薦。

〈印光大師圓寂十周年紀念回憶錄〉:行荼毘禮時,因著戰禍未靖,區區未得參加。甚為痛心!在重慶長安寺由太虛大師發起一個追悼會,一般同學,恭往頂禮念佛,只有相嚮而哭罷了。[1]

〈報導〉:印老法師追薦會啟事:敬啟者:淨宗大師上印下光老法師於佛曆二十九年冬月初四日在蘇州靈巖寺圓寂。丁茲末法,失此導師,佛界同仁彌深悲痛。茲訂於國曆一月十二日(即佛曆臘月十五日)起在重慶佛學社念佛三日助其上生。凡皈依及敬仰老法師者,敬祈屆期惠臨佛學社參加念佛,以資迴向。此啟。發起人:梅光羲、王劭深、馬如雲、王允恭、屈映光、謝劍、韓大載⋯⋯同啟[2]

〈報導〉:漢藏院追薦印老法師　虛大師領導:巴縣北培縉雲山漢藏教理院,於冬月二十五日,由太虛大

1　李炳南:〈印光大師圓寂十周年紀念回憶錄〉,《雪廬寓臺文存》,《全集》第 14 冊之 2,頁 201-208。

2　〈報導〉,《佛化新聞》第 172 期(成都:1941 年 1 月 16 日),第 2 版;今收見黃夏年主編:《稀見民國佛教文獻彙編(報紙)》第 8 卷,頁 236。

師率領全院師生,誦經追薦印光老法師。[1]

一月二十六日,除夕。孔德成先生邀請王獻唐一同餐敘度歲。[2]

《孔德成先生日記》:(一月)二十五日　陰　小雪　星期六　(夏曆)廿八日。作帖致獻唐、季光,約其明晚來此度歲。[3]

《孔德成先生日記》:(一月)二十六日　陰　星期日　(夏曆)廿九日。獻唐、季光來,飯後去。晚買小鞭放之,早睡。[4]

【案】孔德成先生《日記》,自是年起改用陽曆紀年。「余往所作日記皆以陰曆紀,然事事人皆記以陽曆,殊感不便,遂亦改以陽曆。」[5]

二月二日,正月初七,人日,有詩〈人日〉。

〈人日〉:人日今年天氣佳,姑將虛誕卜時諧;老逢春早仍醒眼,事到憂多且放懷。燒筍招邀方外友,

---

1 〈報導〉,《佛化新聞》第 172 期(成都:1941 年 1 月 16 日),第 2 版;今收見黃夏年主編:《稀見民國佛教文獻彙編(報紙)》第 8 卷,頁 236。

2 王獻唐:《平樂印廬日記》(手稿,引據張書學、李勇慧:《王獻唐先生年譜長編》),頁 813。

3 孔德成:《孔德成先生日記》,頁 198。

4 孔德成:《孔德成先生日記》,頁 199。

5 孔德成:《孔德成先生日記》,頁 195。

供梅點綴水邊齋；何能在位皆伊呂，治亂無從怨爾儕。（《雪廬詩集》，頁 139）

二月五日，與孔德成先生往訪王獻唐，長談。

《孔德成先生日記》：（二月）五日　晴　星期三（夏曆）十日。讀《禮記》。飯後與炳南往訪獻唐，四時歸。[1]

王獻唐，《平樂印廬日記》：（二月）五日　孔德成，李炳南來長談。[2]

二月十日，元宵節。與孔德成先生、梅慕賢出燈謎應節。

《孔德成先生日記》：（二月）十日　陰　星期一　夏曆十五日。讀《禮記》。偕鄂兒往青年會，並買糖果等與之。讀《漢書》，夜與炳南、慕賢出燈謎作戲以應節。接曲阜一菴叔信。[3]

二月二十二日，王獻唐來訪。原有事擬託朱鏡宙幫忙，正好孔令燦邀請朱鏡宙晚飯，請孔德成先生等人作陪。

王獻唐，《平樂印廬日記》：訪達生（孔德成）、炳南，適靜庵由北碚邀其（案：指朱鏡宙）至車站晚

---

[1] 孔德成：《孔德成先生日記》，頁 200。
[2] 王獻唐：《平樂印廬日記》，頁 814。
[3] 孔德成：《孔德成先生日記》，頁 201。

飯，約達生諸人作陪。[1]

三月六日，與孔德成先生往訪王獻唐。[2]

三月十二日，夏曆二月十五，花朝節。有詩〈花朝〉，後又有〈和呂今山獨行有感並次韻〉。（《雪廬詩集》，頁140）

〈花朝〉：隔樹鶯聲滑，溪山雨後時；泉流今日水，花發去年枝。病損早捐酒，習深仍好詩；春歸世還亂，攬鏡減清奇。

呂今山，〈獨行有感〉：邊山風物不勝情，每向無人行處行；故國安心從運數，衰軀借骨識陰晴。方將往看桃花汛，叵耐新聞燕子聲；五度東風春又老，江天惆悵待清明。[3]

〈和呂今山獨行有感並次韻〉：難遣悠悠作客情，每尋邱壑杖藜行；世途無雨偏多淖，國步如春忽放晴。小洞雲封鍾乳藥，亂山松隱畫眉聲；香風幾處吹桃李，俯仰江天眼暫明。

三月十六日，孔德成先生進城，買得《景印米南宮墨跡》一冊相贈。

《孔德成先生日記》：（三月）十六日　星期日　夏

1　王獻唐：《平樂印廬日記》，頁817。
2　王獻唐：《平樂印廬日記》，頁819。
3　呂今山、鍾孝先、趙阿南：《蓮浮集》，頁8。

曆十九日。早偕鄂兒進城，中午在青選處午飯，飯後赴實驗劇院看戲。在中華書局買《景印米南宮墨跡》一冊以贈炳南。歸時已六時許矣。[1]

三月十九日，午後孔德成先生偕同往訪王獻唐，與之討論何叔達所釋梵文印函。

《孔德成先生日記》：（三月）十九日　晴　煖甚　星期三　夏曆二十二日。讀《穀梁傳》。作書致伯母曲阜書，並寄余及林君暨鄂、益近中照片兩張。午後同炳南訪獻唐。晚讀《韓非子》。[2]

王獻唐，《平樂印廬日記》：（三月）十九日。孔德成，李炳南來，李炳南并以何叔達君所釋梵文印函見示。[3]

【案】何叔達，蒙古人，一九三三年經吳潤江引薦皈依諾那上師。曾為〈諾那上師禮贊經〉注音，為《金剛上師普佑法師諾那呼圖克圖法語開示錄》校對。獲諾那上師授權為傳法阿闍梨。

三月二十六日，與孔德成先生往訪王獻唐。[4]

---

1. 孔德成：《孔德成先生日記》，頁 206。
2. 孔德成：《孔德成先生日記》，頁 207。
3. 王獻唐：《平樂印廬日記》，頁 820。
4. 孔德成：《孔德成先生日記》，頁 208。

1941 年・民國 30 年 | 52 歲

同日,渝市諸山假羅漢寺召開中國佛教會重慶市分會會議,公推華岩寺定九和尚為籌備主任。[1] 定九法師於一九三八年五月,與先生獲太虛大師指定共同至監所等處弘化,多有成效。

三月二十七日,午後,觀民先生邀往鑑定明吳門畫派沈周、文徵明師生畫作。

《孔德成先生日記》:(三月)二十七日　陰　星期四(夏曆)卅日。與觀民先生閒談。飯後觀民先生同炳南同往箬青處,將觀民先生攜來沈石田、文徵明兩手卷,請箬青並邀李涵初先生、孫約持先生同觀,皆以為偽品。[2]

【案】沈周(1427-1509),字啟南,號石田,蘇州人。文壁(1470-1559),字徵明,中年後以字行,蘇州人。沈周為明朝吳門畫派的創始人,與學生文徵明及唐寅、仇英合稱為「明四家」亦稱「吳門四家」。

四月五日,清明節,有詩〈和呂今山辛巳清明並次韻〉、〈清明客思〉。後又有〈望雲頂寺〉、〈山齋供花〉。
(《雪廬詩集》,頁 140-141)

呂今山,〈辛巳清明〉:飄泊渝江五度年,牢愁最

---

1 《佛化新聞》第 179 期(成都:1940 年 3 月 28 日),第 1 版;今收見黃夏年主編:《稀見民國佛教文獻彙編(報紙)》第 8 冊,頁 249。

2 孔德成:《孔德成先生日記》,頁 208。

是晚春天；綠陰滿地朵花瘦，又向東風怨杜鵑。[1]

〈和呂今山辛巳清明並次韻〉：柳青梨白自年年，愁似嘉陵水接天；何處是家歸得去，臨風還欲問啼鵑。

〈清明客思〉：嘉陵江上萬峰青，欲望鄉關障作屏；忽羡落花隨去水，難逢折柳贈長亭。塞鴻憑寄龍鍾淚，谷鳥同吟貝葉經；最是絮飛村外路，緆簫斷續不堪聽。

〈望雲頂寺〉：孤峭秀橫空，蒼蒼雨氣濃；六時雲不散，萬境翠全封。寺古隱然見，花深迷所蹤；亂山繁鳥語，清越度疏鐘。

〈山齋供花〉：雷雨聲微欲霽天，萬峰春色曙窗煙；玉缾自汲雲間瀑，亂插山花不費錢。

四月七日，與孔德成先生往訪王獻唐，同至新圖書室。[2]

四月十一日，王獻唐為先生作山水小幅。[3]

四月，王獻唐書寫〈齊器陳侯因資敦文〉相贈。（見《圖冊》，1941年圖1）

王獻唐，〈齊器陳侯因資敦文〉：唯正六月癸未，陳侯因資曰：皇考孝武桓公龏哉大謨，克成其烈，因資揚皇考邵統，高祖黃帝，邇嗣桓文，朝問諸侯，合揚厥

---

[1] 呂今山、鍾孝先、趙阿南：《蓮浮集》，頁7。
[2] 王獻唐：《平樂印廬日記》，頁822。
[3] 王獻唐：《平樂印廬日記》，頁822。

德，諸侯貢獻吉金，用作孝武桓公祭器敦，以蒸以嘗，保有齊邦，世萬子孫，永為典尚。　三十年四月向湖寄舍以齊器陳侯因資敦文愴荒無一合處漫似炳南道長教之　王獻唐[1]

五月，協助孔德成先生於中央廣播大廈召開「中華孔學會」成立大會，會址設歌樂山雲頂寺。

七月十二日，請王獻唐為〈宋張璩史氏造像磚拓片〉題詞。[2] 王獻唐、屈萬里、李義貴於樂山照顧山東圖書館移運珍藏時，無意間於附近拾得白塔遺磚，拓印多本分贈友人。先生獲贈其一。一九三八年十二月，先生有詩〈題宋笵塔磚拓本〉并序述其事。今特請友朋題記。王獻唐先後題寫兩段詳述其事。

　　　　王獻唐，〈宋張璩史氏造像磚拓片‧題詞〉：北宋大中祥符間，於樂山西關建墻，俗呼白墻。昔歲拆脩市道，墻遂不存而舊名仍在，即今白墻街是也。墻由信士集資砌成，磚范墻形，別刻信士名記，趁濕鈐之，文各不同。白墻拆毀之後，以磚售人建房，散佚四方。二十八年，與魚臺屈君翼鵬寓居樂山大佛寺下院，翼鵬一日於竈間搜得一凸，為搨墨題詠。越歲，樂山被炸，

1　王獻唐：〈齊器陳侯因資敦文〉，陳永寶編校：《王獻唐先生詩文書畫集》（南投：王仲懿印行，1986年），頁65。

2　〈宋張璩史氏造像磚拓片題記〉，收見《雪廬老人題畫遺墨》，「附雪廬老人皮藏」，《全集》第16冊，頁250。

瓦礫狼藉。李僕義貴檢得二凸持來，言餘磚尚多，命其按日搜訪，時已移居凌雲山，須渡江往取，甚不便也。又數日，自往尋覓，見為郵局砌舖小道，凡四十餘，面下背上，深慧李僕識力能透磚面也。揭而檢其完整文不重複者二凸，抱持而行，此即其一。天氣炎熱，磚又累重，未數百武，已汗下如雨。方躊躇間，追者忽至，蓋為郵局工人所見，以為怪而告其長官，命之追取也。余取名刺付之，呵而方退，知名刺一去餘磚必為所壓。越日，告友人朱鐸民再往掇拾，已蕩然矣。向局長力索，廑得殘凸數枚。頃來陪都，炳南先生以墨本屬題，即李僕所揭寄也。暑記原委，用博一粲。　　琅琊王獻唐

匋器趁濕以印鈐記始於姬周，其後秦瓦量沿之，上虞羅氏以瓦量為吾國雕印之祖，非也。六朝以下，佛象磚間用其法，惟極尠見。濰邑高氏上匋室藏一品，陳氏亦藏一品，皆歸山東圖書館。喪亂以來，存佚未卜，凌晨題此，念之愴然。　　卅年七月十二日　獻唐再記[1]

此拓本日後分別請得熊夢賓、孫奐崙、劉君復、陳名豫、孔德成先生等多人題記。歷時一年有餘，考訂古物、詳述由來。[2]（《圖冊》，1941年圖2）

1　王獻唐：〈宋張璩史氏造像磚拓片・題詞〉，陳永寶編校：《王獻唐先生詩文書畫集》，頁70；參見：張書學、李勇慧：《王獻唐先生年譜長編》，頁813。

2　〈王獻唐贈（宋張璩史氏白塔造像磚）拓片・孔德成等題記〉，收見《雪廬老人題畫遺墨》，「附雪廬老人庋藏」，《全集》第16冊，頁250。

1941 年・民國 30 年 | 52 歲

　　孔德成，〈宋張璩史氏造像磚拓片・題詞〉：
千載浮圖跡象空，佛專歷盡竈灰紅，因緣終遇桓譚識，拓本而今流向東。
履跧柴炙未磨消，志乘依稀北宋朝，共有古懷言不盡，西窗風雨夜瀟瀟。
題樂山白塔專，即希炳南仁兄　雨政。　壬午中秋達生弟孔德成，時同客巴山。

　　孫奐崙，〈宋張璩史氏造像磚拓片・題詞〉：白塔崔巍迹已平，街坊猶喚舊時名，只餘磚上浮圖影，留照人間劫火明。伯樂經過冀馬空，世間沉滯幾英雄，茲磚不遇王居士，踐踏從人瓦礫同。炳南仁兄屬題宋張璩夫婦造象磚，因讀獻唐先生題志，感成二截句，敬乞是正。辛巳立冬後五日，弟孫奐崙同住歌樂山。

　　【案】諸君題記歷時甚久，一九四一年七月王獻唐，同年重九（10 月 28 日）熊夢賓、中秋（10 月 5 日）孔德成先生、立冬後五日（11 月 13 日）孫奐崙，一九四二年七月劉君復，未署日期陳名豫。題記諸君除孔德成先生外，簡介如下：[1]

　　【案】王獻唐（1896-1960），別號向湖，山東省日照人，擅經學、金石學。以金石學授與奉祀官孔德成，兩人交流，亦師亦友。曾任山東省圖書館館長、

1　參見：泉居（張清泉）：〈宋張璩史氏造象磚拓本題記釋文考訂（上、下）〉，《明倫》第 475、476 期（2017 年 6 月、7/8 月合刊）。

國民黨中央黨部主任祕書。（先生與王獻唐初識於一九三一年一月二十二日，小傳見該日文）

【小傳】劉君復，生卒不詳，字子谷，湖北漢川人，書畫收藏家，曾任澳門同盟會分會盟主、上海市政府工務局科長。

【小傳】熊夢賓（1886-1953），字觀民。山東陽谷縣人。清末秀才。民國初年，先後擔任山東省教育廳廳長、膠澳督辦公署祕書長、京漢鐵路局局長、西北軍祕書長等職。一九四八年在山東省第五選區遞補當選第一屆立法委員。一九五〇年，任山東省人民政府委員兼省文史館館長，並被民革中央委派為山東省民革負責人。一九五三年冬病逝於濟南。

【小傳】孫奐崙（1887-1958），字藥埧，號庸齋，河北直隸人。善書法，曾任山西陽曲縣（太原舊治）知事。歷任山西省冀甯道尹、河北民政廳長、山西省政府委員兼任山西省民政廳長、國民南京政府銓敘部參事等職，有政績。後隨國民政府遷臺，擔任考試院主任祕書。遺作有《洪洞縣誌》、《庸齋詩集》、《河北省民政廳半年工作摘要》、《河北省二年來任用縣長之經過》、《河北省民政紀要》、《河北省民政統計》等。一九四九年在臺中，與先生仍有往來（見1949年6月1日、14日譜文）。孫奐崙善書法，名滿三晉。一九五八年，病逝於臺灣，享年七十一歲。

【小傳】陳名豫（1882-1966），字雪南。山東滕縣人。清末秀才，曾入同盟會，民國時期任國會議員。

1941年・民國 30 年 | 52 歲

歷任山東省民政廳、工商廳廳長,中央文官處參事等職。曾任山東省圖書館長,其前為莊陔蘭太史,後來王獻唐也曾出長省圖。一九一九年六月,傅斯年北京大學畢業,參加官費出國考試。成績雖名列前茅,但主考官不想錄取他,因他是《新潮》主編、五四遊行總指揮。陳雪南時任山東教育廳科長,力排眾議、挺身而出為傅斯年爭取名額道:「如果成績這麼優越的學生,都不讓他留學,還辦什麼教育!」傅斯年因而被錄取為山東官費留學生。對日抗戰時,居重慶八年。一九四六年,返濟南。一九四八年,當選第一屆立法委員。一九四九年後,曾任山東省政協委員。擅書法,有名於時。居蜀時,與奉祀官孔德成先生及炳南先生來往密切,有多首詩酬唱。如:一九四二年八月八日、一九四三年四月五日等。

八月十四日,孔德成先生邀集共商,將原有防空洞加深。

《孔德成先生日記》:(八月)十四日　晴　星期四　(夏曆)廿二日。早與炳南、慕賢共商鐫防空洞事,將原有之防空洞加深也。十一時警報,三時解除。[1]

八月三十日,下午,與孔德成先生往訪王獻唐。王出示新出土古器物拓片,字體與毛公鼎相近,當是同時之文物。

《孔德成先生日記》:(八月)三十日　晴　星期

1　孔德成:《孔德成先生日記》,頁 233。

六（夏曆）八日。益兒熱退，仍服藥。十時警報，敵機投彈地點，頭兩批仍在沙坪壩、小龍坎、磁器口之間，火勢甚烈，三四五批皆在城中，二時解除。同炳南往訪獻唐，獻唐出示寶雞新出土之銅器拓片，鐘一、敦一、簋一，皆善夫梁其所作，字體與毛公鼎相近，蓋同時器也。獻唐云：鐘、敦、簋外尚有提梁卣一、罍二，無銘字，然花文絕精，此數器者，聞係蔭亭以國幣六萬在西安所購，欲以贈某公，請獻唐審定者也。鐘奇大，銘文特多，即在十鐘山房中，亦上品也。卣為繩文，頗似商器，余未見原器，皆聞之獻唐云。[1]

九月一日，與孔德成先生及其家人上雲頂寺賞桂花。

《孔德成先生日記》：（九月）一日　晴　星期一（夏曆）初十日。（接王師書）讀《國語》。一時警報，三時一刻解除。偕林君、炳南、鄂兒赴雲頂寺看桂花。[2]

九月二十三日，孔德成先生為作一方印。

《孔德成先生日記》：（九月）廿三日　晴　星期二　（夏曆）三日。讀《左傳》、胡《史》，閱《逸經月刊》。夜，倚枕燈下閱之，山靜人寂，草蟲亂鳴，此

1　孔德成：《孔德成先生日記》，頁236。
2　孔德成：《孔德成先生日記》，頁236。

時此景,別有風味也。為炳南作印一方。[1]

十月十一日,如岑法師榮任定光寺改十方淨宗道場後首任住持。

〈報導〉:華陽縣定光寺改十方淨宗道場,如岑法師任首屆大和尚。於國曆雙十節後一日即陰曆八月二十二日行開山禮,并請四川省佛教會理事主席昌圓老法師為如岑和尚掛珠。國府主席林森題頒「定光寺」「淨宗道場」二匾。三門內外所有聯文均用印老人之遺句,以誌景仰。[2]

【案】四川華陽縣定光寺改為十方叢林淨宗專修道場,期以闡揚佛學提倡淨宗化導社會改善人心。如岑法師被選為首任方丈,應為當時當地之大事,佛教報紙為此出版專輯,並以四個版面報導。法師接任後於十二月二十日(印光老人歸西一週年紀念日)起開講《佛說阿彌陀經》。[3] 如岑法師被教界視為印光大師法弟子,此所以先生日後在蜀、在京、在臺,介紹通信皈依都優先推薦如岑法師。

---

1 孔德成:《孔德成先生日記》,頁240。

2 《佛化新聞》第223期:定光寺淨宗道場開山紀念專刊(成都:1942年2月12日),第1-4版;今收見黃夏年主編:《稀見民國佛教文獻彙編(報紙)》第9冊,頁49-52。

3 《佛化新聞》第216期(成都:1941年7月17日),第1版;今收見黃夏年主編:《稀見民國佛教文獻彙編(報紙)》第9冊,頁38。

十月十九日，與孔德成先生上雲頂寺觀畫、訪友。

　　《孔德成先生日記》：（十月）十九日　陰雨　星期日　（夏曆）廿九日。讀《左傳》，飯後與炳南、靖宇同赴雲頂寺看金某畫，並訪柯先生。[1]

十月二十九日，孔德成先生為先生之白塔磚拓本題詞。（見《圖冊》，1941年圖3）

　　《孔德成先生日記》：（十月）廿九日　晴　星期三　（夏曆）十日。晚為炳兄題宋白塔磚拓本二絕云：「千載浮圖跡象空，佛磚塵盡竈灰紅，因緣終遇桓譚識，拓本而今流向東。」「奇物從來已罕傳，志書曾記大中年。巴山風雨多題詠，應入《石渠》第幾篇。」[2]

　　【案】孔先生《日記》所記詩第二首與今炳南先生《全集》（第16冊，《題畫遺墨》，頁250）所錄拓本題詞不同，係為後來抽換。拓本題詩第二首為：「履跧柴炙未磨消，志乘依稀北宋朝，共有古懷言不盡，西窗風雨夜瀟瀟。」今所見圖落款為「壬午（1942）中秋」，此處孔先生《日記》則是一九四一年十月事（參見1941年7月12日譜文，及《圖冊》，1941年圖2、圖3）。

十一月十九日，與孔德成先生進城，料理麵粉、汽油等事。

1　孔德成：《孔德成先生日記》，頁247。「柯先生」應是柯璜（定礎）。
2　孔德成：《孔德成先生日記》，頁248-249。

後在城內進食、看書。
　　《孔德成先生日記》：（十一月）十九日　晴　星期三　（夏曆）十月一日。早偕炳南進城，料理麵粉及汽油各事，在紫竹林小食，並在米亭子看書。[1]

十二月三日，先生求受五戒之戒堂濟南淨居寺，創修禪堂落成，請真空法師主持禪七。真空法師為先生禪宗老師。
　　〈濟南淨居寺禪堂落成〉：東關淨居寺創修禪堂。並附建寮堂工程。業經告竣。于本年十二月三日。即夏曆十月十五日。舉行落成典禮。並請真空禪師蒞濟打七。繼續起香。望諸山長老暨檀護。惠臨參加云。[2]

十二月五日，復性書院樊漱圃來函贈詩求教，先生和詩以酬；此後又有多首酬唱。亦以此因緣得讀馬一浮詩稿，與馬一浮亦有詩作唱和。〈次韻詶樊漱圃贈詩〉、〈贈樊漱圃〉、〈次韻詶樊漱圃贈詩〉、〈讀馬一浮避寇集〉二首。（《雪廬詩集》，頁142-143）
　　樊漱圃，〈樊漱圃來函〉：「大雅李侯度，沈酣太白詩；聞名心久慕，遙念意先馳。文字緣應重，羈棲寄所思；魯賢何日見，趨謁待他時。」拙句一首呈贈，敬希炳南祕書先生誨政，並求賜和為感。後學樊鎮漱圃氏

---

[1] 孔德成：《孔德成先生日記》，頁252。
[2] 〈濟南淨居寺禪堂落成〉，《佛學》第242期（1941年12月），頁10；今收黃夏年主編：《民國佛教期刊文獻集成補編》第65卷，頁502。

頓首拜上，三十年十二月五日詩以代柬[1]

〈次韻詶樊漱圃贈詩〉：感子殷勤贈，長城五字詩；空山今雨少，極浦暮雲馳。肝膽真堪照，文章不可思；交遊禮數短，久愧鄭當時。

〈次韻詶樊漱圃贈詩〉：半面纔鋪粉，八乂偏有詩；未能迷下蔡，豈敢鬥西施。屈宋多餘響，江山麗藻思；虞颺終自愧，係雁每遲遲。

〈贈樊漱圃〉：舉世重才華，吾兼敬德操。多公揚先芬，揆義稱大孝。寰海鬱硝煙，連城鬥虎豹。奉遷皇祖象，顛沛紆孤櫂。遠寄雲中書，得瞻古賢貌。作頌愧乏才，集詩體多拗。託斯翰瓣香，豈足細雛校。時尚訾宗法，腥羶互爭效。喧咶雨後蛙，接響長夜鬧。眾醉安可扶，踉蹡踏泥淖。誰能潔其身，大路獨騰踔。吾友松柏姿，疾飆不折橈。以茲歲寒心，庶可翊風教。

【案】樊鎮，字漱圃，生平不詳。馬一浮《爾雅臺答問續編》卷四開頭錄有〈示樊漱圃〉十六則，中有「老而好學如炳燭之明，當視年少者為益力」；馬一浮另有詩〈答樊漱圃〉：「論年炳燭共餘光，尚有題詩寄草堂。歲暮空山雙樹下，幾人白髮對斜陽。」知樊已非少年，問學於馬一浮之復性書院者。上引詩句「遠寄雲中書，得瞻古賢貌」，或即指樊寄贈馬一浮詩集《避寇集》者。先生因有次首詩作。馬一浮以「古貌古心」著稱。

---

[1] 樊漱圃：〈樊漱圃來函〉，《雪廬詩文集》，《蜀道吟》卷末附錄。

〈讀馬一浮避寇集〉二首：
文細嚴於律，旨微深入禪；能從摩詰室，出拍少陵肩。
興廢群生淚，江山小劫緣；是花還是筆，拈到十分圓。
斯道存天壤，江南有一翁；今人徒好事，古調定無同。
潮憾鯨吞海，秋高月在空；將壇建旗鼓，誰敢共爭雄。

【小傳】馬一浮（1883-1967），原名浮，號湛翁，晚號蠲叟、蠲戲老人。浙江紹興人，父任四川仁壽縣知縣時，生於四川成都。曾赴美國學習英語，後又赴日本、德國和西班牙學習外語。一九〇六年起，在文瀾閣埋首讀《四庫全書》三年。一九一八年，弘一大師受大戒時，馬一浮以《靈峰重治毘尼事義集要》、《寶華傳戒正範》相贈。一九二八年，為豐子愷撰《護生畫集‧序》。抗戰時，應浙江大學校長竺可楨聘為「特約講座」，講稿輯為《泰和會語》《宜山會語》。一九三九年，在四川樂山籌設復性書院任院長兼主講，有《復性書院講錄》、《爾雅臺答問》等書刊行。抗戰勝利，回杭州，續以書院主講兼總纂名義從事刻書。任浙江文史館館長、中央文史館副館長、第二、三屆全國政協委員會特邀代表。文革時受難，一九六七年在杭州逝世。現代新儒家徐復觀以馬一浮與熊十力、梁漱溟、張君勱並稱「中國當代四大儒」。[1] 馬一浮讀先生此詩後，題詩回贈（見 1942 年 1

---

[1] 徐復觀：〈如何讀馬浮先生的書——代序〉，《爾雅臺答問》（臺北：廣文書局，據復性書院叢刊刻本影印，1973 年，二版）。

月譜文)。

十二月八日(夏威夷時間為七日),日本發動偷襲,重創美國夏威夷領地珍珠港海軍基地。美國國會通過對日本宣戰。同日,英國、加拿大、澳洲、荷蘭等均對日本宣戰。

十二月九日,中華民國國民政府正式對日本宣戰,同時並對德國、義大利宣戰。

十二月二十二日,寫意畫家董壽平繪贈墨竹一幀。
  墨竹　炳南仁兄方家雅正　辛巳冬日董壽平　寫於岷江草堂[1]

  【小傳】董壽平(1904-1997),當代著名寫意畫家、書法家。原名揆,字諧伯,後慕南田惲格(字壽平),遂改名壽平,山西臨汾人。自幼受家庭薰陶酷愛書畫,刻苦自學。初畫花卉後研山水,尤以畫松、竹、梅、蘭及黃山風景而著稱。一九三一年書畫問世即蜚聲京華,一九三八年後在西安、成都等地從事書畫創作。曾為全國政協書畫室主任,北京中國畫研究會名譽會長,山西省文物研究會名譽會長。

---

[1] 收見《雪廬老人題畫遺墨》,「附雪廬老人庋藏」,《全集》第16冊,頁258。

1941年・民國30年 | 52歲

是年,又有詩〈有寄〉、〈題止止室印存〉、〈訓莊敬生〉。
(《雪廬詩集》,頁143-146)

〈有寄〉:君看折藕斷,一寸萬行絲。不似春蠶繭,抽來有盡時。

〈題止止室印存〉:窮秋漠漠巴山雨,日看莓苔綠庭宇。有時感慨彈青鋒,溪鳥共嘯影同舞。孫君奇士來故鄉,縱談今古歡呼狂。操刀能作金石字,夔鳳交錯森光芒。周籀秦斯在腕底,更工西泠效近體。觚樽插花互增妍,別有天機不觸抵。清才絕藝嘗自憐,導我同觀金玉編。朱霞白雲幻百狀,異客聊識鴻雪緣。昔年曾有嗜古癖,拓墨調朱昧朝夕。簠齋萬印皆按圖,金鄧陳黃常接席。自從喪亂居新都,往事如夢多模糊。見君此編輒心喜,議論生風口噴珠。王子獻唐今擅此,繩床日醉慵不起。聞君私淑擷其英,來者定能冰生水。還君此編為君歌,翠苕爭及鯨海波。西泉未谷如有立,應笑浙皖虛名多。

【案】止止室,為潘天壽書齋名。

【小傳】潘天壽(1897-1971),字大頤,自署阿壽、壽者、頤者,浙江寧海人,現代畫家、美術教育家。與林風眠、方幹民等為國立西湖藝術學院(即今中國美術學院)主要教師。幼喜習畫,一九一五年入浙江第一師範學校,得李叔同(弘一大師)、經亨頤諸師教益。先後執教上海女子職業學校、上海美術專科學校。參與創辦上海新華藝術專科學校,任藝術教育系主任。一九二八年應聘任杭州國立藝術專科學校

國畫系主任。抗日戰爭爆發後隨校內遷,任合併後國立藝專教務主任、代理校長。國立藝專遷重慶後,任校長兼國畫系主任。抗戰勝利後隨校遷回杭州。未幾辭校長職,致力教育、創作。一九四九後,歷任中央美術學院華東分院副院長、浙江美術學院院長、中國美術家協會副主席、全國文聯委員、第一、二、三屆全國人民代表大會代表,受聘為蘇聯藝術科學院名譽院士。一九六四年回寧波故里,文化大革命時受難,一九七一年離世。先生詩句有「王子獻唐今擅此。聞君私淑擷其英。」潘當時與王獻唐有相當往來學習。

〈訓莊敬生〉:衰殘習禪悅,久與吟哦疏。忽報綠衣使,遠遺故人書。開緘有新詩,照座盈璣珠。再讀意綿邈,賡颺愧腸枯。一從昔年別,避亂歌山嵎。煙霭生戶牖,竹泉上階除。時聞鐵鳥鳴,軋軋凌新都。訪舊突烽燧,蕭條門巷殊。音塵兩相絕,搔首空踟躕。情重感強子,稱君多晏如。因風道飢渴,果喜獲瓊琚。廨事鷹岩側,閒吟倚青梧。縱論天下勢,慰我躓窮途。再拜謝君言,所希國魂蘇。同舟下三峽,歌詠復傾壺。各遂林下志,田園理荒蕪。君詩自可珍,籠以碧紗幮。風雨有時誦,料應仰天呼。揮毫半冥想,不覺神已驅。遊目曲欄外,秋江萬里鋪。煙濤日向東,愁看客帆孤。

【案】莊敬生一九三八年與先生「同舟下三峽」,當時有五律〈訓莊敬生〉。

1942年・民國31年・辛巳－壬午
53歲

【國內外大事】
- 一月，日軍占領馬來半島；二月占領新加坡；三月，美國撤出菲律賓。
- 六月，美日中途島海戰，日軍喪失海空控制權和戰略主動權。
- 十月，弘一法師在泉州捨報。

【譜主大事】
- 二月，太虛大師交付歌樂山雲頂寺弘化任務。
- 三月，食物中毒，以致上吐下瀉，蓋廚師料理食用油雜入桐油。
- 五月，王獻唐為孔德成先生繪製〈猗蘭別墅著書圖〉。
- 六月，獲聘為國府「振濟委員會」專員。
  王獻唐繪贈〈山居圖〉。
- 十一月，王獻唐辭國史館職，先生有詩〈餞別王獻唐辭國史館撰修赴樂山〉。此後與先生書函來往密切。
- 十二月，獲豐子愷慨贈數幀護生畫作。

一月二十七日。孔德成先生為炳南先生作詩一首。

　　《孔德成先生日記》：（元月）廿七　晴　星期二（夏曆）十一日。讀《周易》。為炳南作詩一首。[1]

一月，馬一浮酬謝先生前作〈讀馬一浮避寇集〉，題詩二絕回贈。[2]（見《圖冊》，1942年圖1）：

　　馬一浮，〈二絕〉：炳南先生辱題拙集，有慚品藻，率誦二絕博笑

　　草堂詩癖輞川禪，意在羚羊挂角邊；一自滄浪題品後，拈花指月竟誰傳。

　　烟波盡處見鴻濛，不是窮愁不許工；初日芙蓉春後柳，夢中搖曳一江風。

　　　　　　　　　　　　　　　辛巳嘉平湛翁

　　【案】嘉平為臘月別稱。辛巳年臘月自一九四二年一月十七日至二月十四日。姑且繫於一月。

二月十五日，壬午正月初一。孔德成先生邀王獻唐來早飯。[3]

二月十六日，正月初二。晚與孔德成先生等人作牌九戲解憂。

1　孔德成：《孔德成先生日記》，頁262。
2　馬一浮：〈馬一浮誦雪公詩二絕〉，《雪廬老人題畫遺墨》，「附雪廬老人皮藏」，《全集》第16冊，頁245。
3　孔德成：《孔德成先生日記》，頁265。

1942 年・民國 31 年 | 53 歲

《孔德成先生日記》：（二月）十六日　晴　星期一　（夏曆）二日。早起仍難過。晚與靖宇、炳南、慕賢作牌九戲。[1]

二月十八日，正月初四。太虛大師來訪孔德成奉祀官，而後由炳南先生陪同上雲頂寺。由此機緣，太虛大師交付雲頂寺佛法弘講之任務，從而有兩年後歌樂山蓮社之建立。

《孔德成先生日記》：（二月）十八日　晴　星期三　（夏曆）四日。瀞庵、玉昆、佩卿叔來。今日為余生日，太虛法師來訪。飯後作竹戰戲。[2]

〈紀念太虛大師說今昔因緣〉：過了一年，日人對重慶開始轟炸，長安寺也變成焦土，[3]大家東逃西散，聯絡也就斷了。學人這時在孔奉祀官府當祕書，就隨著孔公遷到歌樂山去住。山上有一座雲頂寺，規模卻是叢林的樣子，但並無僧寶住持，全為公教人員眷屬借居，只在大殿上掛了一面佛學演講會的木牌，實在也無人去演講，這牌卻是大師寫的。過了兩年，政府重要機關，遷來山上住的不少，一座荒山，忽然變成小都市，也修了公路，也設了長途汽車。有一天大師來訪孔公，[4]學人

1　孔德成：《孔德成先生日記》，頁 265。
2　孔德成：《孔德成先生日記》，頁 266。
3　1940 年 6 月 12 日，長安寺佛學社毀於空襲。見：釋印順：《太虛大師年譜》，頁 474。
4　太虛大師於 1942 年 2 月，「往歌樂山、山洞，訪晤林主席、居覺生、孔德成等。」見釋印順：《太虛大師年譜》，頁 491。

正在院中散步,聞有客來,親來開的柴扉,一見面纔知是大師,這真似久旱甘雨,歡喜自不必說。等到大師與孔公的應酬完了,大師要上雲頂寺,學人住山久,路徑熟,親陪前往,拜佛以後,就在一位周姓的房間吃茶。閑話中說起演講會木牌來,大師說:這不過是阻擋人不住大殿的意思,這樣遠的地方,請誰來演講呢?學人嗯了幾聲,大師看了幾眼,哈哈一笑說,居士肯發心嗎?學人一口氣連說了三個肯字,大師點點頭,又囑付了幾種辦法,從此這座佛殿,就真成了演講會。又經了兩年時間,山上山下的住戶,皈依佛門的八九十人,有錢姓女居士發心提倡,把大殿及佛像,一律重修。大師一到,佛土莊嚴,這是與大師的第二段緣分。[1]

〈承侍太虛大師因緣記〉:待寇空襲,渝市變焦土,鄉居龐家岩,猶能時一往叩。繼岩寓遭轟炸,遂遠避歌樂山,師亦遷北碚,跡從疏。山巔有雲頂寺,殿閣重疊,無僧,為公教眷屬雜居。殿楣懸標,曰佛學講演會,為師所書,詢知亦師所設也。予喜其靜,每晨必登禮誦,久,未見來講學者,始悟是為護法,保權意也。請於師,願任講席,數年信者眾,儼然具道場型,後賴錢夫人力,廟貌得重新焉,俾蟄處荒僻猶植善本者,師之德也。此初侍几杖,獲乎知遇之因緣也。[2]

---

[1] 李炳南:〈紀念太虛大師說今昔因緣〉,《雪廬寓臺文存》,《全集》第14冊之2,頁228-233。

[2] 李炳南:〈承侍太虛大師因緣記〉,《雪廬寓臺文存》,《全集》第14冊之2,頁102-106。

是月，為王獻唐於二月二十一日拓印之「新室遺甓」題詩。稍後又為其拓印之「千秋萬歲瓦、富範瓦當」題詩。[1]

（見《圖冊》，1942年圖2、3）

〈題新室遺甓〉：磨沙剪紙拓青氈，圜法依稀可辨年；未必當時空藻飾，疑同流俗瘞金錢。

十二雄文海內臣，漢家宮闕記和親；從來富貴尋常事，唯願博施濟眾人。獻唐老兄　哂政　　　弟李炳南題

〈題千秋萬歲瓦、富範瓦當〉：梵剎王城野日昏，千秋潤屋兩當存。人間萬事皆雲狗，腸斷巴山話稷門。獻唐老兄　哂政　　　弟李炳南題於歌樂山俯翠軒

〈王獻唐題記〉：豐泉舊識環中意，氈墨新添紙上財。誰分空山彈鋏客，逼人富貴一時來。右上一磚作五十錢，形為新室大泉五十泹文。下一磚作富貴二字，同出陪都江南岸古墓中，疑皆新莽時物也。友人蔣逸雪遠道訪得，以富貴磚見餉。漫拓二紙，一贈逸雪，一以自藏。　　　　　時三十一年二月廿一日　獻唐題記

〈王獻唐題記〉：不向嵩山呼萬歲，但將文字付千秋。支離身世滄桑眼，生計何須與富謀。千秋萬歲瓦出吾鄉堯王城，現藏鼎丞先生許。富字瓦去春得於渝市，衛聚賢謂成都白馬寺出土。　　　　　　向湖拓題

〈孔德成題〉：富范瓦當來白馬，千秋古篆出堯城。兩行氈墨傳君手，照眼應多感慨情。獻唐仁兄囑題

---

1 原圖為王獻唐後人收藏。曾展於「王獻唐先生誕辰一百二十周年紀念展」，青島美術館，2016年11月。兩件俱為代筆。

即希兩政達生弟德成

【案】「新室遺甓」為新莽時期的墓室漢磚，因有「五十錢」紋及「富貴」二字，王稱之為「富貴磚」。[1]

三月一日，元宵節。晚與孔德成先生、梅慕賢等造燈謎應節。

《孔德成先生日記》：（三月）一日　晴　星期日（夏曆）十五日。讀《漢書》。晚與炳南、慕賢造燈謎為戲。[2]

三月九日，與孔德成先生伉儷外出賞花。

《孔德成先生日記》：（三月）九日　晴　星期一（夏曆）廿三日。飯後偕林君、炳南赴車站看李花，高店子後看桃花。錦濤雪海，各具特觀。桃林夕陽中久坐乃歸。[3]

三月十日，與孔德成先生往邀王獻唐赴向家灣山後賞花，不遇。王任職之國史館位在向家灣。

《孔德成先生日記》：（三月）十日　陰　下午晴　星期一　（夏曆）廿四日。歸納材料。下午約炳南擬赴

---

1 心韜、心儼：〈紀念孔德成先生百年誕辰展覽暨儒家經典講習——前仆後繼傳承文化——磚瓦下的獨白〉，《蓮榮會刊》第 126 期（2020 年 5 月 15 日），http://ljmonthly.wct.org.tw/ljmon/article.php?id=2230&s_ser=126&category_id=50&ser=126

2 孔德成：《孔德成先生日記》，頁 267。

3 孔德成：《孔德成先生日記》，頁 268。

向家灣山後看李花，邀獻唐，彼未歸。遇述先，邀來晚飯。[1]

三月二十二日，食物中毒以致上吐下瀉，因廚師料理之食用油雜入桐油。

《孔德成先生日記》：（三月）廿二日　陰　（夏曆）下午晴。廚子買油不佳，呂師、炳南、慕賢及男女僕四人均上吐下瀉，蓋油類中雜入桐油也。[2]

是年春，有詩：〈重過歐家灣看桃李〉、〈曾悟〉、〈讀史有懷〉三首、〈家書〉、〈杏花〉。（《雪廬詩集》，頁146-148）

〈重過歐家灣看桃李〉：桃李含風滿塢新，花開還對未歸人。遣愁安得并州剪，剪卻巴山一段春。

〈曾悟〉：觀心曾悟萬緣非，補過翻同時事違；芝草終輸蓬草茂，醒人常召醉人譏。縱無淨海蓮千頃，誓拔蒼山鐵一圍；好是青天雲路闊，不妨群鳥各分飛。

〈讀史有懷〉三首：
謀國幾人誇攘夷，也曾言語妙當時；看他十萬橫磨劍，何似東山一局棋。

官銜重疊數蜂窠，萬政翻騰海蹙波；但似石高閒富貴，羊頭狗尾不妨多。

---

[1] 孔德成：《孔德成先生日記》，頁268-269。
[2] 孔德成：《孔德成先生日記》，頁270。

> 卜居容易是長安，一宴千金幾處歡；莫怪何曾愁下箸，萬錢日食太寒酸。
>
> 〈家書〉：每恨家書阻甲兵，書來翻自意怦怦；開緘安善無多語，只似離群雁數聲。
>
> 〈杏花〉：東風料峭度輕寒，春意遲遲玉井欄；蕊滿枝頭紅未破，朝來細雨捲簾看。

五月，王獻唐為孔德成先生繪製〈猗蘭別墅著書圖〉。[1]

> 五月，寫似達生先生清品。獻唐時客陪都歌樂山。
>
> 【案】孔先生獲贈後，於八月三日「裱好已懸之壁間。」（《孔德成先生日記》）多年後，王獻唐病逝濟南。隔年一九六一年消息傳來，孔先生取出此圖，並於一九六一至一九六二年，請好友屈萬里、臺靜農、戴君仁、張清徽、李炳南、趙阿南諸先生為之題跋。
>
> （見 1962 年 1 月 6 日譜文）

五月十四日，梅光羲居士作〈六十四自述〉回顧此生學法弘法歷程。[2]

六月一日，受聘擔任中央「振濟委員會」專員，奔走於硝煙

---

[1] 林蔚芳：〈一幅珍貴的畫——猗蘭別墅著書圖題畫詩文探源〉，《儒者之風——孔德成先生百年紀念展　培訓講座合輯》，臺北：中華無盡燈文化學會，2019 年，https://www.wct.org.tw/single-post/2019/10/05/一幅珍貴的畫-猗蘭別墅著書圖題畫詩文探源

[2] 梅光羲：〈六十四自述〉，《梅光羲著述集》，頁 9-12。

1942 年・民國 31 年 | 53 歲

彈雨之間,賑濟災民。

〈李公雪廬老居士事略〉:公居蜀時,日機屢施轟炸,彈下如雨,幾為崩土所埋,而仍奔走於硝煙彈雨間,為振濟會,振濟災黎,毫無懼色。[1]

〈振濟委員會令〉:渝甲人字第 020159 號,令李炳南,茲派該員為本會專員。兼委員長孔祥熙。封文:歌樂山蝦蟆石八號。(見《圖冊》,1942 年圖 4)[2]

【案】「振濟委員會」於一九三八年二月由「國防最高會議」常務委員第五十二次會議決議設立,旋於同年四月成立辦公。但成立之初並未設置「專員」。至一九四〇年十二月十一日修訂組織法,始增列「得聘用顧問及專門人員」。先生受聘擔任「專員」在此時之後。

【又案】先生受聘擔任專員,雖係自身之服務熱忱與專業效能,但孔德成先生之推薦亦為關鍵。孔先生云:「自四月十四日以來,兩月中,曾進城四五次,為炳南謀招委會專員一職,開孔學會兩次。」[3]

六月十八日,端午節,王獻唐繪〈山居圖〉並題詩惠贈。

---

1 李老居士炳南治喪委員會謹述:〈李公雪廬老居士事略〉,《明倫》第 164 期(1986 年 4/5 月合刊)。

2 振濟委員會〈令〉,渝甲人字第 020159 號,1942 年 6 月,台中蓮社收藏。

3 孔德成:《孔德成先生日記》,頁 274。「招委會」疑係「振委會」。

（見《圖冊》，1942年圖5）

王獻唐，〈山居圖〉：菇黍人家詵浴蘭，閉門風雨鴈行單；簫心劍氣平生意，化作煙雲紙上看。三十一年天中節，雨牕寫此，媵一截句似 雪廬道長 諟正 獻唐時客渝洲向湖[1]

【案】王獻唐曾繪贈先生兩幅畫，此一為〈山居圖〉，另一為一九四三年九月之〈雪廬圖〉。

是年夏，有詩：〈訓梅慕賢時折山花見贈〉、〈和呂今山撥悶偶成次元韻〉、〈自適〉六首、〈補衫〉、〈避亂見屠傷之〉四首、〈題唐委員柯三赴康日記〉二首。（《雪廬詩集》，頁148-152）

〈訓梅慕賢時折山花見贈〉：奇花插玉缾，小坐亦心清；江閣凝新爽，風簾蔭午晴。傳香摘淨土，濯錦障書城；時景隨流轉，難酬敬久情。

呂今山，〈偶成〉：滾滾長江蹴海天，如斯逝者幾時旋；悲歌空有馮驩鋏，蕭散且無子敬氈。萬里途中成阮籍，三秋查上愧張騫；巴山一物堪留意，錦石䙡斕特地圓。[2]

〈和呂今山撥悶偶成次元韻〉：干戈五載黯江天，懶向都門問凱旋；滎澤不煩軒內鶴，龍沙尚齧雪中氈。

---

1 收見《雪廬老人題畫遺墨》，「附雪廬老人庋藏」，《全集》第16冊，頁253。另見：陳永寶編校：《王獻唐先生詩文書畫集》，頁66。

2 呂今山、鍾孝先、趙阿南：《蓮浮集》，頁8。

登樓苦緒同王粲，辭費高風愧閔騫；正欲書空林月上，照人兀自一輪圓。

〈自適〉六首：

殘賊與虞詐，賤夫恥其名；何以今之人，欽為世上英。
非徒有所畏，懌悅心實傾；親友相顧笑，笑予太平平；
予亦無辭解，惟吁三兩聲。人取適自辱，人棄還自榮；
陰霾塞六合，虛室生光明。

志卑在溫飽，勞我心與軀；但希少紓困，迥與貪婪殊。
顯貴車似水，赫煊馳要衢；早歲曾挂冠，為慚禮數粗。
小儒製文藝，爭名甚利途；吁嗟七十子，姓氏多模糊。
癡人詡其智，智者甘守愚；呶呶若有辯，空教泣楊朱。

群言任矜燿，水月方我心；計度皆成妄，捫之無跡尋。
白馬元非馬，黃葉即黃金；人不喻其義，何須苟同岑。
風泉迴松壑，君自調玉琴；雅奏誠足賞，宛如鸞鳳吟。
試聽天籟鳴，爽然失其音。

拘虛村夫子，佻脫白面郎；相逢議時政，鑿枘互謗傷。
胡馬蹋九貢，眾生半痍瘡；霖雨非爾輩，囈語無低昂。
未及摸象者，尚能得一方；俯仰天地闊，降心拜群盲。

斥鷃笑鯤鵬，蟪蛄昧春秋；心量使之爾，責讓失吹求。
至人述要道，聽者殊寡儔；知君雖非醉，顛倒無自由。
我昔觀滄海，雪濤拍天流；長飆吹澒洞，只許艨艟遊。
不是坳堂水，焉能泛芥舟。

邂逅通一語，心機萬輪翻；笑默皆觸忌，須循繩尺言。
我性固坦率，對之實憚煩；杖藜出東郭，舒嘯登高原。
野雲穿林去，集鳥聲自繁；靜觀若有悟，冥契難以宣。

脫然忽忘我，淳世復羲軒。

〈補衫〉：衫破補猶著，非關作客貧。憐他萬里外，還見故鄉塵。

〈避亂見屠傷之〉四首：

空警纔解除，屠門哀號起；天心徒好生，人畜更迭死。
踡縛湯鑊前，磨刀長石上；人尚兵劫中，明朝或同樣。
緣何釁彼身，為適君之口；胡塵滿神州，亦羨我所有。
城下滾頭顱，廚中燖羽翰；等是血肉軀，如何分別看。

〈題唐委員柯三赴康日記〉二首：

西陸傳烽警，邊民怨漢官；亭津徵役淚，風雪使君鞍。
志滿虜仍狡，糧空兵自殘；莫教說專閫，心齒早生寒。
獻策終難用，徒言任老成；山川雖未復，番漢已輸誠。
蠻語簧無巧，丹心月共明；攀轅溫慰日，想見淚縱橫。

八月一日，為孔德成先生開方療腹疾。

《孔德成先生日記》：（八月）一日　晴熱　（夏曆六月）廿日。日來讀《後漢書》，今早讀《孟子》。自昨日即覺肚疼，今早又略有瀉意，遂倩炳南開方，服之，入晚已愈。[1]

八月七日，評改孔德成先生詩。

《孔德成先生日記》：（八月）七日　竟日陰雨（夏曆六月）廿六日。晚燈下成一律，云：「最愛山

---

[1] 孔德成：《孔德成先生日記》，頁274。

中雨後天,一林苕翠掛秋烟。露梢蟬噪催詩句,池上蛙鳴鬧客眠。燈火乍明殘霧裡,江聲初漲綠窗前。甘霖雖喜滌炎暑,無那新愁心上煎。」「句」呂師易「興」,「聲」呂師易「痕」,「上」炳南易「畔」。[1]

八月八日,立秋。有詩:〈和孔上公久旱立秋日雨後次韻〉。是年秋又有:〈訓周召亭寄書〉二首、〈山齋近雲頂區夜聞遠村有擊梵魚者〉、〈過雲頂寺〉、〈贈隱者〉、〈蜀塞〉、〈歌樂山極峰觀雲海〉、〈答人〉。
(《雪廬詩集》,頁 152-157)

〈和孔上公久旱立秋日雨後次韻〉:長飆萬里掃高天,歛盡林邱裊裊煙;一扇蒲風新送爽,滿階蟲語乍驚眠。數州地轉炎塵外,(浙贛失地均有恢復)眾卉香蘇白露前;獨有空山未歸客,心犀還對舊鐙煎。

〔附〕孔德成,〈雨後〉:最愛山中雨後天,一林蒼翠掛秋煙;露梢蟬噪催詩興,池上蛙鳴鬧客眠。鐙火乍明殘霧裡,江痕初漲綠窗前;甘霖雖教滌炎暑,無那新愁心上煎。[2]

〈訓周召亭寄書〉二首:
蒼葭白露正思君,萬里秋風一片雲;見說平安心自喜,如何翻墜淚紛紛。

撿書西日下花堚,歸去挑燈更和詩;幾載巴山秋雨夜,

---

1 孔德成:《孔德成先生日記》,頁 277。
2 孔德成:〈雨後〉,《雪廬詩文集》,《蜀道吟》卷末附錄。

夢中還似賈園時。

【案】周興南（1879-1947），字召亭又作「韶亭」，莒縣城西大湖村人，清末廩生。與炳南先生同為《重修莒志》分纂人。（小傳見1927年）

〈山齋近雲頂區夜聞遠村有擊梵魚者〉：數杵梵魚響，山高度遠風；寺遮黃葉外，夢醒白雲中。不見秋塵動，全教世慮空；罷敲窗未曙，斜月冷朧朧。

〈過雲頂寺〉：梵寺雲中現，清涼佛殿開；奇花隨地長，馴鴿聽鐘回。僧或于闐至，客方兜率來；還疑紫冥際，突兀有樓臺。

〈贈隱者〉：清溪幽壑繞門前，醉後常呼李謫仙。鳥散日高酣不起，滿山黃葉枕秋眠。

〈蜀塞〉：蜀塞西風早，蕭條萬里思；戍笳愁暮靄，征怨入新詩。空幕憑烏候，叢山向馬師；君平吾欲問，恢復定何時。

〈歌樂山極峰觀雲海〉：清秋新霽登高峰，霄漢澄碧朝陽紅。回身杳然失塵境，銀海浩淼涵遠空。動聽濤瀾寂無響，靜看積雪屯鴻濛。蒼蒼似浮帆數片，峰底眾山脊還見。雲鋪成海易可知，難窮有無龍宮殿。御風乘雲今不奇，疇昔幻想卻曾羨。九重漸覺低己多，舉手叩問歡如何。披雲一線窺下界，人似蟻聚忙穿梭。在天在田我奚有，默爾一笑言皆訛。

十月二十五日，王獻唐與國史館籌委會總幹事但燾衝突。是

1942 年・民國 31 年 | 53 歲

日起即未再至辦公室上班。王原任纂修兼副總幹事。[1]

十月二十九日，屈萬里升任國立中央圖書館代理特藏組主任。[2]

十一月二十七日，王獻唐辭國史館職，眾人餞行。孔德成先生為書「平樂」室名，炳南先生有詩：〈餞別王獻唐辭國史館撰修赴樂山〉。（《雪廬詩集》，頁 154）

　　孔德成，〈書「平樂」並題〉：獻唐曾獲魏平樂亭侯印，喜其嘉名，取以署室，屬余書額，以字劣未敢執筆。茲獻唐將赴樂山，故夜郎地也。此去荒蠻，未卜何日再得剪燭西窗，共話巴山夜雨。聚首陪都，匆匆二載，驪歌乍唱，能無惜別？同仁皆有詩為餞，余愧不能詩，且意亦多為他人道盡，爰不顧其醜拙，書以應命，願借『平樂』二字，以為祝云。三十一年十一月二十七日，狷蘭別墅雨窗並記，弟孔德成。[3]

　　〈餞別王獻唐辭國史館撰修赴樂山〉四首：
杯杯瀘酒莫辭乾，未許行吟蜀道難；自是君懷同霽月，堪羞百舌囀春闌。
知君恬淡本無爭，徒誤文章惹世驚；此去夜郎須養晦，任他誇大只藏名。

1　張書學、李勇慧：《王獻唐先生年譜長編》，頁 832。
2　劉兆祐：《屈萬里先生年譜》，頁 33。
3　張書學、李勇慧：《王獻唐先生年譜長編》，頁 833-834。

知交倍覺客中親，相送旗亭淚滿巾；渺渺江波帆去遠，巴山更少故鄉人。

西行疑是近天涯，靜夜空山佇月斜；此後春愁何處遣，多因驛使贈梅花。

十二月十日，魯同鄉陳名豫有〈遣憂〉詩來，先生和詩以酬；此後至翌年春又有數首唱和，引導客居旅人棲心淨土：〈和陳雪南遣憂次韻〉、〈和陳雪南病枕偶成次韻〉三首、〈訓陳雪南見贈即次元韻〉。（《雪廬詩集》，頁155-156）

　　陳名豫，〈遣憂〉：戰亂何時平，眼穿淚欲傾；捷書頻見告，雜寇尚縱橫。客久憐孤影，兵連憫眾生；樂邦容有分，資備裕歸程。上作乃數日病苦中之呻吟語，毫未細酌，茲特錄呈郢正，觀之亦可知弟近日之狀況耳。十二月十日弟名豫附識[1]

　　〈和陳雪南遣憂次韻〉：蜀道縱階平，醉人還自傾；群雄思尚霸，游士說連橫。蠻觸徒相鬥，婆婆不可生；蓮邦雖謂遠，舒臂萬雲程。

　　陳名豫，〈病枕偶成〉：
斗室匡床臥病身，夜長獨對一燈親；惱人最是終宵雨，逆耳偏教入聽頻。

病切懷歸夢不成，酸辛歷歷憶平生；應因業定前修寡，現苦或猶報轉輕。

1　陳名豫：〈遣憂〉，《雪廬詩文集》，《蜀道吟》卷末附錄。

河山破碎國含羞,隱痛深於疾未瘳;但願棲身極樂土,時聆妙諦永無愁。[1]

〈和陳雪南病枕偶成次韻〉三首:
芭蕉剝盡本無身,覺後襟懷道益親;定裏虛空俱粉碎,任他風雨打窗頻。
青蓮池上蕊初成,濯露搖風自在生;根託金沙原不染,六時香襲水雲輕。
戰骨撐空人類羞,貪瞋信比病難瘳;知君貯有醫王藥,願與蒼生療苦愁。

陳名豫,〈炳南師兄惠導淨修常賜開示抒感奉贈〉:客路蹉跎幸遇君,大乘義諦惠多聞;身居濁世心常厭,知有樂邦意轉欣。生品欲登高上穩,功修端在誦持勤;法施備荷憨根鈍,眾苦恆教正念分。右作敬請師兄斧正。弟名豫貢稿卅二年一月[2]

〈訓陳雪南見贈即次元韻〉:廬山把臂喜逢君,妙諦何緣此劫聞;世濁不妨行踽踽,功深恰到意欣欣。心無退轉得天厚,學賴研磨增我勤;他日蓮邦同補處,網珠交彩有誰分。

【案】陳名豫(1882-1966),字雪南。民國時期任國會議員。歷任山東省民政廳、工商廳廳長、省圖書館長、中央文官處參事等職。居蜀時與先生來往密

---

1 陳名豫:〈病枕偶成〉,《雪廬詩文集》,《蜀道吟》卷末附錄。
2 陳名豫:〈炳南師兄惠導淨修常賜開示抒感奉贈〉,《雪廬詩文集》,《蜀道吟》卷末附錄。

切。（小傳見 1941 年 7 月 12 日譜文）

十二月十九日，接豐子愷來信，係回復日前先生函請畫佛一事。先生前於雲頂寺見豐子愷所繪佛像，因通信往返，獲豐子愷慨贈數幀護生畫作。先生昔年困於莒城時，獲讀豐氏書而發心戒殺茹素乃至皈依，與豐氏深有因緣。

豐子愷，〈豐子愷來函〉（1942 年 12 月 19 日）：炳南先生：昂，衍聖公法書，及近附郵花之函，皆收到。承賜孔公墨寶，至用感謝，早懸壁間。秋後久病，以致遲報，至歉。弟前年為祝弘一法師壽，發願畫佛千尊。經滬報宣傳，各方轉載，滿額後猶陸續函囑，以致供不應求，至今尚未了事（曾在滬佛刊啟事暫行謝絕，但內地不易周知）。尊囑已在千外四百餘號。因一向依收到先後次第應囑，而每日只能於清晨寫二三尊，以致至今未曾報命。今當提先畫奉，大約下月初可以寄發。恐勞盼待，先此奉達。稽延之罪，至祈曲諒為幸。即請大安　弟豐子愷頂禮十二月十九日（緣緣堂用箋）（《圖冊》，1942 年圖 6）[1]

〈獅頭山無量壽長期放生會重印光明畫集序〉：丁丑，中日蘆橋戰作，溯江避居渝州，未幾城燬於空炸，遂入山結廬，於寺察見豐氏畫佛，詢所居，以詩箋通往

---

[1] 豐子愷，〈豐子愷來函〉（1942 年 12 月 19 日），翻拍自《李炳南教授示寂二十週年紀念暨智燈社三十五週年社慶文物展特刊》（臺中：國立中興大學智燈社，2006 年 3 月），頁 11。原件見收雪心基金會。該基金會另收存有該函信封，係發自貴州遵義。

還，得其貽畫數幀，皆護生作也。從玩畫意，細繹經言，懲其前，惢其後，熒惑徒度之應，未始不類見於今日。豈非豐氏之畫，出於輔讚經教，杜因自不有果，護禽適所以護人也。予懸壁以示人，口郵以規人，月集信者，有放生之會，雖偃蹇於鐵雨火海，坦然似有不足介者矣，後邁次必集會放生，自厄於渝，得豐畫始之也。[1]

【案】一九四〇年春，豐子愷為弘一法師六十壽辰祝賀，發願畫佛一千尊，普贈有緣。同年九月有〈啟事〉云：「敬啟者，鄙人今春發願畫佛千尊流通世間，廣受供養。半載以來，所繪百有餘尊，斯願已償十分之一矣。迺者，滬地某居士將此消息刊登佛教誌報，各地信善，紛紛來函相屬，至今已得數十通，皆辭意誠懇，信願深摯，並附最勝宣紙足數郵票。可見末劫時代，佛法固自存在；修羅場裡，慈心相映通彰。斯誠至可慶喜。今特敬告，宇內信善，凡欲得拙畫佛像供養者，請將宣紙（大約闊一尺長二尺為限請勿過大）及回件郵資封寄貴州遵義浙江大學鄙人收，當即如命寫奉。非有特故，延擱不逾一月。專此奉啟。

附啟者，鄙人近患傷寒，臥病月餘，至今猶未全愈，以致前所屬畫至今未報。一俟病愈，當即寫寄。恐勞盼待，特此附告。民國二十九年九月廿八日豐子

---

[1] 李炳南：〈獅頭山無量壽長期放生會重印光明畫集序〉，《雪廬寓臺文存》，《全集》第 14 冊之 2，頁 57-60。

愷敬啟」[1]

【又案】一九四二年三月，《佛化新聞》又刊出啟事：「豐子愷居士為祝弘一法師六十大慶畫佛像千尊結緣早已滿額申明截止」：「不慧前年為祝弘一法師六十之壽畫佛千尊結緣，全國各省信善紛紛函請，去春早已滿額，曾在上海《佛學半月刊》啟事截止。今接川中各地信善來信，謂因見貴刊載有贈畫佛像消息，故寄紙囑繪。函件亦有數十通之多。唯不慧近來多病，俗事又忙，暫時未能繪畫，故特奉書，乞為照登，以代辭謝。凡已寄下者，當擇暇繪寄，但今後請勿再寄紙郵，以免貽誤。他年有緣，定當多繪廣贈再結勝緣可也。豐子愷頂禮啟。卅一年一月二十九日」[2]是以炳南先生去函時，實已在截止啟事之後。今《雪廬老人題畫遺墨》收存先生庋藏豐氏贈圖為護生畫而非佛畫。[3]（見《圖冊》，1942年圖7）

【小傳】豐子愷（1898-1975），原名潤，號子愷，浙江省石門縣人。父親豐鐄鏄長於詩文，為我國史上

1　豐子愷：〈啟事〉，《佛學半月刊》第220期（1941年1月1日），頁15。見黃夏年主編：《民國佛教期刊文獻集成補編》第65卷（北京：中國書店，2008年），頁157。

2　《佛化新聞》第224期（成都：1942年3月5日），第1版；今收見黃夏年主編：《稀見民國佛教文獻彙編（報紙）》第9冊，頁53。

3　「豐子愷題贈護生畫」，《雪廬老人題畫遺墨》，「附雪廬老人庋藏」，《全集》第16冊，頁257。

最後一科舉人。豐子愷就讀浙江第一師範時期，師從藝術家李叔同及教育家夏丏尊。李叔同指導學習繪畫與音樂，夏丏尊則以教授新文藝寫作聞名。一九一九年，師範畢業，到日本東京短期進修。期間，獲讀日本畫家竹久夢二畫集，深受啟發，一九二二年十二月開始漫畫創作。

一九二五年，《文學周報》開始以「子愷漫畫」連續刊載其畫作。一九二七年從弘一法師（俗名李叔同）皈依佛門，法名「嬰行」。一九三七年抗戰爆發，輾轉遷移，先後執教於廣西宜山和貴州遵義。戰後返回上海。

一九五四年，上海市中國日語學院成立，擔任首任院長和唯一一位教師。一九六〇年，上海市中國畫院成立，擔任首任院長。一九六六年文化大革命爆發，遭批鬥、迫害。一九七五年八月，癌症病發，同年九月十五日於醫院逝世，享壽七十六歲。

豐子愷以中西融合畫法創作漫畫及散文而著名，為我國漫畫藝術先驅。著述甚豐，出版作品有：散文集《緣緣堂隨筆》、《緣緣堂續筆》等多種；彩色畫冊《子愷漫畫選》、藝術理論著作《豐子愷美術講堂》、《豐子愷音樂講堂》及漫畫集《子愷，漫畫》、《護生畫集》等。譯作日本古典小說《源氏物語》、《落窪物語》、《竹取物語》、《伊勢物語》以及廚川白村《苦悶的象徵》、夏目漱石《選集》；俄國屠格涅夫《獵人筆記》、柯羅連科《我的同時代人》。

其中《護生畫集》全套六集共四百五十幅，豐子愷作畫，文字則由弘一法師（第一、二集）、葉恭綽（第三集）、朱幼蘭（第四、六集）、虞愚（第五集）書寫，前後相繼創作過程長達四十六年，為近代佛教藝術珍品。

是年秋冬，有詩：〈山居採樵〉、〈自樵烹茶〉、〈曾聞〉、〈看月有寄〉、〈訪隱者〉、〈索居〉、〈詶无悶居士〉、〈檢舊作〉、〈客況〉、〈愁〉。（《雪廬詩集》，頁 158-161）

〈山居採樵〉：晨興荷筐去，曲徑松柏林。仰攀枯木枝，俯拾松葉鍼。日出東皋上，露華霑我襟。下視江霧霽，遠帆影浮沉。聚落煙初起，群峰鳥和音。載歸就朝餐，長嘯步雲岑。

〈自樵烹茶〉：斧斤手自施，長短若尺裁。移之茅檐下，疊架各成堆。日炊惜不用，清興待客來。沙壺汲流泉，煮茗三五杯。呶呶說鑪火，大笑髭掀腮。佳客解吾意，趨前撥活灰。持薪誇茗好，重燒若干枚。更言有詩趣，願為七碗陪。從識陶潛樂，自耕良有哉。

〈曾聞〉：四海田廬化戰場，雖存孤寡半痍瘡；河山縱得還今日，喘息也應經十霜。此後民間須汲黯，何先吏道進弘羊；曾聞政法宗歐陸，枉與時賢論短長。

〈看月有寄〉：滿膟氤氳白露團，溪山霽月出林看；低徊非不憐清景，只是松風澈骨寒。

〈訪隱者〉：萬樹寒條野靄中，秋蔬滿圃飽霜風；

入門唯見枕書睡,室有酒香缸卻空。

〈索居〉:豪華過眼已無存,鎮日讀書深閉門;行處每慚匡世少,老來方悟識人昏。春招谷鳥吟花徑,風約溪雲到酒樽;形跡斂藏餘習在,心灰仍覺有時溫。

〈訓无悶居士〉:共道文章健,深潛內典工;倒懸瞿峽水,高御建安風。芥子包天地,曇花異色空;玄思傳彩筆,不許世人同。

〈檢舊作〉:一囊詩句鎖秋塵,題處曾沾旅客巾;此日誰無離亂苦,不宜重誦惱他人。

〈客況〉:幾秋書劍客江南,鏡裡飛蓬也自慚;況味漫勞親友問,初嘗諫果未回甘。

〈愁〉:愁比山雲薄幾層,小簷吟雨剪秋燈;如還鑢白瘦於鶴,豈止茹蔬清似僧。未必賈生空有淚,不妨馮客說無能;何年一破藩籬去,振翮扶搖起化鵬。

是年,另有詩〈歌樂山林主席官邸〉。

晴江抱檻綠沄沄,僊館堦墀草色薰;蕉葉障天春有雪,梅花滿澗水流芬。凌霄超出三千界,排闥飛來九疊雲;傳道塗山賓萬國,樂歌餘響至今聞。

【案】林森主席官邸在歌樂山,與猗蘭別墅鄰近。此詩列於《雪廬詩集》之末(頁737),題下有注:「此首乃馬子晉先生錄自《今國風》詩集(戰時重慶之詩刊,六十二年在臺結集出版)函寄編者。謹注,並致謝忱。」林森主席於一九四三年八月因車禍受傷過世,因繫此詩於是年。

是年，名書法家柯璜寫藤惠贈。墨寶珍貴，先生十分愛重。適友人徐昌齡來訪，見之愛不釋手，先生即割愛相贈。

徐昌齡，〈故舊來函〉：柯璜先生字定礎，籍浙江黃巖，國學淵博，其時已過八十高齡，書法遒勁，龍飛鳳舞，尤善寫藤，但不輕易與人，渝市商家招字，出其手筆甚眾。渠住在歌樂山雲頂寺內，炳老年齡雖有差距，暢談學問，互相敬佩，遂將所難得寫成之藤，題款見贈，題曰：「炳南先生誨正，壬午同客渝都之歌樂山」炳老獲此墨寶，忻感無已，余適時造訪見之，亦極為讚賞其功力深邃，不意於幾日內竟將此幀題字，著人送來，題曰：「定礎先生善寫藤，唯以畫色不易得，近中少作，日昨以此幀見貺，百朋之錫，忻感曷已。適願伯兄枉過，見而愛不能釋，遂敬以轉贈，並望善為藏之。弟李炳南并記。」余獲此畫，有受寵若驚之感，自此以後，由渝至滬，由滬至穗，由穗來臺，此件墨寶從不分開，此乃炳老有「無我」曠達之胸襟，而有如此割愛之雅事。[1]

【小傳】柯璜（1876-1963），字定礎，號綠天野人，浙江省黃岩桐嶼人，中國書法家。與趙丕廉、賈景德擔任閻錫山智囊團成員。一九三〇年，任北京故宮古物陳列所主任。抗日戰爭爆發後，居於重慶歌樂山雲頂寺，主持重慶藝術專科學校。徐昌齡文稱「其時已過八十高齡」，實則年近七十。

---

[1] 徐昌齡：〈故舊來函〉，《明倫》第 164 期（1986 年 4/5 月合刊）。原文附刊柯璜繪贈先生之〈藤〉圖。

1943 年・民國 32 年・壬午－癸未
54 歲

【國內外大事】
- 一月,中國與英國、美國簽約,廢除原在中國之不平等條約。
- 十二月,美國總統羅斯福、英國首相邱吉爾、國民政府主席蔣中正簽署《開羅會議共同宣言》。

【譜主大事】
- 二月,王獻唐離開重慶至南溪李莊中央研究院。與先生書函來往密切。
- 夏,慈母病逝濟南。
- 九月,開始持午。
  王獻唐繪贈《雪廬圖》。

一月,壬午年將盡,有詩〈山中臘盡有懷〉。

〈山中臘盡有懷〉:臘盡天寒傷短鬢,空山徙倚動微吟;晚鐘數響僧歸寺,凍鳥無聲雪滿林。羸骨此來官味寡,故園回望戰雲深;鄉書縱不經年隔,未減離愁半日侵。(《雪廬詩集》,頁 161-162)

二月五日,癸未年正月初一,立春。與呂今山有詩唱和,各兩首。以是年新正又逢立春,或為勝利還鄉好兆頭。

呂今山,〈癸歲元旦立春奉炳上人〉二首:
山曆又元旦,況當逢早春;一尊守歲酒,六秩異鄉人。
水暖鷗鳧喜,梅香天地新;待歌大刀曲,逆旅一凝神。
初日散新霞,東皇下翠華;分開掌上露,洗盡劫中沙。
久旅日如歲,言歸心發花;且看南海裡,風雨捉長蛇。[1]

〈和今山癸歲元旦立春次韻〉二首:
共道今年好,歲朝逢立春;還鄉或如願,行處總宜人。
鵲語風中碎,山容雨後新;辛槃勤自理,老去益精神。
避世臥煙霞,蹉跎閱歲華;曾聞新借箸,無復夜量沙。
豈謂錦江水,不澆櫻花樹;靜觀吞象意,漸欲困貪蛇。
(《雪廬詩集》,頁 162)

二月十九日,節氣逢雨水,與呂今山有詩唱和,同時憶念莒縣諸友,並詩和莊陔蘭太史從家鄉所寄〈歲暮寄懷〉。

(《雪廬詩集》,頁 162-164)

---

[1] 呂今山、鍾孝先、趙阿南:《蓮浮集》,頁 8。

1943年・民國32年｜54歲

　　呂今山，〈雨水後晴有感奉塵炳上人〉：瘴霧空濛春後先，初晴氣色轉怡然；驚風弱柳條條綠，耐雨蒼苔箇箇錢。漫笑黔驢荒嶠裡，又歌天馬漢江邊；山靈或為酒無量，款曲留髠又一年。[1]

　　〈和呂今山雨水後晴有感次韻〉：柳舒梅放各爭先，霧霽江城暖似然；曉浦征帆風五兩，青郊嘶馬玉連錢。茫茫國步金戈裡，兀兀鄉愁濁酒邊；憂樂關心秀才事，請纓嘗恨負丁年。

　　〈春日憶莒縣諸友〉：頻年客阻錦江頭，一度春來一度愁；華髮不堪談往事，壯心還欲障中流。賈園細雨梨花夜，樂壘斜陽槲葉秋；聞道盡成戎馬地，銷魂遙憶舊同遊。（賈園在邑城內，余與諸友曾修縣志於此。樂毅軍壘在城南沭河畔，為邑人遊讌之所。）

　　〈和莊太史心如歲暮寄懷次韻〉二首：
繞屋數峰雪，寒山高臥時；守愚甘佞佛，韜晦靜溫醫。自顧只能爾，人譏姑聽之；心閒蜀道坦，過客莫興悲。
每逢緘尺素，心若刺鍼芒；戎馬知還亂，親朋問欲詳。歡情非舊雨，春色是他鄉；別意如堪道，岷江未覺長。

三月十四日，致函王獻唐，祝福行止順利，並告以途經向湖王舊居時，疾趨而過，以免傷情。另說明所囑代轉題辭書畫等事已妥辦。王於二月二十七日離開重慶國史館，至南溪李莊中央研究院史語所借住。稍後，孔德成先生

---

[1] 呂今山、鍾孝先、趙阿南：《蓮浮集》，頁9。

亦有函致王獻唐。（見《圖冊》，1943年圖1）

〈致函王獻唐〉：獻唐老哥道席：日前於達公處得籲台端抵李[1]之音，正引為慰，今午又奉賜函並照收李求篆書一幀，藉知此行得書朋，無醉友，不賴金鎞，目翳可除，真大便宜事也。山僧亦遙祝曰：善哉善哉！吉祥止止！上星期陪達公浴乎山洞，道出向湖，疾趨而過，乃恐觸動舊情也。惟達公猶去而反顧，長吁數聲。仲兄央行之謀不成，終久蒙羞，究非所宜，業將一切經過乘機說明，彼此一笑置之。觀其近況，尚得謂嘉。再者，前月尊囑題轉書畫等事，均經照辦清楚，統請釋注。此后巴山寂寞，尚希撰述之餘，時惠好音。庶春樹暮雲，少減天末佇想，禱甚幸甚矣。專此肅復，恭請

大安　　　　　　弟李炳南謹頓　三月十四日燈下
翼鵬兄前同此請安　今山、達公、慕賢均囑筆請安[2]

孔德成，〈致函王獻唐〉：獻唐我兄史席：別來經數旬，曷勝依依。頃讀手箚，知已平安抵李莊矣。又讀致炳僧書，知以無酒友將別面生，若何日起戒，望函告，弟亦當同時戒絕也。孟真先生已晤面，所事亦以談過，孔學會編纂委具名義，伊不欲擔任。此處自兄西上

1　指李莊，古六同地，時為中央研究院歷史語言研究所所在。王獻唐以國史館籌委會顧問，以撰修《國史金石志稿》須往宜賓歷史語言研究所取材，奉核可後寄寓四川南溪李莊史語所內。

2　李炳南：〈致函王獻唐〉，安可荇、王書林手稿整理，杜澤遜編校整理：《王獻唐師友書札》，頁852-853。參見：張書學、李勇慧：《王獻唐先生年譜長編》，頁837。

山中,更少過往,孤獨學無友,益覺孤陋寡聞,風晨月夕,更懷故人耳,仰視兄與翼兄,真如在天上也。仲采兄因事不成,又有北返之意。奈何!奈何!鼎師送孔院長喜禮現已裱來,已轉送往和尚坡矣。法師亦常見面,又將中行經濟研究處處長告掉,真法力無邊也。餘詳炳兄函,不多及。專函敬請

撰安　　　　　　　　　　　　弟德成謹上　三月十六日
彥堂先生前祈代致候[1]

三月二十日,夏曆二月十五,花朝節。孔德成先生邀炳南先生等一行六人,往歐家灣賞花。有詩〈野讌歐家灣賞桃李(有序)〉。

〈野讌歐家灣賞桃李(有序)〉:癸未花朝　孔上公邀遊歐灣,與讌之人,有任筱英、邢仲采、梅慕賢、陳厚濟,同為避亂來蜀者。計余遊此谷,已五春矣!烽火未滅,返鄉無從,華鬘徒傷,故有此作。
巴山繁陰長似秋,年來年去愁復愁。有時寸心縮百慮,客窗秉燭空悠悠。三峽又見早春入,晴郊熏暖轉清幽。上公聖裔洵都美,情豪興逸招同遊。歐灣韶秀境奇僻,林塘幾曲舊行跡。疊峰圍野插空青,豐草滿原連澗碧。桃李交雜千萬株,深谷斷塍遠山脊。霞明雪豔浮淡香,不是花魂是詩魄。群賢各盡壺觴歡,狂歌雄辯天為寬。

1　孔德成:〈致函王獻唐〉,安可荇、王書林手稿整理,杜澤遜編校整理:《王獻唐師友書札》,頁 1876-1878。參見:張書學、李勇慧:《王獻唐先生年譜長編》,頁 837。

任侯解甲能翰墨，邢腹經濟蛟龍蟠。梅生陳生蘊才藻，工書雅唱兩稱難。箕踞笑指接籬倒，恣樂莫放花闌珊。余昔擊劍好馳馬，嘗飲夷門抱關者。而今筋骨漸頹唐，便如老驥伏櫪下。君等共有青雲期，自慚蹭蹬會合寡。對花宜歌不宜悲，再整酒兵角三雅。（《雪廬詩集》，頁164-166）

三月二十一日，王獻唐赴梁思成宴歸來，微醉中讀先生函後，回函已放下向湖，改號「栗峰」。附詩〈栗峰即事〉。

王獻唐，〈栗峰即事〉：山坳深處便移家，懶醉東風阜帽斜。一段清涼冰雪意，栗峰西去萬梨花。不妨此地試參禪，銀漢無聲月正圓。過眼微雲繞一抹，漫無邊際是青天。向湖詩滔舊飛揚，小劫伶俜自舉觴。雲過中天風在水，幾曾三宿戀空桑。周金漢刻意紛然，癡絕紅蟬雪上巔。欲把須彌藏芥子，靈文食盡不成儇。

炳公法正　　　　　　　　　　　　　　　獻唐呈蓀

今日星期，梁思成兄召飲，帶醉歸來，於几上讀大函，至「過向湖」數句，為之慨然，不意大禪師結習亦未空也。此間山名栗峰，已改號「栗峰老人」，不名向湖。[1]

---

[1] 向湖指當時國史館所在地「向家灣」。一九四〇年三月，王獻唐應邀擔任國史館籌備委員會顧問。是年十月，由樂山到重慶任職。一九四三年二月離開重慶到史語所住地——李莊。因此王以「向湖」為號，應在一九四〇年十月至一九四三年三月間。參見：顏廷蘭：〈王獻唐、孔德成、李炳南往來書箋考釋〉，《山東圖書館學刊》2010年第5期。

天地之大，隨處皆為我有亦皆非我有，何沾沾於向湖乎？老人又上。三月二十一日鐙下。[1]

三月三十一日，先生致函王獻唐，錄附日前與孔德成先生等君至歐家灣賞花紀事詩。（見《圖冊》，1943年圖2）

  粟峰老人吾兄史席：盥誦佳什，飄若列子御風，已不食人間烟火。本擬賡揚，終覺崔灝在上，只得擱筆。前旬，同達公及筱英兄、仲采兄、慕賢兄、厚濟兄（達公之戚），重賞桃李於歐家灣，極盡歡暢。歸而紀以詩，錄呈左右，應笑山僧與香火因緣之外，尚多事也。麻公信已遵轉，並及，專此奉復。敬請

撰安　　　　　　　　弟李炳南謹頓　三月三十一日
翼兄處同此請安[2]

四月五日，清明節。有〈清明懷陳雪南〉詩二首。

  〈清明懷陳雪南〉二首：
客裡清明一悵然，思君拄杖碧溪前；山南磘北遙相望，

---

1 王獻唐：〈致李炳南教授（雪廬）書翰詩文〉，陳永寶編校：《王獻唐先生詩文書畫集》，頁42-45；張書學、李勇慧：《王獻唐先生年譜長編》，頁838。

2 李炳南：〈致函王獻唐〉，安可荇、王書林手稿整理，杜澤遜編校整理：《王獻唐師友書札》，頁856。陳永寶編校：《王獻唐先生詩文書畫集》頁94-95、100。張書學、李勇慧：《王獻唐先生年譜長編》，頁838。另參見：顏廷蘭：〈王獻唐、孔德成、李炳南往來書箋考釋〉，《山東圖書館學刊》，2010年第5期，頁113-117。

花落花開各五年。

明湖柳映兩家青,同客巴山似鶺鴒;一炷名香滿輪月,何時促膝共談經。(《雪廬詩集》,頁166)

是日,有〈清明懷王獻唐〉詩。稍後又有〈望遠〉、〈遊芭蕉溝〉、〈夜望宣維山〉,均係為王獻唐而作。(《雪廬詩集》,頁166-167)

〈清明懷王獻唐〉:栗峰深處幾層雲,欲把愁思寫與君;今日清明不沽酒,向湖花謝雨紛紛。(栗峰在南溪縣,王今居處;向湖在歌樂山西麓,王昔居處。)

〈望遠〉:萬仞岡頭望遠山,後峰超眾插天關;憐他地上空昂首,放眼還須到此間。

〈遊芭蕉溝〉:百疊峰頭羈碧煙,石梁中斷瀑雙懸;山春欲暮東風起,滿澗飛花滾雪泉。

〈夜望宣維山〉:仙峰西望鬱蒼蒼,野靄溪煙夜色涼;上界鐘聲聽不到,一鈎新月墜松篁。

【案】致王獻唐手稿,〈望遠〉、〈遊芭蕉溝〉、〈夜望宣維山〉三首詩後均加注說明有所寄託。(見是年4月19日譜文)

四月八日,王獻唐來函,為先生作畫,並附又成〈栗峰即事〉詩三首。並預告擬為先生造像。

王獻唐,〈來函〉:雪廬先生左右。奉手畢並示大作,情文俱茂,刻畫入微,此爐火純青之作,如九天雲璈,弟則下里巴人而已。頃為兄作一小畫,茲附上。近

來彥雲贈我藤黃赭石,嘂使作畫,因又不時出醜,此醜不可限於栗峰,故送之先生。昨見大滌子畫一和尚拄杖傴僂行山中,上為古寺,題曰《歸山圖》。甚欲一摹,摹成大約他人不能承受,只有仍以其醜致之先生也。此請法安。　　　　　　　　　　弟獻唐　四月八日

數家修竹壓簷低,拄杖閒聽鷓鴣嗁;最是煙消雲散處,十年舊夢轉悽迷。

也曾扶醉強登樓,一樣波心不繫舟;四十五年如電掣,滄桑看慣懶回頭。

射虎斬蛟計未成,已將落葉比身輕;蜀煙巴雨蠻叢路,一杖鏗然自在行。

〈栗峰即事〉又成數什,彔呈達公雪佛教定。栗叟又上。[1]

四月十九日,致函王獻唐。敬謝其惠賜詩畫,並為擬作造像致謝。錄近作〈望遠〉、〈遊芭蕉溝〉、〈夜望宣維山〉,詩後加注說明寄託。(見《圖冊》,1943年圖3)

　　栗叟吾兄先生鑒:日昨自城歸來,案上見有惠賜詩畫,疲乏頓失,逸興遄飛。詩畫皆是最上乘禪,不知輞川當日又當如何?不禁叫絕者再。寧料福無單行,而又擬以《歸山圖》見贈,雖尚未睹其跡,然謂為弟寫影

---

[1] 〈王獻唐函〉,安可荇、王書林手稿整理,杜澤遜編校整理:《王獻唐師友書札》,頁2117-2119。陳永寶編校:《王獻唐先生詩文書畫集》,頁45-47。參見:張書學、李勇慧:《王獻唐先生年譜長編》,頁839。

之作似無不宜，何幸何幸！栗峯勝境未曾得遊，大作無法賡和，實亦不敢續貂。惟兄近發畫興，弟亦發遊興，遊處或偶有詩，摘錄呈正，聊當塤箎應鳴也可。萬謝萬謝！專復，恭請撰安　　　弟李炳南頓首　四月十九日

萬仞岡頭望遠山，後峯超眾插天關；憐他地上空昂首，放眼還須到此間。（歌山極峯望九疊山此有寄託之作）

百疊峯頭矗碧烟，石梁中斷瀑雙懸；山春欲暮東風起，滿澗飛花滾雪泉。（春暮遊芭蕉溝之作）

仙峯西望鬱蒼蒼，野靄溪烟夜色涼；上界鐘聲聽不到，一鈎新月墜松篁。（遊宣維山歸來夜望之作）

栗峰老人誨正　　　　　　　　　　　雪僧和南貢稿[1]

四月下旬，接十七日王獻唐來函，依先生日前〈清明懷王獻唐〉詩韻和答，另有詩〈寄別逸雪〉，為國史館昔日同事蔣逸雪送別。

　　王獻唐，〈來函〉：奉讀雪廬先生清明見懷詩，適逸雪有西北之行，亦向湖舊侶也，敬步原韵成二十八字求政。

也隨倦李賦停雲，惆悵青山苦憶君；聚散年來同落葉，不經風雨亦紛紛。

　　　　　　　　　　　　弟獻唐拜上　四月十七日

---

[1] 李炳南：〈致函王獻唐〉，安可荇、王書林手稿整理，杜澤遜編校整理：《王獻唐師友書札》，頁857-858。陳永寶編校：《王獻唐先生詩文書畫集》，頁98-99。張書學、李勇慧：《王獻唐先生年譜長編》，頁840。詩三首作於是年清明後，見該日譜文。

1943年・民國32年｜54歲

〈寄別逸雪〉二什附呈　教定。

夢裡逢君醒似真，向湖一別雨如塵；相思漸逐春潮長，又唱陽關送故人。

扛鼎爭傳筆一枝，更從劍外攬雄奇；平涼羯皷金城柳，萬里春聲出塞時。

紙有餘白，再成一絕呈雪公，意在解與不解間也。

此心端似御風行，風不揚波水自生；一樣時光萬楊柳，是誰幻出雨清明？

前函言將彷大滌子《歸山圖》為雪公壽。昨晨弄筆畫出歸山之人，不似古香古色之高僧，反似東倒西歪之粟叟，是烏乎可？須另畫之。頃見達公為翼鵬刻二小印，「屈」字似漢，「万里」二字似晚周，何其妙耶！本想多恭維幾句，紙無隙地矣。粟叟附白。[1]

先生亦有詩送別蔣逸雪。（《雪廬詩集》，頁167-168）

〈蔣逸雪有流沙之役，王獻唐寄詩送之，辭意纏綿，增人感慨。余與逸雪相識雖晚，一見情親，旗亭分襟，不能無贈，爰成小詩，聊當折柳〉二首：

故人詞好為君歌，唱出涼州淚已多；嘉峪關前沙似水，應愁倦眼對明駝。

纔到情親緣忽盡，無多聚會誤前朝；愁腸正似旗亭柳，

1　〈王獻唐函〉，安可荇、王書林手稿整理，杜澤遜編校整理：《王獻唐師友書札》，頁2120-2123。陳永寶編校：《王獻唐先生詩文書畫集》，頁47-50。張書學、李勇慧：《王獻唐先生年譜長編》，頁839-840。

數不分明幾許條。

【小傳】蔣逸雪（1902-1985），江蘇建湖人。抗戰初，隨江蘇聯合中學西遷四川。任國史館編輯主任，與金石學家王獻唐深交，後又任玉門油礦局祕書。抗戰勝利後，回江蘇任鎮江師範學校文科首席教師。定居鎮江南郊五峰口。一九五六年調任揚州師範學院中文系任教。退休後歸居鎮江舊宅，從事著述。置自己所從事的清文桐城、陽湖兩派的研究不顧，為亡友王獻唐整理《炎黃世族考》遺稿，書成而心力已竭。著作有《張溥年譜》、《陸秀夫年譜》、《劉鶚年譜》、《南谷類稿》等。先生此詩當是蔣君赴玉門油礦局任職時所作。

是年春，友人徐昌齡令尊在淪陷區過世。先生協助至羅漢寺設奠遙祭，並悉心指導照料請名家製作墓誌。

〈函徐昌齡〉：願伯仁兄大鑒：日昨嫂夫人來囑，再為陳靄老寫信，親持往求題碑。遵已辦妥。敝意以為，若果往謁，似須持物作贄，見面必須行跪叩禮，蓋為上人祝壽喪祭，雖在今日仍普行此重典。凡讀舊書之人，尤講究此等之節目。謹貢區區，尚希大裁。　弟炳留（見《圖冊》，1943年圖4）

徐昌齡，〈故舊來函〉：憶及卅二年春，驚悉家父在淪陷區，遭不幸之噩耗，炳老得知，隨即唁慰，並代為主持之羅漢寺設奠遙祭，又計劃與指導為先父作墓誌，由孔奉祀官譔文，陳主計長書丹，王館長篆蓋，知

我之深,無微不至。[1]

　　【案】王館長指王獻唐,陳主計長指陳其采。陳其采(1880-1954),字靄士,浙江吳興人,長兄陳其業、次兄陳其美。陳其業有子陳果夫、陳立夫。先生一九七二年起於臺中中國醫藥學院董事會與陳立夫共事十餘年。

是年春,另有詩:〈題劉處士鄉居〉、〈蘭香〉、〈題江東金敬淵昆季唱和集〉、〈巴江春暮〉。(《雪廬詩集》,頁 163-169)

　　〈題劉處士鄉居〉:椓桔聲中夕照昏,曲藤高柳蔭柴門;鴉歸樹暗凝煙色,犢去塍閑漲水痕。時有瓜蔬挑遠市,更無車馬到荒村;知君不是耽幽僻,亂世冠纓未足論。

　　〈蘭香〉:迥異檀塗與麝熏,清高超出眾香群;偶然契會無心後,著意尋時又不聞。

　　〈題江東金敬淵昆季唱和集〉:鑄鼎然犀照眼寒,淋漓雙管瀉文瀾;昧機春燕巢還築,苦戰群龍血未乾。志士放歌徒灑淚,蒼生搔首欲無官;古今才藻推江左,麾幟精明二陸壇。

　　〈巴江春暮〉:風過雲初斂,昏昏江日斜;滿天啼杜宇,接嶺落桐花。唄讚番僧寺,炊煙估客槎;羈身歸不去,極目有蟲沙。

1　徐昌齡:〈故舊來函〉,《明倫》第 164 期(1986 年 4/5 月合刊)。

五月二十二日，致函王獻唐，傳達同儕期待其重返重慶情意。並及孫靖宇請代詢董作賓書字事。（見《圖冊》，1943年圖5）

〈致函王獻唐〉：八二山人吾兄史席：昨讀還雲，以大乘見許，則吾豈敢？詩屬利己，固小之小矣；醫一折肱，亦不過濟一人耳，曷若山人著作等身，普益後學，時間空間，澤流寬廣，斯真不愧為大乘矣！馮五坐花，邢二臥酒，俱各樂其樂。惟山僧炎日當空，風塵僕僕，入耳多吟呻之聲，觸目只蹙額之貌，境界相較，奚啻天淵？前過邢二，以贈兄詩稿見示，並囑援據詩義，函勸返渝。此亦友儕共同希望，勸出本心，非徇邢二一人之私也。方寫至此，孫紊亂公排闥直入，謂：「前託奉祀官求董彥老為其書甲骨，囑求代詢，盼早寄來。」從此室中秩序紊亂，弟心腦俱為紊亂，不能復作書。即請撰安　　　　　鄉弟雪僧和南　五月廿二日　孫紊亂公囑筆候。亂公者，孫靖宇也，恐日久已忘，特注[1]

【案】此前應尚有一王獻唐來函，未見載錄。

又，馮五應指馮復光（述先），邢二應指邢藍田（字仲采，小傳見：1940年10月17日）。《孔德成先生日記》常有此二君互動記載。如：「（一九四〇年夏曆十月）二十六日，馮述先先生來山，在仲采處相遇。」

---

[1] 李炳南：〈致函王獻唐〉，安可荇、王書林手稿整理，杜澤遜編校整理：《王獻唐師友書札》，頁859-860。另參見：張書學、李勇慧：《王獻唐先生年譜長編》，頁841。

「二十七日，馮述先先生來訪，邀赴歌樂餐館便酌。下午獻唐又邀赴歌樂餐館，馮笑邢怒，王則不作一響。余身處局外，然已醉不能支，猶作中解之人，可笑可笑。」[1]

【小傳】馮復光（1892-1966），字述先，號蟄廬，河北霸縣人，與邢仲采同鄉。畢業於直隸法政學校，曾任永定河分局長。善繪畫。與王獻唐過往甚密，王獻唐有詩〈奉懷仲采述先〉。著有《蟄屋吟草》，王獻唐批校。一九五七年被聘任為中央文史研究館館員。

六月二十七日，王獻唐來函，訴蚊蟲之苦；告知董作賓為孫靖宇等人所作字幅，已捎至衛聚賢處；亦陳說對先生佛法高明之敬佩。

王獻唐，〈王獻唐函〉：前上一箋計已收到。孟老來，公竟未至。此間蚊子太多，俟秋涼來亦好。弟晚間寫稿，兩足大受其苦。頃發明一法，入晚即套上毛襪子，大有五月披裘之風，歌樂當不須如此也。彥堂為紊亂公及新開寺中行某君書件已妥，頃交王君帶至重慶大法師處，便中希飭人往取為盼（王君明日起行）。法師衛姓，非李、茹二老，務請記清。邇來法師多如過江之鯽，既無法，亦不足為師，其能通天地人，令老夫北面者，其雪公也乎！

---

[1] 孔德成：《孔德成先生日記》，頁187。

其雪公也乎！此請大安。　　　　弟獻唐　六月廿七日[1]

先生回函指點驅蚊三法。旋獲王獻唐回函說明成效。
（見《圖冊》，1943年圖6）

　　王獻唐，〈王獻唐函〉：雪公大師道座：承示三法，至感至感。蚊香弟已試之（四元一条並不如兄處之廉），萬金油曾托屈翼公至敍府鑲牙之便購一小合，索價四百五十元，彼咋舌空手而回。弟至今恨之，以彼肯費七八千元自鑲牙，不肯以四百五十元為我購油也。近又發明一法，即以白乾酒代油，亦頗有效。此靈山會上教外別傳之法，謹以報公。至達公以「怪蛋」一詞是否為法語為問，此至易解答，即所謂「方便門」也。口中有怪蛋，心中無怪蛋（作平等觀），達公執著於公之口，未洞見公之心，故有此疑，疑而能釋，庶幾近乎道矣。此請

道安　　　　　　　　　　　　　　八二小弟再拜上

成都近出一晉碑，上刻此象，摹以補白。豈達公所謂之「怪蛋」耶？[2]

1　〈王獻唐函〉，安可荇、王書林手稿整理，杜澤遜編校整理：《王獻唐師友書札》，頁2124-2125。陳永寶編校：《王獻唐先生詩文書畫集》，頁50-51。張書學、李勇慧：《王獻唐先生年譜長編》，頁843。

2　〈王獻唐函〉，安可荇、王書林手稿整理，杜澤遜編校整理：《王獻唐師友書札》，頁2129-2130。陳永寶編校：《王獻唐先生詩文書畫集》，頁55-56。張書學、李勇慧：《王獻唐先生年譜長編》，頁843。

1943 年・民國 32 年 ｜ 54 歲

七月二十七日，致函王獻唐，以人生危脆、大劫中得安詳而去，慰其伯兄王祥五之逝。（見《圖冊》，1943 年圖 7）

〈致函王獻唐〉：粟峰老哥台鑒。疏於奉候計數月矣，渴想奚如？昨於仲采兄處得悉祥五大兄歸真道山之訊，不勝驚悼。台端篤於友于，鴒原之痛，情所不免。不過世法無常，人生危脆，古往今來，總歸如是，而能得考終命者，前哲即許為大福。此在承平之際尚以為難，況於隕鐵如雨，飛火似塵，天地破碎之大劫中安詳而去，豈得不更云幸乎？務望達觀。溽暑薰蒸，凡百珍攝，至禱至禱！待秋爽涼之時，能至巴山一遊為盼。專此奉唁，並請大安　　弟李炳南謹頓　七月廿七日 [1]

是年夏，慈母病逝濟南家中。聞耗後，悲慟抱憾，即禮請僧侶超度。

李俊龍，〈回憶父親〉：父親接到信後，悲慟欲絕，曾在重慶一寺廟內，請僧侶誦經超度，家信中談以未能見到祖母的面為終生的遺憾。[2]

是年夏，另有詩〈訓強小競〉、〈訓蔣逸雪寄詩〉、〈和陳

---

1 李炳南：〈致函王獻唐〉，安可荇、王書林手稿整理，杜澤遜編校整理：《王獻唐師友書札》，頁 854-855。陳永寶編校：《王獻唐先生詩文書畫集》，頁 96-97。張書學、李勇慧：《王獻唐先生年譜長編》，頁 844。

2 李俊龍：〈回憶父親〉，《明倫》第 193 期（1989 年 4 月），雪公往生三周年特刊。

雪南青蓮吟〉、〈飛雪崖橋下觀瀑〉、〈遊燕兒洞〉、〈送劉康丞使秘魯〉、〈清齋〉。（《雪廬詩集》，頁169-171）

〈訓強小競〉：六載空教問訊頻，鶯花夢斷漢臯春；看君詩健應無病，憐我愁多不為貧。月過清溪啼杜宇，雨昏南浦蔓荊榛；相思共指東流水，渺渺天涯兩寄人。

〈訓蔣逸雪寄詩〉：瑯琊秀句欲飄仙，碧峭霜晴插曉天。獨有君詩同格調，清新殊不讓王前。（逸雪為余友王獻唐之高足也）

〈和陳雪南青蓮吟〉：青蓮根元空，偶幻空中相。凌虛露團團，颭水風颺颺。省識不染心，冥然銷諸妄。誰遣花開落，從他葉卷放。靜參苦药禪，頓澈清涼況。一顆牟尼珠，恆沙如來藏。此語君莫疑，願持普回向。

〈飛雪崖橋下觀瀑〉：長川激石下高岑，橋畔雲生虬蝮吟。萬壑雷聲收不住，沖天還有雨蒼心。

〈遊燕兒洞〉：垂垂石筍挂蒼藤，響水含空珠一層。穿出洞門山更僻，回頭趺坐看雲蒸。

〈送劉康丞使秘魯〉：太平洋上一鴻飛，故國煙花入夢微。遠島交歡迎漢使，萄萄早與報書歸。

〈清齋〉：清齋松下兩三間，蠟屐塵封少往還。最是習深除不盡，捲簾猶愛夕陽山。

八月八日，王獻唐收得炳南先生及孔德成先生函。孔先生函謂，如近日心緒不佳，則擬為炳南先生作之〈雪廬圖〉可且暫緩。

1943 年・民國 32 年 | 54 歲

〈孔德成先生函〉：雪僧所求之〈雪廬圖〉，吾兄既以近中心緒不佳，不作亦無妨，以待來日可耳。[1]

九月二日，王獻唐為先生畫〈雪廬圖〉，為蚊所擾，不能久坐。

九月三日，王獻唐為先生所繪〈雪廬圖〉完稿，並題詩。王獻唐先後為孔德成先生、炳南先生造歌樂山居圖。（見《圖冊》，1943 年圖 8）

王獻唐，〈雪廬圖〉：一杖飄然到，茆堂罨翠螺；拈來冰雪意，貌出水雲窠。此景濟南有，濟南今若何；憑君將畫去，且與證禪那。
三十二年八月為炳南先生寫並題希正教　　琅琊王獻唐[2]

〈題林青波女士臨王獻唐雪廬圖・序〉：雪廬者，故里齋之榜也。戊寅（1938）避寇入蜀山中，居仍襲其名，老友王獻唐繪「雪廬圖」，以詩紀其事。[3]

〈題王獻唐畫猗蘭別墅著書圖・序〉：蜀山猗蘭別

---

1 〈孔德成先生函〉，安可荇、王書林手稿整理，杜澤遜編校整理：《王獻唐師友書札》，頁 1867-1870。參見：張書學、李勇慧：《王獻唐先生年譜長編》，頁 845。
2 陳永寶編校：《王獻唐先生詩文書畫集》，頁 68；參考顏廷蘭：〈王獻唐、孔德成、李炳南往來書箋考釋〉；張書學、李勇慧：《王獻唐先生年譜長編》，頁 849。
3 李炳南：〈題林青坡女士臨王獻唐雪廬圖・序〉，《雪廬詩集》，《全集》第 14 冊之 1，頁 353。

墅，孔上公避寇所構也。與時往還者皆名流，著述之暇，輒以書畫共歡娛，王子此圖即作於是時也。[1]

九月八日，王獻唐託傅斯年帶畫回重慶，共有為孔德成、李炳南及丁惟汾三位先生所作畫。並請孔德成先生代為裝裱。

　　傅斯年來，明日即赴重慶，以為孔德成、李炳南及丁惟汾所作畫，托其帶交孔德成，並囑孔德成代裱。[2]

九月十六日，孔德成先生致函王獻唐，說明惠贈諸畫送裱事，並告知炳南先生減食影響身體，請王獻唐幫忙勸說。

　　孔德成，〈致函王獻唐〉：獻唐仁兄左右：前上一函，諒已入閱。手教拜悉，囑件自當送淵海閣裱之。賀鼎師三付詩，誠如尊批，此等詩本無甚佳著。弟明日進城訪孟真，畫當取來。前論實齋、東壁治學之方，敝見所及，拉雜陳之，不悉兄以為如何？「栗峰」印甚佳，直逼周秦，蒼朴古雅，令人愛不忍釋。非老人之手筆，他人絕不能出此。昨日馮五來山，住邢二處，言歸和好，亦是盛事。然更有盛於此者，即馮五已找到一老伴，一二日內即重宴花燭。吾兄聞之，不知作何感想。甚盼亦速進行，弟好來吃喜酒也。弟日來重溫《左傳》

1　李炳南：〈題王獻唐畫猗蘭別墅著書圖・序〉，《雪廬詩集》，《全集》第 14 冊之 1，頁 327。
2　張書學、李勇慧：《王獻唐先生年譜長編》，頁 849。

《史記》等書，無新書可讀，溫故知新亦可謂樂事。然山中讀書友朋太少，益覺孤陋寡聞。雪老近以減食，身體不支，勸之不聽，徒為之發燥，足下有何法術能拯之乎？甚盼之也。〈雪廬圖〉及兄為弟所作畫，當即付裝池，而〈雪廬圖〉恐將遍徵題詠。好事者無事尚找事，況有題目以助之乎？鼎新估人已返來，帶有銀印萬方，未聞有石印。如有，當代留下也。專此，即禱著祺。弟德成頓首，九月十六日。《詁雅堂主治學記》中兩點，弟已遵囑改過。[1]

九月二十六日，王獻唐接孔德成先生來函，旋即致函炳南先生，勸其飲食。當是先生開始持「過午不食」戒。來函並說明〈雪廬圖〉繪製夏景之實務考量。

王獻唐，〈致函李炳南〉：昨承手教。煙火一案，蒙大和尚開示，小沙彌知罪矣。據俗家所說，一人之秉賦、年齡，與其需要之資養，料有乘除密切關係。如不需要，自可不必多食。如需要而故意減少，則精神體力必衰弱，成黃面瞿曇矣。弟篤信俗說，不必證之生理學，試就眼前動植物觀之，皆是佐驗。因此，不敢學古人之「食無求飽」，而每飯必飽。飽則費錢多，無能供

---

[1] 孔德成：〈致函王獻唐〉，安可荇，王書林手稿整理，杜澤遜編校整理：《王獻唐師友書札》，頁 1873-1875。《王獻唐先生年譜長編》：「（1943 年 9 月 26 日）是日，接孔德成函。」該函內容即此書，據知此函年日；見：張書學、李勇慧：《王獻唐先生年譜長編》，頁 851。

應，日夜躊躇，不得善法。今先生減食而面紅腴、體康健，寧非怪事？甚願以大法密傳於弟，使栗峰之老翁，變為歌樂之健叟，且使阮囊不致十分羞澀也。

〈雪廬圖〉計已收到。本擬畫雪景，以鉛粉實之，即邢二拭鞋之土粉亦用罄。不施粉，須以墨烘底子，又恐千百年後收藏家之講「紙白版新」者，大貶其價。因改畫夏景，於夏山中置雪廬，益見主人之高，所謂雪者，在內不在外也。此上雪公道席，並請法綏。弟獻唐。九月廿六日。[1]

【案】先生當自此時起，實施持齋「過午不食」。執行之初，頗受同儕之關注。來臺時，在奉祀官府上班，曾由十姊妹之池慧霖為其準備午餐，由其公子陳天生送飯，因此知先生長年持午。[2] 此後，即在佛教界，亦經常被舉為顯例。如一九五五年，道源法師在觀音山凌雲禪寺傳戒，發現受戒者大都不持午，即對戒弟子們開示：「你們的身體，不能比我再弱，我就不吃晚飯。你們的忙碌，不能比你們大師父還忙，大師父不吃晚飯。你們的年紀，不能比書記律航再老，他已七十整歲，上早殿聽講戒，夜間還得抄日記，他亦持非時食戒不吃晚飯。居士中，許國柱居士持一食

---

1 見：陳永寶編校：《王獻唐先生詩文書畫集》，頁 52-54。參見：張書學、李勇慧：《王獻唐先生年譜長編》，頁 851。顏廷蘭：〈王獻唐、孔德成、李炳南往來書箋考釋〉。

2 林鳳一、陳天生口述，黃德川記：〈雪公在大成至聖先師奉祀官府擔任主任祕書，創業維艱懷恩師〉，《明倫》第 441 期（2014 年 1 月）。

1943 年・民國 32 年 | 54 歲

法,李炳南居士『持午』過甚精嚴。吾們僧尼,若不持非時食戒,將何以受居士頂禮恭敬乎?我從前打餓七念佛,七日不吃飯,也沒有餓死。你們持戒,常住已預備豆漿,為求淨戒大家須先守不非時食戒。」法師時任戒和尚以最懇切的心情,反覆告誡後,新戒全體大受感動,晚飯時,齋堂空空無一人。[1] 淨空法師晚年時回憶:「我跟臺中李炳南老居士學經教,那一年我三十一歲,老人七十歲,他每天吃一餐,一生是這樣的。他告訴我,他三十多歲學佛,學佛沒有多久,他就吃一餐。他的工作量,五個人的工作量,一天吃一餐他就夠了,而且吃得很少。」[2]

此期間,定課不斷。雖與人共住,稍有不便,變通以書本之字當念珠,或以手當念珠。

〈為明倫講座第七期學員開示念佛方法〉:吾昔流亡時,上班時,共住,吾以書本之字當念珠,亦以手當念珠。[3]

---

1 施旺坤:〈永懷恩師源公上人〉,收入道源老法師紀念集編輯委員會編輯:《道源法師紀念文集》。
2 釋淨空:〈2012 淨土大經科註第 483 集〉,香港佛陀教育協會,2013 年 10 月 20 日,http://www.amtb.tw/#/videoplay?menuidparent=02&menuidchild=40&voice=&mp4=1&numbers=322317。然先生晚年已開許晚餐。見 1971 年 6 月,應健康長壽會邀請分享養生之術。
3 〈為明倫講座第七期學員開示念佛方法〉,《台中蓮社歷年會議紀錄》,1974 年 7 月 27 日,台中蓮社檔案。

1944年・民國33年・癸未－甲申
55歲

【國內外大事】
- 十一月,羅斯福第四次當選美國總統,杜魯門為副總統。
- 六月至十一月,長沙、衡陽、桂林相繼失守。

【譜主大事】
- 六月,經向梅光羲居士借得《阿含經》摘鈔。
- 十一月,梅光羲老居士六十晉七大慶。重慶學佛同仁於佛學社念佛祝壽。
- 是年,歌樂山九道拐蓮社成立。

1944 年・民國 33 年 | 55 歲

五月十日,致函王獻唐,附寄孔德成先生為梁正麟所寫條幅。[1]

六月二日,致函王獻唐。[2]

六月二十一日,擬摘鈔《阿含經》,經向梅光羲居士借得。
　　(見《圖冊》,1944 年圖 1)
　　　　梅光羲居士,〈來函〉:炳南先生大鑒:頃奉大示,及《大教王經》與《華嚴》三種,敬悉一切。兄摘鈔《阿含》功德無量,蓋四《阿含》太繁,非摘鈔即不易流通也。但現在天氣漸熱,鈔寫不易,弟並不急需此經。兄可從容留用,不必忙於賜還可也。弟尚有《佛地經》及《大乘法界無差別論》等書,兄若欲閱看,即祈示知,弟當奉上也。匆叩
　　大安　　　　　　　弟梅光羲頓首　卅三、六、廿一[3]
　　　　李炳南講述,張素真整理,〈華嚴經法界無量迴向講錄(十二)〉:我學佛開頭學唯識,跟梅大士學;《四阿含》也是梅大士教我學的,給我書看。[4]

1　張書學、李勇慧:《王獻唐先生年譜長編》,頁 873。
2　張書學、李勇慧:《王獻唐先生年譜長編》,頁 875。
3　【數位典藏】/書信/在家居士/梅光羲。
4　李炳南講述,張素真整理:〈華嚴經法界無量迴向講錄(一)〉,《明倫》第 454 期(2015 年 5 月)。

七月十五日,致函王獻唐。[1]

是年夏,錢雋逵題贈山水畫。

　　　一篙煙水,數尺雲嵐,詩人曰吾詩,畫人曰吾畫,然要於無心得之,若刻意求索,轉失之矣。
甲申夏寫應雪廬先生大屬　　　　　　　　武進錢雋逵[2]

九月,依考試院考選委員會中醫師檢覈辦法,由山東省駐渝辦事處、前濟南市長邢藍田、至聖先師奉祀官府出具服務證明,申請中醫師檢覈。[3](《圖冊》,1944 年圖 2)

　　〈山東省政府駐渝辦事處證明書〉(民國卅三年九月廿八日,渝辦卅三字 1300 號):查有李炳南,年五十二歲,山東濟南人,曾在山東第一監獄及反省院相繼擔任中醫師十一年有餘,並在濟南市執行中醫業務七年以上,著有聲譽,經濟南市政府中醫檢定合格發有合格證書收執。因濟南淪陷,上項證書未能帶出,用特代為證明。此證。處長郎咸德。

　　〈前濟南市市長邢藍田代為證明書〉:逕啟者,查有李炳南君,年五十二歲,山東濟南人,曾在山東第一

1　張書學、李勇慧:《王獻唐先生年譜長編》,頁 878。
2　見:《雪廬老人題畫遺墨》,「附雪廬老人庋藏」,《全集》第 16 冊,頁 260。
3　〈山東省政府駐渝辦事處證明書〉(1944 年 9 月);邢藍田:〈致考試院考選委員會證明書〉(1944 年 9 月);至聖奉祀官府出具證明見《圖冊》,1937 年圖 1。原件見存於雪心基金會。

1944年・民國33年 | 55歲

監獄及反省院相繼擔任中醫師十一年有餘,並在濟南市執行中醫業務七年以上,著有聲譽。在鄙人任濟南市市長任內,中醫檢定合格,發有合格證書在案。茲李君擬應貴會中醫師檢覈其資格,適合貴會須發中醫師檢覈說明書內應檢覈資格一、三兩項之規定。因濟南淪陷,上項證書未能帶渝,用特代為證明。此致考試院考選委員會　前濟南市市長、國史館籌委會編審　邢藍田
中華民國三十三年九月

　　〈大成至聖先師奉祀官府服務證明書〉:查李炳南山東省濟南市人,現年五十二歲,於民國二十六年十一月到府任中醫師職務,迄今已近七年,現仍在府擔任前職。特此證明。大成至聖先師奉祀官孔德成
中華民國三十三年十月六日

是年秋,有詩:〈山居秋晴〉、〈贈熊觀民〉、〈陳澤沛將軍解甲逃禪精書畫因有贈以詩訓之〉三首、〈強小競潘第雲傅覺夢同讀書萬邑玄妙觀魏大堅畫師作圖徵題時烽火七年尚未息也〉二首、〈採蕨〉(并序)。(《雪廬詩集》,頁171-173)

　　〈山居秋晴〉:晴煙如縠浸朝陽,江上峭寒新有霜;夾岸不知山近遠,都添紫翠鬥秋妝。

　　〈贈熊觀民〉:世道迂儒術,天心扼霸才;憐君奇抱負,彈鋏遠歸來。醼酒招鄰飲,秋蔬引覓栽;蛟龍寧久蟄,會看起風雷。

　　〈陳澤沛將軍解甲逃禪精書畫因有贈以詩訓之〉三

首：
已釋珤戈飯法王，醒時不及醉時長；由他問一歸何處，只道松醪有別腸。
醉中狂草似張顛，手挽龍蛇壁上懸；縱或一時飛不去，也教膚寸起雲煙。
滿紙雲山望欲迷，其中有路向曹溪；不知心造人間世，去問解空須菩提。

【小傳】陳澤沛，曾任護國軍第四師師長。一九一五年十月，袁世凱宣布明年（中華民國五年）為中華帝國洪憲元年。蔡鍔與雲南將軍唐繼堯於一九一五年十二月二十五日在昆明宣布雲南獨立，成立雲南都督府，組織討袁護國軍。蔡鍔、李烈鈞、唐繼堯任一、二、三軍總司令；唐繼堯兼任雲南都督府都督。陳澤沛於川南起兵，稱護國軍川南總司令。而後與護國軍第四師盧師諦在川北川西收編部隊，合編為川軍第四師，陳澤沛任師長，衛戍川西。[1]

〈強小競潘第雲傅覺夢同讀書萬邑玄妙觀魏大堅畫師作圖徵題時烽火七年尚未息也〉二首：
客心何似杳難求，貝韻詩魂共一樓；不比謫仙懷剡水，浮雲偶爾為山留。
綿綿南浦有停雲，題畫賡詩倍憶君；同在天涯愧形影，惘然還似雁離群。

---

1 孫震：〈四川護國討袁記（下）〉，《雲南文獻》第 11 期（1981 年 12 月 25 日）。

〈採蕨〉（有序）：瑯嬛記云：猿啼之處，蕨乃多有，每一啼遽生萬莖。近日巴山猿少，而蕨亦稀。
客裡晨飢慣。長鑱入薜蘿；不愁山蕨少。猶怯夜猿多。

十月二十六日，致函王獻唐。[1]

秋冬之間，有詩：〈題楊蘇更稼心室詩集〉、〈贈楊蘇更居士〉、〈冒雨晚歸山齋〉、〈代淨脩林贈愛道社〉、〈贈鷹岩淨脩林〉、〈雨中登歌樂山寺與吳沈二生研經偶成〉、〈雪窗研經〉。（《雪廬詩集》，頁174-176）

〈題楊蘇更稼心室詩集〉：白雲黃鶴寫高樓，壓我甘居第二流；跌宕定盦容抗禮，雄渾實甫卻輸籌。雕龍便可冲天去，鍊鐵真教繞指柔；自是知言推桂叟，無妨胸臆未全投。

〈贈楊蘇更居士〉：青衫入座時霑淚，白眼看天忽放歌；世俗從難分醒醉，行藏或被笑癲魔。三生幸識廬山路，一念堪澄孼海波；快轉癡情脩慧業，群倫待度出娑婆。

〈冒雨晚歸山齋〉：白霧漸吞江上峰，激湍萬壑響淙淙；飛流瀉地還蒸雨，偃檜搏雲欲化龍。黃葉縈通高士屐，空山隱咽暮天鐘；茅齋仰望分明是，一水縈迴不可從。

〈代淨脩林贈愛道社〉：西山佛火結雙林，還似祇

1　張書學、李勇慧：《王獻唐先生年譜長編》，頁886。

園舊布金；不道菴提離女相，偏勝善現未空心。披巖花映袈裟紫，繞屋竹喧鐘磬音；寶筏同撐期普渡，臨歧猶賴作南鍼。

〈贈鷹岩淨脩林〉：鹿苑秋苔寂，鷹岩唄韻清；法輪隨地轉，化鳥入林鳴。花散眾香國，月高王舍城；檀煙空界滿，池上九蓮生。

〈雨中登歌樂山寺與吳沈二生研經偶成〉：層層雲木與天齊，峻極峰頭約共棲。更向人間遍援手，超他一例出秋泥。

〈雪窗研經〉：江天釀雪暮紛紛，靜對爐香小室溫；隔牖笙簧叢竹嘯，環堦冰柱萬峰蹲。塵沙洗盡全無染，縞素橫空也有痕；此境會心人不解，欲將簑笠叩雲門。

十一月六日，佛曆九月二十一日，為梅光羲老居士，六十晉七大慶。重慶學佛同仁於佛學社念佛祝壽。

佛界聞人梅光羲（擷芸）老居士，佛曆九月二十一日，為其六十晉七大慶，渝學佛同仁，特假佛學社念佛會集體念佛，以為祝壽。是日到場念佛者約二百餘人，張純一老居士講梅老居士一生宏法功德，華岩寺鐘鏡老和尚講梅居士之行述，可謂極一時之盛。[1]

---

[1] 《佛化新聞》第 343 期（成都：1944 年 11 月 10 日），第 1 版；今收見黃夏年主編：《稀見民國佛教文獻彙編（報紙）》第 9 冊，頁 111。

1944年・民國33年 | 55歲

十一月十六日，王獻唐來函。原擬來重慶探視丁惟汾，以其已漸康復而作罷。附錄近作交流。(《圖冊》，1944年圖3)

　　王獻唐，〈來函〉：達公、雪老侍史：前箋計已收到。鼎老臥病，弟本擬來渝探視，旋得渝函已漸癒，姑暫作罷，將來看情形再說。近來不知何故，詩興大發，連成長律、截句十數什。長律寫來費事，先錄截句博粲。此請大安　　　　　　　　　　　弟獻唐

　　〈晚步〉：夾路小花自在開，遙天新月漸胚胎；先生飯後無常住，獨往人間又獨來。山家繞過雨濛濛，曲折林間一徑通；何處飛來雙漆葉，亂流轉處點杖紅。(栗峰有野漆樹，秋後，葉如渥丹鮮，鮮逼楓柏。)

　　〈題某君艸書〉：把臂鍾張古亦難，但能落筆自求安。夜來一覺蕭蕭雨，幻盡龍蛇壁上看。

　　〈農家〉：家家炊火向黃昏，竹木參差影到門；正是天倫真樂處，兒啼女笑各溫存。父老相逢說有年，數升新米換豚肩；彌天曠劫無人會，笑語中庭月上圓。

　　〈示小萍〉(董彥老之小女老人之乾女也)：不道人間又是秋，西風落葉仲宣樓。亦知無奈愁中老，喜向盧家喚莫愁。

　　十一月十五日午醉時寫上。

老野二井道白：從前邢二逢人便言腿痛，且摩娑接作痛狀，噯呀作痛聲。貴本家某工師言：「尊腿既如此可厭，留之徒增痛苦，不如双双截去，扶拐杖以行。豈如榮譽軍人耶？」自此以後，邢二絕口不言腿痛，亦不

作痛狀、痛聲。弟迄今莫名其故。炳老有一藥而愈之絕藝，豈　貴本家更能一言而愈耶？契文老字作🦴，大似邢二柱拐杖之狀。古人杖甚短，如今手杖，羅叔言已言之。觀此蓋信疑字作🦴亦然。老人補白。[1]

【小傳】「鼎老」，即丁惟汾（1874-1954），山東日照人，字鼎丞。中國同盟會創始人之一，國民黨元老，追隨孫中山。幼年秉承家訓，深研古韻。著有《毛詩解故》等《詁雅堂叢集》六種。王獻唐自一九二三年結識丁惟汾後，學業便始終追隨其左右，從習音韻古文字學、版本目錄學。孔德成先生則是於一九三六年，由國民政府聘之為導師，教授毛詩及古聲韻之學。孔德成：〈詁雅堂侍師記〉謂：「中華民國二十五年，政府聘日照丁鼎丞先生，為德成導師。師當代之大師也。少承家學，又與章太炎、劉申叔、黃季剛遊，故精於治均，三百年來，治斯學者，至師歎觀止矣。」孔德成先生自述是以傳統叩頭之拜師大禮，拜丁惟汾為師，並強調與入門弟子不同，其乃「入室弟子」。孔先生受學於丁惟汾最密集時期為抗戰時期在重慶，此後復員至南京、遷臺，均仍持續。一九四〇至一九四二年間，丁、王、孔三人皆在歌樂

---

[1] 張書學、李勇慧：《王獻唐先生年譜長編》，頁889。陳永寶編校：《王獻唐先生詩文書畫集》，頁57-60。參考顏廷蘭：〈王獻唐、孔德成、李炳南往來書箚考釋〉。

1944年・民國33年 | 55歲

山附近,教學更為頻繁。[1]

十一月二十三日,王獻唐有詩:〈寄雪廬〉。
換取浮生一字顛,雪飄風泊兩茫然。寒宵未盡書同伴,妄慮全銷酒最賢。如是我聞金布地,是何人飲露成仙。年來漸覺突梯甚,證得雪公指上禪。[2]

十二月十三日,致函王獻唐。[3]

十二月十四日,王獻唐來函寄詩。
王獻唐,〈秋夜讀隋僧智顗書柬〉:雪廬湛如 觀不能脩止亦難,殘山賸水眼前看;如何便說身無有,七尺皮囊閱歲寒。不證菩提不辟支,收聽返視似希夷;蒼茫億萬百千劫,恨到開天一畫時。旋轉今生技已窮,不妨來世付冥濛;無邊落木滔滔水,只道風波是鏡中。將有作空事本難,絕無法處轉求安;可憐四萬八千偈,留待侏儒飽後看。雪公道長棒喝 十二月十四日 獻唐拜上[4]

是年,成立「九道拐蓮社」(或作「歌樂山蓮社」)。兩年

---

1 參見:丁戈:〈丁惟汾與王獻唐、孔德成的師友關係〉;孔德成:〈詁雅堂侍師記〉。二文俱收見:《丁惟汾先生史料彙編》。
2 張書學、李勇慧:《王獻唐先生年譜長編》,頁890。
3 張書學、李勇慧:《王獻唐先生年譜長編》,頁892。
4 張書學、李勇慧:《王獻唐先生年譜長編》,頁892。陳永寶編校:《王獻唐先生詩文書畫集》,頁61-62。

前太虛大師交付雲頂寺弘化任務，經演講而發心皈依者八、九十人，先生因組設歌樂山蓮社。每逢朔望及佛菩薩聖誕，演講佛法。[1]（《圖冊》，1944年圖4）

　　吳聰龍記，〈訪雪公老師談學佛因緣〉：避渝，渝亦被炸，官民多遷居於「歌樂山」，乃組一蓮社，長期念佛講經。此後，則走到何處，宏到何處，浮海來臺，寓臺中，仍不一日忘之。今全省淨土、佛七、受戒，皆臺中開其端也。[2]

　　鍾清泉，〈客眼巴山似故鄉——雪公在重慶〉：抗戰後期，國步維艱，政府重要機關，紛紛遷來歌樂山，一座荒山，忽然變成小都市。雪公在雲頂寺發心演講後，「山上山下的住戶，皈依佛門的八、九十人」，雪公組成「九道拐蓮社」（或作「歌樂山蓮社」）。[3]

---

1 雪僧（李炳南）：〈歌樂山蓮社成滅因緣及修眾的感應〉，《淨宗隨刊》第3期，1946年10月；收入黃夏年主編：《民國佛教期刊文獻集成補編》第76卷，頁358-359。

2 吳聰龍記：〈訪雪公老師談學佛因緣〉，《脩學法要》，《全集》第9冊，頁364。

3 藏密（鍾清泉）：〈客眼巴山似故鄉——雪公在重慶（下）〉，《明倫》第504期（2020年5月）。

1945 年・民國 34 年・甲申－乙酉
56 歲

【國內外大事】
- 二月，英、美、蘇三國領袖簽定《雅爾達協定》。
- 八月，原子彈炸廣島、長崎；日本投降，抗戰勝利。
- 十月，聯合國成立。
- 十一月，紐倫堡國際軍事法庭開庭審判。

【譜主大事】
- 二月，獲考試院重發「醫師考試及格證書」。
  歌樂山蓮社弘化。
- 十月，致函如岑法師，報告學佛過程。獲認可為正信，接受其介紹社員皈依。一年，經先生介紹依如岑法師皈依三寶者上百人。

一月二十三日，孔德成先生借讀先生收藏之《秦瓦量殘字拓片》，並為題跋詳述來由。該拓片有三十三紙，係清道光年間進士陳介祺所作，後為劉君復所得，移贈炳南先生。（見《圖冊》，1945年圖1）

　　孔德成，〈秦瓦量殘字拓片跋〉：右秦瓦量殘字拓片三十三紙，合為詔版全文，陳簠齋舊物，為劉君復先生所得，移贈雪廬居士者。先秦笵字磚瓦，自陳氏始大量收藏。戰國嬴秦俱備東土諸器固多零晶殘品，但原器字本無多，多者亦不過八九字，其制然也。至秦皇統一宇縣，經巡之處，每多勒石盟功，既權衡量諸器亦皆笵刻，詔語以示度軌。海內六石，所存僅二，銅權等所嵌詔版，諸家尚多著錄。唯陶瓦之器，今見仍罕。陳氏好古成癖，苦心搜羅，亦祇得些許零片。至吳愙齋獲全器殘片，得合為一欵為環寶。民國二十年左右，吾東鄒縣出完整之器二，下底皆鈐驪字，是記其所用地隅。一為吾友王獻唐購歸山東圖書館，一歸安邱趙孝陸氏。此吾國度量史上之一大發現。海內恐只此二器，與銅者比，奚啻倍徙，蓋銅者易全，陶易損耳。詔版及秦刻石，世皆傳斯相所書。然倉頡之作，語見說文，書碑之言，厥載正義，鼇訂考校，非此所能盡也。晴窗無事，展翫細讀，入夜寒風大起，獨坐書齋，手此一編，與青鐙梅影相共，思古幽情彌覺雋永。爰拾案頭玉虹舊墨，敬跋數語歸之。

　　中華民國三十四年元月二十三日夜孔德成記于陪都

1945 年・民國 34 年 | 56 歲

歌樂山猗蘭別墅[1]

二月，獲考試院考選委員會頒發「醫師考試及格證書」。[2]

（見《圖冊》，1945 年圖 2）

〈醫師考試及格證書〉：李炳南年伍拾參歲男性山東省濟南市人，應醫師考試以中醫檢覈及格，依專門職業及技術人員考試法第十二條之規定，合行發給及格證書。此證。

　　　　　　　　　　考試院長　　　　　　戴傳賢
　　　　　　　　　　考選委員會委員長　　陳大齊
中華民國參拾肆年貳月　醫中檢字第柒零捌號

是年春，有詩〈贈李協和將軍〉。

〈贈李協和將軍〉：英雄未許帝歸秦，躍馬滇池日又新；猿臂久閒秋自健，冰心常固老能貧。瀘州酒滿樽中綠，巴嶺梅開戶外春；醉後時彈金鎖甲，幾回東望問胡塵。（《雪廬詩集》，頁 176）

【小傳】李烈鈞（1882-1946），字協和，號俠黃，江西南昌人。軍事將領、政治家，能文善詩，尤擅書法。一九〇四年，赴日本留學，入東京振武學校。一九〇七年，入陸軍士官學校。同期留學生有閻錫

1　孔德成：〈秦瓦量殘字拓片跋〉（臺中：雪心基金會收藏）。原跋無篇名，2022 年 10 月，筆者錄寫跋文並加篇名。
2　〈醫師考試及格證書〉（考試院：醫中檢字第柒零捌號，1945 年 2 月）。原件見存於雪心基金會。

山、李根源、唐繼堯、程潛等人。回國後參與辛亥革命、二次革命。一九二〇年，孫文為北伐而設立大本營，李烈鈞任大本營總參謀長。一九二七年，蔣中正在南京成立國民政府，任國民政府常務委員兼軍事委員會常務委員。西安事變後，被委派為審判張學良的高等軍事法庭審判長。一九三七年七七事變爆發，將身邊達到服役年齡的五個兒子都送入軍隊。抗戰勝利後約半年，一九四六年二月二十日於重慶病逝。

六月十四日，端午節。有〈端午感懷雜詠〉六首，憶述家鄉過節有明黃酒、插蒲艾、角黍宴等施設。（《雪廬詩集》，頁177-178）

〈端午感懷雜詠〉六首：

〈明黃酒〉：景物還如昨，情懷半不持；龍舟競蒲節，綵索憶童時。國社鵑心苦，鄉關蝶夢癡；明黃仍煮酒，避疫副予期。

〈插蒲艾〉：閭閻隨地轉，蒲艾障天青；晃蕩微陽上，啁啾宿鳥醒。流風吹爽塏，滴露散芳馨；蛇蠍么麼物，兵氛汝早寧。

〈鍾馗圖〉：浪說終南夢，遂傳進士圖；沿門皆逐鬼，逢午又添硃。拔劍骨全露，張髭聲欲呼；考工漫讎校，志異不妨殊。

〈繭虎麥雞〉：繭窠裝繡虎，麥草織花雞；自有農桑樂，偏教景物齊。平添市聲巧，亂插翠鬟低；往事全成夢，無痕認雪泥。

1945 年・民國 34 年 | 56 歲

〈角黍宴〉：角黍宴清簟，芳醴薰午風；至今珍九子，不復弔孤忠。窗牖開全扇，葵榴發幾叢；酡顏晚欲解，愁絕對花紅。

〈畫葫蘆〉：連闥懸黃楮，丹砂點染新；樣雖依眾畫，意不取同塵。事盡等蕉鹿，名強分漢秦；庸夫益癡妄，健羨遇張申。

六月十九日，王獻唐獲接孔德成先生、炳南先生函，各復長札。[1]

七月七日，王獻唐接得先生函。翌日，復函。[2]

八月七日，王獻唐接得先生函。[3]

八月六日，美國以第一枚原子彈轟炸日本廣島。全城房屋被毀百分之九十，斃傷人口百分之八十：約二十五萬人。

八月九日，第二枚原子彈投於日本長崎，全城幾毀。該城人口六十三萬。

八月十五日，日本昭和天皇向全國廣播發表〈終戰詔書〉，

---

[1] 張書學、李勇慧：《王獻唐先生年譜長編》，頁 904。
[2] 張書學、李勇慧：《王獻唐先生年譜長編》，頁 906。
[3] 張書學、李勇慧：《王獻唐先生年譜長編》，頁 911。

宣布日本政府決定遵從同盟國集團無條件投降之要求。中美英蘇同時宣布日本正式無條件投降。孔德成先生得知消息，與炳南先生下山購買鞭炮，鳴放歡慶。先生有詩三首。多年後仍有詩作回憶此時。

汪士淳，《儒者行：孔德成先生傳》：下午孔德成得知這個消息，非常高興。和李炳南一道下山，到街上買了鞭炮回來，邊放鞭炮邊為勝利歡呼。[1]

〈歲乙酉秋聯盟國美利堅以原子彈轟炸日本廣島長崎寇降〉三首（《雪廬詩集》，頁178-179）：
山僻夜眠早，歡聲驚夢魂；蹣跚覓燭火，剝啄到柴門。
長揖來鄰叟，頻呼話酒樽；爭傳已降寇，重得育兒孫。
初聞情自喜，回念轉潸然；衣線縫還密，春暉事不圓。
空思負祿米，謄淚灑荒阡；賤命殘餘日，悠悠瘞恨年。
江山方破碎，自慚莫矜功；玉帛難秦楚，關河嘯赤銅。
瘡痍在黎庶，薪膽望群公；無限杞人意，問君應許同。

〈回憶日人入寇避渝山居〉之六：山中夜半眾歡呼，驚起方知已滅胡；憐我生平初快意，絕勝南面坐皇都。（《雪廬詩集》，頁442）

八月二十一日，王獻唐來函。[2]

九月，於歌樂山九道拐蓮社宣講《心經》。圓滿後攝影留

---

1 汪士淳：《儒者行：孔德成先生傳》，頁123。
2 張書學、李勇慧：《王獻唐先生年譜長編》，頁913。

念。（見《圖冊》，1944 年圖 4）

九月十八日，王獻唐來訪。

  在邢藍田處午飯，飯後至孔德成處，并晤李炳南、呂今山諸人。[1]

是年秋，與友人合影，題詩留念。〈題與梅慕賢吳仲宣諸友合影時同避亂渝州歌樂山寇降後皆作還鄉之計故攝影紀念〉：

  雲鳥心無住，巴山偶著痕；吟秋新塵短，話雪夜鑪溫。為惜分襟去，從教寫影存；寧非知幻妄，相對總銷魂。（《雪廬詩集》，頁 179）

又有〈清夜〉、〈雲頂寺贈別鄧重吉歸京山〉。（《雪廬詩集》，頁 179-180）

  〈清夜〉：露重西巖梧葉凋，月弦天外碧迢迢；佳人未必來清夜，暗把幽思訴洞簫。

  〈雲頂寺贈別鄧重吉歸京山〉：分手不須悲雪鴻，看余還是未衰翁；重逢衾影期無愧，小聚心言喜有同。海闊思觀滄島日，春帆欲掛楚江風；應知此後巴山雨，書帶芸香滿寺中。

十月六日，致函如岑法師，報告學佛過程。法師詢及佛學著

---

[1] 張書學、李勇慧：《王獻唐先生年譜長編》，頁 916。

作,已有《阿彌陀經義蘊》等多種,但係稿本,尚未付印。

〈致函如岑法師〉:如公大法師猊座。奉到法函,叨蒙惠賜拓碑,謝謝。備承藻餘,百千萬分不敢當一,只有內省慚愧,徒增顏汗。關於佛學之著,有《彌陀註選增詮》、《彌陀經術語名數表解》、《彌陀經義蘊》、《心經擷疏》等,俱係為人講說,預擬草稿,尚須俟暇謄清。緣底稿塗改蕪亂,無法呈正,至懇鑒原。復勞以所宗所學,殷殷下問,諒有開度慈心,尤為銘感不已。

弟子家世奉佛,幼時嘗隨先人學誦經咒。洎入學校,誤信毀言,竟棄所學。廿歲之後,喜讀子集等書,因又瀏覽佛典,取作行文雄辯資料而已,終不知其有真實受用。後即奔走仕途,馳騁世智,又行擱置。民國十九年內戰,莒城被圍,以有職守,未能避去。在炮火飢餒之下,延續生命,半載之久,漸悟有受皆苦。無意之中,獲得蘇州弘化社《學佛三種》一書,頓觸夙緣,覺昔讀茫無邊際者,至此皆有著落。盡一日讀竟,大喜過望。戰息陸續向弘化社請其餘書,日日研討,遂發心誓修淨土,擇日供像,定課如儀。時廿一年舊七月十三日。值勢至菩薩聖誕,自卻不知適此勝緣。

逾年,恭往蘇州皈依印公,從斷葷酒。隔春,受五戒,秋受菩薩戒,燃臂香。十數年來,除定課以外,曾加持往生咒、彌陀心咒、大灌頂光真言等一百數十萬遍。勸學念佛者八九百人,放生一百餘萬。此學佛經過之粗略也。每朝定課,《彌陀經》一卷、往生咒七遍、心咒廿

1945 年・民國 34 年 | 56 歲

一遍、六字洪名五千聲。晚課只念三百聲，（因晚間同事嘈雜，無機多念。緣朝課時間，自五鐘至七鐘，同事尚不起床，故靜。）散持則無定數。一心持名，不雜他法，是所修唯一之淨土宗也。然亦涉獵性相及各宗經典。因千經萬論，處處指歸淨土，自必少明教相，向人勸導，方能契理契機。此總為弘揚淨土，希他獲益，非敢好高務博，不安本分也。辱承慈注，謹布區區，惟願垂教，俾正知見。不勝企禱。肅此奉復。恭叩

淨安　　　　　　　　弟子李炳南和南　十月六日[1]

【案】此函係如岑法師一九四一年住持定光寺之後，一九四五年十一月炳南先生通信介紹蓮友皈依之前，姑且繫於同年。落款日期，據後文：是年十二月二十一日函如岑法師，知為國曆。

十一月二十九日，（夏曆十月二十五日）如岑法師來函，認可先生為正信，接受其介紹社員由如岑法師證明皈依。

如岑法師，〈如岑法師開示重慶歌樂山蓮社皈依弟子法語〉：福善、德新、智夐、德持、德宏、慧悟、福嚴、德殷、德涵、智淨、福泓、智權、智深、智熹、智徹、福永、智煦、智昱、德瑛居士鑒。茲得炳南大居士來函介紹汝等皈依如岑，幷寄來一萬元香敬。供養二字

---

1 李炳南：〈李炳南居士復如岑法師書〉，《淨宗隨刊》第 3 期（1946 年 10 月）；收入黃夏年主編：《民國佛教期刊文獻集成補編》第 76 卷，頁 345-346。

何敢當？為滿汝等之願計收下，相機代作功德可耳。

岑素不收皈依，近年以人事相逼，始開其端。然非正信之士介紹，亦不濫許。李社長篤行博學，為印光老人真實信徒，且常為汝等講說佛法，知之較審。又云汝等頗知篤修，故允皈依，幷填給三皈依牒以杜冒濫。（岑前幾年未收皈依時，已有人冒名為岑皈依弟子，且其行為常悖佛法，故以牒文別之。）所取法名，望各顧名思義，力修淨業，兼培福慧。俾各生為賢善，歿歸安養，庶不負汝等皈依一番也。

又汝等大半皆是中年以上之人了，更應將家事看輕些，把光陰要看得寶貴些，多多念佛、禮佛。幷常加禮念觀世音菩薩，以為現生轉危為安，轉禍為福，逢凶化吉，遇難成祥，及將來同阿彌陀佛來接引往生西方之唯一依怙。又宜戒殺吃素，萬勿因貪暫時之口腹，累自己生生世世去償報，殊可惜矣。自己如有子姪女等，均要教他勿亂傷生命，要信佛法，要念佛使宿業潛消，要跟老成人學，勿學輕浮虛偽，要真實，要孝悌，將來前程才光大。這些都是學佛之人應該知道，應該盡之責任，關係國家前途甚大，幸勿以迂腐閒言視之。

上雖係對老年人說，但中年青年之人亦不例外，因人命無常、光陰迅速故。又凡居家之士，晚年來都有子女，都負有教育責任故。岑因事繁，不能長說，所幸李社長恆與汝等講演，只要用心細聽，踏實依行，卽是以佛莊嚴而自莊嚴矣。夫復何欠？

　　民國三十四年古十月廿五日　如岑隨寫於華陽定光

寺之思歸丈室[1]

【案】如岑法師，一九四一年十月十一日，經推舉為華陽定光寺住持。參見該項譜文。

十二月二十一日，奉函如岑法師，報告十二月十三日（佛曆十一月初九），集合皈依社員於社中，先生充任司儀，引領大眾於佛前行皈依典禮，講解取名之義及法師學行等儀程。

〈李炳南居士上如岑法師書，釋一西附識〉：如公大師猊座。盥讀法函，祗悉種種。吾師幼時立志，已異凡常，故能千淬萬礪，大振宗風。一動一言，無不淑人善世。惟是德彌崇高而心彌謙抑，仰企雲天，益增景佩。弟子世味飽經，久厭惡濁，亦曾屢動出家之念。後鑒小廟世情甚於世俗，叢林更多口頭禪那，且須應酬經懺，寧非「一著袈裟事更多」耶？揆諸了生脫死，有何相關？意興因以漸冷。嘗慨然曰：「天下有百寺院叢林，不如有一淨宗道場。」以能平實近人，確益眾生故。今讀吾師平生所歷，彌佩大雄精神。叨蒙不棄，許為相投。弟子何幸？復得良師。與諸弟子之開示，語語真誠，面面周到。印師以後，聆此言論，尚是第一次也。

---

[1] 釋如岑：〈如岑法師開示重慶歌樂山蓮社皈依弟子法語〉，《淨宗隨刊》第 2 期（1946 年 3 月）；收入黃夏年主編：《民國佛教期刊文獻集成補編》第 76 卷，頁 299-300。

謹於佛曆十一月初九日,集皈依人齊至社中。即將開示供於佛前(因上有師印章,即作師在上想),設香燈花果,弟子充司儀(白衣只敢稱此,特避引禮之嫌),率眾先向諸佛菩薩、歷代淨祖及吾師遍頂禮,繼發皈牒,各與講解取名之義,及三皈大旨。接將吾師平生事略,所學所行,略為敍述。其終結之語,謂:「同修等嘗以未能皈依印祖為憾,今獲皈依如公,即與皈依印祖無異。因師一切作風,完全紹隆靈巖故。至德學深邃處,一時言之難盡,謹舉細事數端,亦可得窺規範。苦行求法,不隨流俗,不輕受人皈依,此次供養反而捐出另作功德諸端,初聽似屬平常,試看遍今幾人作到?」等語。次跪誦懺悔文,誦默畢後,遵將吾師開示,逐句詳解,然後方誦皈依三寶文、皈依不墮三塗文、不再皈依天魔外道文、皈依竟,各三遍,復照前頂禮。事竟,皆大歡喜,歎為殊勝。內一弟子藏有晒圖藍紙,將開示按分晒出,粘於牒末,藉存真跡。大眾又發起結七念佛,以勗精進,始於初十日,訖於十六日。至十七日,另舉祝彌陀聖誕,此九日間,皆是心佛交融之增上緣也。弟子照料護七,忙內忙外,加公務在身,幾無寸晷之閒,復函故遲祈恕。此後彼眾少有成就,莫非吾師慈悲所加,感荷之私,言難宣罄。

再,此地蓮社,正社長名單慧雲,副名陶厚蔚,均係篤行之士,弟子不過提倡與講演而已。社友多屬客籍,不久都要還鄉,然散開以後,定有數箇人,荷負弘揚。此社雖空,實有數箇蓮社正在醞釀。如薪火相引,將來或

愈擴愈廣，決不至負吾師今日慈悲度化一場也。

外奉上弟子近照一張，祈予賜存。吾師倘有玉照肯寄一尊，俾與社眾同得瞻禮，尤為慶幸。除諸弟子另有函字外，謹此函謝，恭叩

慈安，諸維荃照　　　弟子李炳南和南　十二月廿一日

【按：李居士博學篤行，係孔教中之中堅份子。現任中國孔學會奉祀官府祕書長。早年皈依印老，長齋念佛。謝子厚居士常云：「萬不料此人尚皈依印老，尚學佛念佛。」今觀其信中對於僧寶之恭敬尊崇，於作佛事之至誠嚴謹，殊不愧為印老之真實信徒。於以益見印老之真實學德感人之深也。惜其出家之念，因鑑於叢林與僧弊而不果行，致佛門失此賢才，不禁為之深浩歎也。編者識。】[1]

【案】上文末段係原刊《淨宗隨刊》編者一西法師之按語。

十九位皈依弟子，隨後亦奉函如岑法師申謝。

歌樂山蓮社，〈上如岑法師書〉：如公師座慈鑒。弟子等，歷劫沉迷，備受眾苦，幸得人身，復聞佛法。更蒙師座慈憫，允受皈依。從此昏途然炬，暗室燭燈，以何因緣，遭斯勝遇？歡喜至極，悲涕難禁。恭讀開示，

1　李炳南、釋一西：〈李炳南居士上如岑法師書，釋一西附識〉，《淨宗隨刊》第 2 期（1946 年 3 月）；收入黃夏年主編：《民國佛教期刊文獻集成補編》第 76 卷，頁 301-303。

> 如聆雷音,一句一言,皆足啟悟。弟子等,雖屬下根鈍器,敢不勉力奉行。總希敦倫盡分,生作善人;勤持洪名,沒歸安養。庶不負今日垂慈援引也。一切詳情,統由講師李大居士另函奉達。專此申謝,祇叩
> 慈安　弟子田福善　田德新　田智夔　董德持　吳德宏　張慧悟　劇福嚴　郝德殷　王德涵　章智淨　塗福泓　邱智權　道智熹　張智徹　胡福永　張智煦　塗智昱　王德瑛　陳智深等同和南　十二月廿四日[1]

是年,抗戰勝利後,山東省政府改組,有山東元老推薦先生任省府祕書長。未成。

> 高登海,〈追思李鄉長炳南、回憶屏東念佛團成立經過〉:我與炳南先生是近同鄉,同屬山東省濟南府。抗日勝利後,我奉命返鄉梓服務,曾于山東省政府改組時,聽說有一位信佛的山東元老,推薦炳南先生任省府祕書長,可惜只是傳言,未能實現。[2]

是年,歌樂山共修社員張居士,夜夢兒子託請為其捐金供養,帶他至蓮社。

---

1 歌樂山蓮社:〈上如岑法師書〉,《淨宗隨刊》第 2 期(1946 年 3 月);收入黃夏年主編:《民國佛教期刊文獻集成補編》第 76 卷,頁 301-302。

2 高登海:〈追思李鄉長炳南、回憶屏東念佛團成立經過〉,《李炳南居士與臺灣佛教》(臺中:雪廬講堂印經功德會,1995 年 10 月)。

張式銘，《張慶祝師姑九十回顧》：歌樂山塑有三聖佛及一尊地藏菩薩，地藏菩薩雕像很像老師。塑好當晚老師夢見吐出一大堆黑墨水（注定要寫經文弘法）。另歌樂山有位張太太，三更半夜拿著一枚戒指來蓮社痛哭，說她夢見兒子死了，託夢要帶他去蓮社。在夢中媽媽問：要怎麼帶？兒子回答：床上皮箱某件衣服口袋有一黃金戒指，你們不知道，請幫忙拿去蓮社奉獻，我就敢去了。醒來叫媳婦找，果然找到了。於是半夜拿著戒指大哭來蓮社。不數日也證實其兒子往生了。[1]

---

1 張式銘：《張慶祝師姑九十回顧》（臺中：自印本，2006 年），頁 52。

1946-1948

第三卷

❖

還京草
（南京）

……日人困於八年寇華，力已疲盡，遂降。失地復收，次年路通，買舟吳下。杜少陵出峽狂喜，余以瘡痍滿目，殷憂正深也。忠款忉忉，發於歌詠，曰還京草。

——《雪廬詩集‧還京草小引》

第三卷　國內外重要大事

- 一九四六年,國民政府承認外蒙古獨立。國共內戰起。國民大會通過《中華民國憲法》。
- 一九四七年,《中華民國憲法》公布、施行。臺灣二二八事件。
- 一九四八年,蔣中正當選第一任中華民國總統。金圓券風暴。共軍攻占東北全境。

第三卷　譜主大事

- 一九四六年，隨奉祀官府從重慶遷南京。歌樂山蓮社解散，組建南京正因蓮社。太虛大師指派擔任普照寺佛學會委員兼弘講。
- 一九四七年，梅光羲居士、太虛大師捨報。陪同奉祀官四度赴曲阜。戰後首次也是最後一次返回濟南。撰〈靈巖印光大師靈骨入塔〉一首。
- 一九四八年，曲阜、濟南失守。奉祀官孔德成赴美。孔府文物移運未成。正因蓮社弘化。聽應慈法師講《華嚴經》。
- 三年在京，成詩一百七十六題，二百二十一首，輯為《還京草》。

1946年・民國35年・乙酉－丙戌
57歲

【國內外大事】

- 全國戰後復員。
- 七月,菲律賓獨立。
- 九月,莊陔蘭(心如太史)在曲阜孔府逝世。
- 十一月,奉祀官孔德成先生獲選為「制憲國民大會代表」。
- 十二月,國民代表大會在南京開議通過《中華民國憲法》。

【譜主大事】

- 在蜀八年,重遇梅光羲居士,得以再學習唯識八年。蜀地近康藏,得以親近西藏活佛,學習密宗八年。
  八年居蜀所作詩,共有一百一十五題,二百五十九首,輯為《蜀道吟》。
- 九月,隨奉祀官府從重慶遷至南京。
  重慶歌樂山蓮社解散,於南京組建正因蓮社。
  太虛大師指派擔任普照寺佛學會委員兼弘講。
- 十一月,中國佛學會第七屆會員代表大會改選理監事,獲選為候補理事。

1946 年・民國 35 年 ｜ 57 歲

一月，有詩〈內亂阻歸與鄉人夜坐話雨〉、〈歌樂山蓮社〉、〈贈朝鮮金潤民〉二首。(《雪廬詩集》，頁 180-181)

〈內亂阻歸與鄉人夜坐話雨〉：春燈愁對話青氊，落絮飛花又一年；江上旅魂招不去，誤他風雨怨啼鵑。

〈歌樂山蓮社〉：眾峰環拱巴天外，一剎高嵌野靄中；雲去雲來本無意，花開花落任江風。山燈疊疊孤城盡，雨幔悠悠二水通；貝韻有時傳下界，欲尋松徑碧叢叢。

〈贈朝鮮金潤民〉二首：

異域聯華胄，早聞箕子賢；王孫在歧路，瀛島恨窮年。
灌圃聊云爾，銜杯偶粲然；漢城為恢復，渤澥望歸船。
畫手欺曹霸，佯狂雪箇僧；知君元寄興，舉世竟稱能。
簾捲春江雨，酒醒秋寺燈；披圖無限意，邈入碧雲層。

歌樂山蓮社即將解散，社員依依不捨。先生開導大眾，勉勵開枝散葉，讓蓮社分身無量。

〈歌樂山蓮社成滅因緣及修眾的感應〉：因著抗戰勝利，大家都要還鄉了，這個蓮社也就無形的要消滅。說到成住異滅一定的階段，本算不了不幸，但是修眾却對這個蓮社，有難捨的心理。後來經了我一番開導及勗勉，大家才破涕為笑，振著精神，要在散開以後，各盡各的力量，去提倡同樣的蓮社。果然做得到時，豈不就是歌樂山蓮

社的無量化身。這却是大幸！却是眾生的大幸！[1]

二月四日，夏曆正月初三，立春。有詩〈立春〉、〈燕兒洞春晴〉（《雪廬詩集》，頁 181）：

〈立春〉：江城昨夜又回春，少婦多愁愁更新；先遣東風上楊柳，天涯或可早歸人。

〈燕兒洞春晴〉：燕兒洞裡白雲歸，笠子亭邊旭日輝；積雨猶分千澗響，雜花新放一山肥。

三月，捐助西川威遠中峰寺印書弘化社發行之《淨宗隨刊》二千元。[2]

六月初，因山東尚未平靖，無法返鄉，奉祀官府向國民政府申請南京寓所。[3]

六月，遷居至重慶城區國府路范莊。至長安寺開講四諦、

---

[1] 雪僧（李炳南）：〈歌樂山蓮社成滅因緣及修眾的感應〉，《淨宗隨刊》第 3 期（1946 年 10 月）；收入黃夏年主編：《民國佛教期刊文獻補編》第 76 卷，頁 358-359。

[2] 見《淨宗隨刊》第 2 期（1946 年 3 月），頁 50。今收入黃夏年主編：《民國佛教期刊文獻補編》第 76 卷，頁 325。

[3] 見：「孔祥熙函國民政府文官長吳鼎昌關於奉祀官孔德成懇飭撥南京寓所事」（1946 年 6 月 6 日），〈奉祀官職位承襲優待辦法（三）〉，《國民政府》，國史館藏，數位典藏號：001-051610-00005-001。

1946 年・民國 35 年 | 57 歲

十二因緣。[1]

七月二十日，梅光羲先生來信，謂亦已遷至城區。（見《圖冊》，1946 年圖 1）

〈梅光羲居士來函〉：炳南先生大鑒：久違雅教，至切馳思。近聞先生在長安寺開講四諦、十二因緣兩經，造惠眾生，功德無量。敬佩敬佩。弟現遷居林森路六一九號附四號韓宅內（即南紀門麥子市孫家大院右手正房），併此奉聞，敬請道安　弟梅光羲頓首　卅五、七、廿。（封文收件地址：本市國府路范莊。郵戳：重慶）[2]

八月二十七日，孔奉祀官至京參加孔子祭典。

〔本報訊〕先師孔子誕辰紀念大會，首都各界，特於昨晨十一時在朝天宮文廟內舉行祭祀大典，由馬市長超俊主祭，至聖奉祀官孔德成暨各單位代表馬元放、陳祖平等十餘人陪祭。焚香獻花後，由市府代表歐昌維宣讀祭文，典禮即於香煙繚繞、樂聲徐動中告成。[3]

離蜀前，於友人處喜得太虛大師《彌陀淨土法門集》。

1　據 7 月 20 日梅光羲居士來函，收信地址為城區國府路，則最晚七月初，先生已從歌樂山遷至城區。見下文。
2　原件見收於雪心基金會。
3　見：《中央日報》，1946 年 8 月 28 日，第 3 版。

〈重印彌陀淨土法門集序〉：戰結後，以舟車少，又羈渝一年，於友人處睹斯書，喜而索之，獲其贈，篋而來臺，將漫漶矣。[1]

另有詩作〈驛柳有寄〉、〈過峽〉。（《雪廬詩集》，頁 182）

〈驛柳有寄〉：鞍馬春風裡，長亭復短亭；腰肢深惹恨，眉眼暗通靈。未忍折枝去，還教吹笛聽；臨歧一搔首，前路萬山青。

〈過峽〉：巫峽巴江不可行，哀猿杜宇一聲聲；勸歸勸住難為水，時見漩洄似客情。

【案】〈過峽〉為《蜀道吟》最末首，與《還京草》第三首起的〈過峽〉四首分入不同卷不同集。繫此詩為離蜀前作，《還京草》所收〈過峽〉四首為離蜀當日作。

自述在蜀八年，重遇梅光羲居士，得以學習唯識八年。蜀地近康藏，得以親近西藏活佛，學習密宗八年。

吳聰龍記，〈訪雪公老師談學佛因緣〉：蘆橋役起，避渝州，重遇梅擷芸先生，太虛大師亦同在，組佛學社，每週會一次。後先生病，辭公職，得以常親近，被受益嚴，得益甚大！學密亦於此時，所師皆西藏活佛。計八年唯識，八年密宗。（見《圖冊》，1946 年圖 1）

---

[1] 李炳南：〈重印彌陀淨土法門集序〉，《雪廬寓臺文存》，《全集》第 14 冊之 2，頁 40-42。

1946 年・民國 35 年 ｜ 57 歲

《佛學問答類編・下》：學密必有種種儀規，必求金剛上師灌頂，頗不簡單。其三密是否相應，仍在個人，若想討便宜，怕是無真貨。區區曾受過三位金剛上師之法，俱無所成，是知無甚便宜也。[1]

【案】先生曾自述學佛經歷，八年學禪、八年唯識、八年密宗，歸宗淨土。又親近六位名師：學淨於印光法師，學禪於真空大師，學唯識於梅光羲擷芸高士，密法則受教於三位活佛。[2] 禪、淨、相三師名號可知，密法三位活佛名號則未透露。日後有欲拜師學密法者，先生曰：「密宗規矩，學人未經上師聽許，亦不許傳法。區區雖曾學密法，不過初級學生而已，並無傳法資格，祈加原諒。」[3] 唯據高登海〈追思李鄉長炳南──回憶屏東念佛團成立經過〉曾提及，先生都以「師兄」稱高登海，高認為以年齡、輩份都不相宜，但「他卻義正詞嚴的回答我：因為學密，我們是同一位活佛師傅啊！」[4] 而據高登海女兒高明芳謂，高登海「三十餘歲因病，於四川重慶依止能海上師受

---

1 李炳南：《佛學問答類編（下）》，《全集》第 7 冊，頁 1354。
2 李炳南：《佛說四十二章經表注講義》，《全集》第 8 冊，頁 180。另於《禮記曲禮選講講記（二）》前言：「余學禪八年，依從北京真空禪師學，依從梅大士學唯識，依從三位活佛學密。」
3 李炳南：「答善隆問」，《佛學問答類編（下）》，《全集》第 7 冊，頁 1363。
4 高登海：〈追思李鄉長炳南──回憶屏東念佛團成立經過〉，《李炳南居士與臺灣佛教》（臺中：雪廬講堂印經功德會，1995 年 10 月）。

藥師法門灌頂,並賜法名不空金剛。」[1]如此則能海法師當是其中一位密法上師。先生曾為董正之提及師承謂「禪宗為北京真空禪師。唯識為梅大士。研學唯識之風氣由梅大士創始,非歐陽漸也。密有三位藏傳上師,皆為活佛(呼圖克圖),除貢噶佛爺講講密法外,餘皆不講。吾學百多法門。」[2]則貢噶佛爺亦其中一位。

【小傳】能海法師(1886-1967),俗名龔學光,字緝熙,又字闊初,四川綿竹人,後人尊稱為能海上師、海公上師。一九二四年,出家。一九二五年受具足戒。同年,經大勇法師推薦,參加留藏學法團,進入西藏學習藏傳佛教。一九二八年至一九四〇年,兩度入藏求學,獲得宗喀巴大師嫡傳二十八代之殊勝傳承。學成後,回到成都近慈寺,翻譯並出版佛經,同時培養大批學生,被譽為「宗喀巴大師以後密宗第三法王」。一九四九年後,歷任全國人大代表、山西省政協委員、中國佛教協會副會長、山西省佛教協會會長。一九六六年夏,十年浩劫開始,法師住錫五台山善財洞,被紅衛兵圍攻批鬥。是年底紅衛兵宣布:解散全山寺廟,僧人一律遣返原籍。十二月三十一日晚照常參加政治學習,身體並無不適。至半夜,起床

---

[1] 高明芳:〈略述高登海居士《佛家靜坐方法論》修訂本出版緣起〉,《慈雲》第485期(2016年12月),頁33-34。

[2] 李炳南講述,陳雍澤記:〈雪公談密宗〉,1978年1月17日,未刊稿。

小解,遇成宗法師說:「明日代我請假,就說我不好了。」次日為一九六七年元旦,深德法師呼之進早齋,不應。探視,已寂然坐脫。世壽八十一歲,戒臘四十三載。

【小傳】貢噶呼圖克圖(1893-1957),西康人。一九一六年受比丘戒,兩次赴拉薩,觀見法王噶馬巴依止修學。於諸善知識座前,隨類聽講,顯密共修。先學五明,次學慈氏五部及性相十三部大論。於密咒及諸部灌頂,承受尤多。初於康藏,隨類說法,傳法灌頂。一九三五年,得諾那活佛之催促,東至成都弘法。一九三七年至廬山,為諾那活佛安葬靈骨,建塔供養。其後,至成都、重慶、昆明、漢口、長沙、南京、滬杭等地,應機說法。一九四七年,獲政府頒予「輔教廣覺禪師」封號。一九五七年圓寂於西康,世壽六十五歲。師與諾那在民初同為傳藏密於漢地之大德。對藏傳佛教之傳入內地,有甚大影響。

組建歌樂山蓮社,定期講說佛法。講經十幾會,結七念佛一次。由此而皈依者上百人,每次講會聚眾常在五十人以上。

〈歌樂山蓮社成滅因緣及修眾的感應〉:在國難期間,有各省各縣的流亡者,逃在重慶歌樂山避難。由一二佛教徒的提倡,組織了一個蓮社,勸導人念佛。每逢朔望及佛菩薩的聖誕,約我去演講佛法。二三年的工夫,男女居士,發心正式皈依三寶的,到有百十眾,在

一個荒山裡,說來還不算甚寞落。也講過十幾會經,結七念佛過一次。[1]

〈回憶日人入寇避渝山居〉之五:緣至荒山說梵經,難能五十眾常聽;同心更有金陵約,不昧前因聚一庭。(《雪廬詩集》,頁442)

歌樂山蓮社講經念佛共修,有多人得見種種感應。為引生信心,先生將此總結,刊布一二。

〈歌樂山蓮社成滅因緣及修眾的感應〉:社中修眾,在數年裏做功課,却有多人得見了種種靈異和感應。學人本該守著本分去修持,不應當說些奇怪的話,但是事實確鑿。為引起初學的信心,也有敘述的價值,使知道佛法真的不可思議。

有一次講《彌陀經》,聽眾中有一位顯者(姑隱名),本雜修外道,狀頗傲慢。講到半個鐘頭,忽見這位顯者,閉了雙目發抖。等到講完了,便匍匐頂禮,竭力的表現恭敬。問所以?他說從講案上出了一道白光,直射的兩眼生疼。又連說佛法不可輕慢。以後這人專修淨土,道德功夫,都一天高似一天了。

教育界的一位沈居士,初次發心,請到他家去講《彌陀經》,並約了許多鄰居去聽。到了第二天清晨,洒掃完

---

[1] 雪僧(李炳南):〈歌樂山蓮社成滅因緣及修眾的感應〉,《淨宗隨刊》第3期,1946年10月;收入黃夏年主編:《民國佛教期刊文獻補編》第76卷,頁358-359。

畢，正在整理香案的時候，滿屋中忽然發現了極強烈的紅光，約有十數分鐘。沈居士從此更發了堅固心，並常領導著他的鄰居朝暮做淨課。

去夏大雷雨的那一夜，有位李心清居士，做晚課。舊說：「雷電不許燃燈。」他就依著舊說，息了一切的燈，閉了屋門，趺坐在佛堂裏持名。忽然滿室通明，見一火球，由門隙衝入，直奔供佛的桌子下去。李初甚駭，恐怕觸電，繼一轉念，放下萬緣，但求往生，跟著把心鎮定了，極誦佛號。同屋的工人，早是嚇呆了，到此也隨著念佛。雷電繞屋不去，震的屋瓦及窗上的玻璃亂響，經過個半鐘頭。雷電纔收住，等到雲散月明，火球纔徐徐的滾去。說不定這是山精水怪，來借李居士的佛號避免雷火。這也證明李居士的功夫，是相當不錯的。

結七念佛的時候，有位陳法清居士，夢見許多的青色蓮花，紅嘴白鶴，住屋的頂棚上蟠著龍。又有穿袈裟的人驅著他去受戒，陳便跑到社中要求受戒，但是在佛七中不便攪越他事，只得教他在佛前自受。又發心燃臂香，同時隨喜的有七八人，景像都很好。

有位張居士，夢見他死去的兒子張家修，要求帶著他到社中念佛。問他道：「你是死去人，如何能帶你去呢？」他回答說：「我有一個金戒指，上面刻著我的名字，拿著戒指去，我就能去的了。」又問戒指現在何處？他說在兒媳某衣箱中，夾袍口袋裏。其實張居士並不知道他的死兒有戒指，次早就按著夢中的話去找找看。事真奇

怪,一絲不差,果然找到了。現在歌樂山蓮社要散了,張居士要到浙江,我勸他路過蘇州時,把戒指順便送到靈巖去。

佛七是日夜不斷佛聲的,可是護七的住在社外,却每下夜三點鐘到社。有一夜二點鐘的時候,修眾感覺疲乏,坐在地下打瞌睡,忽見護七的在他的定位上坐著念佛。大家急忙提起精神,整理香燈,隨著去念。一回頭的工夫,就不見了。到了三點鐘,護七的纔提著燈來敲門。大家很覺奇怪,我說:「這是護法神化身,警覺你們精進。」護七的對於二點鐘的事,卻絲毫不曉得。

若說到社中修眾的境界及感應,其實不止這幾端。不過一鱗半爪,不便瑣碎的再說罷了。[1]

八年居蜀,於中醫醫理、醫術,皆有長足進步。此因常與各地來蜀之中醫師廣泛交流,獲得特別指點。[2]

八年居蜀所作詩,共有一百一十五題,二百五十九首,輯為《蜀道吟》。另有多首亦蜀中作,別入《發陳別錄》中。

在蜀期間,呂今山曾致函同鄉舊友趙阿南,中有「如有天地

---

1 雪僧(李炳南):〈歌樂山蓮社成滅因緣及修眾的感應〉,《淨宗隨刊》第 3 期(1946 年 10 月);收入黃夏年主編:《民國佛教期刊文獻集成補編》第 76 卷,頁 358-359。
2 吳聰敏口述,林其賢記錄:〈吳聰敏口述紀錄〉(2024 年 4 月 18 日),台中蓮社。

有人在」句，趙阿南依此成四絕句。詩情可見當時民心對恬靜生活之渴盼。

趙阿南，〈今山來函有「如有天地有人在」，語意沉痛。默察世運，堪為杞憂。悵觸鄉思，祝償素願〉：
如有天地有人在，歸與小築依東城；藥園交錯植寒果，點綴梅花覺有情。（小築擬名藥園亦意園也）
如有天地有人在，遊春其樂樂無涯；佇賞野棠繁似雪，不將霜髩（鬢）對桃花。
如有天地有人在，高梧垂柳蔭清渠；止水鑑心沉劫影，荷花滴露走盤珠。
如有天地有人在，豈因久別感蒼涼；桔樹青蔥籬菊紫，小庭新月漱秋光。[1]

九月九日，從朝天門碼頭出發赴南京。諸友至江邊送別。是日順江而下，與昔年杜甫暢懷還鄉路線相同，但心情有別。《還京草・小引》述其旨曰：

中日戰中，日人慮國際染指，以遠交近攻之計，聯德擊俄，自襲珍珠港之美艦，殲之。英美警惕，始與我盟，而形成世界戰之壁壘矣！美以原子飛炸長崎，日人困於八年寇華，力已疲盡，遂降。失地復收，次年路通，買舟吳下。杜少陵出峽狂喜，余以瘡痍滿目，殷憂正深也。忠款忉忉，發於歌詠，曰《還京草》。（《雪廬詩集》，頁185；《圖冊》，1946年圖3）

---

[1] 呂今山、鍾孝先、趙阿南：《蓮浮集》，頁23-24。

【案】據國史館藏檔案，孔德成先生於一九四六年八月十一日抵南京，[1] 參加戰後第一次孔子祭典（見上）。炳南先生則於中秋才抵荊州（見下文）。孔先生先赴京，炳南先生殿後出發。

【又案】一九四五年八月抗戰勝利，政府復員，但因返鄉人潮，交通受阻，先生滯川一年。抗戰初起，赴川人潮如湧，勝利復員，離川人潮亦然。特心情大不同爾。一九四六年春，演培法師與妙欽法師共同陪侍印順法師走陸路離川，沿途所見亦可一覘當時復員景況。[2]

出發時有詩〈朝天門津渡待發〉、〈留贈江上送別諸友〉。隨即過峽、出峽，皆有詩。（《雪廬詩集》，頁 187-189）

〈朝天門津渡待發〉：日夜歸心向秣陵，小艙津渡話秋燈；還家也墜雙行淚，執手難分十載朋。燕子磯頭詩興滿，鳳凰臺上夢魂登；此行無限鄉關意，不比蓴鱸張季鷹。

〈留贈江上送別諸友〉：江干宿霧霽，掛席別交遊；逐漸層波隔，難遲一酌留。人憐日西挽，船恨水東流。白下同巴蜀。徘徊兩處愁。

〈過峽〉四首：

---

1 「孔德成電蔣中正十一日抵京」，〈武裝叛國（一三二）〉，《蔣中正總統文物》，國史館藏，數位典藏號：002-090300-00155-166。（見《圖冊》，1946 年圖 2）

2 釋演培：〈抗戰勝利急於回鄉〉，《菩提樹》第 430 期（1988 年 9 月 8 日），頁 18-22。

奇峰千疊黯朝暉，颯颯歸帆轉翠微；一峽白雲輕似雪，時看流去挾山飛。

掃雲含雨碧叢叢，舉袖當窗話舊蹤；記得峽名三十六，幾多巖岫似初逢。

嵐氣灘聲滿客帆，更聽猿嘯度重巖；不比來時多苦緒，也垂清淚溼秋衫。

風撼逆波連峽愁，千回百轉挽行舟；還似主人遮客住，不教直放向東流。

〈出峽〉：江山偶結小因緣，回首三巴意自憐。山有盡時青在眼，江無歇住送歸船。

九月十日，中秋節，舟行至荊州停泊。有詩〈中秋歸舟夜宿荊州〉：

元宵十載舊曾遊，歸櫂重玩此夜秋；兩度人間好明月，恨他都照古荊州。（《雪廬詩集》，頁189）

【案】首句應是指一九三八年二月十四日，戊寅年元宵事。當時從漢口西行入川時，舟抵宜昌，在此停留一週。

又，朝天門到荊州（江陵），長江水路約七百五十公里。以下行船時速二十至三十公里，約為一天半行程。再從荊州出發，經岳陽、漢口，至九江，長江水路約七百公里。約亦一天半行程。

【又案】三十年後，先生於〈己未七夕前望月〉（1979）詩中自注謂：「前入蜀十年，來去皆泊江陵，去上元，歸中秋。」（《雪廬詩集·辛亥續鈔下》，

頁 609）

九月十二日，至九江停泊。有詩〈將發九江望匡廬〉（《雪廬詩集》，頁 266-267）。

> 匡廬辨未了，風急掛秋帆；湧浪催舟去，遊心到口緘。江天一回首，雲霧萬重巖；遙想鑪峰瀑，銀濤下綠杉。

九月十三日，舟行經安徽宿松縣小姑山、采石磯，抵達南京。有詩：〈小姑山〉、〈牛渚〉。（《雪廬詩集》，頁 189-190）

〈小姑山〉：煙鬟裊娜照篷窗，過眼名山可有雙；憶到故園華不注，愁心片片逐秋江。

〈牛渚〉：牛渚江頭月色多，詩人幾代發清歌；殘楓猶見秋帆末，落葉已隨今日波。

【案】小姑山到牛渚（采石磯），長江水路約三百公里；采石磯到南京，長江水路約五十公里。一日可到。南京碼頭甚多，旅客水路出入多為中山碼頭。今未能確知先生登岸處，然可確知必是從下關登岸。[1]（見《圖冊》，1946 年圖 4）

「奉祀官辦事處」設於南京高樓門衡山路五十三號，工作人

---

[1] 下關碼頭見《圖冊》，1946 年圖 4。底圖為金擎宇、馬宗堯：〈南京市街道詳圖〉（上海：亞光輿地學社，1946 年 11 月），比例尺二萬分之一。

1946年・民國35年 | 57歲

　　員與重慶時相同。是年冬遷至中華門內釣魚臺殷高巷，翌年再遷「桃源新村」。[1]（見《圖冊》，1946年圖5）

　　孟繼新，〈末代衍聖公孔德成〉：一九四六年抗戰結束後，九月初，孔德成遷往南京，住在琅琊路五號一座二層樓房裡。同時，在南京還設有孔德成的「奉祀官辦事處」，辦事處設在中華門裡一巷子裡，辦事處主任是他的老師呂今山，祕書由他的私人祕書李炳南兼任，庶務由夫人孫琪方的表兄陳壯飛掌管，會計是梅慕賢，稍後一些時候到南京的王毓華老師也算作辦事處職員，還有從重慶帶去的廚師張同治。[2]

　　【案】日軍投降，山東大部即被共軍占領，因此奉祀官府無法遷返曲阜，暫設辦事處於南京。奉祀官辦事處在重慶曾多次遷移，在京亦然。先是設於「高樓門衡山路五十三號」（見《圖冊》，1946年圖5），[3]一九四六年十月二十五日孔先生申請出國時公文封

1　南京行旅見《圖冊》，1946年圖5。底圖為金擎宇、馬宗堯繪製，1946年11月發行之：〈南京市街道詳圖〉。《孔府檔案選編》（頁724）有「三十七年元月二十三日臨時會議紀錄」，載會議地址為「桃園新村」；今據上開〈南京市街道詳圖〉，修正為「桃源新村」。

2　孟繼新：〈末代衍聖公孔德成〉（2019年4月19日），《中國孔子網》（濟南：尼山世界儒學中心／中國孔子基金會）：http://www.chinakongzi.org/rw/xszj/mengjixin/201904/t20190419_193355.htm（2021年10月31日讀取）

3　據「奉祀官孔德成為赴美考察呈文」（1945年10月25日），〈奉祀官職位承襲優待辦法（二）〉，《國民政府》，國史館藏，數位典藏號：001-051610-00004-090。

書此地址；而後約於一九四六年冬天遷至中華門內釣魚臺殷高巷（見 1946 年冬孔德懋來訪事）。一九四七年十二月十二日孔先生向國府請假，封文「大成至聖先師奉祀官府」地址即為「南京第六投遞分區殷高巷十二號」；至一九四八年一月二十三日召開臨時會議時，地址則為「桃源新村」（各見該日譜文）。上引文之「中華門裡一巷子裡」應即是「中華門內釣魚臺殷高巷」。

寓居南京，借住教友劉鴻甫宅第。有〈客寓劉鴻甫園第有贈〉（《雪廬詩集》，頁 190-191）。

〈客寓劉鴻甫園第有贈〉：廬山早仰仲思賢，此日攀龍亦夙緣；各捧葵心師木漬，獨慚萍跡借林泉。拈詩不落人間語，佇月能參指外禪；祿米園蔬時有贈，南樓那復憶青氈。

【案】劉鴻甫，法名慧炘，生平不詳。抗戰前，錫蘭僧侶納囉達法師來中訪問，在南京佛教居士林演講，由趙樸初任翻譯，劉鴻甫任記錄。[1] 劉應是南京居士林資深林友。

抵京，聽聞太虛大師已至京駐錫普照寺，當即赴寺訪謁。奉

---

1 見：納囉達（講），趙樸初（譯），劉鴻甫（記）：〈納囉達法師 Narada 在南京佛教居士林演講詞〉，《佛學》第 104 期（1935 年 6 月），頁 17-18；今收入黃夏年主編：《民國佛教期刊文獻集成》第 51 卷，頁 89-90。

1946 年・民國 35 年 | 57 歲

大師指派擔任普照寺佛學研究會委員兼每週講座。佛學研究及一般演講每月各兩次，都在週日舉行。

〈承侍太虛大師因緣記〉：抗戰八年寇降，收復金陵，時舟少，逾歲始返都。聞師已先至，駐普照寺，裝卸即趨謁，如渴得飲，各道別後況，唏噓而喜。寺設有佛學研究會，力行宏揚，師指任其委員，兼講演事。日月重光，人心豫悅，講者，聽者，研學編纂者，設計推行者，師不遑寧處，親策之勵之。[1]

〈紀念太虛大師說今昔因緣〉：抗戰勝利以後，回到南京，大師在水西門裏普照寺住，內部也設了一箇佛學社。學人去參加，每星期去擔任演講一次，有時候聚餐，有時候到下關去放生，這段生活，較在重慶逍遙自在。過了一年的光景，有一天大師要到上海去，大家並沒注意，誰知不幾天，上海來電，大師已經圓寂了。本想收復了京都，在這平靜的氣氛中，跟著大師多學幾年，那知晏安之時，卻是永訣之地，這是師友的悲劇，這是佛教的損失，也算是學人與大師的第三段緣分。[2]

「首都佛學座談會紀錄」：太虛大師於十一月八日座談會中說明：佛學會本有講演與研究兩種。凡參加研究佛學者，應屬本會會員且有佛學之修養者，而講演會則任何人儘可參加聽講。又每月四星期日有講演兩次，

---

[1] 李炳南：〈承侍太虛大師因緣記〉，《雪廬寓臺文存》，《全集》第 14 冊之 2，頁 102-106。

[2] 李炳南：〈紀念太虛大師説今昔因緣〉，《雪廬寓臺文存》，《全集》第 14 冊之 2，頁 228-233。

研究兩次。講演又有監獄佈教、電台廣播等。講演為熊道瑞居士主持，研究若本人不在京時，可由塵空法師代表主持。[1]

【案】太虛大師任常務委員之「中國佛教會整理委員會」於一九四六年二月遷至南京毘盧寺；[2] 其任社長之《海潮音》月刊自今年（1946）四月，遷南京莫愁路普照寺；[3] 其任理事長之「中國佛學會」總會，亦同時遷南京普照寺。[4] 太虛大師並於四月三十日於毘盧寺召開記者會，報告整理佛教計畫。[5] 唯太虛大師該年九月二十二日尚在上海市佛學分會演講，[6] 據《海潮音》該年十一月一日刊出之「一月佛教紀要」錄載：「太虛大師上月來京，駐錫莫愁路中國佛學會，宣講《出生菩提心經》，召集新舊佛學會員，重新改選，整飭

---

[1] 〈首都佛學座談會紀錄〉，《海潮音》第 27 卷第 12 期（1946 年 12 月 1 日），頁 30。

[2] 中國佛教會整理委員會：〈呈報本會會址遷移首都辦公〉，《海潮音》第 27 卷第 4 期（1946 年 4 月 1 日），頁 41。

[3] 編者：〈本刊遷京編發啟事〉，《海潮音》第 27 卷第 4 期（1946 年 4 月 1 日），頁 44。

[4] 〈一月佛教紀要〉，《海潮音》第 27 卷第 3 期（1946 年 3 月 1 日），頁 38。

[5] 釋印順：《太虛大師年譜》（臺北：正聞出版社，1991 年 4 月，12 版），頁 524。

[6] 〈一月佛教紀要〉，《海潮音》第 27 卷第 11 期（1946 年 11 月 1 日），頁 40。

會務。」[1] 太虛大師抵京駐錫普照寺時間應是一九四六年十月事。先生言「聞師已先至」，所聞或是太虛大師四月三十日事。

普照寺原名普照精舍，一九一六年改名，位在南京漢西門內四根桿子十號。[2] 據一九四一年「南京市寺廟調查表」，普照寺住址為莫愁路六十三號；至一九五一年「南京寺廟一覽表」則為莫愁路三九八號；此應是路牌整編之變動。[3]

南京弘化活動，除普照寺講座外，曾於極樂庵說法，有〈極樂庵觀音會〉、〈觀音大悲會第二次〉演講稿表。[4]（《圖冊》，1946年圖6）

〈極樂庵觀音會〉：

甲、世音：世界（聖、凡）、音苦（佛大悲、菩二邊變

---

[1]〈一月佛教紀要〉，《海潮音》第27卷第11期（1946年11月1日），頁39。

[2] 參見：〈普照精舍之啟事〉，《佛學》第69期（1933年12月16日），頁11；今收黃夏年主編：《民國佛教期刊文獻集成》第49卷，頁35；朱慧曜：〈南京普照寺世寬上人生西記略〉，《四川佛教》第5卷第10期（1935年10月1日）；今收黃夏年主編：《民國佛教期刊文獻集成》第59卷，頁34。

[3] 兩件調查表見邵佳德：《近代佛教改革的地方性實踐——以民國南京為中心》（臺北：法鼓文化，2017年），附表2-4、附表2-6，頁436、470。

[4] 李炳南：《雪廬老人佛法講演二十卷手稿》第4卷（台中蓮社收藏，未刊本）。另見：李炳南：《雪公開示講表》（台中蓮社，打字版未刊本），頁137-138。

易生死、聲緣沙塵無明變易、天五衰、人三八等苦、修羅刀兵、畜血、鬼餓、地火等五無間）。

乙、觀察——法華（若有無量百千……一心稱名，觀世音菩薩……皆得解脫）尋聲救苦。

丙、解脫種類：臨時（暫救當時，火中人法水喻），究竟（度到彼岸喻，出世成佛），普度眾生。

丁、報菩薩恩：非以財供養為重，出娑婆省菩薩心力故，自得樂地合菩薩悲願故，順親心為孝之喻。

戊、解脫方法：（普）斷見思惑，（別）念佛生西。

己、感應道交：念觀音是我心中之觀音，我即觀音願中之眾生，如子還家，聞法授記。

〈觀音大悲會第二次〉：

甲、今世現況：（1）已定八苦等，（2）隨增殺盜淫之擾亂。

乙、外界譏訕聽祈禱：（1）彼錯不明佛法，（2）我錯不行佛道。

丙、設喻：（1）犯罪受刑時徒費哀號，（2）善良改悔假釋，（3）全監暴動時良莠不分。

丁、應如祈禱：（1）哀求加被，（2）發露懺悔後不再作，（3）行十善，（4）普為勸化同消共業。

【案】南京極樂庵有二，一在轉龍車第二號／老虎頭四十二號，位於舊城內東南角，與孔府辦事處所在殷高巷鄰近；一在太平巷十二號／十六號，與金陵刻

經處同區。[1]（見《圖冊》，1946年圖5）先生說法之極樂庵未詳何者為是。

另又與歌樂山蓮社舊友共組正因蓮社。

〈回憶日人入寇避渝山居〉之五：緣至荒山說梵經，難能五十眾常聽；同心更有金陵約，不昧前因聚一庭。（《雪廬詩集》，頁442）

〈李公雪廬老居士事略〉：三十四年（1945），歲次乙酉，日本降，明年，公還金陵，從奉祀官府住京三載。其間曾陪孔上公三返曲阜，胥以道梗，僅一返濟南。餘時均在南京普照寺，及正因蓮社，講經說法。[2]

鍾清泉，〈說法談經花雨天——普照寺、正因蓮社弘正法〉：正因蓮社的維持，楊仁輝、陳法青夫婦多有出力。楊仁輝是名建築師，抗戰時也住在歌樂山，一家人早與雪公熟稔。楊仁輝回到南京，興建自宅，夫婦倆發心護持佛法，遂有正因蓮社。[3]

【案】正因蓮社地址不詳。二〇〇九年一月十八日，台中蓮社蓮友謝嘉峰父女曾專程赴南京訪尋楊仁

---

1 參見：〈南京市寺廟調查表（1941年3月）〉、〈1950年7月至1951年12月南京寺廟一覽表〉，收見邵佳德：《近代佛教改革的地方性實踐——以民國南京為中心》，附表2-4、附表2-6，頁431、433、464。

2 李老居士炳南治喪委員會謹述：〈李公雪廬老居士事略〉，《明倫》第164期（1986年4/5月合刊）。

3 參見：三學（鍾清泉）：〈說法談經花雨天——普照寺、正因蓮社弘正法〉，《明倫》第397期（2009年9月）。

輝、陳法青夫婦後人楊士英教授,但仍然未能得知正因蓮社地址與活動情形。[1]陳法青日後於先生離京赴臺後,猶多次來函代表正因蓮社同仁,祈請先生返京指導社友。(見1949年2月26日、3月29日譜文)

蓮社取名「正因」,先生曾向社友演述,在於區別與外道相應之「邪因」,以及排除不了義之「非因」。[2](見《圖冊》,1946年圖6)

  (甲)正字釋義數目
    (1)二十三解
    (2)作本字釋處
    (3)此處作純一不雜解
  (乙)正因出處
    (1)涅槃經三因佛性
      (一)正因者,離一切邪非之中正。真如依之,成就法身德。
      (二)了因成就般若德
      (三)緣因成就解脫德
    (2)了為空諦,緣為假諦,正為中諦。
  (丙)取正因之義:
    (1)希果慎因

---

1 謝智光:〈雪廬老人信徒後人——楊士英教授訪談錄〉,《雪廬老人《論語講要》研究》(東海大學中文系碩士論文,2010年1月)附錄八,頁239-255。

2 李炳南:〈正因之義(講稿)〉,《明倫》第397期(2009年9月)。

（2）因地不真，果招紆曲。

（3）種因如是，得果如是。

（丁）學佛發見之流弊

（天）天台智師立三外道（邪因）

（1）佛法外之道

（2）附佛法外道

（3）學佛學成外道

（地）不依了義脩持（非因）

（1）求福報

（2）求神通

（3）襟無重心

（戊）今後希望

（1）因地先求正確

（2）立社為同來研究

（3）功在平素有恆

九月，莊陔蘭在曲阜孔府逝世，享年七十四歲。

孔繁銀，〈教讀先生職歷〉：莊陔蘭，字心如，清代末期翰林，山東莒縣大店人氏。生於清同治三年（西元一八六四年），辛於一九四六年春，享年八十二歲。厝葬於孔府東菜園，一九五四年遷葬於曲阜縣城西大莊村北杏行。杏行是孔府的義地。[1]

---

1 孔繁銀：〈教讀先生職歷〉，《衍聖公府見聞》，頁 62。義地即義田。

【案】莊太史生年有一八六四、一八七〇、一八七二三說，本譜依《魯莒大店莊氏族譜》（莊陔蘭令曾孫莊德潤提供）採一八七二年計。[1] 卒年則無異說。

十月二十五日，孔德成先生申請依前所批准赴美考察。

「奉祀官孔德成為赴美考察呈文」：抗戰勝利，業經一年，曲阜暫尚難歸。竊思德成年來備蒙政府及鈞座待遇優渥，惟愧無功受祿，徒慚馬齒日增，復省學識譾陋，擬趁年事尚青，遵照前案赴美，藉廣學識。倘有一技之得，以圖異日有報於國家及鈞座。[2]

「奉祀官孔德成為赴美考察呈文」：二十七年駐漢時，曾呈准行政院出洋一年，並由國庫補助旅費五萬元。嗣於三十四年一月，又奉批示待戰後再行出國。現擬遵照茲案，攜同眷口四人，英文祕書一人，赴美考察，藉廣學識。惟前奉核准之旅費數字與現在物價已不適合，請准予核加，以便措辦。[3]

---

1 繼修族譜籌備組：《魯莒大店莊氏族譜》（山東：日照，自印本，2002 年）；另參見〈莊陔蘭年表〉（手稿，2012 年），莊德潤（莊陔蘭先生曾孫）提供。

2 「奉祀官孔德成為赴美考察呈文」（1945 年 10 月 25 日），〈奉祀官職位承襲優待辦法（二）〉，《國民政府》，國史館藏，數位典藏號：001-051610-00004-090，頁 6-9。

3 「奉祀官孔德成為赴美考察呈文」（1945 年 10 月 25 日），〈奉祀官職位承襲優待辦法（二）〉，《國民政府》，國史館藏，數位典藏號：001-051610-00004-091，頁 1-2。

1946年・民國35年｜57歲

戰事暫息，得以還京，公餘輒勤訪京城名剎及勝跡，如雞鳴寺、毘盧寺、阮籍墓、方孝孺墓。有〈還京〉、〈小圃〉、〈鳳遊寺〉及〈金陵懷古十詠〉，〈金陵懷古十詠〉各有子題。詩題懷古，實亦儆今。〈建業城〉儆「地險何曾利」；〈阮步兵墓〉儆「寒蛩泣曉露，三緘慎舌喉」；〈毘盧寺〉儆「閹獻心仍古，曾胡檄輒疏。」（《雪廬詩集》，頁190-195）

〈還京〉：野煙初靖草初平，往事殷勤訪舊城；秋社還飛王謝燕，新壖半臥越胡兵。願聞高位登賢士，渴待甘霖慰眾生；自是興存應聚養，非關報恨沼東瀛。

〈鳳遊寺（即鳳凰臺舊址）〉：古寺曾傳舊有臺，鳳凰遊去謫仙來；三山二水尋何處，落葉歸雲尚作堆。佛畫半經蟲網滅，貝篇猶為野風開；盪胸多少前朝事，俱似江流挽不回。

〈金陵懷古十詠〉（錄三）：

〈建業城〉：地險何曾利，人謀卻早輸；三分甘棄蜀，二士已吞吳。王氣秋雲盡，石城衰草蕪；不堪沉鐵鎖，臣妾晉王都。

〈周孝侯讀書臺〉：荒臺依佛寺，蔓草露華濃；月夜虛墳典，霜天度梵鐘。人今溺洪水，誰更斬蛟龍；朝有奸權在，忠貞未許容。

〈阮步兵墓〉：寒蛩泣曉露，蔬圃擁荒邱；白眼宜君傲，窮途到我愁。竹林多七子，文苑獨千秋；俯仰今何世，三緘慎舌喉。

【案】《發陳別錄》另有〈憑弔阮嗣宗墓〉：滿圃

491

秋蔬臥步兵，斷塍荒徑綠蕪平。因知白眼多誣罔，曾記語無臧否名。（《雪廬詩集》，頁262-263）

〈新亭〉：新亭初拄杖，感慨憶前賢；拾級雖今日，霑襟自昔年。人心多憪憫，禹貢半腥羶；無限河山淚，蒼蒼欲暮天。

〈圍棋別墅〉：謝傅乾坤度，苻堅蟻聚兵；投鞭空斷水，折屐本無情。敵眾心能制，機先事不驚；有誰知此意，談笑指棋枰。

〈雞鳴寺〉：梵刹紺琳在，蕭梁跡已陳；高僧來上座，名士聚微塵。日出蓮花淨，煙開柳色新；萬家鐘磬裏，猶似六朝人。

〈胭脂井〉：猶覺留香膩，凭欄動古懷；風流隋世子，兵為美人來。淚到興亡墜，樽須花月開；景陽宮殿杳，過客日徘徊。

〈明故宮〉：四海混一後，帝都初建時；幽燕兵自勁，龍虎地何為。王業控諸夏，偏安權在茲；偶然肥水戰，徼倖滅秦師。

〈方正學墓〉：已知縷經去，決志不求存；書有燕人篡，名惟惠帝尊。二臣儒所恥，十族罪何云；碧蘚華岡滿，還疑血濺痕。

〈毘盧寺（洪楊亂後為死亡軍民建也）〉：焚殺天何在，名城盡作墟；變風從此始，侮聖到無餘。闖獻心仍古，曾胡檄輒疏；欲憑新建寺，冤鬼度真如。

十一月初，孔德成先生令姊孔德懋與女兒柯蘭南來。孔先生

與祕書等一行至上海接機後，在上海盤桓數日，同車返南京。

  孔德懋，《孔府內宅軼事》：我們乘飛機到上海，德成和他的祕書專程由南京到上海機場迎接。我們在上海玩了幾天，就同車去南京了。德成的家住在南京琅琊路，一座灰色小樓，和邵力子、陳誠的住宅相對。小樓後面是加拿大大使館。環境幽靜，但頗有些「洋」氣了，只是德成生活還帶有孔府特點。那時雖然美國貨已暢銷大城市，一般的官太太們也都打扮得很摩登，我的弟媳孫琪方二十多歲，也很年輕，但仍梳舊式髮髻，身穿舊式旗袍，德成也常穿長袍。家裡的僕人仍是八年前從曲阜帶出來的那幾個人。
除琅琊路住宅外，又在夫子廟附近四海里租了一層樓房，設「孔德成辦事處」，王、呂二老師及幾名辦事人員住在那裡。德成月薪八百元，負擔日常生活及辦事處開支，還經常要應酬客人，經濟很拮据，自己連汽車也沒有，我們出去時常常借朋友的汽車。[1]

十一月九日，奉祀官孔德成先生以「社會賢達」獲選為「制憲國民大會代表」，自十一月十五日起至十二月二十五日，參加制憲國民大會。期間經常抽空與二姊相陪。

  孔德懋，《孔府內宅軼事》：我們到南京後，正值

---

1 孔德懋：《孔府內宅軼事》（天津：天津人民出版社，1988年修訂版），頁184。

偽國大開會期間，德成每天去開會，很忙，但他還是抽出時間陪我到南京各處遊玩，也儘量多在家裡和我們一起吃飯。[1]

十一月十二日，居停主人劉鴻甫讀先生《雪廬吟草》後，撰詩留請唱和，因有〈酬劉鴻甫贈詩兼次韻〉。

劉鴻甫，〈讀《雪廬吟草》〉：敬贈炳南師兄并乞吟正是幸

悲智雙修淨願深，青蓮居士發龍吟；世間業相心師造，鏡裏骷髏憂患侵。菩薩畏因凡畏果，愚人除境聖除心；同收萬念歸安養，大道彌陀方寸尋。

弟劉慧炘　未是草　三五、十一、十二[2]（見《圖冊》，1946 年圖 7）

〈酬劉鴻甫贈詩兼次韻〉：淵淵經藏入能深，靜對檀鑪仔細吟；聖果早從三劫證，虛空不受八風侵。煩燄遍燒大千界，甘露總源無量心；知有稱揚皆是錯，自非名相可追尋。（《雪廬詩集》，頁 190）

十一月十七日，至普照寺參加中國佛學會第七屆會員代表大會。大會改選理監事，獲選為候補理事。

〈一月佛教紀要〉：中國佛學會於上月（十一月）

1　孔德懋：《孔府內宅軼事》，頁 184-185。
2　【數位典藏】書信／在家居士／劉慧炘／〈劉慧炘之一〉。劉慧炘即劉鴻甫，來函用紙有「鴻甫字牋」可知。慧炘應為佛教徒法名。

1946年・民國35年 | 57歲

十七日在京開會員代表大會,按該會創辦於民國十七年,抗戰後隨政府遷移重慶,廿七年及三十二年曾在後方召開大會兩次,此次為該會第七屆大會,亦即還都第一次大會。各地分會尚有十九所,遠道者多未能派出代表,即函請在京有關者為代表。改選結果,選出理事二十七人:太虛、李子寬、塵空、謝健、黃懺華、周仲良、法尊（……下略）。候補理事十三人:融通、趙審叔、杜名廉、守賢、慧西、邱浚川、王達五、李炳南、王家齊（……下略）。[1]

在京時,聽民間傳唱「漁光曲」,深憂此為亡國之音。

徐醒民,〈樂記選講（三）〉:「聲音之道,與政通矣」。所以,為政之人必須瞭解百姓的聲音（心聲）,因為它能反應真正的民意。真正內聖外王的人,只要聽聽老百姓說的話、唱的歌謠,他就明白了。雪公老恩師於抗戰勝利後的第二年,由重慶遷到南京。當時,他聽到民間傳唱著〈漁光曲〉（描寫漁夫家一貧如洗,無衣無食,寒冬難過的歌曲）。老師一聽,深覺不妙,因為這是「亡國之音」啊！果然,兩年之後,在南京的國民政府就播遷來臺了。以上,是說明為政者若要真正瞭解民心,改善政治,就必須從人民的心聲觀察起。[2]

1 〈一月佛教紀要〉,《海潮音》第27卷第12期（1946年12月1日）,頁39。
2 自民（徐醒民）:〈樂記選講（三）〉,《明倫》第320期（2001年12月）。

1947年・民國 36 年・丙戌－丁亥
58 歲

【國內外大事】
- 一月,《中華民國憲法》公布、施行。
- 二月,臺灣爆發「二二八事件」。
- 三月,太虛大師捨報於上海玉佛寺。
- 五月,梅光羲居士病逝於重慶。
- 八月,巴基斯坦獨立、印度獨立。
- 十一月,孔德成先生當選「第一屆國民大會代表」。

【譜主大事】
- 四月,陪同孔德成先生自南京啟程擬返曲阜。但因軍事未靖,中途折回。
- 六月、八月,陪同奉祀官兩度赴曲阜。
- 九月,離家十年後首次也是最後一次返回濟南。至山東女子蓮社、崇實佛學會演講。
- 十月,撰〈靈巖印光大師靈骨入塔〉一首。
- 十二月,陪同奉祀官孔德成先生第四度返曲阜。
- 是年,擔任南京正因蓮社弘講。
  普照寺佛學會委員、弘講。
  至金陵刻經處,禮敬楊仁山居士像。

1947 年・民國 36 年｜58 歲

一月十三日，孔德成先生從上海乘船北上到北平處理家務。曾至其大姊停靈處法源寺致祭。

「奉祀官府孔德成請假兩個月」：德成離鄉十年，私務叢積。茲有親眷刻在北平，乘此機緣勢須親往清理。擬本月十三日赴滬搭船轉津赴平，連往來路程計入請求賜假兩月。[1]

孔德懋，《孔府內宅軼事》：抗戰勝利後，德成曾來過北平赴大姐停靈的法源寺致祭，並且題了詩。在靈前停留很久，非常傷心。[2]

【案】一九三九年八月，孔先生大姊在北平過世，孔先生立願「姐遺二男一女，長者六、七歲，小女才二齡。教育之責，弟何敢辭。」（見 1939 年 9 月 2 日文）此行當是前往處理外甥教養事。

一月二十二日，丁亥年新正。春節期間，重慶舊友徐昌齡偕家人來訪，合影留念。（見《圖冊》，1947 年圖 1）

徐昌齡，〈故舊來函〉：卅四年勝利還都後，余於卅六年新春，赴京造訪奉祀官府，與炳老等晤敘，並合影留念，迄今六人中半數已作古，不免悲傷。（附照片）炳老居京有時至滬來寓晤談，並以虔誠之語，對家母與家岳母等，引經據典講佛法，以改變老人舊有迷信

---

1 「奉祀官府孔德成呈國民政府主席蔣中正請假兩個月」（1947 年 1 月 12 日），〈中央機關主管請假〉，《國民政府》，數位典藏號：001-030030-00008-045。

2 孔德懋：《孔府內宅軼事》，頁 171。

之觀念。[1]

三月十七日,下午一時一刻,太虛大師於上海玉佛寺直指軒安詳捨報。

〈承侍太虛大師因緣記〉:斯時也,將有諸端宏規,出佐新命,咸不額手慶幸,待正法之重興焉。師以法務,往來京滬間,一晨得噩耗,傳師圓寂於滬。嗚呼,方期宇宙初清,眾生飽飫法乳,胡為乎,竟不住世耶?竊聞之,哲人其萎,邦國殄瘁,得非法運不昌,國祚不延耶?從而痛失良師,復杞憂乎國也。[2]

【案】「諸端宏規,出佐新命」當指一九四五年十二月太虛大師受命擔任「中國佛教整理委員會」常務委員,或是一九四六年冬,經「中國宗教聯誼會于斌之推薦,經蔣主席同意,圈定大師為國民大會代表。以陳立夫力持異議,致其事中變。」[3]

三月二十八日,孔德成先生自北平返京。[4] 得知啟蒙師王毓華

---

1 徐昌齡:〈故舊來函〉,《明倫》第 164 期(1986 年 4/5 月合刊)。
2 李炳南:〈承侍太虛大師因緣記〉,《雪廬寓臺文存》,《全集》第 14 冊之 2,頁 102-106。
3 釋印順:《太虛大師年譜》,頁 531。
4 「奉祀官府孔德成呈國民政府主席蔣中正為清理家務完畢返回南京請銷假」(1947 年 4 月 2 日),〈中央機關主管請假〉,《國民政府》,數位典藏號:001-030030-00008-047。

1947 年・民國 36 年｜58 歲

已自曲阜來京，住殷高巷辦事處，當夜即往請安。王毓華與莊陔蘭太史於孔德成先生離曲赴蜀時，除仍任教讀本職，另受託輔佐孔令煜維持管理孔府諸事宜，備受苦辛。

〈山東省名人錄・王毓華〉：一九四六年春，毓華先生由南京回曲阜探親的孔德成的聽差陳景榮護送前往南京。抵達之後，適值孔德成攜妻兒赴北京探親，毓華先生暫住中華門內釣魚臺殷高巷孔德成辦事處的樓上。孔德成回南京後，當晚即與妻子孫琪方女士及兒女維鄂、維益、維崍，驅車來到殷高巷辦事處，至毓華先生居室，德成夫婦趨前給老師行鞠躬禮。然後命其子女向太老師行禮。作短暫交談後，即與毓華先生同乘汽車前往孔德成地處使館區的琅琊路公館。至寓所後，孔德成即扶毓華先生至二樓小客廳。毓華先生在正中坐定後，孔德成即後退一步向老師行跪拜大禮。毓華先生忙起身攙扶，二人執手啜泣良久，方落座交談別後情景。翌日中午，孔德成設家宴款待毓華先生，第三天又驅車去棲霞山、望龍、虎二峰，遊棲霞寺，觀石龕佛像，數日後方回殷高巷孔德成辦事處。[1]

【案】上引王毓華抵南京為「一九四六年春」，應為「一九四七年春」，「孔德成攜妻兒赴北京探親」為一九四七年一月十三日事。見上譜文。

1　山東省名人錄 > 濟南市 > 萊蕪區人物：王毓華 http://ren.bytravel.cn/history/1/wanghua3814.html（2021 年 10 月 28 日讀取）

又，奉祀官辦事處去年來京時先設於高樓門，據前引文，是已遷至中華門內釣魚臺殷高巷。是年十二月孔先生向國府請假，封文「大成至聖先師奉祀官府」地址即為「南京第六投遞分區殷高巷十二號」。（見1947年12月12日譜文）

四月五日，清明節，有〈還京逢清明〉。前後又有：〈絮〉、〈鄉夢〉、〈晚歸〉、〈胭脂井憑弔〉、〈雨花台〉、〈燕子磯〉。（《雪廬詩集》，頁195-197）

〈絮〉：春店柳花如雪狂，團團來去鬥斜陽；憐君無託同遊子，一染風塵迷故鄉。

〈還京逢清明〉：三峽江流浪始平，今逢白下過清明；絃歌九陌人沉醉，猶似渝州霧裏行。

〈鄉夢〉：春風春雨最無情，一夜瀟瀟滿郡城；曉枕乍驚鄉夢斷，隔牆吹入賣花聲。

〈晚歸〉：春城如織馬蹄飛，月上回車坐掩扉；吳語隔窗聽不斷，歸來還是未曾歸。

〈胭脂井憑弔〉：六朝宮殿向黃昏，霸業柔情白下門；底事胭脂猶有井，王公血淚美人魂。

〈雨花台〉：野棠花謝柳條青，亂塚遙連木末亭；六代如煙春似夢，鳥啼人去雨冥冥。

〈燕子磯〉：孤嶼疑飛起，天風去有聲；帆檣浦口市，煙雨石頭城。花墜閒僧舍，蘚封空虜營；興衰足感慨，雪浪一江鳴。

1947 年・民國 36 年 | 58 歲

四月二十六日，陪同孔德成先生自南京啟程擬返曲阜。（《圖冊》，1947 年圖 2）

奉祀官府孔德成〈請假一個月歸里謁廟〉：主席鈞鑒：政府改組，萬象一新。恭維崇德日馨，萬幾協宜，為祝無量。肅啟者，德成離鄉十載，茲幸曲邑重光，擬遄歸故里，瞻謁林廟並料理府內各事。懇請賜假一月。謹函上達，伏乞俯准。肅此袛請

鈞安　　　　　　　　孔德成謹上　四月二十五日[1]

返曲行前，撿拾南國紅豆作為饋贈親友禮物。有詩〈還鄉撿所采紅豆擬贈親友〉：

飄零十載賸羞囊，喜見烽煙靖四方；萬里青山書舊恨，一封紅豆治歸裝。重拈轉覺思南國，初采曾牽夢故鄉；如水客愁言不盡，君看淚結此珠光。（《雪廬詩集》，頁 200）

但因軍事未靖，未能返抵曲阜。停滯徐州數日後中途折回。

奉祀官府孔德成〈請假一個月返曲邑瞻視至聖林廟〉：前於四月二十六日請假返曲，行至中途不靖折回。[2]

---

1 「大成至聖先師奉祀官府孔德成呈國民政府主席蔣中正為前奉曲邑收復擬請假一個月歸里謁廟」（1947 年 4 月 28 日），〈中央機關主管請假〉，《國民政府》，國史館藏，數位典藏號：001-030030-00008-051。

2 「大成至聖先師奉祀官府孔德成函國民政府文官處文書局局長許靜芝為懇請予請假一個月俾返曲邑瞻視至聖林廟情形並加整理」（1947 年 6 月 12 日），〈中央機關主管請假〉，《國民政府》，國史館藏，數位典藏號：001-030030-00008-053。另參見《圖冊》，1947 年圖 4。

留滯徐州（彭城）時，曾訪當地古蹟，有詩〈彭城懷古〉、〈放鶴亭〉、〈快哉亭〉、〈彭人約觀跳舞謝之〉、〈燕子樓〉、〈弔節度使〉。（《雪廬詩集》，頁201-203）

〈彭城懷古〉：只有拔山力，曾無安世才；一增猶不用，三傑況難摧。鎖鑰關河少，煙塵輇轂來；兵家征戰地，豈可作蓬萊。

〈放鶴亭〉：雲外山仍在，亭前鶴已空；文章有元氣，車馬慕高風。密樹連煙郭，層巒擁梵宮；滄桑自今古，歸去夢蘇翁。

〈快哉亭〉（快哉亭記作於黃州，而徐亦建亭，題額快哉。過客非之）：名在何妨信，隨緣快我遊；曾聞賦赤壁，戲語說黃州。柳榭閑聽鳥，荷塘好放舟；任他稽古者，文獻去追求。

〈彭人約觀跳舞謝之〉：半掩琵琶面尚羞，敞屏人盡縱風流。誰憐金谷欄杆外，霜月年年燕子樓。

〈燕子樓〉二首：
如玉人空尚有樓，清淮嗚咽共千秋；貞心便是淮中水，不改綿綿到海流。
愛妓難加禮教名，錯將薄倖說人生；花間多羨隨緣鳥，幾箇時流解定情。

〈弔時節度使〉（唐時溥守徐為朱溫所攻登燕子樓自焚）：使節登臨拜美人，河山破碎淚霑巾；封疆燕子樓猶在，對此堪羞作二臣。

【案】津浦鐵路習稱津浦線，是清政府借款建成最長的一條鐵路。北起天津，南至浦口，中經滄縣、德

州、濟南、泰安、兗州、滕州、臨城、徐州、宿縣、蚌埠、滁縣等城鎮,全長一〇〇九‧四八公里。浦口至兗州約五百公里。「放鶴亭」位於徐州雲龍山頂,最初為北宋年間彭城隱士張天驥於元豐元年(1078)所建,蘇軾作有〈放鶴亭記〉。「快哉亭」如詩序所述。「燕子樓」亦在徐州,原為唐貞元年間(785-805),武寧節度使張愔為其愛妾、著名女詩人關盼盼所建小樓。張逝世後,關矢志不嫁,張仲素和白居易為之題詠,遂使此樓揚名。唐景福二年(893),徐州行營兵馬都統時溥兵敗於朱溫,攜家登燕子樓自焚而死。此後該樓屢廢屢建。

四月二十九日,孔德成先生自徐州致函王毓華,請其返曲阜接辦府務,並將若干文物交陳君帶至南京。

〈孔府檔案 8927〉:毓師□鑒:來徐催車北返,以事又返京。茲靈叔派陳緒昌前來,面陳一切,外附一單,乞接辦。此復。大安。德成。四‧廿九早,徐州

成一時尚難返,請即交接,以維現狀,免入混亂狀態。務與住軍縣府取得聯繫。

1. 曲阜開支,早在籌劃中,唯現時已感困難,賣存木以維持如何?
2. 如共黨再入曲阜,如何應付?乞詳籌之。
3. 地如能當賣均可,此事可飭陳順速速辦理,如一時不能辦到,則將契約交王師在兗存之。
4. 請王師同陳緒昌回曲一行,將後樓東間所存之李倜、米

帚兩卷、祖庭廣記一套、通德遺書稿兩套、□波校稿一套、前堂樓東間大銅鐘（有字）一個，交陳緒昌帶京。
5. 雪光欲行，可令其速走。唯行時可時加監督，以免有損公物。
6. 廿六系存摺，可交王師存克。[1]

孔德懋，《孔府內宅軼事》：王毓華老師由曲阜去南京找他。德成委派孔靈叔（令儁）、王毓華回曲阜來接收孔雪光的工作，組成孔府管理委員會，祕書是李炳南，管理委員有孔魯泉、孔靈叔、孔恩亭、孔純潔。德成在南京四海里（後遷至桃源新村）的孔德成辦事處，經常召集至聖府管理會議，研究各縣徵收占用祀田、孔府員工勤怠獎懲、籌劃款項、周濟窮苦本家等事項。[2]

五月二十二日，王獻唐為運回原存古物事，致函奉祀官府。

王獻唐，〈致函奉祀官府〉：敬啟者，查民國二十六年冬間，本館曾陸續以圖書文物等三十一箱，寄存貴府，經雙方訂定寄存辦法在案。旋以戰事日急，經會同貴府派員提出五箱，運往後方，尚餘二十六箱，留存貴府。頃奉本省教育廳電令，擬將該批圖書文物，運往南京保存。茲決於最近期間，派員前往洽取。除函曲阜縣政府，請其派員會同辦理外，相應函達。敬希惠予派員點交，並祈惠覆

---

1 〈孔府檔案 8927〉，中國社會科學院近代史研究所中華民國史研究室、山東省曲阜文物管理委員會編：《孔府檔案選編》（北京：中華書局，1982 年），頁 728-729。
2 孔德懋：《孔府內宅軼事》，頁 185。

1947 年・民國 36 年 | 58 歲

是荷。此致,大成至聖先師奉祀官府。山東省立圖書館館長王獻唐・三十六年五月二十二日。[1]

五月,梅光羲先生在重慶病逝,享年六十有八。梅先生晚年病,仍勉力為有緣同參說法解惑。

于凌波,〈非佛書不讀的梅光羲〉:抗日戰爭勝利後,一九四六年政府復員,擷芸以臥病仍居重慶。延至一九四七年五月病逝,享年六十有八。[2]

梅光羲,〈梅大士擷芸與葉恭綽居士論佛法並勸其修淨土書〉(1946 年 8 月):一者,阿彌陀經云,不可以少善根福德因緣,得生彼國。故我必須廣修六度萬行,而復持佛名號,以求往生。二者,每日定一時間,持誦阿彌陀佛名號,或千聲或數千聲,須有恆課,不可間斷。……定課持名以外,時間尚多,此時間則將如何乎?……增一阿含經有十念,……大智度論則為八念,……吾人若能常在此等念中作想,則是在佛法上之念矣,則是最好之修行。……弟既已主張淨土宗,念佛持名,故對於其他宗,即不再說矣。卅五年八月某日。[3]

---

1 王獻唐:〈致函奉祀官府〉,引見:張書學、李勇慧:《王獻唐年譜長編》,頁 937-938。
2 于凌波:〈非佛書不讀的梅光羲〉,收見:《梅光羲著述集》,頁 5-8。
3 〈梅大士擷芸與葉恭綽居士論佛法並勸其修淨土書〉,《淨宗隨刊》第 4 期(1947 年),頁 7-9。收入黃夏年主編:《民國佛教期刊文獻集成補編》第 76 卷,頁 386-389。

梅光羲，〈答葉遐庵居士論佛法要旨書〉（1946年9月）：按修行次第，為信解行證。公已廣研佛法，身行眾善，是此二者，公已備具矣。今所應談者，厥為行證。而證又非言語所及，故今只應談行。佛教各宗之言行，或重六度，或於其中專重其一，或專崇淨土而不重其他。惟《大乘起信論》，則於六度之後，乃說淨土，可謂最全備矣。公於六度已廣行，今在年高之時，理宜多修淨土。淨土行法曰信願行。

（文末附）葉遐庵識云：民國紀元三十五年九月二十六日，余自山東赴渝，恭詣林森路六一九號附四號孫家院子東廂梅公擷芸吾師頤養之室，叩問起居。適在二十日再度發病之後。據師母說，發病時頭部腫脹，青筋暴露，口不能言。經施針藥，始轉危為安。但在二十三日前，神志不大清楚，二十四五日尚不能說清楚之話。今日居然能對後學多所指示，並以從未說過之先代靈感，勉以詳告，實為稀有緣會。師于移居前，曾對葉居士請教佛學要旨，有極詳盡之開示，費時多日。病後勞心，最不相宜，因此引起前次之發病。今後體力益感不支，恐未必能再寫如此（底本難辨，疑為書）信。故特破例錄存原稿，備有志淨業者之參考。今日面交一閱，藉可減少談話時間。後承師母垂憫，請求師座攜歸山居，抄存一份，且可送請黃鞠生居士（陸軍大學中將教官）過目。但師意以為內容未必盡妥，同道參究，未嘗不可。若為抄存廣布，深感慚愧。其謙光慈悲之感召為何如耶！爰為之識。

1947 年・民國 36 年｜58 歲

民國三十五年九月二十七日三寶弟子慧彰敬錄於重慶山洞陸軍大學教官宿舍。[1]

六月十二日，津浦鐵路浦兗段通車，先生護隨孔德成先生再次請假返回曲阜。此為一九三八年離開後首度返回曲阜孔府。[2]（《圖冊》，1947 年圖 3、4）

  「奉祀官府孔德成函國民政府主席請假返曲邑」：主席鈞鑒：德成前於四月二十六日肅函請假一月返曲，各緣由諒蒙垂詧。惟行至徐州，因聞前途不靖，乃即折回。刻下津浦路浦兗段業經通車，懇請賜假一月，俾返曲邑，瞻視至聖林廟情形並加整理。謹函上達，伏乞俯准。肅此，祗請鈞安　　孔德成謹上　六月十二日[3]

兗浦線鐵路至兗州，有〈北來〉、〈登兗州少陵臺〉。換馬過河赴曲阜，有〈寇平陪孔上公返魯〉三首。返回孔府時罹病，過書屋時，有〈重過九槐書屋懷莊師心如〉二首。（《雪廬詩集》，頁 203-204）

---

1 梅光羲：〈答葉遐庵居士論佛法要旨書〉，《梅光羲著述集》，頁 705-708。

2 底圖為：〈抗戰勝利後鐵路圖 1945 年 12 月〉，武月星（主編）：《中國現代史地圖集 1919-1949》（北京：中國地圖出版社，1999 年 7 月 1 日），頁 208。

3 「大成至聖先師奉祀官府孔德成函國民政府主席請假返曲邑」（1947 年 6 月 12 日），〈中央機關主管請假〉，《國民政府》，國史館藏，數位典藏號：001-030030-00008-053，頁 1-4。

〈北來〉：水村山郭江南盡，平野長林北地來；奇絕當頭天一片，蒼蒼更向外圍開。

〈登兗州少陵臺〉：少陵已去賸荒臺，尚有浮雲海岱來；我遜先生東郡樂，卻贏天寶亂離哀。

〈寇平陪孔上公返魯〉三首：
昌平喬木故園思，驛路迢迢夕日遲；白髮北來重試馬，猶堪飛去射楊枝。
金口隄頭喚渡船，涼風滿樹水平川；回看馬背斜陽滅，纔近荒城月上弦。
歸車漸欲近宮牆，月下時聞松柏香；正似文公還晉國，喜中也灑淚雙行。

〈重過九槐書屋懷莊師心如〉二首（有序）：余同心師於賈園脩縣乘時曾病，今過曲復病，次首感此作也。
書堆狼藉小窗前，欲話平生轉悄然；獨有九槐枝上月，照人還似舊時圓。
無端示現病維摩，曾記賈園扶杖過；風雨滿庭春寂寂，朝來也自落花多。

【案】至兗州換馬。兗州至曲阜約二十公里。

孔德成先生返里祭祖、視察孔林，並為孔府管理訂定規範。除不同意某些管事反攻倒算之主張，也呼應時代趨勢，取消斗尖、地皮等不合理制度，並成立府務委員會，將府衙制度改為行政機關制度，重新任命主管人員。原抗戰期間代理人孔令煜（雪光）功成身退，由孔令儁（靈叔）任府務委員會主任。

孟繼新，〈末代衍聖公孔德成〉：一九四六年一月，孔府成立「孔府工人會」，並成立孔子祀田整理委員會，負責孔府祀田的普查、清理工作，將祀田重新登記造冊，貫徹減租減息政策。孔德成回到孔府後，有人建議將解放軍占曲阜時使行的減租減息，反攻倒算，孔德成堅決不同意。為了防止管事人員私自去找佃戶退糧，又把這個決定寫成布告在曲阜張帖。

布告說：「一、取消收租中的斗尖、地皮、合子糧等剝削制度，減輕佃戶的負擔。這部分收入原屬傭人管莊人員，所以對相應規定管莊人員糧食按原額由孔府糧庫內支發。二、銷毀過去打人的皮鞭、大板、黑紅棍等刑具。三、取消各佃戶莊的集市稅收。四、外省外縣的土地移交當地政府管理。本縣祀田作為辦理博物院基金。」成立「府務委員會」，管理孔府的日常事務。府務委員會下設：祕書處、會計處、總務處、庶務處、招待處、承啟處、林廟供應處、林廟管理處、祀田徵收處等。取消了以前各廳、房的公府官衙制度，改為行政機關制度。同時對所有孔府人員進行了全面調整，制訂了各項制度，其中包括八小時工作制。實行祀田收租制度的改革。

府務委員會主任是孔靈叔，祕書是孔思庭、孔純潔，以後又增加孔瑞泉、孔雨含等人。如有重要事情，可以直接請示南京孔德成，一般事情可以通過府務會議商定解決。如遇有關孔廟、孔林祭祖問題，以及孔氏家族問題，再請孔庭族長孔傳塏和孔廟三等首領官孔廣沾等

人,共同商議解決。[1]

七月七日,與奉祀官等一行返京。奉祀官於十七日向國府、行政院等提出視察報告。(見《圖冊》,1947年圖5)

「大成至聖先師奉祀官孔德成呈國民政府為呈報返曲瞻查林廟情形」(1947年7月21日):曲阜係於二十七年一月陷落日敵之手,歷經七載,日敵退後,於三十五年一月又為共軍攻據。經十四閱月,國軍方始收復。德成到曲以後,先往林廟等處詳細瞻查,惟發見聖林樹株間被採樵,聖廟殿廡年久失修,餘無損壞。所有往曲查看聖廟聖林經過緣由,除分呈行政院及分函內教兩部外,理合呈報鑒核備案,實為公便。謹呈國民政府。大成至聖先師奉祀官孔德成。[2]

七月十三日,濟南女子蓮社吳倩薌居士往生。

---

1 孟繼新:〈末代衍聖公孔德成〉,2019年4月19日,中國孔子網:http://www.chinakongzi.org/rw/xszj/mengjixin/201904/t20190419_193355.htm。另參見孟繼新:〈孔府最後的五位管家〉,2019年4月19日,中國孔子網:http://www.chinakongzi.org/rw/xszj/mengjixin/201904/t20190419_193345.htm

2 「奉祀官府孔德成函國民政府為曲邑事辦竣銷假」(1947年7月11日),〈中央機關主管請假〉,《國民政府》,國史館藏,數位典藏號:001-030030-00008-056,頁1-3;「大成至聖先師奉祀官孔德成呈國民政府為呈報返曲瞻查林廟情形」(1947年7月21日),〈奉祀官職位承襲優待辦法(三)〉,《國民政府》,國史館藏,數位典藏號:001-051610-00005-003,頁1-2。

> 蔣潘定吉，〈濟南女子蓮社吳倩薾居士行略〉：濟南女子蓮社成立近卅年，總其事者為會稽吳老居士倩薾。宗依淨土，戒律精嚴，所作佛事，悉如法儀。社員之眾、修持之謹，在國內女界學佛團體中實可首屈一指。老居士持八關齋戒垂二十載，過午不食，習以為常。顧以操勞過甚，又值酷暑，因示微疾。初尚日進薄粥半盂，繼則數日滴水不飲，中西醫藥一概謝絕。臥榻週餘，竟日念佛不停。後學夫婦同往謁視，蒙開示云：余今念法身佛，不久當生淨土。汝等有雙修因緣，須多持佛號。每日至少二三萬聲，如是三年，方有往生把握。其共勉之云云。[1]

八月一日，孔德成先生憫恤佃戶，再發手諭回曲阜，重申之前在曲時之規定：不得反攻倒算，也不接受佃戶主動退糧。

> 孔德懋，《孔府內宅軼事》：一九四六年曲阜第一次解放，一九四七年八路軍撤出曲阜。撤出後，小弟回來在家住了幾天。在大堂上召開了全體管事人員會，談到八路軍占曲阜時領導佃戶鬥去孔府的糧食問題。有的管事人員主張反攻倒算，小弟不同意。他說：這些佃戶都是我們的窮鄉親，現在要他們把糧食退回來，他們的

---

[1] 蔣潘定吉：〈濟南女子蓮社吳倩薾居士行略〉，《覺有情》第 8 卷 9 月號，第 12 版；今收黃夏年主編：《民國佛教期刊文獻集成》第 89 卷，頁 256。

日子會十分艱難的。還說：即使有人自動退回來，也不能接受。會後，把這個決定寫成布告，在曲阜張貼。小弟回到南京後，他唯恐有的管事人員利用他不在家鄉的機會，私自去找佃戶退糧，又寫了手諭從南京寄回去。人們對這張手諭極為珍視，三十多年來一直保存在孔府裡，現摘錄如下。手諭：

1. 小甲管事離職死亡者不再遞補。
2. 八路占曲時由其率導各佃戶鬥去之糧粒，事成既往，概不追究，縱有自動請退者，亦不予接受。

以上兩條，本奉祀官在曲時曾有布告面諭週知。

德成　三十六年八月一日[1]

八月八日，立秋，有詩〈立秋夜〉。後又有〈雁字〉、〈勝棋樓〉、〈謁玄奘法師頂骨塔〉、〈白鷺洲〉、〈望江思巴縣舊友〉、〈聞所答〉、〈京華過從多巴山老友亂後重逢摯情益見〉。（《雪廬詩集》，頁 197-200）

〈立秋夜〉：清宵纔滅讀書釭，枕簟如泓暑氣降；露下梧桐飄一葉，數聲蟲語月臨窗。

〈雁字〉二首：

大手文章寫碧天，淋漓字字挾雲煙；才華不欲全驚世，曳白衡陽半幅牋。

一行斜墨右軍兵，落筆無多陣已成；天上飛來聞叱吒，風雲開處勢縱橫。

---

[1] 孔德懋：《孔府內宅軼事》，頁 185-186。

〈勝棋樓〉：憑欄極目覺蕭條，懶把雄圖話舊朝；不信功名終古在，從教黑白一枰消。殘荷秋水時窺鷗，衰柳高門晚集鵰；況是於今無國手，湖山隨處屬漁樵。

〈謁玄奘法師頂骨塔〉（有序）：師骨原瘞長安，唐末世亂，遷於終南山麓，宋初奏請迎至金陵，久湮其跡。民國三十四年春，築路得之中華門外長干寺，中華門即明代之聚寶門也。今改葬於城內玄武山之巔，其上立塔，前起殿九楹，左與雞鳴寺遙望，頗具勝概。

天半清飆吹梵鈴，猶疑香剎正繙經；敷壇野草凝煙碧，結蓋龍雲帶雨腥。雁塔荊榛傷喪亂，流沙霜雪想威靈；空音似說西來意，淨埽莓苔久坐聽。

【案】太虛大師弟子塵空法師，時任《海潮音》主編，有〈禮首都三藏塔記〉述三藏法師塔自關中南遷事綦詳，略謂：玄奘法師初葬於關中，越五年，改葬樊川北原郡古興教寺塔。僖宗廣明元年黃巢據長安，燬寺發塔，靈骨播遷終南山。至宋仁宗，金陵長干寺僧可政至長安傳得，歸塔於雨華臺天禧寺。迄元、明，在京三遷三葬。洪楊後，塔圮基迷，三藏塔之名亦漸無人道。一九四二年十二月二十三日，日軍高森部隊於中華門外鑿山，意外得之。南京諸人組織重建三藏骨塔籌備委員會，北方人士聞風興起，請求分骨建塔於華北。即於一九四三年十二月二十八日，在京舉行分受三藏法師靈骨典禮。聞靈骨又分為多分：南京建塔委員會、北平、五臺山、日人水野攜往東京、廣州六榕寺、博物館……等。三藏靈骨原僅頂骨一塊，今

又七分八裂。[1] 炳南先生所禮首都之塔落成於一九四四年十月十日。多年後,又有因緣於臺灣,再次禮敬日本迎請返回之玄奘靈骨。(見 1955 年 11 月 30 日譜文)

〈白鷺洲〉二首:

故鄉煙水闊,落落不關情;一鷺寒汀立,幽思觸境生。
詩從黃鶴變,地以謫仙名;多少滄桑事,斜陽白下城。
客眼浮雲外,三山聳翠微;古今情有似,鄉國意多違。
洲渚落秋水,荻蘆搖素罿;鳳凰臺上望,疑是鷺行飛。

〈望江思巴縣舊友〉:江從巴峽至,中有故人波;我欲汲來認,一瓢愁幾多。

〈聞所答〉:中興開濟問何如,宗教倫常次第除。言語衣冠有新鼎,今人不讀古人書。

〈京華過從多巴山老友亂後重逢摯情益見〉:秦越不相識,巴山曾結鄰;地荒通借貸,空警共酸辛。難得遊吳苑,還同作寓人;臺城攜手處,楊柳笑分春。

夏秋間,有詩:〈泡〉、〈訪隨園故跡〉、〈詠詩〉十四首、〈無題〉、〈時憂〉、〈秦淮河畔晚眺〉、〈心會〉、〈詠史〉。(《雪廬詩集》,頁 205-210)

〈泡〉:驟雨中庭水萬泡,南墀繞滿北墀消。誰家巧女能收起,穿作珠裙圍細腰。

〈訪隨園故跡〉:十畝林間踏黃葉,斜陽洲畔問歸

---

1 詳見:塵空法師:〈禮首都三藏塔記〉,《海潮音》第 27 卷第 6 期(1946 年 6 月 1 日),頁 21-23。

樵；煙迷芳徑淡於水，苔掩秋墳矬似瓢。詞客至今傳大手，吟魂何處教紅綃；風騷一代舊池館，惟見古柯盤皂鵰。

〈詠詩〉十四首（錄四）：
鼓刀磨劍不平氣，鬱塞胸中化作詩。世事如桑千萬樹，春蠶纔吐一行絲。
非貧非病意何云，無那長途夜色昏。莫怪杜鵑啼不住，夢中多少未歸魂。
四十餘年覓句中，推敲與補古書同。未能讎校無訛字，始對前人拜下風。
靜觀天地本無私，一任春秋蟲鳥啼。善政雖除文字獄，莫傷忠厚話雲泥。

〈無題〉：列國爭雄久，乾坤鑄錯初；俄人從徼悻，豎子定何如。冠蓋心多鄙，蠻夷眼未舒；西湖猶是宋，還可任騎驢。

〈時憂〉：十載家山夢，朝朝雲萬層；荒天獨嘯傲，秋葉共飄零。禹甸三分鼎，胡盟九仞冰；時憂負骨肉，淚眼望金陵。

〈秦淮河畔晚眺〉：衰柳淺沙燈火稀，連橋數里晚煙迷；零丁歌扇舫中醉，隱約宿鴉枝上啼。宮漏跡陳星箭落，珠簾事杳月鈎低；更無商女隔江唱，杜牧情懷空雪泥。

〈心會〉：誰信修羅力，能降帝釋天；雕戈紛界內，慧眼定池邊。隨處波常靜，無時月不圓；此機心有會，一笑境湛然。

〈詠史〉：金湯不關地，奇士或非書。吳王志圖霸，一劍由專諸。專諸亦鷹犬，發縱惟子胥。夫差不象賢，心膂疑且疏。讒入宗臣死，伯嚭祀遂除。江浪日洶湧，鴟夷恨有餘。宮庭嬖臣妾，蔽面竟何如。

八月二十二日，為籌備二十七日至聖先師聖誕祭典，國民政府指派奉祀官孔德成先生與炳南先生等隨同協辦，並安排交通事宜。（見《圖冊》，1947年圖6）

「國民政府文官處致函津浦鐵路管理局浦兗段管理處」：銓敘部王政務次長子壯頃奉國府令派前往曲阜代表於八月二十七日致祭孔子。同行人員有孔奉祀官德成暨隨員等七、八人。特函奉達，即希查照惠予撥配來回車位免費或記賬乘坐，並妥為照料為荷。[1]

此為戰後第三度赴曲阜旅程，途中所見所感有詩：〈還京後鄉路猶阻寄慨〉、〈夕過古林寺〉、〈所見〉、〈俠客〉、〈晏〉、〈戰後陪孔上公三返曲阜以濟路尚阻難歸感賦〉。（《雪廬詩集》，頁210-212）

〈夕過古林寺〉：紺宮隱深樹，清磬出寒煙；苔滑陂陀路，燈明兜率天。法音花正落，僧指月初圓；隨喜

---

[1] 「國民政府文官處函津浦鐵路管理局浦兗段管理處」（1947年8月22日），〈孔子誕辰紀念日案（二）〉，《國民政府》，國史館藏，數位典藏號：001-051616-00003-056。「派王子壯為祭孔代表」（1947年8月21日），〈孔子誕辰紀念日案（二）〉，《國民政府》，國史館藏，數位典藏號：001-051616-00003-059。

蒲團上,來參半夕禪。

〈所見〉二首:
千里伏屍新戰場,塵沙黯黯蔽天黃。眼前多少傷心事,贏得他年話夕陽。

蜂王蟻帝各稱尊,總是么蟲濁色身。廁隙廄檐誇上國,不知天外轉金輪。

〈俠客〉二首:
只有恩讎重,由來性命輕。世間多少事,一劍最分明。
不必留名姓,是非天下心。願君共肝膽,寶劍定知音。

〈晏〉:日高霞散過清晨,理罷荒蕪羨比鄰。荷鋤自傷時已晚,村中猶有未醒人。

〈還京後鄉路猶阻寄慨〉:帆渡黃牛峽,人來白鷺洲;燒痕萬方里,客路十年秋。輦轂仍殘破,河山半未收;此中多少恨,可斷大江流。

〈戰後陪孔上公三返曲阜以濟路尚阻難歸感賦〉:江山已喜靖胡沙,三返鄉關不及家。遙天心似難收箭,平地寇如未績麻。村郭寂寥秋草蔓,狐鼪跳擲夕陽斜。羈客最堪哀庾信,無端橐筆處清華。

【案】孔先生迄今三返曲阜,依請假時間及派令時間,依序為:四月二十六日、六月十二日、八月二十日;若再加上十二月十三日(詳見該日譜文),則返曲四次,均為一九四七年事。惟其中四月行程中途折返,返抵曲阜為三次。然此時尚不知有十二月事,此題所指應即指四、六、八月這三次。先生則是戰後迄今,猶未返鄉。孔先生謂:「炳南先生住南京奉祀官

府三載有餘；其間曾陪同本人三返曲阜謁廟，惟以公務繁忙、交通不便，他僅一返濟南故里探親。」[1]「三返曲阜謁廟」則是指六、八、十二月實際返抵曲阜之三次。

八月二十七日，至聖先師聖誕。國民政府主席蔣中正指派銓敘部次長王子壯至曲阜主持祭孔大典（見《圖冊》，1947年圖7），有祭文曰：

> 維中華民國三十六年八月二十七日，國民政府主席蔣中正謹派銓敘部政務次長王子壯代表，虔具馨香敬告於至聖先師孔聖明靈。其辭曰：尼山誕睿，泗水載靈，於赫孔聖，百世仰成。訂定六籍，考正禮文，存道屈己，拯世危身，爰弘四科，立教無方，世卿永墮，民權用張。刪書紀事，讀易寡尤，躬行匪懈，知命無憂。入國聞政，因時制宜，知遠察物，忠恕是薪。文事武備，兼優並贍，揖讓夾谷，收功壇坫。因仍魯史，遂作春秋，大義昭炳，主魯尊周。學則不倦，治尚正名，厄陳圍匡，遇困益振。齊修治平，漸進大同，本末先後，秩然可宗。式瞻闕里，如聞絲簧，群倫鏡仰，奕葉有光。尚饗。[2]

---

1 孔德成口述，王天昌筆記：〈李炳南先生傳略〉。
2 〈孔府檔案8971〉，轉引自《孔氏宗親網》：http://www.kong.org.cn/bbs2/a/a.asp?b=55&id=37021&q=11（2022年1月3日讀取）

1947 年・民國 36 年 | 58 歲

九月十五日（夏曆八月）起，孔府因財用不足，所有職員薪金按七成支發。春秋二祭祭品繁簡亦視實況取捨。

〈孔府檔案 8774〉：本府因款項不足，所有職員薪金，一切按七成支發。此諭會計處，自陰曆八月起。孔德成。八・三・[1]

〈孔府檔案 8927〉：靈叔五叔尊鑒：八月十八日大函備悉。其中艱困不言可知。縣府借項，關乎情面，當以租收盡先清償。京寓雖亦需款，事在可急可緩之間。至於秋丁祭品，亦應視實況而定，繁簡取捨不必泯守成規。蓋處常處變不能不少異也。再者，致炳兄之函亦曾借讀，以關係而論，故敢相累。在此多事之秋，萬懇勉為其難，切勿稍萌退志，以後果然事不可為，大眾再另籌辦法不遲。至懇！至懇！專復，即請
大安，諸維愛照　　　　姪德成拜啟　九月十二日
炳兄囑筆附候，不另函[2]

祭孔大典結束後，先生北返濟南。

李俊龍，〈回憶父親〉：一九四五年八月抗日戰爭勝利，父親隨孔上公北上常駐南京，一九四六年秋，父親乘民航機，回家一次，家人與父親相見，不覺熱淚奪眶而出，本想骨肉團聚，共享天倫，豈料形勢逼人，父親在家僅僅一個月，即乘機返回南京，但還經常接到他

1　〈孔府檔案 8774〉，《孔府檔案選編》，頁 714。
2　〈孔府檔案 8927〉，《孔府檔案選編》，頁 714。

老人家的信。[1]

【案】先生返家為一九四七年事,也確實是從青島乘飛機返南京;但是否乘飛機返鄉則仍待考。當時返回濟南有幾種可能:一、從曲阜東行至青島搭機飛濟南。二、從曲阜回南京後,由南京搭機飛濟南。三、由曲阜走津浦鐵路北上濟南。路線一,從曲阜至青島約五百公里,且要穿越多處共軍占領區,可能性不大。從詩集《還京草》編次,〈還家〉前有〈荊榛〉,似乎也非搭乘飛機之情意。由曲阜經兗州走津浦鐵路北上濟南,則約一百五十公里,當時山東省膠濟線、津浦線沿線兩側,大致都還是國軍管制範圍,似較可行。然俱缺實據,有待再考。

【又案】李俊龍回憶提及「父親在家僅僅一個月」。先生詩有「難逢故里度重陽」,可確知,十月二十二日重陽節時在濟南。十一月一日印光大師靈骨奉安蘇州靈巖山,先生未參加,返里時間約自九月中至十一月初。

返抵濟南城,先有〈荊榛〉歎久戰荒涼,再有〈還家〉四首,與家人共道人事辛酸。(《雪廬詩集》,頁212-213)

〈荊榛〉:城頭驛路蔓荊榛,十步顛顛欲折輪;魑魅有聲秋嘯雨,豺狼無忌晝窺人。連阡久已盤根固,隻手徒勞鈍斧頻;自必祝融行猛政,方教大地出沉淪。

---

[1] 李俊龍:〈回憶父親〉,《明倫》第193期(1989年4月),雪公往生三周年特刊。

1947年・民國36年 | 58歲

〈還家〉四首：
抵里情先熱，升階淚暗彈；雖逢荊樹茂，還痛竹雲寒。
親友遠來問，瓜茶強作歡；流亡十年事，含混說平安。
只有藜蒿在，更無松菊存；塵緣總是幻，癡念偶留痕。
忽復搴帷坐，時還擁帚蹲；兒童迎我意，汲水灌花盆。
飯後團團坐，挑燈各有陳；四隅聲斷續，一例道酸辛。
赤縣同沉陸，蒼生半涸鱗；寧能希苟免，惹我笑癡人。
湖山本舊侶，峭瘦減容光；苦恨著秋雨，更憐沉夕陽。
聊勝蘇子隱，欲遣米家裝；人事知何似，歸來倍自傷。
〈還家〉：丹桂初香露始寒，衡雲雁唳碧天寬；秋風不與吾家事，幾處黃昏人倚闌。（《雪廬詩集》，頁251-252）

回返濟南，尋訪舊友，參禮道場。曾至女子蓮社、崇實佛學會演說。

【案】東關「淨居寺」為濟南首剎，一九三一年，先生於此隨真空禪師學禪，與寺眾可觀法師共同參究；一九三六年，先生於此求受五戒（見前譜文）。淨居寺於抗戰期間（1941）有新建禪堂落成，一九四七年十一月，印度駐華大使梅農夫婦至濟南遊覽時特別參訪淨居寺，並對該寺供藏之佛舍利極表敬仰與驚異。[1] 先生返鄉時期與梅農大使訪濟時相接，可知淨居

---

1 〈一月佛教〉，《覺訊》第12期（1947年12月10日），頁8。收見黃夏年主編：《民國佛教期刊文獻集成》第103卷，頁82。

寺法事猶興,先生當必前往參禮,唯文獻闕如。

在女子蓮社講「早立正見快棄三毒」,揭示淨土法門殊勝,接著以《長阿含經》「負糞遇雨」喻,以及《法句譬喻經》「洗腳水盆」喻,勉勵蓮友早棄三毒,學習佛法正知正見。(見《圖冊》,1947 年圖 8)[1]

〈早立正見快棄三毒——在女子蓮社講詞〉:

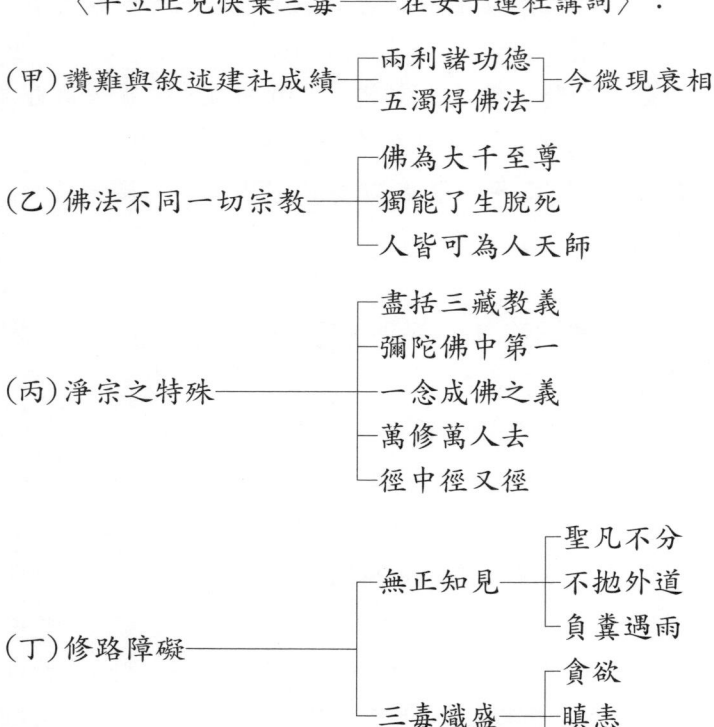

(甲)讚難與敍述建社成績
- 兩利諸功德
- 五濁得佛法
— 今微現衰相

(乙)佛法不同一切宗教
- 佛為大千至尊
- 獨能了生脫死
- 人皆可為人天師

(丙)淨宗之特殊
- 盡括三藏教義
- 彌陀佛中第一
- 一念成佛之義
- 萬修萬人去
- 徑中徑又徑

(丁)修路障礙
- 無正知見
  - 聖凡不分
  - 不拋外道
  - 負糞遇雨
- 三毒熾盛
  - 貪欲
  - 瞋恚
  - 癡愚

---

[1] 另參:藏密(鍾清泉):〈早立正見快棄三毒——講於女子蓮社〉,《明倫》第 399 期(2009 年 11 月)。

(戊)正知見準則　―┬─ 三自皈依
　　　　　　　　　└─ 淨不染塵

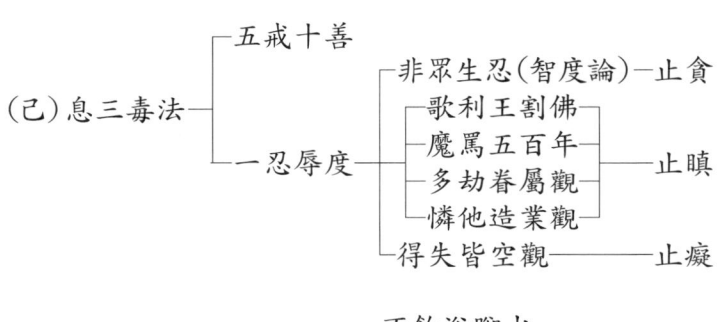

(己)息三毒法　―┬─ 五戒十善
　　　　　　　　└─ 忍辱度　―┬─ 非眾生忍(智度論)――― 止貪
　　　　　　　　　　　　　　　├─ 歌利王割佛 ─┐
　　　　　　　　　　　　　　　├─ 魔罵五百年 ─┤
　　　　　　　　　　　　　　　├─ 多劫眷屬觀 ─┼── 止瞋
　　　　　　　　　　　　　　　├─ 憐他造業觀 ─┘
　　　　　　　　　　　　　　　└─ 得失皆空觀 ――――― 止癡

(庚)法句喻經三事　―┬─ 不飲浴腳水
　　　　　　　　　　├─ 足盆不盛食
　　　　　　　　　　└─ 盆破不惜說

在崇實佛學會則以「崇實」名義勉大眾「功不專無成」：淨化外道觀念習氣、嚴守戒律不殺生、專修淨土旁通各法。[1]（見《圖冊》，1947年圖8）

〈在崇實佛堂講詞〉：

(甲)濟地居士團體沿革

(乙)佛團正式出前之外道　―┬─ 門外外道 ―┬─ 正式宗教
　　　　　　　　　　　　　│　　　　　　└─ 一切非正宗教
　　　　　　　　　　　　　├─ 依附外道
　　　　　　　　　　　　　└─ 學佛學成外道

---

[1] 〈在崇實佛堂講詞〉，《明倫》第399期（2009年11月）。另參見：藏密（鍾清泉）：〈功不專無成――在崇實佛堂講詞〉，《明倫》第399期（2009年11月）。

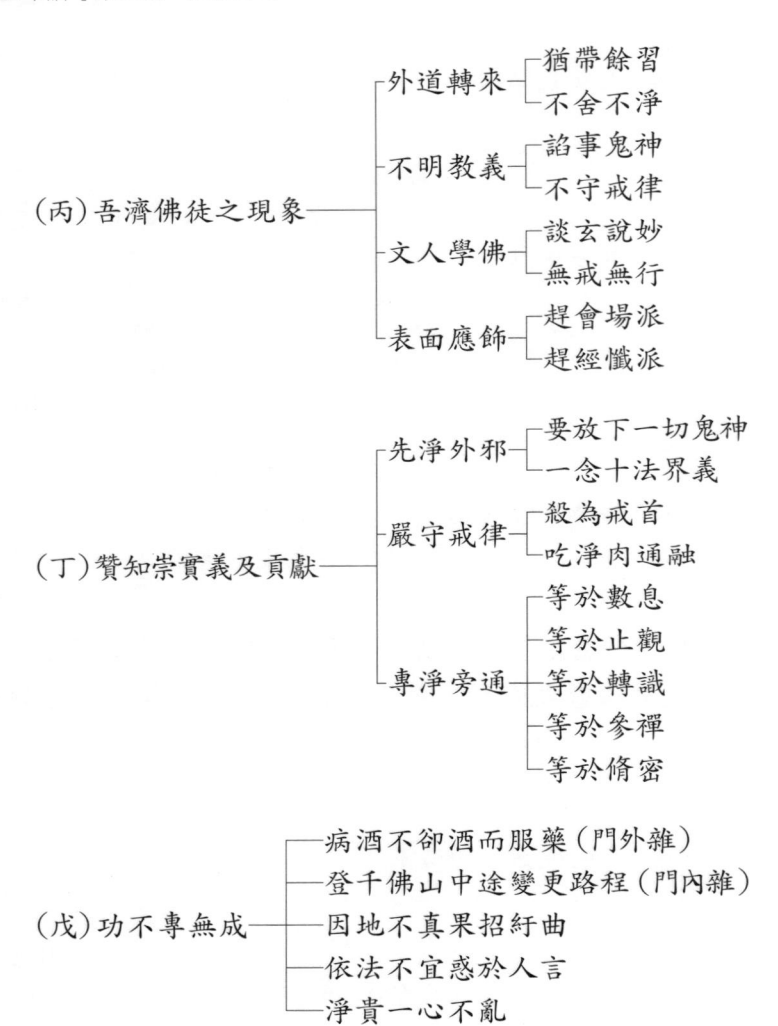

```
                              ┌─ 外道轉來 ─┬─ 猶帶餘習
                              │           └─ 不舍不淨
                              │
                              ├─ 不明教義 ─┬─ 諂事鬼神
(丙)吾濟佛徒之現象 ──────────┤           └─ 不守戒律
                              │
                              ├─ 文人學佛 ─┬─ 談玄說妙
                              │           └─ 無戒無行
                              │
                              └─ 表面應飾 ─┬─ 趕會場派
                                          └─ 趕經懺派


                              ┌─ 先淨外邪 ─┬─ 要放下一切鬼神
                              │           └─ 一念十法界義
                              │
                              ├─ 嚴守戒律 ─┬─ 殺為戒首
(丁)贊知崇實義及貢獻 ────────┤           └─ 吃淨肉通融
                              │
                              │           ┌─ 等於數息
                              │           ├─ 等於止觀
                              └─ 專淨旁通 ┼─ 等於轉識
                                          ├─ 等於參禪
                                          └─ 等於脩密


                    ┌─ 病酒不卻酒而服藥（門外雜）
                    ├─ 登千佛山中途變更路程（門內雜）
(戊)功不專無成 ─────┼─ 因地不真果招紆曲
                    ├─ 依法不宜惑於人言
                    └─ 淨貴一心不亂
```

【案】崇實佛學會，位於縣學街，原為歷城縣文廟，民國二十七年一月，由張雲彩等人發起成立，平時研究佛理，主要節日請法師講經。《華北宗教年鑒》（1941年編）記錄：「一九三八年（民國二十七

年）三月，於學院街成立，同年九月遷移至縣西巷，一九三九年（民國二十八年）三月移至縣學街七號。主要從事的事業為：念佛、施診、每星期集會一次。」[1] 該會於日軍占據期間，仍然法會持續，如一九四二年「夏曆四月初八日至初十日舉行浴佛法會三天，拜懺放生。期內並聘惟觀法師開示法要，善信參加者極為踴躍。」[2] 又如：一九四三年，「崇實佛學研究會佛像開光」。[3] 炳南先生返鄉時，崇實佛學會還禮請「臨清大寧寺隆海法師宣講仁王護國經、盂蘭盆經，及地藏本願經等。每經圓滿時設齋供眾，傳授三皈五戒，并廣作佛事，法會殊盛。」[4] 一九五二年以後，隆海法師被選為中國佛教協會理事、山東省佛教協會籌備委員會主任、治協山東省委員會委員、濟南市歷下區人民代表大會代表等。隆海師主持下，崇實佛學會成為濟

---

[1] 興亞宗教協會（編）：《華北宗教年鑑》（北平：興亞院華北聯絡部，1941年），頁507。原書未見，轉引自：郭天明：〈期刊報紙視域下的地方佛教的傳播與發展——以1912-1949年濟南佛教為個案〉，《檀香佛學研究學報》第5期（檳城：檀香佛學研究中心，2018），頁196-205。

[2] 〈新聞報導〉，《佛學》第2卷第1期（北京：中國佛教學院，1942年6月1日），頁30；收見黃夏年主編：《民國佛教期刊文獻集成》第95卷，頁434。

[3] 〈新聞報導〉，《佛學半月刊》第275期（上海：佛學書局，1943年4月16日），頁5；收見黃夏年主編：《民國佛教期刊文獻集成補編》第66卷，頁281。

[4] 〈新聞報導〉，《海潮音》第28卷第10期（1947年10月），頁32；今收見黃夏年主編：《民國佛教期刊文獻集成》第204卷，頁32。

南市佛教活動中心。一九六六年以後,被徹底焚毀。一九九三年初,年已七十二歲的四十五代天台傳人能聞法師,經宗教局批准,募集善款重建濟南崇實佛學會,先後在此開講《觀世音菩薩普門品》、《阿彌陀經》等。二〇一二年,命名為「崇明寺」。[1]

十月十日,《弘化》月刊刊行印光大師「塔院落成紀念專號」,孔德成先生題字「寂照維常」,[2]炳南先生有〈靈巖印光大師靈骨入塔〉一首。(見《圖冊》,1947年圖9)

吾師大雄姿,乘願入娑婆。偶現比丘相,眾山仰紅螺。
聖教當末法,公案渻且訛。玄談要時譽,斁寶欺自他。
迷子在歧路,奚從取觀摩?茫茫業識海,冥冥翻洪波。
惑盛集眾苦,夜深舞群魔。師來震法鼓,妙藥起沉痾。
昏衢耀寶炬,笠鞋遍關河。宗風揚淨土,九界登慈舸。
蝮蠍虺蛇輩,及門氣轉和。持此皈依心,信能化干戈。
世間出世間,補益等無頗。蓮開十三葉,再見真僧伽。
有緣度已盡,示寂靈巖阿。法身雖無相,遺範尚巍峨。
浮圖逼象緯,舍利光交羅。隨喜繞周匝,稱名一剎那。
皆得成佛道,西歸九蓮窠。此中有權巧,私淑功不磨。
冥加淨修人,親炙豈殊科?相逢天龍眾,萬億恆沙多。
我具戒定香,普供不媥嬺。劫數累僧祇,神威永擭呵。

---

1 參見:魏慶友:《稷下雪廬老人》(臺中:雪心文教基金會,2016年),頁107-108。

2 《弘化》第76/77期(1947年10月10日),第3版;收見黃夏年主編:《民國佛教期刊文獻集成》第137卷,頁5。

後來見聞者,猶得持彌陀。莊嚴應如是,大德意云何?諸佛證斯言,悉檀薩婆訶。[1]

十月二十二日,夏曆九月九日,十年來首度在家鄉過重陽節。〈濟垣雜興〉八首有「風帽蹇驢山上去,難逢故里度重陽」句,盡寫悲欣意。(《雪廬詩集》,頁 213-215)

〈濟垣雜興〉八首:

依舊門前石板橋,天西新月挂楊梢;回頭五十年間事,未息干戈第四朝。

萬里歸來訪舊鄰,百家不見十家存;垂楊流水情如昨,祇是詩痕與畫痕。

深巷風高入市聲,但聽腔調便知名;今宵觸起愁無限,苦憶冠裳舊太平。

童時蕭寺借書齋,讀到殘冬負笈回;愛趁清閒元日後,邀人踏雪看松來。

忽遇當年同硯僧,胸懸槵子手扶藤;拍肩喜極無拘束,脫口還將小字稱。

簪纓劍珮德王宮,付與胡人一炬紅;嗚咽珍珠泉水畔,晚鴉排陣戰秋風。

菊花團紫柿丹黃,野客挑來擔擔霜;風帽蹇驢山上去,

---

[1] 原詩無題,以〈古近體詩一〉刊於《弘化》第 76/77 期(1947 年 10 月 10 日),第 9 版;收見黃夏年主編:《民國佛教期刊文獻集成》第 137 卷,頁 11。本詩後題為〈靈巖印光大師靈骨入塔〉,收入《雪廬詩集》,《全集》第 14 冊之 1,頁 216-217。初刊詩文,收入《雪廬詩集》時,有多處改動。

難逢故里度重陽。

相邀佛火結因緣,說法談經花雨天;梵韻不隨人去滅,廣長七二響流泉。

返濟南時,得知歌樂山舊友靳鶴聲患斑疹傷寒,住院診治。即前往探望,並許以必治。靳即辦理出院。先生果然八劑即為其治癒沉疴。

> 陳雍澤,〈靳鶴聲大德口述憶往〉:吾之命,雪公救的。患出疹子又傷寒,名「斑疹傷寒」。有中醫開五個方子,越吃越壞,乃入濟南西醫院,自己已無法轉動了。時師回濟南,見友人陳雪南(當過北京國會參議員、山東教育廳長),其父子亦皆學佛。聞陳云吾生病,即到院探望。為吾把脈後云:「汝明日出院,八劑包好。此病必把紅點子表出來,西醫院的方法違反治療原理,准死。」時雪公回濟南一個月。
> 次日上午出院,下午,公與陳公來看我。見上回之五劑中醫方,稱:「每劑都要吃死你!尤其第五劑。你命這麼大,怎麼沒吃死你!」
> 後來,八劑藥,果然好了。當時,喉、舌、嘴都要爛了,因為疹毒出不來,呼吸都要由口出,故必爛。[1]

> 陳雍澤,〈1987年8月28日記事〉:上午與慶祝姑、進蘭姑、志道兄、誠達兄、忠鈺兄,同赴臺北,探

---

[1] 陳雍澤:〈靳鶴聲大德口述憶往〉,1986年7月於蓮社,《靜思集(七)》,1986年,未刊本。

望周慶光師及董正之師。探視畢,至靳鶴聲老居士府拜望,言及與雪公恩師相識因緣。

民廿七年,為避日寇,中央遷往四川,余始與師交往。時師住四川鄉下(即歌樂山),余住處距之四十里遠。迨抗日役畢,師從孔公還南京,曾返故里濟南一個月。時余適患斑疹傷寒,住西醫院診治。師特來探望,告曰:「汝病若依西醫治法,正是反治療,終則一死了之。若肯依吾言,明日出院,吾以八劑必治。」余乃毅然出院。師果以八劑克此沉疴,真神效也。[1]

【小傳】靳鶴聲(1898-1998),山東省菏澤人,北京法政專門學校畢業後留學日本,一九二七年南京臨時政府成立,靳氏受命主持南京黨務並兼組織部長。一九三三年,陳果夫任江蘇省主席時,受任為祕書長。歷任民國國民參政會第三屆會員(1942),制憲國大代表(1946),來臺後遞補為國大代表。抗戰期間,與炳南先生結識於重慶歌樂山;一九四七年,炳南先生返濟南探親,曾為靳鶴聲治病,八劑而癒。一九五一年佛教蓮社初成立時,受聘為名譽社董。其為朱鏡宙重印《朱氏詠莪堂全集》撰〈序〉時稱:「棲遲海隅,與國內賢士夫遊,為余最心儀而師事之者得二人焉:曰歷下李雪廬先生炳南,曰樂清朱鐸民先生鏡宙。二公皆長余十稔,道德文章,為世宗仰;

---

[1] 陳雍澤:〈1987年8月28日記事〉,《自省錄(八)》,1987年,未刊本。

於佛學極深研幾，修持精進，尤稱大善知識，為信眾所樂於依止者也。」炳南先生往生時，靳氏擔任治喪委員會委員。

在濟南期間，另有詩贈幼時私塾同學：〈贈戒塵上人〉。
（《雪廬詩集》，頁 253-254）

〈贈戒塵上人〉（昔稚僧開蒙多先讀儒書，上人，予昔日硯友也）：遠尋山寺舊時朋，不號禪師號野僧；搬水運柴心早悟，撞鐘擊鼓事皆能。客來詩疥松堂壁，風定花垂石案鐙；憶到稚年同筆硯，翱翔未似玉壺冰。

十一月一日，丁亥年九月十九日，靈巖山「印光大師塔院」落成，舉行靈骨奉安典禮。

【案】一九四〇年印光大師往生，時戰事紛亂兵戈四起，先生身在重慶，無法前去弔祭。今逢大師靈骨入塔，依情理必然會親臨躬與，親臨則當必有所錄記。然目前未見相關記載，當是離家十年、首度返鄉，未及趨前。

十一月初，由濟南繞經青島再飛南京。有詩：〈由濟繞青飛京〉二首。（《雪廬詩集》，頁 215）

〈由濟繞青飛京〉二首：
東來地盡見三山，隱現滄波縹緲間；不欲停雲驚下界，恐勞迎迓列仙班。
逍遙偶作九天遊，繞座輕雷漸欲收；下視人間城郭近，

清淮黃葉秣陵秋。

【案】先生離開濟南時間，在重陽節過後，約十一月初。十一月一日舉行印光大師靈骨奉安典禮，如非身在濟南，先生必會前往與會。當時戰情：「十一月八日，津浦路宿縣附近被共軍破壞；九日，共軍陳毅部進逼徐州，距城僅三十里；十三日，徐州外圍戰事緊張；十六日，進攻徐州之共軍陳毅部被擊退，形勢穩定。」[1]不走津浦線當在十五日以前。而十一月下旬，孔德成先生有國大代表選舉，以及孔府諸多要事待商待決，應也無法久留。然無確證，姑且繫於十一月初。

【又案】王獻唐於一九四七年六月中旬，安置山東省圖書館寄存曲阜奉祀官府之書籍文物至南京後，自南京飛北平，入中和醫院治療腦疾。十月，由北平返回離別十年之濟南。因天寒懼冷，不能外出。[2]先生返濟南時，正當王獻唐由北平初返濟南，然應未能會面。

十一月二十一日至二十三日，舉行國民大會代表選舉。孔德成先生在曲阜縣高票當選。[3]

1　郭廷以：《中華民國史事日誌》第 4 冊，頁 699-701。
2　張書學、李勇慧：《王獻唐年譜長編》，頁 940-942。
3　汪士淳：《儒者行：孔德成先生傳》，頁 128-129。

十二月十一日，奉祀官府向國府申請在京辦公房舍建築經費。[1]

十二月十三日，護隨奉祀官孔德成先生第四度返曲。

「奉祀官府孔德成呈國民政府主席蔣中正擬請假三星期反曲」（1947年12月12日）：「德成在京日久，至聖林廟諸事恐有廢弛。茲擬請假三星期返曲料理，敬乞俯准。」寄件人「大成至聖先師奉祀官府」，寄件地址「南京第六投遞分區殷高巷十二號」[2]（見《圖冊》，1947年圖10）

是年，曾至金陵刻經處拜訪，禮敬楊仁山居士像。

〈楊仁山老居士像贊〉（節錄）：憶昔金陵禮像設，展圖猶識容與裳。私淑弟子李炳南敬題[3]

【案】楊仁山老居士，人稱「近代中國佛教復興之父」。在中國近代佛教衰亡時，設立「金陵刻經處」，搜尋刊印流通佛典；成立「佛學研究會」和「祇洹精舍」，一代佛門法將如：梁啟超、章太炎、太虛大師、梅光羲居士、歐陽漸、仁山法師、智光法師（南亭法

---

1 〈奉祀官府請撥款修建在京辦公房屋〉（1947年12月11日），《行政院》，國史館藏，數位典藏號：014-010602-0003。
2 「奉祀官府孔德成呈國民政府主席蔣中正擬請假三星期反曲料理」（1947年12月13日），〈中央機關主管請假〉，《國民政府》，國史館藏，數位典藏號：001-030030-00008-061。
3 〈楊仁山老居士像贊〉（節錄），全詩見1960年10月8日譜文。

師的法師父）、呂澂、譚嗣同等,都是門下學生。

是年,呂今山家人被難。呂先生沉痛神傷。

> 趙阿南,〈呂今山傳〉:三十六年,寇侵入莒邑,家罹慘禍,朋輩祕不以告。已猶多方向知友商迎養計,均漫應之,且故為籌策,久而詗其微也。沉痛自傷,日涵於酒。[1]

---

1 趙阿南:〈呂今山傳〉,收見:呂今山、鍾孝先、趙阿南:《蓮浮集》,頁 28-29。

1948 年・民國 37 年・丁亥－戊子
59 歲

【國內外大事】
- 三月，共軍在東北獲絕對優勢。
- 四月，行憲國民大會於南京集會，選舉總統、副總統；蔣中正、李宗仁當選中華民國第一任總統、副總統。
- 五月，第一屆立法院院會在南京市召開。
- 六月至九月，曲阜、濟南相繼失守。
- 十一月，美國總統大選，杜魯門總統連任。
  徐蚌會戰開始。
- 十二月，中央圖書館、中央博物院、中央研究院、外交部、故宮等各機關文物三次運遷臺灣。

【譜主大事】
- 三月，奉祀官孔德成赴美文化考察遊學。行前召開會議決議擬移運孔府文物至京，唯因時局緊迫而未果。
- 四月，山東濰縣失守，有詩寫昌濰之圍。
- 七月，蒙四川定光寺如岑法師慈允，於南京正因蓮社舉行皈依典禮，引薦蓮友依如岑法師皈依三寶。有〈函如岑法師書〉（六月）、〈函如岑法師書〉（七月）。
- 九月，濟南失守。有〈聞濟南失陷〉詩三首，慚愧未能與家人共患難。此後三十餘年，與家人音訊斷絕。
- 十月，於南京鐵作坊聽應慈法師講《華嚴經》。

1948年・民國37年｜59歲

- 十二月，奉祀官孔德成先生指示，準備遷移臺灣。
- 在京三年，成詩一百七十六題，二百二十一首，輯為《還京草》。

一月三日，隨同孔德成先生一行自曲阜返南京。[1]

一月二十三日，孔德成先生在南京召開臨時會議，決議將曲阜以外各省縣祀田繳歸政府、減稅、裁減各莊人員。孔府府務委員會主任孔令儁（靈叔）自曲阜來京與會。先生記錄會議決議。

〈孔府檔案8928〉：中華民國三十七年元月二十三日臨時會議記錄。地址：桃源新村

出席人數：孔達生、孔純結、孔靈叔。記錄：李炳南。

一、祀田如何處理案。擬辦：先查《闕里文獻考》及府中冊房之冊、書房之卷作為根據，編造祀田清冊，除留曲阜全境祀田，請作辦理博物院基金外，其餘各省縣之祀田一律繳歸政府。

二、張家樓等十四集稅系屬舊規應否留存案。擬辦：此種舊規于現在法令不合，從三十七年元月起，一律取消。除分別布告及諭知各集頭外，再函請專員公署，轉令各縣政府，布告各該集一體知悉，如後再

---

[1] 「奉祀官府孔德成返京銷假」（1948年1月12日），〈中央機關主管請假〉，《國民政府》，國史館藏，數位典藏號：001-030030-00008-063。

有假借名義前往敲詐者，准由人扭送嚴懲。

三、各莊管事擬減人數案。擬辦：各莊管事每處只留二人，所有被裁各人，照舊仍給應得之提成，因過被革者，不在此限。[1]

【案】以下又有：四、年關周濟族眾案。五、奉衛丁餉調整案。六、林中底柴如何分配案。七、各屯管事交租有清及不清者，如何處理案。八、繳租清者應如何提成案。九、管理聖林似應有人專司其事擬員使負專責案。十、府中人役如何使上下情不致隔閡案。共十案。此從略。

【又案】此時，奉祀官府南京辦事處地址為「桃源新村」，抵京後第三次遷移矣。

二月三日，立春前兩日，孔德成先生書近日詩作兩首並臨「季良父壺銘」，題贈炳南先生。[2]（見《圖冊》，1948年圖1）

江城昨夜又春風，折得梅花映日紅；閒倚晴窗聽鳥語，此間靜趣與誰同。（三十七年元日）

山齋風雨幾經過，銅瓦遺文共掌摩；小印臨來同趙字，素心人士亦無多。（為觀民治殘字小印一方小什為識）

　　　近作兩首錄奉　雪廬大和尚政　　　　　德成

1　〈孔府檔案8928〉，《孔府檔案選編》，頁724-725。會議地址原作「桃園新村」，今據金擎宇、馬宗堯，〈南京市街道詳圖〉（1946年11月）改作「桃源新村」。

2　【數位典藏】墨寶／題畫墨跡／雪廬老人庋藏墨寶／〈江城昨夜〉。

𫳶季良父乍紋始尊壺,用盛旨酒,用享孝于兄弟、婚媾、諸老,用蘄匄眉壽,其萬年需冬難老,子子孫孫是永寶——戊子立春前二日夜寒燈下,取舊裱紙,乃桂未谷為顏衡齋所裱,《修來先生往來尺牘》冊前葉也。用臨季良父壺銘似　雪僧道長政之　　　達生孔德成

  【案】桂未谷為桂馥(1736-1805),乾隆五十五年進士;顏衡齋為顏崇槼(1741-1811),乾隆三十五年舉人。二人為山東曲阜知名學者。修來先生指顏崇槼之從曾祖父顏光敏(1640-1686),為康熙六年進士。

二月十五日,王獻唐來函。[1]

二月二十六日,致函王獻唐。[2]

  【案】炳南先生、屈萬里與王獻唐在川時來往密切,來京後亦有往還。此為最後音問。炳南先生與屈萬里日後為《王獻唐詩文畫集》之發行撰〈序〉,特回憶此時交往。(見1976年8月譜文)

二月,孔德成先生獲公費支持至美國考察遊學,然家眷未獲允同行。

是年春,有詩賀〈強小競六十初度〉、〈贈楊鶴汀丈〉。

---

1 張書學、李勇慧:《王獻唐先生年譜長編》,頁949。
2 張書學、李勇慧:《王獻唐先生年譜長編》,頁952。

(《雪廬詩集》,頁 217-218)

〈強小竸六十初度〉:早厭塵緣歇詩酒,長烏小閣守心齋;流風不肯隨時彥,古道何妨說我儕。春訊昨從江上寄,美人遙向月中懷;花週未必鬚眉換,騎馬幾回思到階。

〈贈楊鶴汀丈〉:儒冠曾繼武城賢,老學長生息世緣;惠政通和花一縣,道心清澈月中天。江干車馬新桃李,海內詩歌古管絃;偶向上都同作客,欣遂渴仰識彭籛。

三月一日,孔德成先生在南京召開府務會議,討論府中古物保管及各項開支問題。決議古物運京保存。炳南先生任記錄。(見《圖冊》,1948 年圖 2)

〈孔府檔案 8928〉:至聖府第十一次會議記錄。日期:三月一日。地址:南京四海里官邸
出席人數:孔達生、孔靈叔、孔魯泉。記錄:李炳南。

一、祀田近被各縣徵收機關誤為私產,迫以繳稅,如何處理案。
議決:提卷帶京,由京府主稿,向山東省府據理交涉,面請其通令全省各縣,不得再發生此類誤會事項。通過。

二、曲阜府中員工勤惰應如何獎懲案。(略)

三、府中古物祭器擬遷往安穩地帶以重保管案。
議決:十貢、漢五貢,特鐘、特磬、編鐘、編磬,明朝衣冠,著即派妥人監護運京。通過。

四、曲阜府中款項支絀應如何開源案。
　　議決：西關花園、大莊花園兩處樹株，並各林之廢樹，變價彌補。通過。
五、府中員工各薪如遇款項報困時應如何辦理案。
　　議決：斟酌發放。[1]

府務會議召開後，孔德成先生即出發離京。先至蘇州與二姊相聚數日，而後登機飛美國。[2]

孔先生出國時，正二十八歲。炳南先生有詩送別並和孔先生詩：〈送別孔上公赴美考察文化〉、〈離緒〉、〈和孔上公憶巴山採蕨步韻〉。（《雪廬詩集》，頁 218-219）莒縣舊友趙阿南時任職於南京，亦來餞別，有〈馬祥興酒肆餞孔達生飛美考察分韻得興字〉。

　　〈送別孔上公赴美考察文化〉二首：
花開紐約海西春，風雨白門愁煞人；聞說遠行心早亂，不從臨別始霑巾。
迢迢銀漢使槎通，料有群英宴白宮；且止胡琴與羌笛，應教木鐸振春風。

　　〈離緒〉：江城絲雨日綿綿，客袖牽風怯倚欄；萬井煙花暝色裏，幾家離緒觸春寒。

---

1 〈孔府檔案 8928〉，《孔府檔案選編》，頁 725-726。原件：〈民國三十七年會議紀錄簿〉，曲阜：孔子博物館，圖片為該館提供。
2 孔德懋：《孔府內宅軼事》，頁 18。

〈和孔上公憶巴山採蕨步韻〉：巴江巴峽夢依依，採向深雲遠不辭；難得天真諸弟妹，筠籃每送午餐時。

趙阿南，〈馬祥興酒肆餞孔達生飛美考察分韻得興字〉：孤懷直薄世崚嶒，眼底雲山起萬層；柳色離亭京市酒，芸香滄海客窗燈。端宜用夏傳詩禮，豈亦乘桴感廢興；一棹歸與桃李笑，江南春好雨如繩。[1]

【案】奉祀官出國學習，自一九三七年十一月呈報國民政府申請，經多次公文來往，先是以孔奉祀官「代表中國文化之宗主，受業於文化不同之別國，未免有不重視本國文化之嫌，以專門從事考察及遊歷為宜。」後又以國難當前，批示「待戰後再行出國考察為宜」，[2] 是以延宕至今。

三月六日，孔德成先生抵美國舊金山，後再飛東岸至康乃狄克州與傅斯年同住。旋應耶魯大學聘為榮譽研究員，在校園中與諸多學者交流。

〈中央社舊金山六日合眾電〉：中國孔子奉祀官孔德

---

[1] 呂今山、鍾孝先、趙阿南：《蓮浮集》，頁 26。趙阿南：〈梧香念廬記〉云：「三十一年余母逝世，乃膺黃縣牟公之聘，往佐戎幕，轉徙朐南沂北，群山盤互，日夜與寇軍鏖逐。牟公奉命移皖境，又隨節阜陽。勝利後，余供職首都。」

[2] 〈奉祀官孔德成致孔祥熙院長函〉（1938 年 3 月 3 日），〈奉祀官孔德成赴歐美遊歷〉，《行政院》，國史館藏，數位典藏號：014-010602-0034。

成，今乘中國公司飛機抵此。[1]

　　吳相湘，〈至聖先師奉祀官孔德成〉：民國卅七年（1948）他到美國紐海文（New Haven, Conn.）與傅斯年同住一公寓，以便隨時可得傅的照料。旋應耶魯大學（Yale University）之聘為榮譽研究員。從此日與這一著名學府中研究亞洲文化歷史的學人時相交往。孔德成在耶魯為時雖只一年，卻直接接觸到美國學人治學的精神與方法，其中尤以小題大作鍥而不捨的精神對於孔有深遠影響。孔亦曾遊歷美國各地。[2]

　　張臨生、陳筱君，〈從文物中仰視孔德成先生傳奇的一生〉：孔先生於民國卅七年赴美國耶魯大學研究，當時傅斯年在美國養病，便安排孔先生住在他家樓上。孔先生年紀輕，傅斯年管教他很嚴，總是在夜裡等門，讓他不敢太晚回家。孔先生說：「他唯一最怕的人就是傅先生。」[3]

三月十三日，致函孔令儁，請寄孔府組織法文卷。（見《圖冊》，1948年圖3）

　　靈叔五哥道鑒：奉示祗悉。福星一路安抵曲邑，至

---

1 〈中央社舊金山六日合眾電〉，《中央日報》，1948年3月7日，第2版。

2 吳相湘：〈至聖先師奉祀官孔德成〉，《民國百人傳》第4冊（臺北：傳記文學出版社，1979年1月，再版），頁378-379。

3 張臨生、陳筱君講述，編輯部整理：〈從文物中仰視孔德成先生傳奇的一生〉，《典藏》317期（2019年2月），頁52-59。

慰至欣。奉祀官蒞美,已有電來,勿念。尊囑各稿,日內辦出再奉。昨上一函,為本府組織法文卷之事,諒已入閱,祈早掛號交下為禱。專復。即請

大安　　　　　　　　　　　　弟李炳南頓　三月十三日[1]

三月十四日,孔府府務委員會主任孔令儁致函先生,訴說孔府財用不足窘狀,請教應變之方。（見《圖冊》,1948年圖4）

〈孔靈叔致李炳南信件〉：炳南吾兄勛鑒。前上蕪函,計邀覽及。頃奉華翰,敬悉佳況勝常,至為欣慰。關於本府制度、奉頒法令,抄上,請察收。茲奉祀官不在家,請兄偏勞,細心交涉,妥慎辦理,並將辦理情形,隨時見告,為盼。又府內庫空如洗,二月大丁,即係揭〔借〕賬辦理。零用亦無,雖指定賣樹,一時難以出手,即能賣出,亦不足零用之數。這樣窮困,實覺應付乏術,不知吾兄何以教我也。特此敬請

勛安　　　　　　　　　　弟孔（靈叔）頓首　三、十四[2]

【案】孔府祭祀活動甚多,每年四季大丁日、仲丁日、八小祭,每月朔望,二十四節氣等日,均舉行祭典。其中尤以春、秋兩季丁日為最重要。夏曆二月上旬丁日（干支記日）祭孔,為春丁祭孔。夏曆八月上旬祭孔,為秋丁祭孔。孔令儁所稱「二月大丁」,即

1　李炳南：〈致孔令儁函〉（手稿）（1948年3月13日）,【孔府檔案第8927號】,曲阜：孔子博物館提供。

2　〈孔府府務委員會主任孔令儁致炳南先生信函〉（1948年3月14日）,【孔府檔案第S16231號】,曲阜：孔子博物館提供。

為春丁祭孔大典,該年春丁日為夏曆二月十三日(丁未日),西曆三月二十三日。

孔令儁依三月一日會議決議,將十貢、五貢、特鐘、特磬、編鐘、編磬,明朝衣冠等孔廟、孔府珍藏文物古器整理裝箱,準備運移南京。奉祀官雖已赴美,奉祀官府仍連連呈文國府各機關請求協助。

> 孟繼新,〈末代衍聖公孔德成〉:曲阜方面。孔靈叔接到孔德成指示,也開始忙活起來,把文物古器整理裝箱,準備發運。共裝:五貢五箱,十貢十箱,博鐘一箱,特鐘一箱,特磬一箱,編鐘八箱,編磬四箱,歷代衣冠一箱,擎蛇笏、象牙笏各一件(在前箱內),歷代文卷共三箱……。編號造冊,加封上鎖,運往兗州,準備由兗州用火車轉運南京。[1]

四月一日,共軍包圍山東濰縣。而後往昌樂出發,阻斷外援。四月二十七日,濰縣失守。先生有詩寫昌濰之圍。

> 〈昌濰之圍守軍多為民兵屢求援而不至於時當局適有取消民間武力之謀〉:北方多俠客,重義常輕身。然諾指山岳,艱危不負人。孤城四無援,把臂呼張巡。誰愛堅貞士,棄如芥與塵。慨慷為君歌,所事匪其親。安得西江水,恐同鮑魚鄰。藩籬跳斥鷃,豈是遠圖倫。
> (《雪廬詩集》,頁239)

---

[1] 孟繼新:〈末代衍聖公孔德成〉,《中國孔子網》。

四月四日,寒食節,感離亂蒼涼,前後有〈白門寒食蒔花回憶〉、〈應邀赴半山村友人家度寒食〉、〈遊春〉、〈墓楊〉、〈春寒〉二首、〈出門〉、〈今子夜歌〉、〈讀史〉二首、〈送楊子餘赴上饒〉。(《雪廬詩集》,頁219-222)

〈白門寒食蒔花回憶〉:無家插柳東風裏,借地蒔花廢寺旁;節候從他撩苦緒,萍蹤率意逗春光。官廚開禁石城火,馬骨新封榆塞霜;回首十年巴道路,依然人事感蒼涼。

〈應邀赴半山村友人家度寒食〉:清晨聞剝啄,童子寄書來;寒食江天霽,半山桃李開。客中邀舊雨,甕底漉新醅;門外巾車具,行行不可推。

〈遊春〉:山齋宵雨霽,早起為花遊;江嶂暮煙合,遲歸因月留。徒增詩酒債,未遣亂離愁;桃李滿南國,何如開汴州。

〈墓楊〉(實美注:白楊落葉喬木,墓田多植之。春時吐花穗,穗作管狀,長一二寸,色殷紫,萎落後葉生。):寒食東風吹墓楊,墜花殷紫寸條長;似非枝上啼鵑血,疑是人家哭斷腸。

〈春寒〉二首:
茅屋茶煙細雨中,砂缾斜插杏花紅;江南也有春寒在,剪燭添衣緒不同。
夜窗繁響雨如彈,愛惜疏櫺紙未乾;楊柳風來莫吹破,雙棲梁燕不禁寒。

〈出門〉:出門何所適,楊柳水之涯。東風吹落絮,飛去入誰家。

〈今子夜歌〉：淒其夜色金陵城，深巷滴瀝殘雨聲。纔斷復續續還斷，倏遠倏近風曳行。靜聆始辨度歌曲，哀長思永不勝情。棄婦娼女各幽怨，空帷來去風繾綣。一人泣訴細於絲，嗚咽呻吟和者萬。京華初收新歲月，北里遺音誰所獻。予粗解音不精律，清濁皮相知尚易。類物宣氣時有怨，洛陽橋上杜鵑至。情生天地吹萬形，潛機交感通乎靈。羯鼓一擊百花放，蟲鳥能唱魚龍聽。觀樂豈必吳季札，歡笑悲哭無逕庭。漫道調從西胡創，不關國祚興與喪。客宵綺窗對春燈，已灑涕淚滿襟上。憑君慎莫奏軍前，戰士於今枕戈眠。

〈讀史〉二首：

擊案嘗疑史筆斜，千秋未必記無差；如何妹色不亡國，只有莊姜陰麗華。（華按今音讀）

濃抹淡妝朝至尊，傾城傾國更銷魂；怪他酥體白於玉，偏為史書留血痕。

〈送楊子餘赴上饒〉：勸子應多住，他遊未是歸；雖來今兩聚，已與故人違。吳苑碧桃笑，隋堤黃鳥飛；如何挂帆去，不共醉春暉。

【案】楊子餘為炳南先生仕莒時當地電報局長，曾代向蘇州弘化社申請贈書，而後經炳南先生介紹皈依印光大師者。（參見1930年8月譜文）炳南先生離莒回濟南，楊亦請調至濟南以親近。其公子楊傑民在父親尚未調遷時，曾先寄宿炳南先生濟南家中。抗戰後亦曾在南京一會。楊傑民日後回憶：「我見炳老最後一面是一九四八年在南京，當時內子有病，在慌慌忙忙

之中，炳老開藥給她吃。我們在南京無地住宿，炳老還特別找地方，讓我們投宿。」[1]

友人趙阿南來京相訪，有〈寒食過雪廬京寓值杏花盛開即酬其杏花詩〉。

城角東風白日斜，園林幽靜似山家；連朝細雨遲寒食，又見江南管杏花。

雙雙燕子剪春寒，紅杏枝頭顏未殘；好豎彩旛勤護惜，莫拋風露任人看。（友人謀為雪廬置箆）[2]

四月二十日，孔令儁來函稱：因籌措路費困難，故遲未成行。另並請示緩催租糧事。（見《圖冊》，1948年圖5）

〈孔令儁致李炳南函〉（四月二十日）：炳南老兄勛鑒：晉省事，至今未能成行。前因籌措路費困難，繼而昌、濰吃緊，王主席終日乘飛機督戰，即到亦恐見不著面也，故遲遲未行耳。特先報聞。又據滋陽縣萬福鄉東吳寺佃戶劉成仁等呈請緩催租糧云云。查東吳寺為奉祀官私產，應否緩至麥後再催，未敢擅專，茲將原件附上，請詧閱並轉商公太太指示遵辦為荷。特此。敬請

勛安　　　　　　　　　　　弟孔令儁頓首　四、廿[3]

---

1. 弘安（黃潔怡）：〈濟南行（四）小院高桐碧蔭疏〉，《明倫》第202期（1990年3月）。
2. 呂今山、鍾孝先、趙阿南：《蓮浮集》，頁26。
3. 孔令儁：〈致李炳南函〉（1948年4月20日），【孔府檔案第8962號】，曲阜：孔子博物館提供。

1948 年・民國 37 年 | 59 歲

四月二十五日，致函孔令儁，轉告奉祀官交代文物運京事。
（見《圖冊》，1948 年圖 6）

〈致孔令儁函〉（四月二十五日）：靈叔五哥尊鑒：日昨接奉祀官航諭，附有一條囑立寄曲，並有「飭人速辦，不得稍遲」之語。因（原信）內尚有他事須作根據，未能奉閱。茲特將有關曲事之條寄上，祈查收飭辦為禱。此大概在美見報載山東不靖故也。專此。敬請
道安　　　　　　　　　　　弟李炳南頓　四月廿五日
純潔、魯泉、恩亭諸兄前均此請安[1]

四月二十八日，回覆曲阜孔令儁二十日來函，說明收租通融及辦理文物運京事。（見《圖冊》，1948 年圖 7）

〈致孔令儁函〉（四月二十八日）：靈叔五哥尊鑒：大示及劉成仁等呈均悉，已與公太太商妥，麥後收租，為期非遙，可以通融。但批示須斟酌，免為他佃戶據例生影響也。呈附還。至運十供及樂器來京，擬請當局辦理則省自費，祈速飭人造冊同樣者二份寄京，以便根據上呈。再公太太尚有箱籠多件在樓上，亦擬運京，祈先代為籌畫。屆時當派陳景榮走取。謹復。并請
大安　　　　　　　　　　　弟李炳南頓　四月廿八日
府中諸友均此請安[2]

---

1 李炳南：〈致孔令儁函〉（手稿）（1948 年 4 月 25 日），【孔府檔案第 8927 號】，曲阜：孔子博物館提供。
2 李炳南：〈致孔令儁函〉（手稿）（1948 年 4 月 28 日），【孔府檔案第 8927 號】，曲阜：孔子博物館提供。

五月六日，奉祀官府發文至兗州第十綏靖區司令部，請求支援運移祀聖禮器。

〈孔府檔案 8927〉：兗州第十綏靖區長官司令部公鑒：查本府存有商周十供及歷代禮樂器，均為祀聖重要文物，為數不鮮，擬於最近期內裝箱運京，以策安全。惟近年本府收入毫無，此項運費籌措維艱，相應電請貴總司令察照，設法撥付鐵皮火車一輛，以便派員押運赴京，妥為保存。是否可行，請賜覆為荷。曲阜至聖先師奉祀官孔德成。辰魚祕印。五‧六。（中華民國三十七年五月）[1]

五月十三日，兗州第十綏靖區司令部司令官李玉堂將奉祀官府公文電發兗州軍運辦公處辦理，副知奉祀官府。[2] 此後即無消息。

五月十五日，濟南兵危。達官顯貴紛紛走避。王獻唐仍竭力購入珍本以保存文物自任。

王獻唐，〈跋明嘉靖九年崔氏家塾刻明崔銑《士翼》三卷〉：邇日，穡門達官已紛紛逃，市語倉皇，無人肯顧先民藝文，余尚竭阮囊購書，自笑癡愚而已。[3]

---

1 〈孔府檔案 8927〉，《孔府檔案選編》，頁 733。
2 〈孔府檔案 8929〉，《孔府檔案選編》，頁 733。
3 張書學、李勇慧：《王獻唐先生年譜長編》，頁 962-963。

1948 年・民國 37 年 | 59 歲

五月二十一日,致函孔令儁,請尅日編造清冊送京,以辦理呈報運送事宜。(見《圖冊》,1948 年圖 8)

〈致孔令儁函〉(五月二十一日):靈叔五哥尊鑒:五月十六日大示奉悉。關於古物運京之文迄今未批,預料其因有二。茲以行憲組府,各機關多有變更,以故擱淺,一也。我方清冊尚未報出,無據估計運費,二也。弟意應各盡其道。祈兄立督此項清冊,尅日送京,先跕腳步。縱後有錯,咎不在我。果至沒辦法時,似仍須請兄懇求李司令官撥車一法較為宜截也。專此布復,即請大安　佇候回玉　　弟李炳南頓　五月廿一日 魯泉、純潔、恩亭諸兄前同此請安 [1]

五月二十八日,府務委員會主任孔令儁,致函司令部處長、軍長、天主堂主教等,借車、借地,將禮樂器運移兗州天主堂寄放。

〈孔府檔案 8929〉:作民仁兄處長勛鑒:敝府禮樂器擬運京保存一事,火車迄未要到,以致至今尚未起運。茲謠傳大股奸匪竄至泰安一帶,人心異常恐慌。為安全計,茲擬將此項物品運兗,交天主堂暫為保存,并請我兄向司令官代陳,允為存放為荷。特此奉託,并請勛安　　弟孔令儁頓首　靈叔(章)　五月廿八日 軍長霍鈞鑒:違訓多日,仰慕實殷。敝府禮樂器擬運京

---

[1] 李炳南:〈致孔令儁函〉(手稿)(1948 年 5 月 21 日),【孔府檔案第 9013 號】,曲阜:孔子博物館提供。

保存，尚未辦到。茲聞奸匪竄到泰安一帶，曲阜人心異常恐慌。為保護古物安全起見，擬將此項物品運兗州天主堂暫為保存，并請鈞座借給汽車一用為禱。特此敬請
鈞安　　　　孔令儁頓首　靈叔（章）　五月廿八日
主教鈞鑒：違教多日，仰念實深。啟者，敝府存有古代禮樂器多種，擬運京保存。因火車尚未辦妥，至今尚未運出。頃謠傳匪人有竄泰安附近說，以致人心不安。為求安全計，擬將此物運兗暫為保存，一俟火車交涉妥當，仍行運京。惟兗地房屋不易尋覓，敢請貴主教借給房屋兩間，以資保存。可否？祈示知為盼。特此敬請
勛安　　　　孔令儁頓首　靈叔（章）　五月廿八日[1]

五月三十一日，孔令儁由兗回，當日下午仍乘運物車赴兗。[2]

六月一日，孔德成先生電請滋陽縣李縣長、山東省主席王耀武等，託請妥為保護暫置兗州天主堂之孔府珍貴文物。
〈孔府檔案8929〉：滋陽李縣長勛鑒：查近來時局日益惡化，本府所存古代禮樂器，運兗天主堂暫為保存，待機移京，并在兗城內設辦事處，以策安全。除分電外，相應電請貴縣長查照，轉飭警局妥為保護，并希見復為荷。
　　　　大成至聖奉祀官孔德成　巳東　祀祕印

---

[1] 〈孔府檔案8929〉，《孔府檔案選編》，頁734。
[2] 〈孔府檔案8929〉，《孔府檔案選編》，頁735。

1948 年・民國 37 年 ｜ 59 歲

山東省政府王主席、兗州李司令長官、山東省第一區戴專員勳鑒：查近來時局，云云。相應電請貴主席、長官、專員查照。轉飭滋陽飭屬保護為荷。

大成至聖奉祀官孔德成　巳東　祀祕印[1]

【案】電報文日期，月以天干代，日以韻目代。巳東＝六月一日。

六月十一日，曲阜失守。

六月十九日，如岑法師來信，欣知還都蓮友於南京成立正因蓮社，對蓮社取名甚表讚賞。法師對遠道函求皈依者，除非純正緇素介紹，甚少攝受。因信賴炳南先生，故特允准。囑咐轉交皈依證，並請代為詳說翻邪三皈，戒善因果，佛法大意，淨宗要旨，以及依行之功德，違犯之過失。

〈如岑法師來函〉：炳南大居士淨鑒。前接陳法青書，今又接惠書，知閣下暨還都社友，在京同出淨資，創立正因蓮社，以弘法化，無任欣樂。「正因」二字，圓該淨業三種勝福，十一妙行。約機則九界齊收，約教則五乘共攝。再以閣下之妙辨，開淨業之真詮。普使預社諸賢，咸生正信，同發道心，顧名以思義，由因而充果，可謂識法要、知機宜，且能行難能之事者也。尤深慶快。

岑庸劣無狀，忝列僧倫，雖出家卅六年，于受用一毫未

---

1 〈孔府檔案 8929〉，《孔府檔案選編》，頁 734-735。

得。良謬承各方蓮友,垂商有關淨業之函件日多,明知答不副問,而又不能不隨供愚忱,由是瑣務益增,精力益乏也。至於皈依一事,曩嘗陳之,第年來時聞諸方,花樣百出,如居士著祖衣、(據律,居士不唯禁著祖衣,除縵衣外,五七二衣,均在禁。惜晚近知識,多不肯正訛。故使好心學佛之士,亦誤蹈其弊而不自知也)登高座講經,放燄口、趕經懺,為人授皈戒、取法名,及同僧受供養,同受四眾佛徒禮拜,乃至說神道鬼者。有原係邪教徒,因懼政府干禁,托歸佛教為護符,自行教他仍是外道者。凡此類,皆于教于人有損無益。岑既不能弘法利生,豈更助邪破正?故凡遠道函求皈依者,除有知見純正之緇素介紹外,餘則甚少攝受也。

今承介紹貴社諸仁者皈依于岑,想高潔如閣下可以類知。故循雅意,遂取法名,并將皈證填寄請煩轉交。尤望代岑詳說翻邪三皈,戒善因果,佛法大意,淨宗要旨,以及依行之功德,違犯之過失等,則感荷無盡矣。又雖曰皈依岑,實則皈依十方常住一切聖凡等僧,以及一切三寶,岑只代表現前僧,及證盟其人皈依三寶耳。故凡三皈信士,對一切僧寶,均應恭敬,非如世人之投師學藝然也。此語岑常向皈依者說,今亦請轉說之。

寄來香儀全二百五十萬元收下,概作請經像以應各方索者之用,俾增益閣下暨諸位居士之功德也。深夜匆草,幸宥不恭。即頌淨祺　　　　六月十九日　如岑謹復[1]

---

[1] 見:《淨宗》第6/7期合刊;收見黃夏年主編:《民國佛教期刊文獻集成》第56卷,頁72。

1948 年・民國 37 年｜59 歲

【案】是函著年不詳，炳南先生於典禮結束後回函報告稱：「擇夏曆六月十九日，舉行典禮。緣是日恭逢觀世音菩薩成道吉辰，又為星期假日。」（〈函如岑法師書〉，見 1948 年 7 月 25 日文）先生在南京期間，僅一九四八年之夏曆六月十九日，為週日。

七月一日，國共兩軍於兗州激戰。十四日，共軍攻占兗州，國軍師長霍守義被俘。先生慨歎爭戰不寧，有〈兗州久圍不解亦同昌濰之役援軍不前〉：

古兗城邊戰血腥，昌濰恨事舊曾經；誰能衣錦不還里，枉信乞師須哭庭。日落荒原車跡亂，風悲隘巷劍鋒青；蒼生安得魯連箭，一射狼煙歸息寧。（《雪廬詩集》，頁 239）

孔府存放於兗州天主教堂之珍貴文物，旋被解放軍收繳。幾度輾轉移運後，於一九五五年重回曲阜。

孟繼新：〈末代衍聖公孔德成〉：一九四八年六月十一日，中國人民解放軍解放曲阜。一九四八年，兗州解放，七月十三日解放軍查獲法國天主教堂的這批物品，經查實屬孔府所有。為安全起見，將其中二十多箱貴重文物，如「十貢」、「五貢」等，用大馬車運往東部老根據地，其餘運回孔府。不久，山東省人民政府派張雲天、路大荒、李季陶等專家陸續對這些文物進行鑒定，曲阜縣文教科科長王新台派人協助清點，並進行造冊登記。濟南解放後，又將這二十多箱文物運往濟南。

553

抗美援朝戰火燃起後，為保障安全，將這批文物又保藏在千佛山石洞中，直到一九五五年才又重新運回曲阜。[1]

七月二十五日，夏曆六月十九日，觀音菩薩成道吉日。先生於接獲如岑法師寄來皈依證後，先請各皈依弟子自行禮佛，恭擇於是日舉行典禮。儀式禮節，悉遵皈依證後所示辦理。先生於二十八日回函說明，其在蓮社演講均仿學校教室方式，並著便服，以明確區別於僧侶法師。

〈函如岑法師書〉：如公大師猊座：第一函逾五日奉到，均焚香頂禮。遂通知各皈依弟子，先期自行禮佛。即擇夏曆六月十九日，舉行典禮。緣是日恭逢觀世音菩薩成道吉辰，又為星期例假，此與證後指定齋日少事通融。非敢善變成規，以是日到社人多，藉可隨喜聽講也。除先稱述座下門風，及發給證書傳鈔偈訓，並代講翻邪三皈律義外，其餘禮節，悉遵證後儀式辦理。受者喜歡，觀者贊歎，莫不西瞻，遙為膜拜。

惠賜《思歸集》，俟寄到時，再行分送。各弟子所出供養，數本極微，反而全部捐出，為其大培功德。慈悲喜捨，俱臻無量，銘感厚恩，非言可表。惟是印刷證書，航空郵寄，一切開銷，所費甚鉅。若聽座下賠墊，吾等心豈能安？謹再奉上法幣貳百萬元，聊佐郵寄彌補。務懇慈悲俯納。

正因蓮社取名，確屬有感而發。因鑑今日魔外繁興，依

---

[1] 孟繼新：〈末代衍聖公孔德成〉，《中國孔子網》。

附佛法，欺世惑眾。縱非外道，亦多不遵教律，僭分胡為，等同魔眾。凡此之類，要求入社，為慈憫不捨，故姑允加入。但須至心翻邪，踐真因地。社中作風，不惟不許夾雜魔外，即他宗方法，亦暫不涉及，恐碍專一。至於座下贊許，實則未敢承當。

此次介紹諸眾，皆為真心虔脩之士。其中于文華、王萬鍾、朱錦庭、翁慕蓮四人，品學兼優，俱具菩薩種性，將來深造，可任弘揚。弟子在社講演，（向不敢稱開示。無論講經講演，均仿學校教室方式，旁懸黑板，大眾向板坐聽，一概著便服。惟二課起香禮佛，暫著海青縵衣。）雖態度謙抑，語每取諸深刻，辭闢魔外，尤不假借。誠以人命呼吸，時局阽危，至懼蹉跎光陰也。座下所慮，正與下懷相同，決無為魔利用之理。受戒之舉，容假時日考查，方敢啟求。尊囑淨宗月刊徵稿，自當在意。備稿往投，均祈釋注，謹此復謝。恭叩慈安，諸維慧照。　　　弟子李炳南和南　七月二十八日[1]

夏，友人徐昌齡陪同在上海配置眼鏡。途中見有兩路人發生衝突即將動武，先生挺身為之排解。

徐昌齡，〈故舊來函〉：卅七年夏陪同炳老在滬上茂昌眼鏡公司，配置眼鏡，事畢出門，見兩凶悍幾將動

---

1 李炳南：〈函如岑法師書〉，《淨宗》第 8/9 期合刊（1948 年 12 月 1 日）；今收入黃夏年主編：《民國佛教期刊文獻集成》第 56 卷，頁 88。原刊篇首漏略十餘字，依《明倫》第 405 期（2010 年 6 月）轉載補。

武，炳老稍費唇舌，使其頓悟因果道理，煙消雲散，炳老之博愛偉大精神，所到之處，即可獲得恩惠。[1]

夏，常至江邊湖邊，或觀水、觀湖，或送客，或放生。有詩：〈落花〉、〈江上觀水〉、〈遊玄武湖〉、〈有以時尚文導我者作此謝之〉、〈雞鳴寺憑眺玄武湖〉、〈華筵〉、〈王氣〉。（《雪廬詩集》，頁223-227）

〈落花〉：渡口紅飛去，飄颻鬥夕陽；平明風雨過，昨日蜨蜂忙。馬背懶舒眼，樓頭空斷腸；春歸多少恨，逐水煥文章。

〈江上觀水〉：君看眼前水，竟無一滴存。西從天際來，還向東天噴。來去不相續，中間豈留痕。胡為抽刀斷，斷空真戲論。我愁亦如是，細覓安有源。忽焉若心悟，逍遙臥北軒。東坡乃辭人，水月非知言。解則當下解，辯則語徒繁。

〈遊玄武湖〉：涼颼滿衣襟，潚渤椊綠水。彩虹橫舟前，飛橋崚嶒起。倒影漣漪中，交光月相似。洞天三十六，或者一於此。長荇翠帶拖，挽之入其裏。汀洲籠淡煙，花竹連芳芷。菡萏紅深處，香風吹數里。時聞嬌歌來，不為采蓮子。南國尚麗辭，管絃託仙史。夕陽山漸暝，欲作桃源止。

〈有以時尚文導我者作此謝之〉：貧且不折腰，文胡求媚時。情發聲自吐，悠悠寫所思。但能紓真蘊，不

---

[1] 徐昌齡：〈故舊來函〉，《明倫》第164期（1986年4/5月合刊）。

甚修其辭。譽至從未喜，毀來何有悲。濠上觀魚躍，任人昧與知。知則相視笑，皓月印清池。昧則顧言他，佯狂或白癡。日月異冷暖，辯爭無可為。

〈雞鳴寺憑眺玄武湖〉：此地何瀟灑，湖山似濟南。荷葉田田柳毿毿，眾峰繞郭青且藍。招提憑陵雉堞上，秀色千里眼中涵。故鄉城北雙峰峙，鵲華蒼蒼鎖煙水。亦有古剎聳城頭，鐘聲遠度荷花裏。江南好，濟南好，為客不如歸去早。如何不歸去？煙塵未靖掃。都門醉笙歌，胡馬牧秋草。恨悠悠，思悠悠，湖山不與人共愁。俯仰六代杳春夢，波還漲綠雲還留。嗚呼！不知此地明年荷生日，書劍天涯何處遊。

〈華筵〉：美酒高樓杯各傾，余來宛若定中僧；偶逢絃管隨緣戲，別有林丘得意朋。剡縣山川餐秀麗，敬亭雲鳥看飛騰；群賢醒醉歡譁裏，十二闌干獨去憑。

〈王氣〉：江山還是舊，王氣幾時收；六代昨宵夢，孤帆今日遊。看誰護新鼎，出類障中流；運祚從何定，乾坤一箸籌。

八月十一日，七夕。內亂不止，去留皆難，有詩〈七夕習俗盒藏蜘蛛觀其結網以兆乞巧〉。後又有〈思蜀〉、〈鬱金堂〉、〈有詩〉、〈杞憂〉五首：〈毒草〉、〈美人〉、〈依人〉、〈焚坑〉、〈壟斷〉。（《雪廬詩集》，頁229-233）

〈七夕習俗盒藏蜘蛛觀其結網以兆乞巧〉：瓜果庭前風露多，七襄今夕已停梭。盒中惟有蜘蛛巧，暗向人

間織網羅。

〈思蜀〉：檻外斜陽鎖畫舸，西江如縠漲春波。此間雖樂仍思蜀，巴水巴山舊雨多。

〈鬱金堂〉：居人指點鬱金堂，海燕巢空徑草荒。時有莫愁湖水外，飛來柳絮作顛狂。

〈有詩〉：還京錯擬愁消盡，今日如何尚有詩。試上高臺看北斗，秋風吹鬢又凋絲。

〈杞憂〉五首：

〈毒草〉：胡人採毒草，求售誇返魂。狂童惑其誘，拱手招玉門。敢嘗號時彥，或卻譏老昏。飲之何所愈，夜氣從不存。風聲殺為貴，骨肉讎無恩。好怪自有述，囂囂難與論。寧非皇極盡，混沌沒乾坤。

〈美人〉：西方有美人，麗質多窈窕。雪胸大珠垂，玉腕寶鑽繞。笑語出朱樓，花枝囀黃鳥。共結海山盟，歡娛忘昏曉。北鄰輕薄兒，莠言來相挑。雲雨或翻覆，恩怨難自了。恐負白頭期，前途各杳杳。

〈依人〉：弱邦難自立，事楚還事秦。事之寧得保，腆顏徒苦辛。秦風不重義，楚習多逡巡。風謠合謀我，類異非交親。處危有效死，雖屈仍可申。苟能制時機，何必依於人。百里與七十，天下皆歸仁。況今一四海，廣土偕眾民。

〈焚坑〉：天性蘊彝倫，發之自成序。聖人順其然，尋繹為經語。萬物秉皆同，靜觀等胞與。此中有梟獍，不共群生侶。縱恣倡焚坑，梟比先贊許。真性沉九淵，詩書付一炬。移俗趨顛狂，枉民失措舉。六朝舊宮闕，恐

見茂禾黍。元首誠睿明，輔弼非心膂。

〈壟斷〉：草木生自茂，何勞日移栽。揠苗助之長，適所戕其材。民食由官配，黃金歸庫財。猾伯乘壟斷，騷然成巨災。嘉禾秀雙穗，餓殍填塵埃。隔江望強敵，秣礪屯燕臺。問我恃何戰，邦本正虺隤。孔桑古所詬，今日嗟爾才。

八月十二日，如岑法師函復，感謝代為開導。並讚賞演講說法謙抑善巧，可離過失遠譏嫌。

　　　如岑法師，〈復南京李炳南居士書〉：炳南大居士淨鑒：惠書接悉。承代開導感甚。皈證後之期。係就一般而定。貴處于觀音成道節舉行。彌覺至當。所稱于朱王翁四人之品學兼優。將來可以弘揚佛法云云。斯固岑之厚望也。閣下為眾講經。均仿學校方式。是則既謙抑。又善巧。且離過遠譏。協符佛制。故聽眾皆服閣下之德，而樂于受閣下之教也。前託一西法師代寄之書。想已收到。西師來函謂此書由伊奉贈。故岑將繼匯之二百萬元。轉捐該社。助印印公文鈔選讀本。以廣閣下等之功德也。皈依諸人來函已收到。唯若無暇作復。尚冀閣下隨時代岑開導之。則感激直同身受矣。匆此草復。並頌道祺　　　蓮友如岑謹復　八月十二日 [1]

---

1. 釋如岑：〈復南京李炳南居士書〉，《淨宗》第 8/9 期合刊（1948 年 12 月 1 日）；今收入黃夏年主編：《民國佛教期刊文獻集成》第 56 卷，頁 88-89。《明倫》第 68 期（1977 年 11 月 20 日）轉載。

九月十五日,共軍陳毅部大舉進攻濟南,國軍退出長清齊河。二十一日,共軍攻入濟南永固門。二十二日,共軍占濟南商埠。二十四日,共軍攻入濟南城內。守軍約七萬人被俘或傷亡,山東省政府主席王耀武突圍。二十六日,共軍攻占濟南城外之千佛山四里山,山東省政府主席王耀武被俘。先生有〈聞濟南失陷〉詩三首,慚愧未能與家人共患難。此後三十餘年,與家人音訊斷絕。(《雪廬詩集》,頁240)

〈聞濟南失陷〉三首:
徒抱靈筠恨,難求子貢才;遙瞻墳墓國,高築髑髏臺。
心欲凌風去,人方呵壁來;天閽無處叩,黯黯障塵埃。
增我離憂淚,天涯多問書;曾傳墮城郭,復敢卜田廬。
南北途猶梗,災祥語或虛;殷勤謝友好,持此報瓊琚。
何事棄家去,戚休慚未同;秋襟兩行淚,客路一衰翁。
骨肉狼煙外,興亡蝶夢中;江天多雁字,為我日書空。

李俊龍,〈回憶父親〉:一九四八年秋,戰爭迫近濟南,從那時起音訊斷絕,每到年節的時候,總是想起父親的言語、容貌,但不知其是否尚在人間,渴望思念之情,往往淚下。

【案】直至一九八〇年七月三十一日,先生往生前六年,才輾轉聯繫上濟南家人。然終究未能重逢。

九月十七日,中秋節,有詩〈中秋夜陰雨〉。前後又有:〈秋月〉、〈山寺〉、〈山僧〉二首、〈未識〉、〈登鍾山〉、〈紅葉經籤歌〉、〈與友人論詩〉、〈新體詩〉、

〈時宜〉、〈庭有高樹〉、〈白杜鵑花〉。(《雪廬詩集》,頁233-238)

〈秋月〉:四十年間萬里遊,家山客路不同秋;只為天邊有雙月,一輪瀟灑一輪愁。

〈中秋夜陰雨〉:中秋興減雨絲絲,孤負人間仰望時;安得長飆剪刀利,快然揭去障天帷。

〈山寺〉:愛往破山寺,[1] 閑參無字禪;群峰遮去鳥,眾壑納飛泉。虎起鳴當路,僧來笑仰天;溪橋分手處,野竹綠搖煙。

〈山僧〉二首:

山衲威儀短,談經謝少聞;朝擔一肩水,夜臥半床雲。
體貌得醇樸,歡言無飾文;茅庵坐諷誦,花雨自紛紛。

歸來收杖笠,煨芋說因緣;常捨缽中飯,不言囊底錢。
心儀薄朱戶,身愧累青氈;何貴通三藏,滔滔峽水懸。

〈未識〉:未識誰先天下憂,書生何事廣交遊;聯吟自有松三徑,對酌常延月一樓。烽火邊疆思猛士,蜩螗國步誤時流;弦高燭武同遺野,我亦草茅空白頭。

〈登鍾山〉:出門何所適,遠上紫金山;我意在懷古,徘徊二陵間。王興五百載,抗禮無愧顏;西顧告軒皇,吾州賴重還。松杉蒼鬱鬱,裙屐來閑閑;下瞰千雉堞,石城廣且彎。煙塵暗冀北,搔首思鄉關;江水若衣

---

[1] 《雪廬詩集》作「愛『往』破山寺」。《雪廬老人題畫遺墨》中題贈宏慈法師與許祖成(頁58、62)則分別作「愛『住』破山寺」與「愛『往』破山寺」。

帶,誰同濟時艱。

〈紅葉經籤歌〉:灞橋風雪驢子背,扁舟春晴柳塘內;詩思半從畫境生,畫境先在心中繢。好看紅葉傍晚山,騷人似亦為詩愛;我今不遊倚虛窗,夜誦靜對琉璃釭。緗縹數翻紅葉墜,咫尺風霜冷吳江;脈絡雖乾色仍豔,欲為佛綴珊瑚幢。昔年巴蜀棲巖壑,丹楓秋曉檐際落;拾取戲當書中籤,聊助讀誦無舛錯。巾笥載濤遠攜來,林邱煙霞恍如昨;良宵忽逢梵筴間,鑪檀初爇人掩關。畫歟詩歟境皆絕,別有感觸心安閒;乾坤巨冊身片葉,同是一寄輸朱顏。我曾戲君誰戲我,世上知經幾劫火;徼幸結伴俱有依,悟機何妨自印可。開門霜葉月中飛,砰湃隨風右復左。

〈與友人論詩〉:字句何能避古人,抒情摭景不同塵;恆沙世界恆沙境,日日吟詩總是新。

〈新體詩〉:年來脫卻漢衣冠,胡服裝成愛自看;在我非新他是舊,原無創作學邯鄲。

〈時宜〉:時宜本是時髦事,涇渭何妨各自流;有遇盜泉甘不飲,任君騎鶴上揚州。

〈庭有高樹〉:庭中有高樹,枝葉覆比鄰;綠陰障炎日,下坐乘涼人。秋霜凋黃葉,叟婦隔牆瞋;急趨致歉意,持帚為埽塵。寒夜勁風起,折枝墜其垠;倉皇向之謝,彼已作炊薪。笑言物有主,乃在其地陳;世情似雲巧,變幻何太頻。喜怒誰使然,草木竟通神。(俗有錢能通神之諺)

〈白杜鵑花〉:喪家亡國何招魂,化作鵑鳥啼黃

昏；啼血灑地變草木，花開斑爛殷血痕。亦雜數株白於雪，乃是冷淚成冰結；此中飲恨知多少，請君試問九州鐵。

十月十一日，重九，有〈重九懷人〉、〈重陽戲以菊插帽〉。前後有：〈花影〉、〈送友人歸川〉、〈江干放生〉、〈拙懶〉、〈南樓秋思〉、〈憶濟南七二泉〉、〈秦淮河〉、〈訪僧〉。（《雪廬詩集》，頁 227-229）

〈重九懷人〉：來時有約菊花開，菊已開時人未來；時正重陽詩正健，菊盈紗帽酒盈杯。

〈重陽戲以菊插帽〉：蕭齋何事過重陽，折得籬邊菊有香；插帽元非能壓我，讓他去傲鬢毛霜。

〈花影〉：隔牖舞娑婆，撩人情已多；露風飽幾許，香色豔如何。淡淡詩中畫，悠悠水上波；還應佇軒外，月下看姮娥。

〈送友人歸川〉：風正揚帆好，江邊獨立遲；川東十年別，白下數行詩。落月峽猿淚，秋燈瀘酒卮；那堪回首話，姑負喚鵑時。

〈江干放生〉：江濤天際接茫茫，今幸贖君還故鄉；快向龍門離網罟，莫來人世作羹湯。騰雲應沛乾時雨，蟄處須扶逆水航；仗此因緣歸八部，經筵好去護空王。

〈拙懶〉：垂老世還亂，未能返舊林；筆耕博食粟，惄惄違素心。幸得主人賢，言歡共披襟；相憐拙且懶，從不課苔岑。自問何所好？無以宣其忱；偶酌參寥

酒，時眠五柳琴。（參寥不酒，代以棗湯。）

〈南樓秋思〉：秋日晴且爽，登樓看遠山。天青吞江樹，時有雁北還。涼颭滿襟袖，悠然念鄉關。驛路連河水，迢迢千百彎。山雲疊峰起，變幻長空間。飄飄有來去，態比客心閒。

〈憶濟南七二泉〉：江澄色仍濁，泉流波更清；瀟灑濟南地，甘泉七二名。我遊數萬里，曾見百都城；此中無偏好，淨潔難與爭。玉壺瀹新茶，惜之不濯纓；今飲建業水，悠悠故鄉情。

〈秦淮河〉：衰柳含煙籠畫舸，秦淮絲管夜來歌；月鉤雲幕情天下，人與國魂銷幾多。

〈訪僧〉：人若黃花心若冰，好過蕭寺訪高僧；相逢不必專談道，半盞清茶斷葛藤。

十月十八日起，應慈法師在南京中山南路鐵作坊開講六十卷《華嚴經》。每日下午講一個半小時，持續一年。聽眾常有四、五百人。先生與董正之俱為法筵常客。

沈去疾，《應慈法師年譜》：（1948年）十月十八日，（應慈法師）依南京傅近秋、周尚等人請，赴寧主持南京華嚴法會。開講晉譯六十卷《華嚴》。會址定在南京普照寺，後改在中山南路六十一號。講經法會規模盛大，歷時一年。應慈法師〈致妙莊居士書〉自述：「此番京內一年之中，華嚴法會為千百年來希有道場。……而我以三百六十日未曾間隔一天。除大座兩小

時外,每日三時坐香亦未間斷,而毫無疲倦。」[1]

賴學輝,《興教與傳宗:民國華嚴僧教育的發展與困境》:一九四八年,南京傅近秋、周慧叢等居士發起「華嚴法會」,于南京中山南路鐵作坊設立華嚴講堂,請應慈前往主講《六十華嚴》。應慈於是在此附設「華嚴師範學堂」,從一九四八年十月至次年十月,歷時僅僅一年的時間。應慈法師是我國歷史唯一一位宏講過三譯《華嚴經》的法師。[2]

董正之,〈無盡的追思——永懷雪公恩師〉:應慈老法師講經地址在南京市鐵作坊。我於三十七年秋,立院第二會期,行憲伊始,立院伏案頗少,除每周二、五例會外,各委員會,上下午都無會,因此,我每日下午均到鐵作坊聽經;道場不是一座佛寺,而是一所工廠改裝而成的簡陋佛堂,然每次講經儀式,則莊嚴隆重,先唱華嚴字母半小時,並接唱開經偈,然後應老升座,開始講經。時間達一個半小時,然後下座,聽眾四、五百人,有的坐椅,有的坐蒲團,雪公每於法師升座及下座後,迴向時間頂禮如儀,一襲長衫,道貌岸然,引起我的關切、注意,印象十分深刻。不過,大家肅靜每於經筵散後,仍舊遵守秩序,不致紊亂,似非今日聽經嘈雜情況可比,自然我與雪公互通姓名機緣,延至來臺以

---

1 沈去疾:《應慈法師年譜》(上海:華東師範大學出版社,1990年6月),頁 55-57。

2 賴學輝:《興教與傳宗:民國華嚴僧教育的發展與困境》(上海大學歷史學系碩士論文,2017年6月),頁 86。

後，方達目的，可想而知。[1]

【案】董正之（1910-1989），名正，字正之，以字行。遼寧省瀋陽市人，出身佛教家庭，一九四七年當選立法委員後以言護國，以身衛道，炳南先生在臺推展佛教弘化與有力焉。（小傳見1949年譜文）

【小傳】應慈法師（1873-1965），安徽歙縣人，俗姓余，字顯親，自號華嚴座主。中年披剃，一九〇〇年，應慈乞戒於寄禪和尚座下，後又隨鎮江金山寺的大定和尚習禪。一九〇三年秋，奉師命到常州開寧寺參謁冶開禪師，得冶開法師器重，於一九〇四年與明鏡、月霞、惟寬一起被冶開法師引為入室弟子，受記為臨濟宗第四十二世。其後，又隨法兄月霞法師參研《華嚴》奧義，敬事如師，歷十二寒暑，始終不懈。月霞法師在上海創辦華嚴大學時，充任副手，襄助其事。一九一七年，月霞法師示寂前，嘗握其手，囑咐道：「善弘《華嚴》，莫作方丈。」從此一生恪守法兄遺訓，未嘗少改，雲遊海內，廣宣《華嚴》為業。據不完全統計，從一九〇八年開始，到一九五八年為止，他共講經三十餘次。並且分別於常州、南京、上海等地興建華嚴速成師範學院、清涼學院、華嚴學院，培育弘法人才。但始終不曾擔任住持之職。

一九四九年後，歷任上海佛教協會名譽會長、中國

---

1 董正之：〈無盡的追思——永懷 雪公恩師（上）〉，《明倫》第167期（1986年8/9月合刊）。

佛教協會副會長、名譽會長,中國佛學院副院長。一九五七年,以八十五歲高齡,在上海玉佛寺講《華嚴經》全部。一九六五年八月三十一日捨報於上海慈雲寺,世壽九十三歲,僧臘六十七年。

十一月八日,徐州會戰起。二十九日,徐州剿匪總司令劉峙移駐蚌埠。三十日,徐州國軍撤出。十二月三日,共軍占領徐州。十二月十六日,被共軍圍困於宿縣雙堆集之國軍第十二兵團之一部,由軍長胡璉率領突出,南路之李延年兵團退回蚌埠,北路之杜聿明部被困於永城東北青龍集,蚌宿會戰告一段落。

十二月二十六日,被困於永城附近之杜聿明、邱清泉、李彌部接濟斷絕。先生有詩〈徐蚌之圍〉,又有〈雜詠〉五首:(《雪廬詩集》,頁240)

〈徐蚌之圍〉:自環屏藩盡,南都計大非;只憑江塞險,欲障敵軍飛。謀慮老成去,風沙殘騎歸;千村化烽火,有淚不勝揮。

〈雜詠〉五首:

宇宙茫茫似鼎翻,避秦無處覓桃源;蘭臺慣作王侯紀,不信史官解立言。

憐他應手總猶疑,不待局終機已知;試看全盤投子處,從無一著是生碁。

已覺行藏與世疏,華顛未肯臥江湖;休辭瓢水難為用,也灌階墀寸草蘇。

> 青蓮花下禮金顏，妙法宣揚出世間；莫笑茅庵如斗大，終勝聚石虎丘山。
> 還留藕孔遁脩羅，天上人間洗劍戈；但使太平安宇宙，故停追逐示恩波。

十二月二十七日，南京連日積極疏散公教人員眷屬。

是月，胡適、毛子水、錢思亮、英千里、梅貽琦、袁同禮等著名學人被分批從北平接到南京。

是年冬至次年春，屈萬里負責挑選南京中央圖書館藏宋元舊槧運往臺灣。屈萬里亦從此與家人音訊斷絕。

> 屈世鐸，〈懷念敬愛的爸爸〉：一九四八年九月至一九四九年的三月，是我和二弟在蕪湖灣沚魯四臨中學校時期。那時國內形勢緊張，我心萬分不安。是跟隨爸爸？還是隨學校流動？就在捉摸不安的時刻，於一九四九年一月，專程去請教爸爸（在南京國立中央圖書館）。推開門，見老人家正緊張地整理書籍等物，準備往臺灣發運。我是深知老人的性格的，他那真摯的事業感，一心為公的天性。任何重大私事，都不能干擾他所擔負的公事。所以我只叫了聲：爸爸！便找個不礙事的空座坐下。大約十幾分鐘，爸爸辦完了急辦的事，才轉身向我教導：「我最近要隨一批發往臺灣的東西前去。是否還回來不敢說，你們（我和二弟）不能跟我去，要好好學習，忠厚待人，不能依靠別人生活，必

1948 年・民國 37 年 | 59 歲

須自食其力。」說著拿出一筆錢（記不清數字，只記得夠我二人一個月的生活費）交給我，叮囑說：「在任何情況下，任何時候都要儉樸，回校吧！我還有很多事待辦。」就這樣總共不到半小時，就和敬愛的爸爸分別了。按人間常情，在這種情況下，除非是戰火紛飛的前線以外，公事都應當向私事讓一讓步，可是爸爸不那樣說，更不那樣做。他常說：天大的私事，都是小事；再小的公事，也是大事。我也習慣了爸爸對公私問題的處理方法，所以也很自然的辭別了嚴肅可親的爸爸。[1]

中央圖書館、中央博物院、中央研究院、外交部、故宮等各機關文物三次運遷臺灣。

宋秉樺，〈國寶遷臺：故宮文物分批運抵臺灣〉：一九四八年十二月二十二日，在海軍總司令桂永清協助下，海軍登陸艇中鼎號裝運故宮 320 箱、中央博物院籌備處（下稱中博籌備處）212 箱、中央圖書館（下稱央圖）60 箱、中央研究院（下稱中研院）120 箱及外交部 60 箱之文物、圖書與檔案，駛離南京下關碼頭航向基隆，正式展開國寶遷臺的旅程。這是第一批運臺文物，包含故宮鎮館之寶「毛公鼎」，以及「莽衡權」等珍貴文物。

第二批文物遷運，洽招商局租用海滬輪遷運，在三十八

---

[1] 山東省圖書館、魚臺縣政協編：《屈萬里書信集・紀念文集》（濟南：齊魯書社，2002 年 9 月），頁 393-395。

年一月九日抵達基隆。此次文物包括故宮《四庫全書》及《四庫薈要》，宋元瓷品、銅品等珍貴圖書文物，以及中博籌備處、中研院、央圖與北平圖書館等文物、圖書，共約3484箱，是數量最多的一次。

第三批文物遷運工作，再請桂永清協助派遣崑崙號支援。但船艙空間有限，除中博籌備處150箱全部裝載外，故宮及央圖僅能分別裝入972箱及122箱。故宮及央圖無法上船的700餘箱文物，只能運回南京朝天宮存放。一月三十日，崑崙號啟航，二月二十二日才抵基隆，是三批文物耗時最久的一次。

自一九四八年十二月二十二日至一九四九年二月二十二日，故宮等六個機關文物分三批從南京運抵臺灣，除中研院歷史語言研究所文物暫存楊梅及外交部檔案運往臺北交還外交部外，餘皆存於臺中糖廠倉庫，總計故宮2972箱、中博籌備處852箱、央圖644箱及北平圖書館18箱，共4886箱。[1]

十二月，先生接到奉祀官孔德成先生指示，為遷移臺灣作準備。電請臺灣省政府，於臺中市代為覓屋或租地。[2] 數日

---

1 宋秉樺：〈國寶遷臺：故宮文物分批運抵臺灣〉，《檔案樂活情報》第 139 期（2019 年 2 月 16 日），https://www.archives.gov.tw/ALohas/ALohasColumn.aspx?c=1817#news1（2021 年 12 月 5 日讀取）

2 「為孔奉祀官臺中住所已電飭該市府代覓」（1948 年 12 月 31 日），〈中央要員來臺覓屋租地案〉，《臺灣省政府》，國家發展委員會檔案管理局藏，檔號：A375000000A/0038/0017.1/0040/0001/ 013。

1948 年・民國 37 年 | 59 歲

後，獲臺灣省政府通知，已於臺中為奉祀官覓得住所。[1]

在京三年，成詩一百七十六題，二百二十一首，輯為《還京草》。整裝將發時，又發現舊稿一束，計五十五題，六十二首。創作時地或有失記者，無類可歸，編為《發陳別錄》，有〈小引〉：

> 徐蚌之戰敗績，謀遷都。余擬浮海，將發整裝，得陳稿一束，無次。有能記其時地者，有不能憶及者，讀之不盡可棄；編之無類可歸。然昔既發乎鳴，自必有所感；俛仰縈迴，尚隱約浮影象。為其鴻雪，接目猶可寒燠；愧心有助殷鑑，故別錄以收之。難辨先後，雜列以存之。惟於其前也，何以茫然久遺？於其今也，何以突如其來？無乃雕蟲小品，亦應乎數也耶？嗟乎！夫前之遺，有似余之寡恩；而今之來，有似彼之多情。如是，則工乎拙乎又安忍復計之哉！竊聞之：「冬之月，曰閉藏；春之月，曰發陳。」臨發而得陳，意有近之。故名此一束，曰發陳別錄。發陳者，起元也，或兆乎吉。

（《雪廬詩集》，頁 249-250；《圖冊》，1948 年圖 9）

【案】《發陳別錄》為《雪廬詩集》中第四編（頁 251-272）。少數幾首可考知時地，已繫入各年。餘各首，或有寫手植園藝，不僅娛情且可寬慰異鄉客；也

---

1 「為孔奉祀官臺中住宅已代覓得一所電請轉知由」（1949 年 2 月 3 日），〈中央要員來臺覓屋租地案〉，《臺灣省政府》，國家發展委員會檔案管理局，檔號：A375000000A/0038/0017.1/0040/0001/ 015。

有記遊；也有道作詩苦辛，以及訴離鄉心情者。擇錄數首如下：

〈我有〉：我有嬌妻妾，數盆花與蘭；時佇芳徑賞，或憑綠窗看。我癡未遭瞋，貧賤也能安；柴米油鹽事，心同不相干。每逢東鄰子，總見眉雙攢；問君胡為爾，言失閨人歡。始知客中樂，坦坦胸襟寬；忽驚似淚者，翠袖晨倚闌。趨前啞然笑，珠露霑花團。

〈蓺蘭〉二首：
園荒擇隙開新井，日午升高架竹棚；誰解王侯萬鍾祿，不如蘭蕙一盆清。
灌盆鋤土不知忙，看過清晨看夕陽；數遍多情惟草木，逗人憂喜似顛狂。

〈盆樹〉：柳榕松柏皆喬木，斗室盆盆一尺奇；欲戲乾坤藏芥子，元非材大不逢時。

〈供蘭〉：素萼一莖秋有痕，蕭齋書架紫砂盆；詩箋三兩明朝約，風月任情先到門。

〈黃河踏冰歌〉：大堤樹鳴風滿天，捲地灑空沙似煙。抽刀斷流截水住，萬里竟鑄銀作川。鵲華夾岸象牛女，疑是媧補成其緣。九霄飛步可直上，槎使誰復追張騫。君能從，攜手前，兜率內院求金仙。昔日公無渡，來朝亦徒然。丈夫識在時機先，蹉跎恐被春纏綿。春纏綿，卿自憐。地坼濤湧不可填，紅塵悵望空年年。

〈阿堵歎〉：世間崛彊物，矯矯阿堵翁。招之從不來，常守簞瓢空。揮之亦不去，濟世仍無功。不來尚可解，不去情難通。置諸大道旁，兩騎馳若風。離鞍奪不

已,抽刀互相攻。縱橫尸委草,太息思無窮。理財信有道,運用非吾躬。取捨皆成錯,阿堵笑冬烘。開承不先士,投趾迷西東。

〈心儀青蓮年久仿之不似〉:心香瓣瓣拜詩仙,鐙火雞聲五十年;一句何曾到優孟,怪人皆欲殺青蓮。

〈離鄉〉:春郊車馬去閑閑,時速心遲別故關;桃柳數村新雨後,峰巒萬疊曉雲間。初聞殊語他鄉近,回憶庭柯舊鳥還;從古長征男子志,揮鞭慷慨莫愁顏。

李炳南居士年譜

2025年3月初版　　　　　　　　　　　定價：新臺幣全套6500元
有著作權・翻印必究　　　　　　　　（全套書共六冊，不分售）
Printed in Taiwan.

編　　著	林其賢	
主　　編	胡琡珮	
編輯委員　吳聰敏（召集人）	校　　對	楊俶儀
吳碧霞、紀海珊、張式銘、張清泉、連文宗、郭惠芯、陳雍澤	內文排版	胡常勤
陳雍政、黃潔怡、詹前柏、詹曙華、賴建成、鍾清泉、林其賢	封面設計	李偉涵

出　版　者	聯經出版事業股份有限公司	編務總監　陳逸華
地　　　址	新北市汐止區大同路一段369號1樓	副總經理　王聰威
叢書編輯電話	(02)86925588轉5305	總經理　　陳芝宇
台北聯經書房	台北市新生南路三段94號	社　長　　羅國俊
電　　　話	(02)23620308	發行人　　林載爵
印　刷　者	文聯彩色製版有限公司	
總　經　銷	聯合發行股份有限公司	
發　行　所	新北市新店區寶橋路235巷6弄6號2樓	
電　　　話	(02)29178022	

行政院新聞局出版事業登記證局版臺業字第0130號

本書如有缺頁，破損，倒裝請寄回台北聯經書房更換。　ISBN 978-957-08-7614-7 (全套精裝)
聯經網址：www.linkingbooks.com.tw
電子信箱：linking@udngroup.com

國家圖書館出版品預行編目資料

李炳南居士年譜/林其賢編著．胡琡珮主編．初版．新北市．
聯經．2025年3月．年譜共3880面．圖冊516面．年譜14.8×21公分．
圖冊21×29.7公分
ISBN 978-957-08-7614-7（全套精裝）

1.CST：李炳南　2.CST：年譜

783.3986　　　　　　　　　　　　　　　　　　114001345